KASAI Kaoru 1968

KASAI Kaoru 1968

Date of Publishing	The first edition, first printing　March 19, 2010
	Third printing　August 24, 2021
Author	Kaoru Kasai
Book Design	Kaoru Kasai
	Kazuhiko Sumi / Kazuaki Takai / Hiroshi Imamura
Cover Art	Gianluigi Toccafondo
	from United Arrows "lungo 2005"
Interview Draft Text	Sayaka Yoshihara
Translation	Masako Wanami (Interview) / Chine Hayashi (Profile etc.)
Editor	Keiko Kubota
	Ayako Hattori
Editorial Collaboration	Tetsuo Nishikawa / Tatsuya Maemura
	Yumiko Kataoka / Yurie Ibi
	Shoko Miura / Satoshi Usui / Tsuyoshi Yamanobe
	Masuhiro Fujimori / Hiroyuki Tsuneki / Atsuko Setoi
	Sun-Ad Company Limited
Photo	Koichi Aoyama / Isamu Uehara
DTP Operation	Katsuya Moriizumi
Typesetting	Sanae Seto (design Seeds)
Printing Direction	Yuuki Ura (iWord Co., Ltd.)
Publisher	Keiko Kubota
Publishing House	ADP Company	Art Design Publishing
	2-14-12 Matsugaoka, Nakano-ku, Tokyo 165-0024 Japan
	tel: 81-3-5942-6011　fax: 81-3-5942-6015
	https://www.ad-publish.com
Printing & Binding	iWord Co., Ltd.

©Kaoru Kasai 2010
Printed in Japan
ISBN978-4-903348-14-8 C0072

All right reserved. No part of this publication may be reproduced or transmitted
in any form or by any means, electric or mechanical, including photocopy,
or any other information storage and retrieval system, without prior permission in writing from the ADP Company.

KASAI Kaoru 1968

graphics

006	CI、サイン、空間計画など	CI, sign, spatial plan, etc.
040	美術館、ギャラリー、展覧会出品作など	museum, gallery, exhibits, etc.
088	演劇、映画	theatre, cinema
132	装丁、ブックデザイン	cover design, book design
152	グッズ、オブジェなど	goods, objets, etc.
160	ステーショナリー、マーク、ロゴタイプ	stationery, mark, logotype

interview: graphicsとadvertisingのあいだに   interview: between graphics and advertising

advertising

178	サントリーウーロン茶	Suntory Oolong Tea
262	ユナイテッドアローズなど	United Arrows, etc.
300	西武百貨店、パルコなど	Seibu Department Store, Parco, etc.
318	マルニ木工、NTTデータ通信など	Maruni Wood Industry, NTT Data Communications Systems, etc.
354	ソニー	Sony
398	サントリー	Suntory
476	大谷デザイン研究所、文華印刷在籍時	works at Ohtani Design, Bunka Printing
488	高校時代、レタリング習作など	high school days, study of lettering, etc.
494	スタッフリスト	staff list

graphics

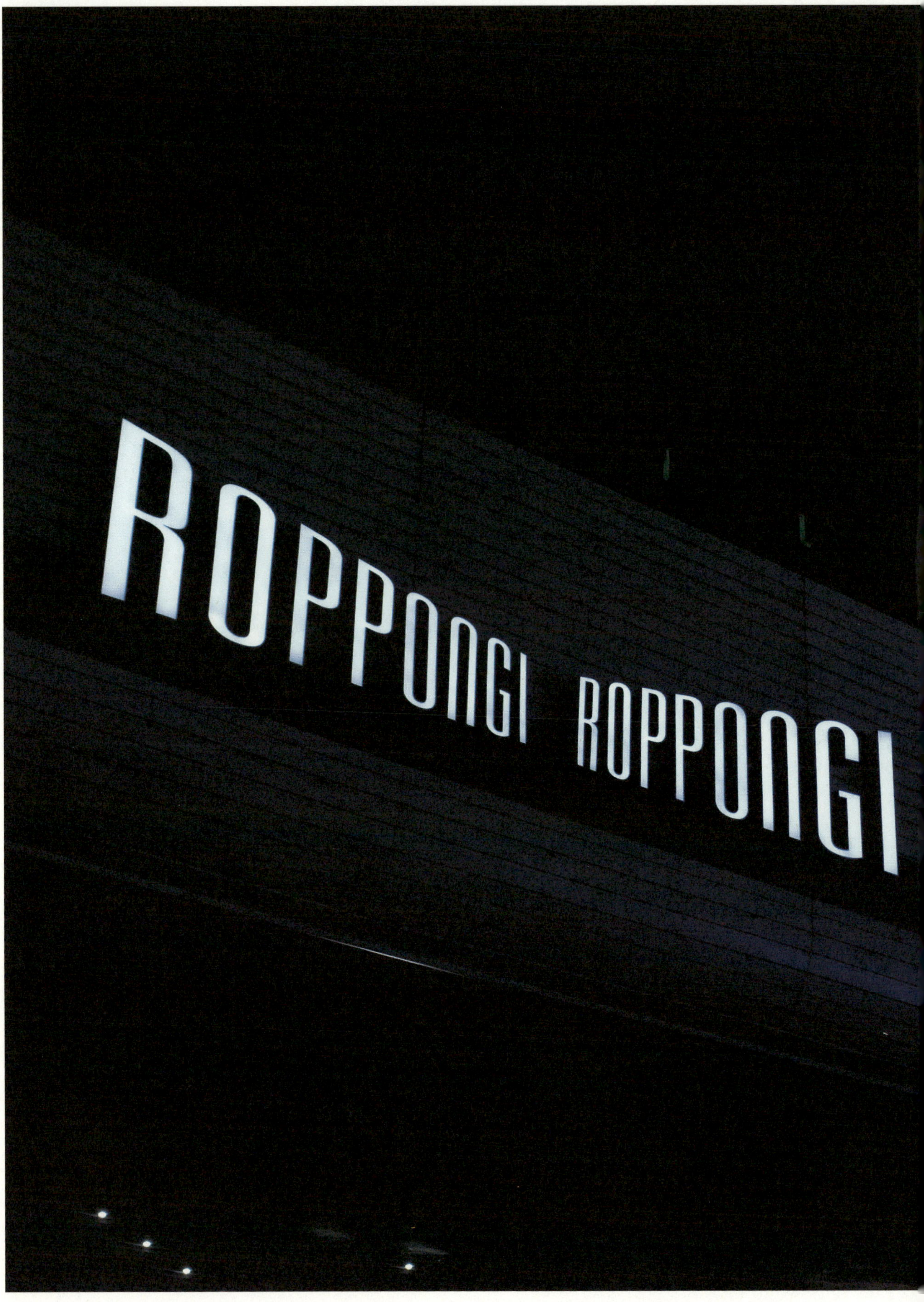
ROPPONGI ROPPONGI

signage system Ractive Roppongi, 2009

signage system   Ractive Roppongi, 2009

メインロゴタイプ

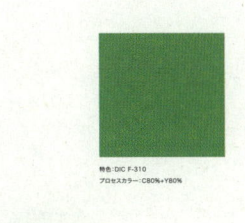

ROPPONGI

サブロゴタイプ

ROPPONGI

ツインロゴタイプA

ROPPONGI ROPPONGI

ツインロゴタイプB

ROPPONGI ROPPONGI

基本カラー
特色：DIC F-310
プロセスカラー：C80%+Y80%

保護エリア
保護エリア内に、文字や図柄などの要素が侵入してはいけない。 

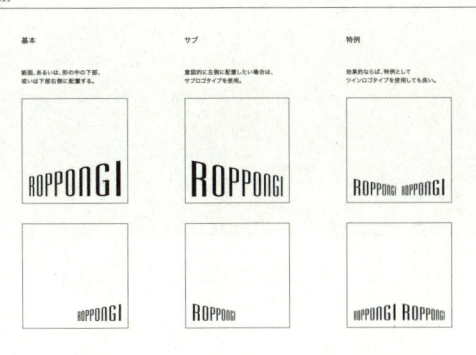

展開例

基本
紙面、あるいは、形の中の下部、或いは下部右側に配置する。

サブ
画面的に左側に配置したい場合は、サブロゴタイプを使用。

特例
効果的ならば、特例としてツインロゴタイプを使用しても良い。

CI manual   Ractive Roppongi, 2009   **009**

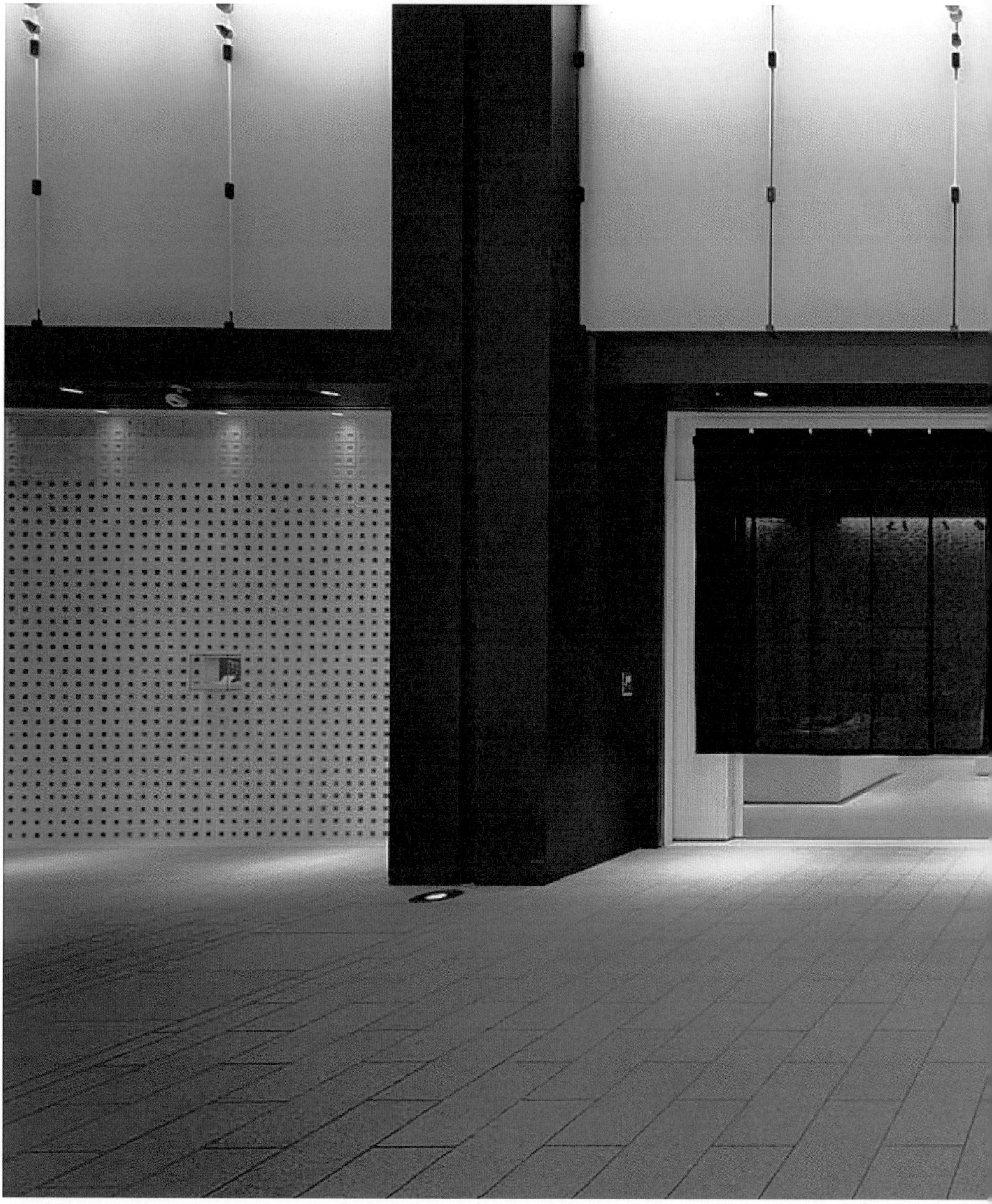

spatial plan Toraya, 2007

012 confectionery package Toraya, 2005–2007

confectionery package　Toraya, 2007·2008

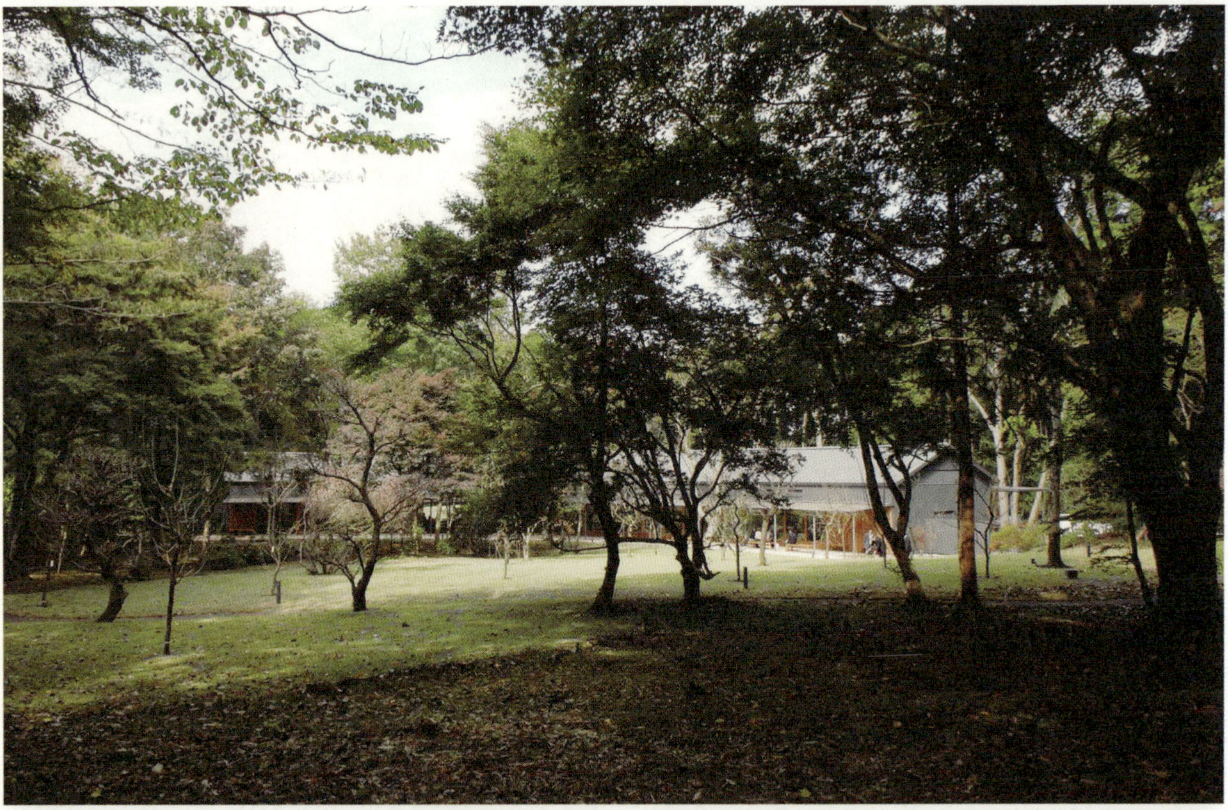

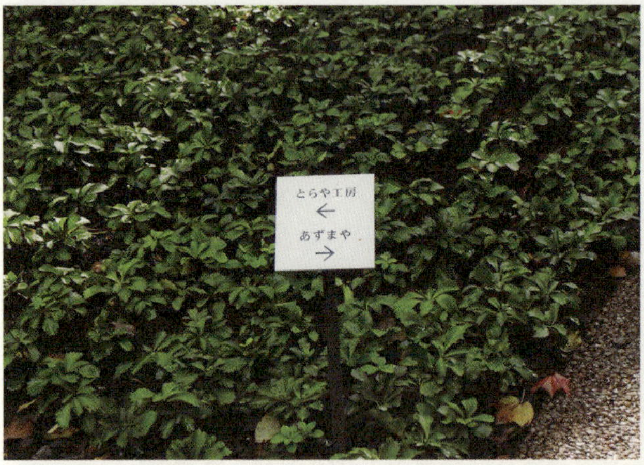
とらや工房
←
あずまや
→

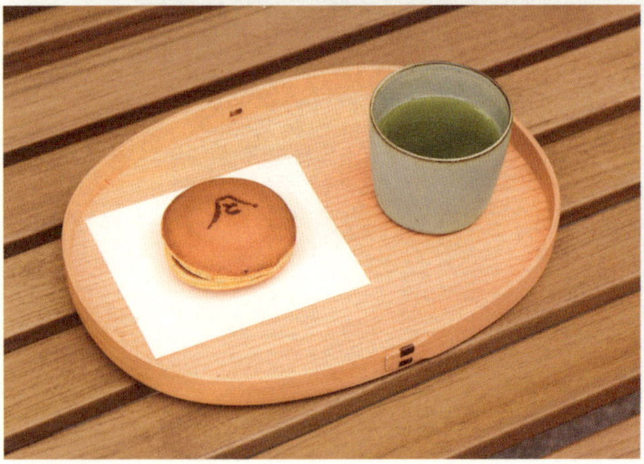

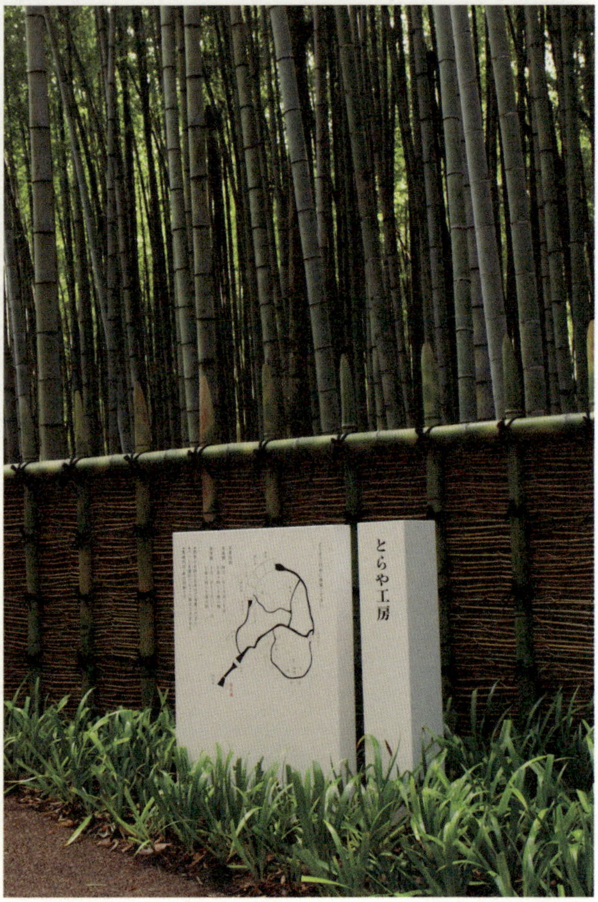
とらや工房

CI / sign / spatial plan　Kogen, 2007

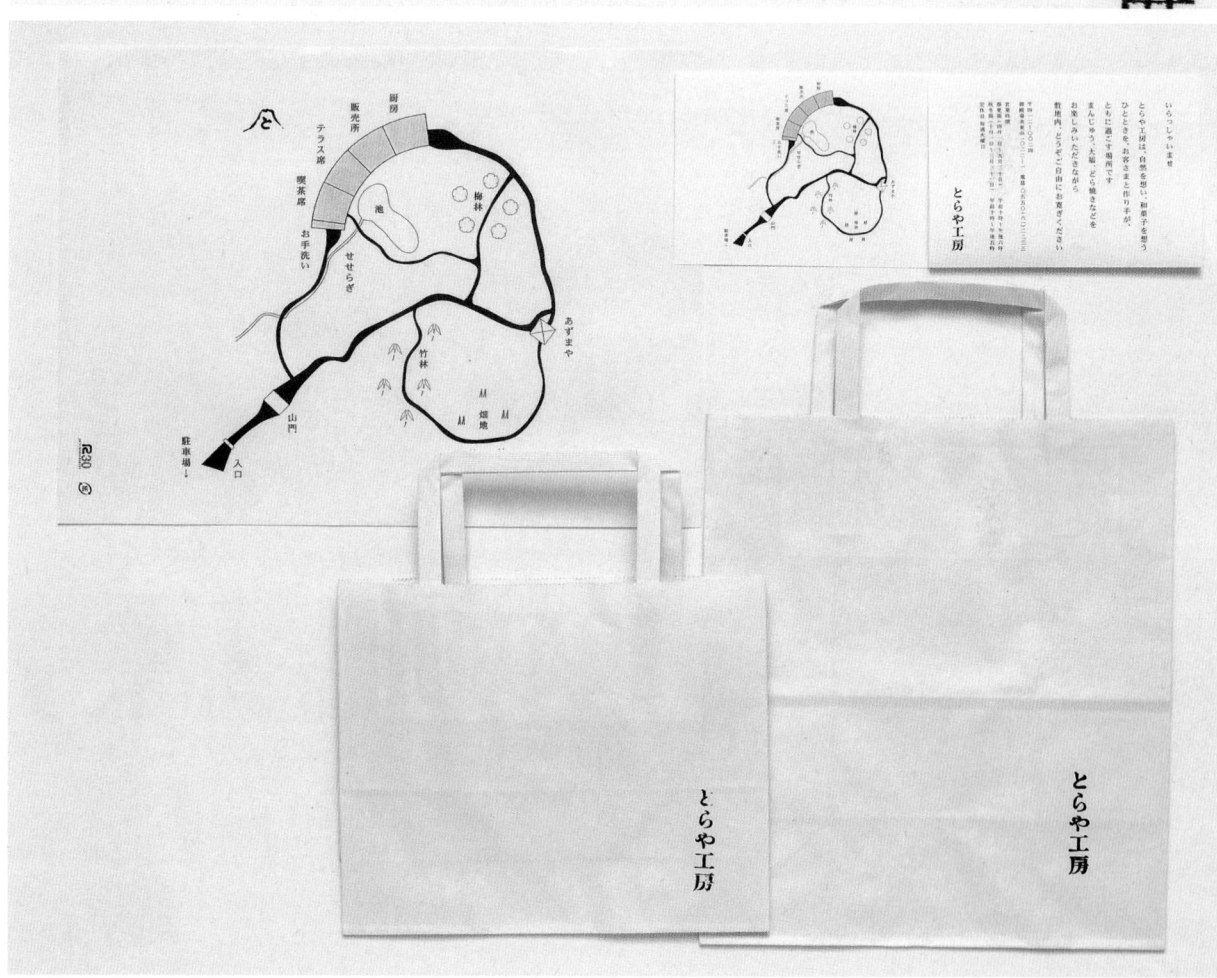

016　CI / signage system　Kogen, 2003

confectionery package   Kogen, 2003-2005   017

TORANOMON TOWERS OFFICE
虎ノ門タワーズ オフィス
TORANOMON TOWERS RESIDENCE
虎ノ門タワーズ レジデンス
RESIDENCE RESTAURANT
レジデンス レストラン

CI / signage system　Kajima, 2006

COMPOSITION

構成 TORANOMON TOWERS

企画 安東孝一 produce ANDO Koichi
写真 上田義彦 photograph UEDA Yoshihiko
デザイン 葛西薫 design KASAI Kaoru

COMPOSITION

book design   Akaaka Art Publishing, 2007   021

Omnium rerum principia parva sunt.

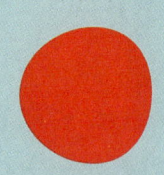

022 artwork Mana Screen, 2004

Omnium rerum principia parva sunt.

Fortuna divitias auferre potest, non animum.

wall graphics   Tokyo Metropolitan Government, 2002

024

wall graphics　Tokyo Metropolitan Government, 2002　**025**

wall graphics   Tokyo Metropolitan Government, 2002

4F

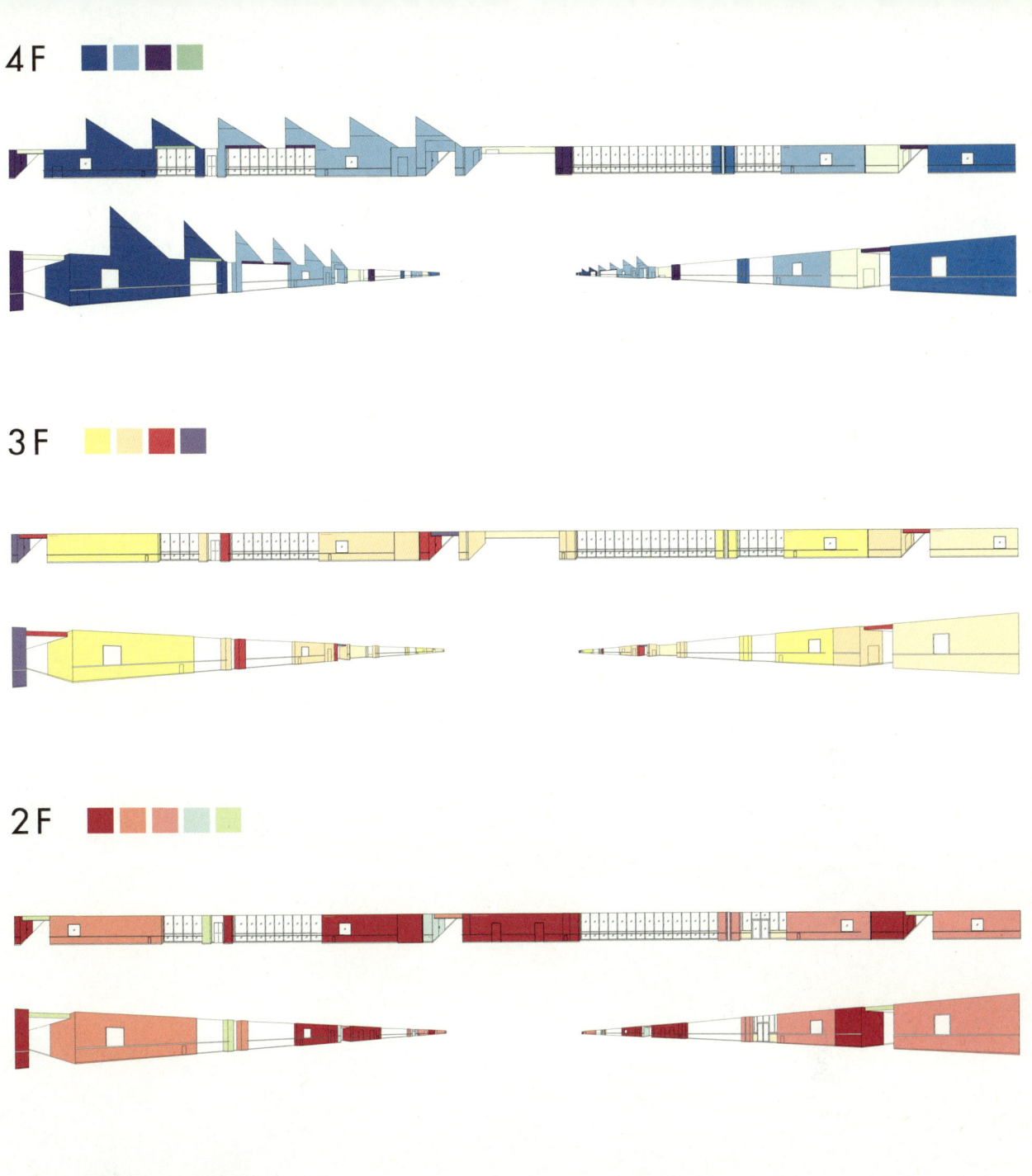

3F

2F

1F

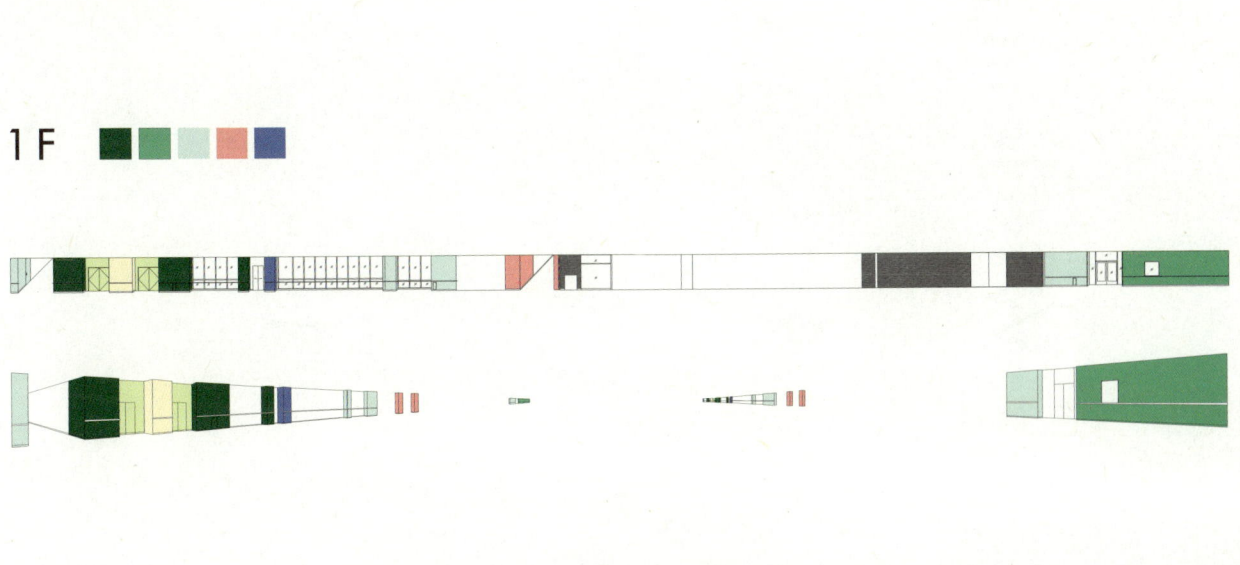

wall graphics plan   Tokyo Metropolitan Government, 2002

Wisdom on Wall

art work
Kasai Kaoru
april 2002

4

Festina lente.
フェスティーナ・レンテ

ゆっくり急げ。

初出は、スエトニウス『ローマ皇帝伝』。ローマ帝国の初代皇帝アウグストゥスが好んで用いたと伝えられる。小説家、故事成語の対義語に「悠々として急げ」があるが、この本の著に使われた意句が「Festina lente !」だった。

Scientia est potentia.
スキエンティア・エスト・ポテンティア

知は力なり。

聖書の一節「知恵ある者は話し、知識ある者は力増す」が原型。16世紀英国の哲学者、フランシス・ベーコンが警鐘の中で用いた以来、人口に膾炙することになった。scientiaは「知る」を意味する動詞「scio」の現在分詞で、英語のscienceの語源となった。

Non scholae sed vitae discimus.
ノーン・スコラエ・セド・ウィータエ・ディスキムス

われわれは学校のためではなく、人生のために学ぶ。

ローマ第一の知識人セネカは子供の頃、ストア派と呼ばれるギリシャ哲学に学んだ。これはキプロスのゼノンが創始した学派。彩色柱廊で有名なストア・ポイキレという講堂で教えたことからそう呼ばれるようになった。幼い頃から学問に秀でていたセネカならではの一言でこんな言葉を残している。「学ぶのに年をとりすぎたということはない」

Qui parcit malis, nocet bonis.
クィー・パルキット・マリース・ノケット・ボニース

悪人を許す人は、善人に害を与える。

エルンスト・マルクグラフ『プランディティング演奏者の言葉、ラテン語の格言集』にいうのは、縄を読んだ訳彼の表現になっているからだろう、「parcit」と「nocet」、「malis」と「bonis」、音をきれいに揃えながら、反意的な言いまわしに成功している。どんなにになる格言で、それが美しい言葉でなかったら、歴史の波濤となって消え去ったというのもしれない。

Gutta cavat lapidem non vi sed saepe cadendo.
グッタ・カウァト・ラピデム・ノーン・ウィー・セド・サエペ・カデンドー

滴は、力によってではなく、何度も落ちることによって、岩に穴をあける。

ガリオポストゥスの言葉、あきらめるな。力のないものも、弱きものも、続ければすること大きな力を生む。「たとえ小さな水でも、数回これを打てば、堅い絶の木でも切り倒せる」というのは、シェイクスピアの言葉。

3

Miserum est arbitrio alterius vivere.
ミセルム・エスト・アルビトリオー・アルテリーウス・ウィーウェレ

他人の判断に従って生きることは、みじめである。

詩人にして悲劇作家のプブリリウス・シルスの言葉。ローマ時代は、奴隷階の時代でもあった。奴隷は彼に出自な、必ず2、3人の奴隷を持った。ひとたびケンカになれば出されたのである。特に棄権な者は、右の頭を脱がせる奴隷、左の頭を脱がせる奴隷をそれぞれ使い分けていたという。有名なスパルタクスは、奴隷のリーダーとして国家に反乱を起した。

Poeta nascitur, non fit.
ポエータ・ナースキトゥル・ノーン・フィット

詩人は生まれるのであって、作られるのではない。

詩句天童の子。教養で養成できるようなものではない。しかもローマ時代好か、ホラティウスやウェルギリウスなど詩人たちを生み出した背景には、その時代の文明的拡大があったはずだ。「Orator fit, poeta nascitur=弁論家は作られ、詩人は生まれる」という言葉は、雄弁家キケロの言葉として伝わっている。

Ab uno disce omnes.
アブ・ウーノー・ディスケ・オムネース

ひとつからすべてを学びなさい。

詩人ウェルギリウスの言葉。本来さえ見脈かれれば、たとえ断片しか見なくても全体が理解できる、という意味。「一を聞いて十を知る」という慣用句にも近い、ウェルギリウスは7ウェグストラス帝の寵愛を受け、奴隷詩「アエイネス」や「牧歌集」（叙事詩）などを残した。

Domina omnium et regina ratio est.
ドミナ・オムニウム・エト・レギーナ・ラティオー・エスト

理性は万物の女主人であり、女王である。

出典不詳。ここで言う「ratio=理性」は、ギリシャ語の「ロゴス」に近いものと思われる。これはローマ文化を繁栄させたギリシャ哲学の中心概念。宇宙は有機体であり、すべては必然性に従って生まれて消える。その本質はロゴス、人間はまたロゴスで考え、これを動かすのもロゴスだ、という考え方だ。

Usus magister est optimus.
ウースス・マギステル・エスト・オプティムス

経験は最良の教師である。

法律家にして政治家のプブリウス＊の著作の中で述べた言葉。ローマ時代の奴隷は、その主人から公募を依頼されて書かれており、すぐれた散文が多い。プブリウスのそれは、文学的香気の高い名文で世に知られた。『經験は最良の教師である。ただし授業料が高すぎると自弁した。19世紀英国の文学者カーライルも。

Exempla docent, non jubent.
エクセンプラ・ドケント・ノーン・ユベント

ロで指示するのではなく、身を以て範疇を示せ。

出典不詳。すべての教師にとって自戒すべき言葉。

Vive hodie.
ウィーウェ・ホディエー

今日を生きよ。

今日という日を大事に生きなさい、というメッセージ。1989年のアメリカ映画「Dead poets society」の中でロビン・ウィリアムス扮する英文学教師の台詞に「Carpe diem !」というラテン語が登場して、これも有名。「今日という日を摘め」、つまり「今日のことは今日のうちに楽しんでおけ」という意味。日本公開時のタイトルは、「いま生きる」だった。

Fortuna amicos conciliat, inopia amicos probat.
フォルトゥーナ・アミーコース・コンキリアット・イノピア・アミーコース・プロバット

順境は友を与え、逆境は友を試す。

哲学者セネカの言葉。浮き沈みの激しい人生を送ったセネカ自身の実感のもちらしい。「Amicus certus in re incerta cernitur.」＝確かな友は、不確かな状況で見分けられる。と書いたのは叙事詩の大家、エンニウス。英語にもこれに似た格言がある。「A friend in need is a friend indeed.」＝まさかの友こそ真の友。

Aerugo animi, robigo ingenii.
アエルーゴー・アニミー・ローピーゴー・インゲニイー

心のさびは、才能のさび。

心がさびついているでは、せっかくの才能も光らない。と精神の価値をくい。哲学者セネカ。初めは詩セネカを重用し、その教えを守って善政を敷いた皇帝ネロは、のちにこの恩師に次第に疎まれを自減にまで追いいて、ついには元と皇帝を明追かして悪政治の転じた。最悪の代名詞として、後世に汚名を残すことになった。

Cogito ergo sum.
コーギトー・エルゴー・スム

私は考える、故に我は存在する。

17世紀の哲学者デカルトが「方法序説」の中で使った言葉としてあまりにも有名、ヘレン・ケラーは、この言葉に出合って生きる希望を持ったという。自分の本質は肉体的ソンデではなく心にある、という彼女の信念を支える言葉となった。

1

Non qui parum habet, sed qui plus cupit pauper est.
ノーン・クィー・パルム・ハベット・セド・クィー・プルス・クビット・バウベル・エスト

わずかしか持たない者が貧しいのではない、多くを望む者が貧しいのである。

哲学者セネカの言葉「人生の短さについて」「幸福な人生について」「閑雄に記について」「閑雄について」など多くの著作を残す。これは友人ルキリウスに宛てた「道徳書簡」の中の有名な一節。持つ者と持たざる者についての深い洞察がうかがえる。不遇の時期を経て、セネカは皇帝の家庭教師として復職、不正な地位となり、自らの理想を実践につけることになる。

Omnium rerum principia parva sunt.
オムニウム・レールム・プリンキピア・パルヴァ・スント

すべての物事の始まりは、小さい。

雌弁で知られる政治家キケロの言葉。彼は詩として共和制擁護に尽くしたため、その後のユリウス・カエサル（ジュリアス・シーザー）と対立した。omniumは、omniumit。omnisの複数形。「すべての」という意味で、ラテン語の言葉、名前にも多く登場する単語に。「全ー」を意味する単語omnibus（omni＋bus）は「全ての」として生きている。ちなみに、バスの語源は「omnibus＝乗合馬車」。

Fortuna divitias auferre potest, non animum.
フォルトゥーナ・ディーウィティアース・アウフェッレ・ボテスト・ノーン・アニムム

運命は財産を奪うことはできるが、心まで奪うことはできない。

古代ローマの哲学者セネカの言葉。詩人や哲学者など一流の作品を残しながら、豊かな暮らしを享受し先老階級にもなった。その一方、高利貸しとして市民の怒みを買うこともあったらしい。その不実を恐みに感じ、時の音楽クラウディウスにとってコルシカ島に8年間幽閉されたが、失意の中で黙々と論文や中詩を書き、ローマで復帰に備えたという。

produce: Ando Koichi

text: Furui Toshiyasu
design: Ikeda Yasuyuki, Ishii Yuji, Hikichi Mariko

wisdom list Tokyo Metropolitan Government, 2002 029

signage system   Suntory, 2005

signage system   Suntory, 2004

signage system   Suntory, 2004

signage system Suntory, 2007 **033**

表示規定
Regulations

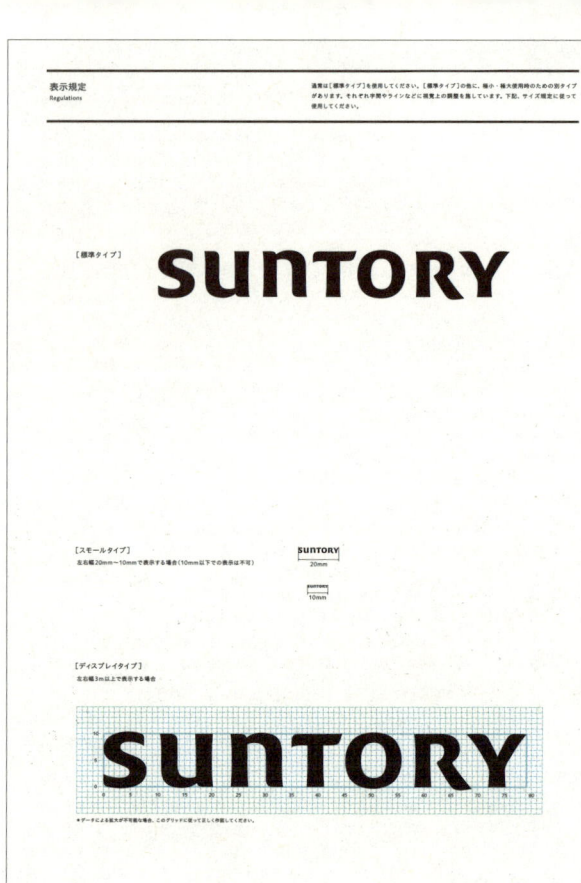

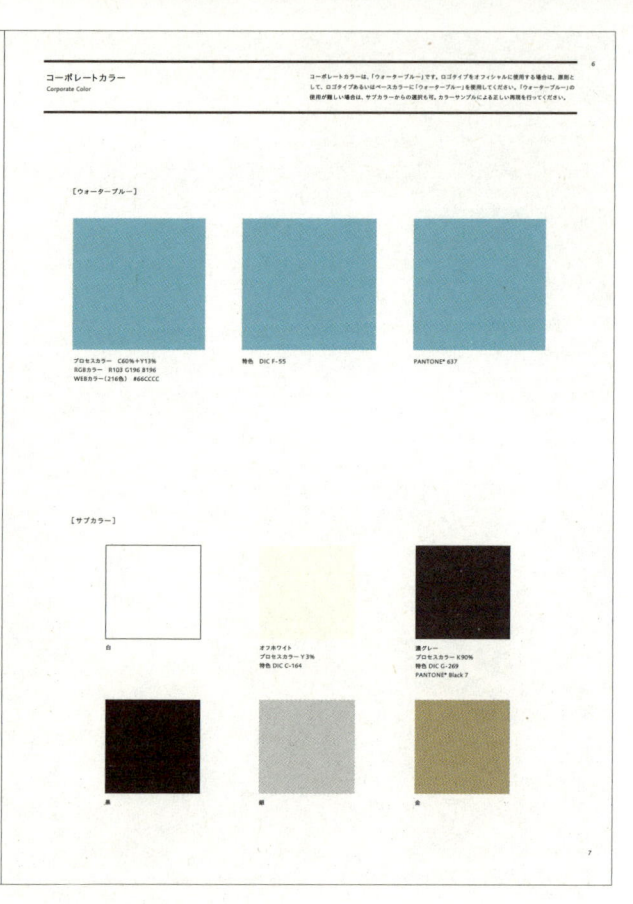

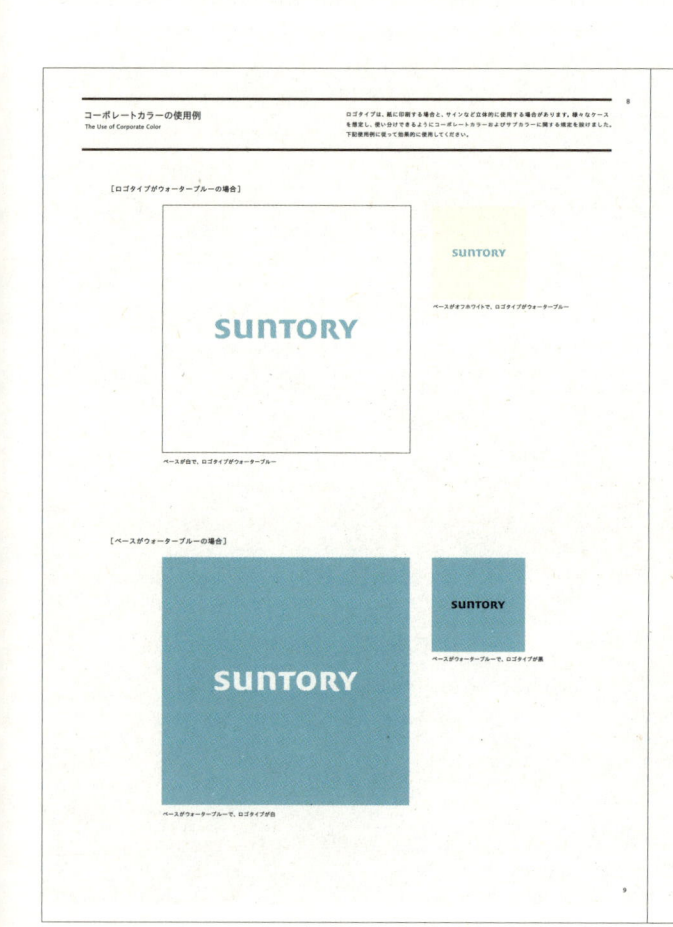

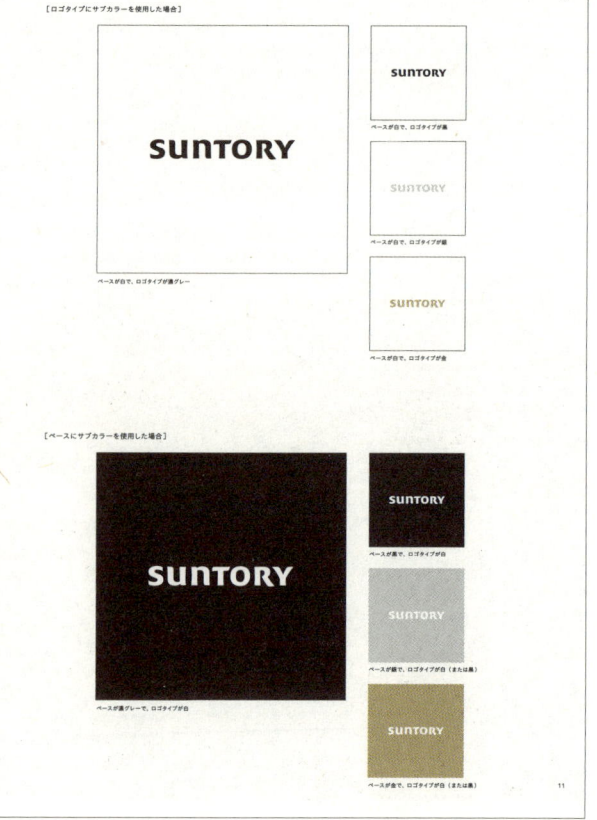

[標準タイプ]

SUNTORY

[スモールタイプ]
左右幅20mm〜10mmで表示する場合（10mm以下での表示は不可）

[ディスプレイタイプ]
左右幅3m以上で表示する場合

コーポレートカラー
Corporate Color

[ウォーターブルー]

プロセスカラー C60%+Y13%
RGBカラー R103 G196 B196
WEBカラー（216色） #66CCCC

特色 DIC F-55

PANTONE® 637

[サブカラー]

白

オフホワイト
プロセスカラー Y 3%
特色 DIC C-164

濃グレー
プロセスカラー K 90%
特色 DIC G-269
PANTONE® Black 7

黒

銀

金

コーポレートカラーの使用例
The Use of Corporate Color

[ロゴタイプがウォーターブルーの場合]

ベースがオフホワイトで、ロゴタイプがウォーターブルー

ベースが白で、ロゴタイプがウォーターブルー

[ベースがウォーターブルーの場合]

ベースがウォーターブルーで、ロゴタイプが白

ベースがウォーターブルーで、ロゴタイプが白

[ロゴタイプにサブカラーを使用した場合]

ベースが白で、ロゴタイプが黒

ベースが白で、ロゴタイプが濃グレー

ベースが白で、ロゴタイプが金

[ベースにサブカラーを使用した場合]

ベースが黒で、ロゴタイプが白

ベースが濃グレーで、ロゴタイプが白

ベースが金で、ロゴタイプが白（または黒）

034

使用禁止例
Incorrect Use

[保護エリア]

[その他の使用禁止例]

ロゴタイプとサントリー専用書体
Logotype and Corporate Type

ロゴタイプとともに、サントリー専用書体を制定しています。統一された書体（ファミリー）により、一貫した企業イメージを保つためのものです。名刺、封筒、社内文書、施設のサインなど、オフィシャルな表記は必ず専用書体を使用してください。和文と欧文にそれぞれゴシック体（サンセリフ）と明朝体（ローマン）のファミリーがあります。用途に応じて使い分けてください。

〈サントリー専用書体・使用範囲〉
社名表記、名刺、名簿、封筒、レターヘッド、ニュースリリース、社内文書、発送票、請求書、帳票類、施設名・工場名等の表記、社屋・施設・工場内のサイン、会社案内、製品一覧表、工場案内、製品パッケージの成分表示・注意表示など

[和文専用書体]

SUNTORY ゴシック・レギュラー
水のやわらかさを、文字のかたちに。

SUNTORY 明朝・レギュラー
水のやわらかさを、文字のかたちに。

SUNTORY ゴシック・ボールド
水のやわらかさを、文字のかたちに。

SUNTORY 明朝・ボールド
水のやわらかさを、文字のかたちに。

[欧文専用書体]

SUNTORY Syntax-Regular
ABCDEFGHIJKLMNOPQRSTUVWXYZ
abcdefghijklmnopqrstuvwxyz 0123456789
ABCDEFGHIJKLMNOPQRSTUVWXYZ
ABCDEFGHIJKLMNOPQRSTUVWXYZ
abcdefghijklmnopqrstuvwxyz 0123456789

SUNTORY Sabon-Regular
ABCDEFGHIJKLMNOPQRSTUVWXYZ
abcdefghijklmnopqrstuvwxyz 0123456789
ABCDEFGHIJKLMNOPQRSTUVWXYZ
ABCDEFGHIJKLMNOPQRSTUVWXYZ
abcdefghijklmnopqrstuvwxyz 0123456789

SUNTORY Syntax-Bold
ABCDEFGHIJKLMNOPQRSTUVWXYZ
abcdefghijklmnopqrstuvwxyz 0123456789
ABCDEFGHIJKLMNOPQRSTUVWXYZ
abcdefghijklmnopqrstuvwxyz 0123456789

SUNTORY Sabon-Bold
ABCDEFGHIJKLMNOPQRSTUVWXYZ
abcdefghijklmnopqrstuvwxyz 0123456789
ABCDEFGHIJKLMNOPQRSTUVWXYZ
abcdefghijklmnopqrstuvwxyz 0123456789

社名表記
Company Name

オフィシャルな社内文書、名刺、社章、ステーショナリー、サイン等および、社屋、工場、研究施設の屋外看板等における社名表記は、すべてサントリー専用書体で表記してください。和文表記はすべて大文字で、ローマ字はヘボン式表記に、（株）、LTD.などの略称表記は、できるだけ避けてください。

[和文表記]

サントリー株式会社
SUNTORY ゴシック・レギュラー

サントリー株式会社
SUNTORY 明朝・レギュラー

サントリー株式会社
SUNTORY ゴシック・ボールド

サントリー株式会社
SUNTORY 明朝・ボールド

[欧文表記]

SUNTORY LIMITED
SUNTORY Syntax-Regular

SUNTORY LIMITED
SUNTORY Sabon-Regular

SUNTORY LIMITED
SUNTORY Syntax-Bold

SUNTORY LIMITED
SUNTORY Sabon-Bold

※文字の大きさが15pt以上の場合は以上の字間にしてください。

[使用例1]
同一面にSUNTORYロゴタイプがある場合など、ウェイト（太さ）をすべてレギュラーに。

[使用例2]
同一面にSUNTORYロゴタイプがない場合など、社名のみウェイトをボールドとして強調。

※使用としては字間を使用します。
※付録は文字組の50%を目安とします。
※英文の社名はすべて大文字で使用します。

人名表記のルール
Personal Names

名刺、IDカード、名簿等に使用する人名表記のルールを定めました。

[和文表記]

和文表記は、基本的に姓と名の間をあけます。
ただし、いずれかが文字の場合は、間をあけません。姓も名も1文字の場合は全角あけて表記します。

1. 姓と名、いずれも2文字以上の場合
森本博一

2. 姓と名、いずれか1文字の場合
森博一

3. 姓も名も1文字の場合
森　博

森本博一郎

森本博

[欧文表記]
ローマ字表記は、ヘボン式で、必ず姓＋名の順に表記し、姓の後にカンマを入れてください。姓は大文字＋スモールキャップ、またはすべて大文字で、名は頭文字大文字表記で表記してください。スモールキャップでは、大文字よりもわずかに小さい字で表現したものものです。人名ローマ字のみで表記する場合も原則は姓→名の順です。

1. 姓にスモールキャップを使用した場合
MORIMOTO, Hiroshi

2. 姓をすべて大文字で組んだ場合
MORIMOTO, Hiroshi

よくあるご質問
FAQs

CI manual　Suntory, 2005　　035

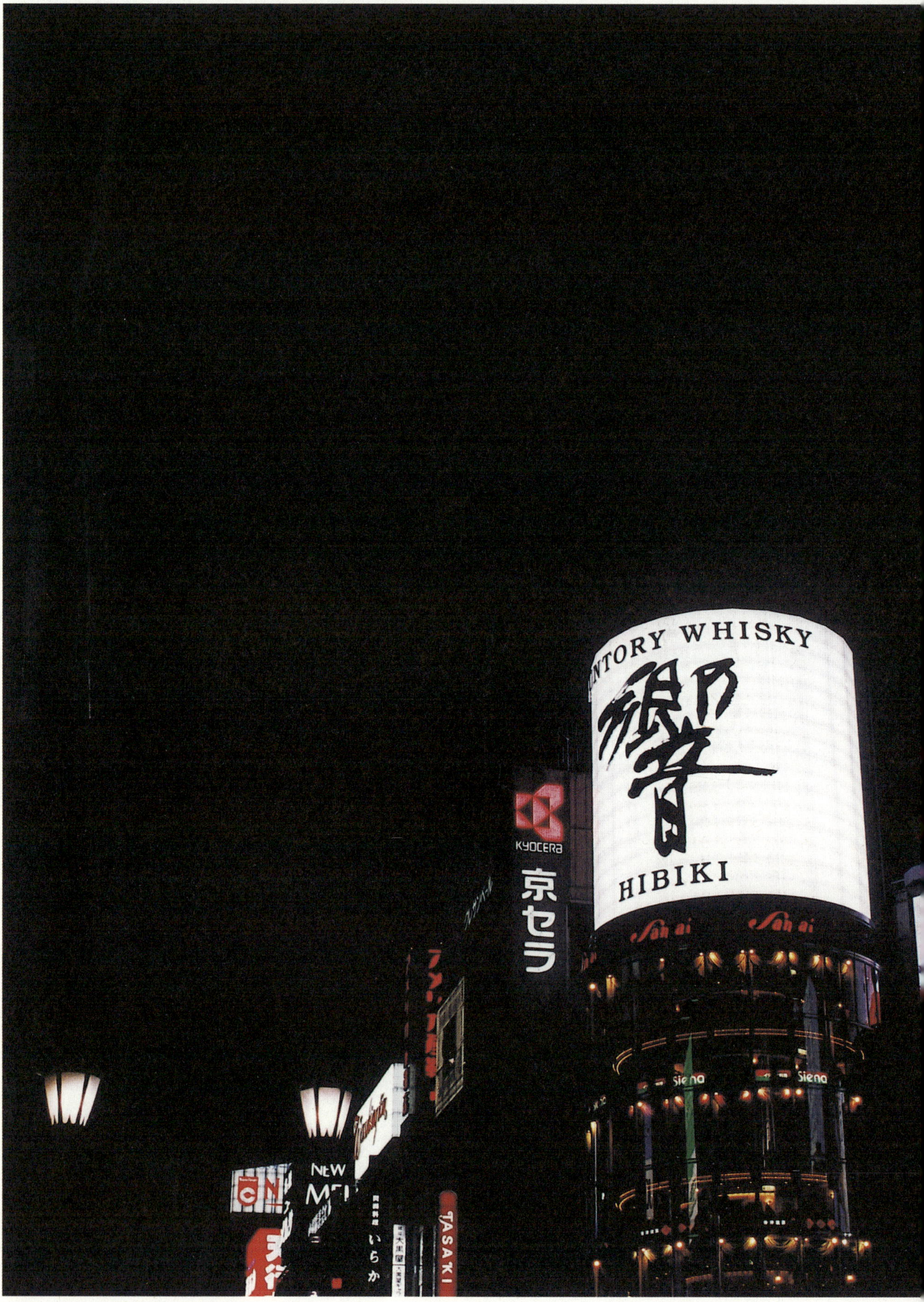

NTORY WHISKY
響
HIBIKI
KYOCERA
京セラ
Sanai
Siena
TASAKI
NEW

advertising pillar   Suntory, 2000   037

038　advertising pillar　Suntory, 2000

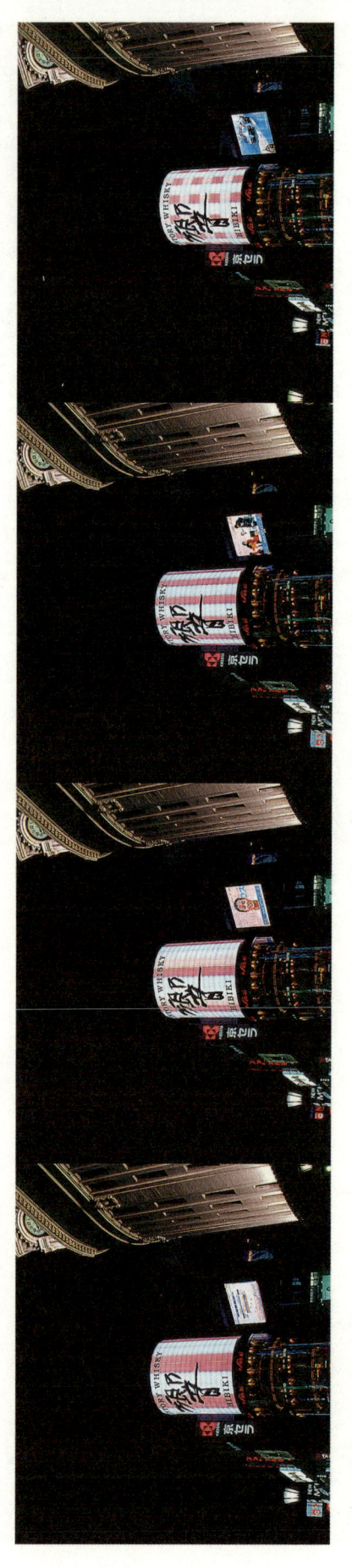

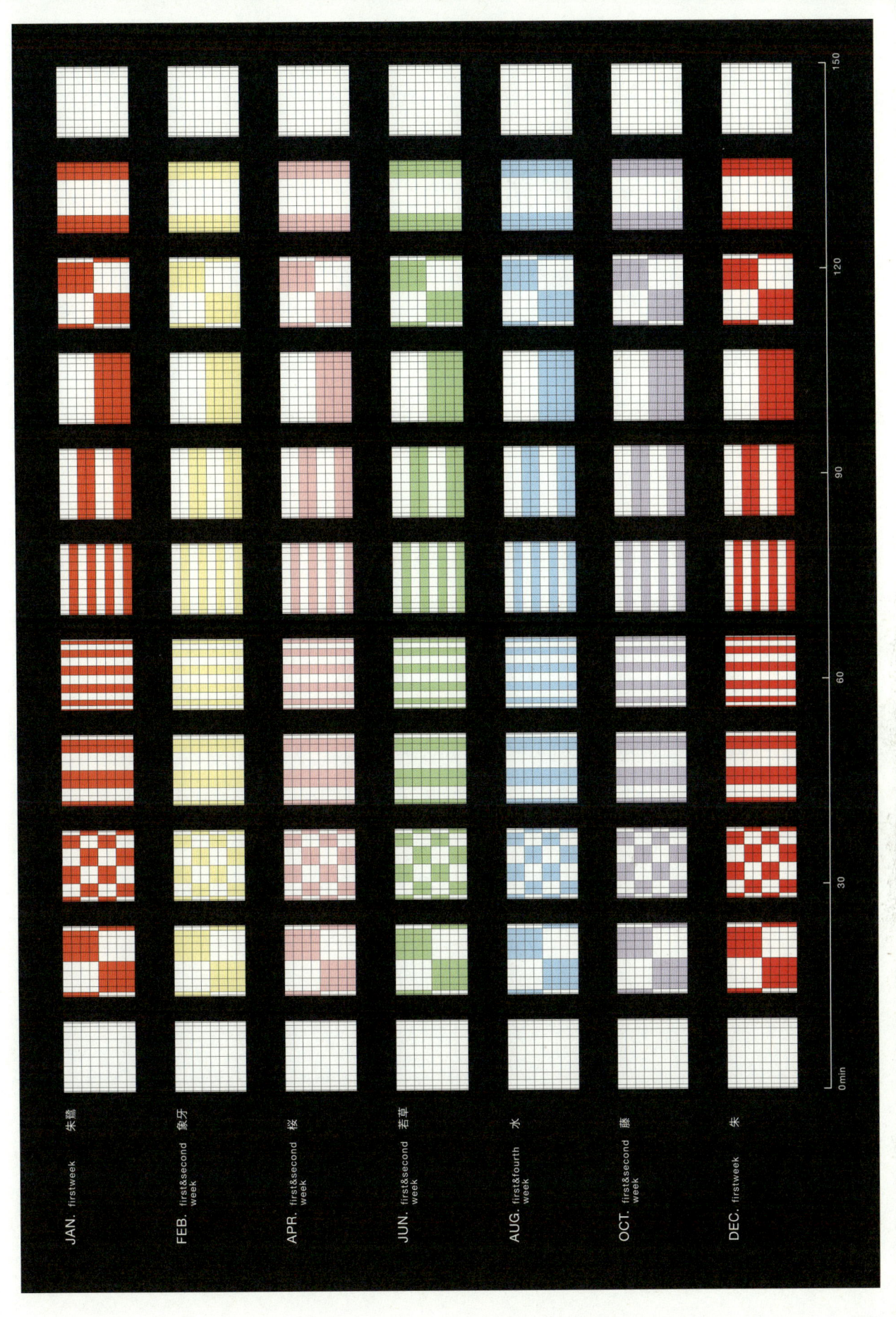

advertising pillar graphic programme   Suntory, 1999

ガレ
とジャポニスム

Gallé and Japonisme

サントリー美術館 開館1周年記念展
2008年3月20日(木・祝)〜5月11日(日)

第1章　コラージュされた日本美術…ジャポニスム全盛の時代
第2章　身を潜めた日本美術…西洋的表現との融合、触れて愛でる感覚
第3章　浸透した日本のこころ…自然への視線、もののあはれ
第4章　ガレと蜻蛉

開館時間：日・月・祝日 10時〜18時、水〜土 10時〜20時
休館日：火曜日(ただし4月29日、5月6日は開館)、4月30日、5月7日
※4月28日、5月3日、5月4日、5月5日は20時まで　※いずれも最終入館は閉館30分前まで

入館料：一般 1,300円、大・高校生 1,000円、中学生以下 無料
(前売券：一般 1,200円、大・高校生 900円　1月26日より販売開始) *団体割引は20名様より
チケットぴあ：Pコード 687-692(前売券)、687-693(当日券)　ローソンチケット：Lコード 33628(前・当日券共通)

サントリー美術館　六本木・東京ミッドタウン ガレリア3階
〒107-8643 東京都港区赤坂9-7-4　tel: 03-3479-8600　http://suntory.jp/SMA/

「日仏交流150周年」記念事業
主催：サントリー美術館、朝日新聞社　後援：フランス大使館、フランス観光局　協力：日本航空

次回「KAZARI－日本美の情熱」展(仮称) 2008年5月24日(土)〜7月13日(日)

サントリー美術館
SUNTORY MUSEUM of ART

「うちふるえる蜻蛉を愛する者 これをつくる」エミール・ガレ

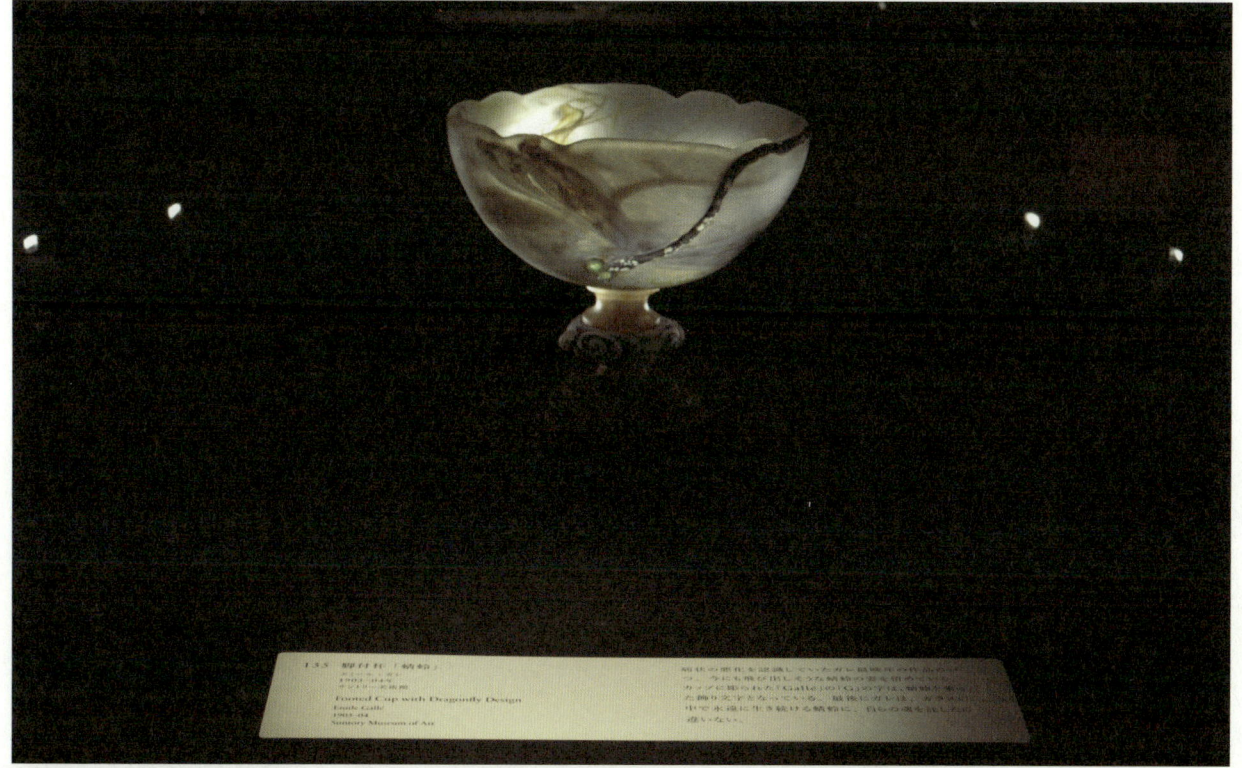

135 脚付杯「蜻蛉」
エミール・ガレ
1903-04
サントリー美術館
Footed Cup with Dragonfly Design
Emile Gallé
1903-04
Suntory Museum of Art

細身の曲線を意識していたガレの最晩年の作品のひとつ。今にも飛び出しそうな蜻蛉の姿をカップにカップに貼られた「Gallé」の「G」のツタは蜻蛉が乗った飾り文字となっている。最晩年ガレは、ガラスの中で永遠に生き続ける蜻蛉に、自らの姿を託したのに違いない。

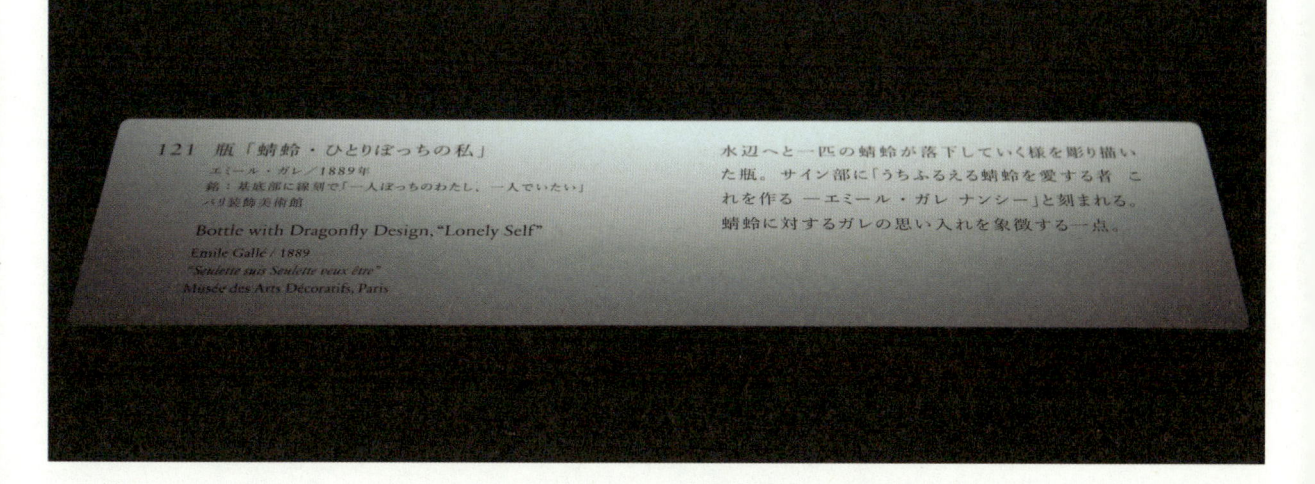

121 瓶「蜻蛉・ひとりぽっちの私」
エミール・ガレ／1889年
銘：基底部に線刻で「一人ぼっちのわたし。一人でいたい」
パリ装飾美術館
Bottle with Dragonfly Design, "Lonely Self"
Emile Gallé / 1889
"Seulette suis Seulette veux être"
Musée des Arts Décoratifs, Paris

水辺へと一匹の蜻蛉が落下していく様を彫り描いた瓶。サイン部に「うちふるえる蜻蛉を愛する者 これを作る ―エミール・ガレ ナンシー」と刻まれる。蜻蛉に対するガレの思い入れを象徴する一点。

poster / ticket / spatial plan   Suntory Museum of Art, 2008   **041**

FUNAKOSHI Katsura New Drawings

November 18, 2008 — January 24, 2009

Ⓐ **ANDO GALLERY**
3-3-6 Hirano Koto-ku Tokyo 135-0023 Japan   www.andogallery.co.jp

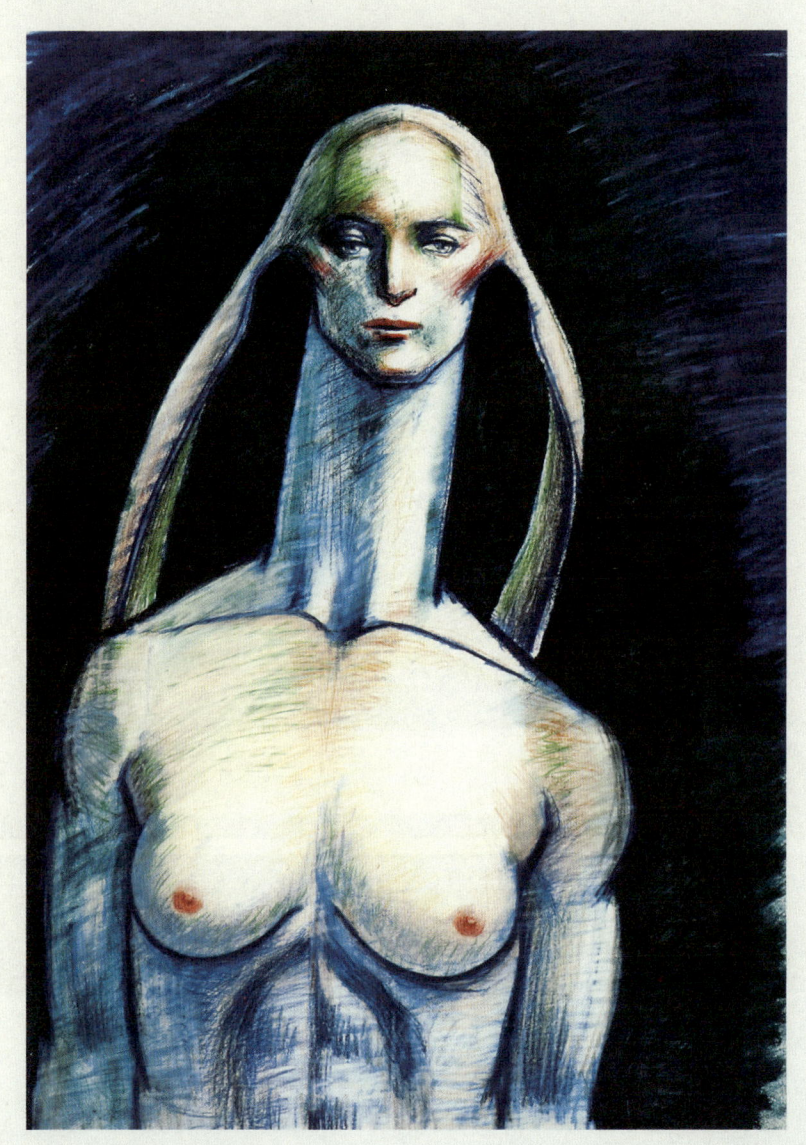

DR0836 2008 Colored pencil, pencil and oil stick on paper 102.7×87cm poster / DM / catalogue   Ando Gallery, 2008

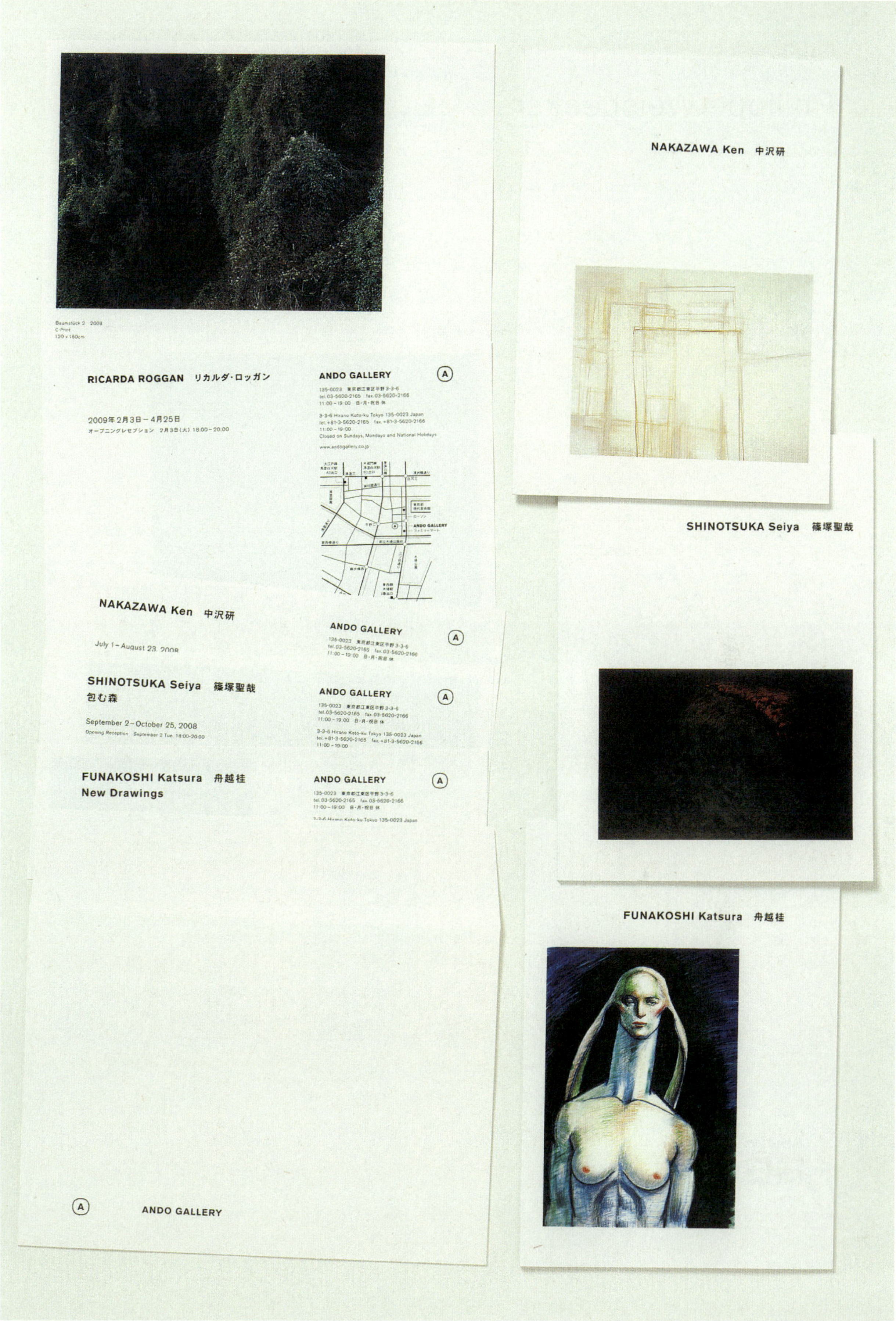

Philippe Weisbecker   recollections

フィリップ・ワイズベッカー展「recollections」
2009年3月30日(月)〜4月25日(土)　クリエイションギャラリーG8

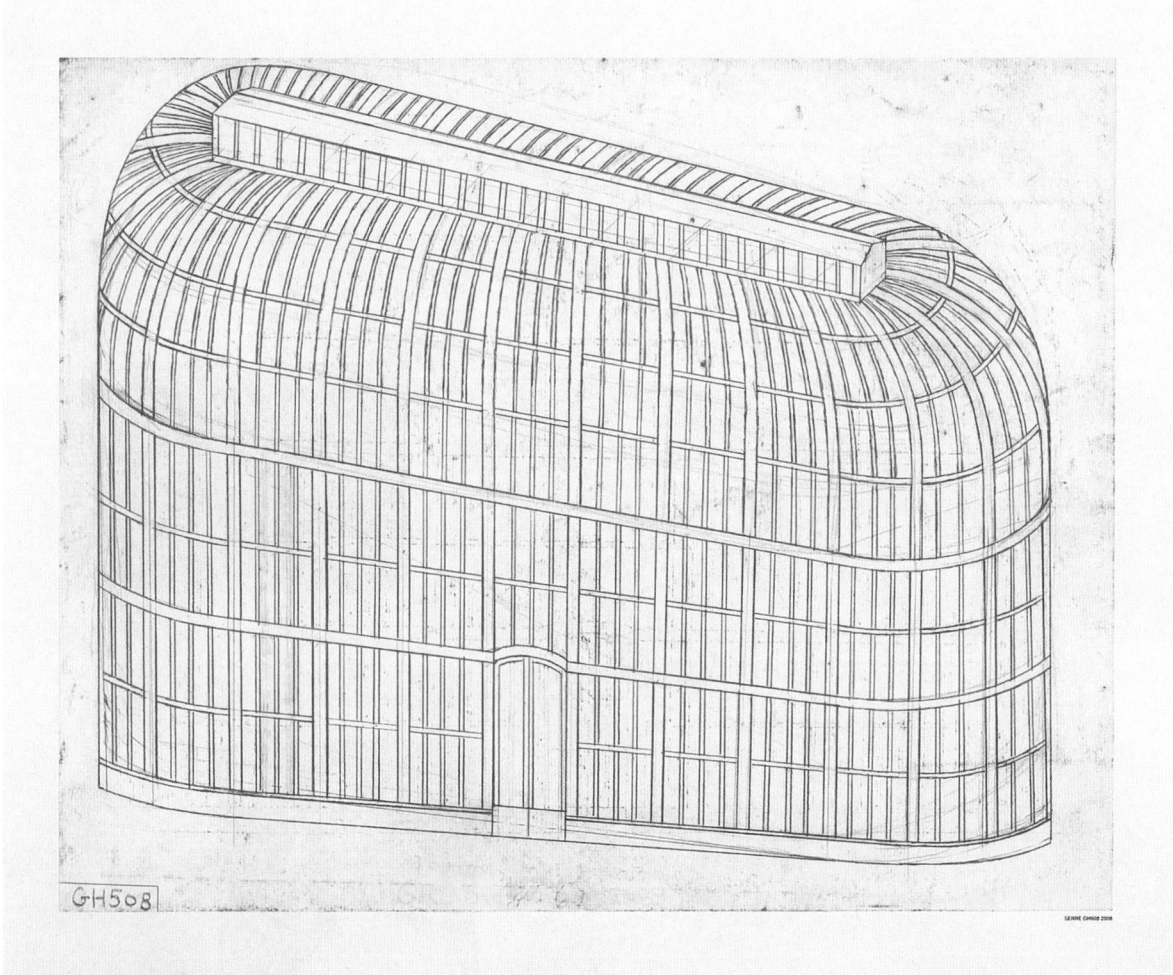

KASAI Kaoru 1968
1 = Creation Gallery G8 / 2 = Guardian Garden
29th Oct. ~ 22nd Nov. 2007

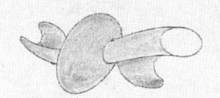

葛西薫1968

タイムトンネルシリーズ vol.25

第一会場：クリエイションギャラリーG8 / 第二会場：ガーディアン・ガーデン

2007年10月29日（月）～11月22日（木）

お前なんか

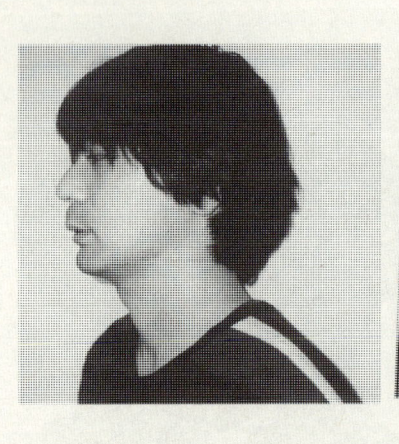

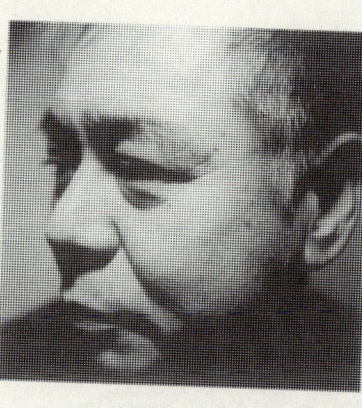

正義改心！一成有頂天？

仲條服部八丁目心中

クリエイションギャラリーG8
2009年1月13日（火）〜2月6日（金）
11時〜19時・日・祝日休館（土曜日曜日開館）入場無料
〒104-8001 東京都中央区銀座8-4-17 リクルートGINZA8ビル1F
TEL 03-3575-6918
主催 クリエイションギャラリーG8　印刷協力 GRAPH　宣伝応援 葛西薫
http://rcc.recruit.co.jp/

服部一成の出現は刺戟的だった。彼と組んでのショウはうれしい。G8の企画者は味なことをして老人を喜ばせる。喜んだのははじめだけ。一年間待ち望んだビッグバンもなかった。心あらば服部一成。言わなくても解っているね。

仲條正義

タイトルは「心中」と「裏切り」が検討された。仲條正義が心中などするとは思えない。こちらは裏切ってみせる器量もない。二人展とは恐ろしいが、仲條正義に裏切られれば自慢話にはなるだろう。両目をつぶって飛び込むまでだ。

服部一成

いいぞ、いいぞお

SUKITA Masayoshi, TIME TUNNEL!

"シャッターを押している時だけがカメラマン"と過去に何度となく自分に言い聞かせた時がありました。
裏を返せば、シャッターを押していない時のいらだちの多かったこと。時はどんどん容赦なく過ぎ去っていきます。
まだ早い、まだ早いと思いつつ、とうとう自分の過ぎ去った時と再会しなくてはならない時がやってきました。
それも又、これからシャッターの音を聞くために。写真は僕にとって時との戦いの様です。　鋤田正義

鋤田正義写真展 シャッターの向こう側 タイムトンネルシリーズ vol.22

2006年5月8日(月)〜6月2日(金) 11:00a.m.〜7:00p.m.(水曜日は8:30p.m.まで) 土・日・祝祭日休館 入場無料
第一会場：クリエイションギャラリーG8　第二会場：ガーディアン・ガーデン
主催：クリエイションギャラリーG8／ガーディアン・ガーデン　http://www.recruit.co.jp/GG/

flier　Creation Gallery G8 & Guardian Garden, 2006

048　artwork　Hong Kong Arts Center, 2005

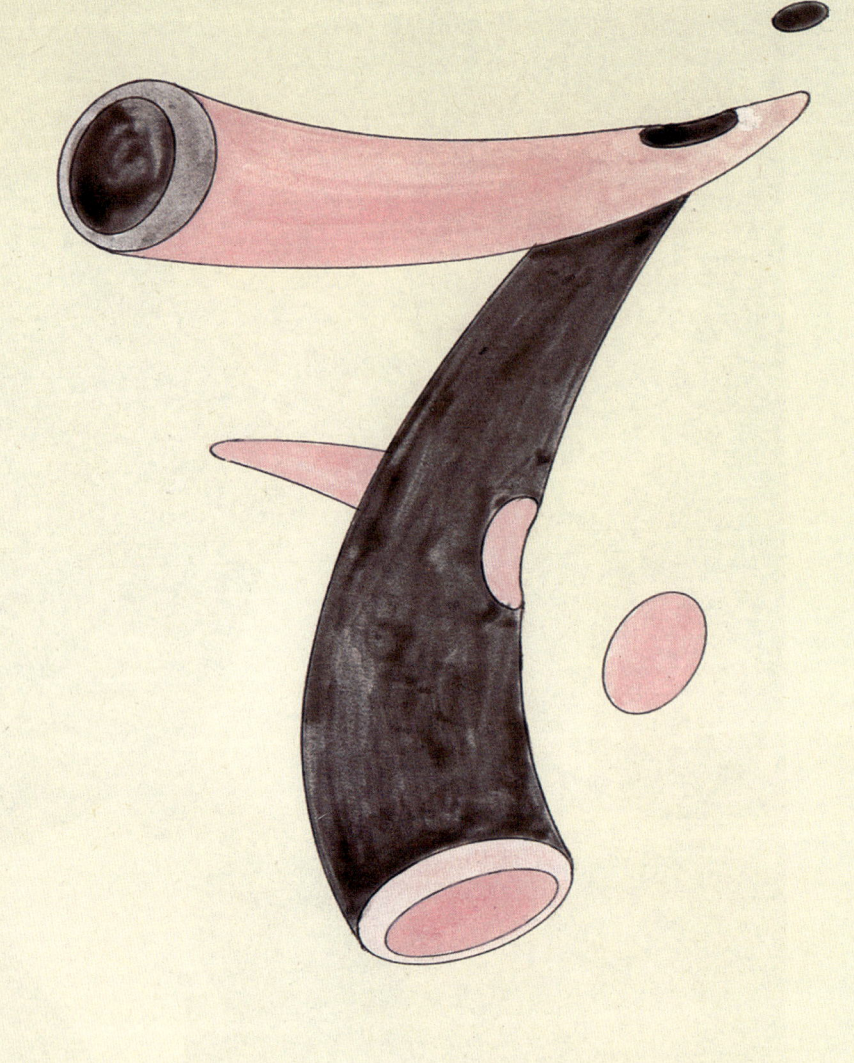

1: flier / sketch   Heidelberg, 2006   2: study   Hong Kong Arts Center, 2005   **049**

GRAPHIC UROAKKASAI

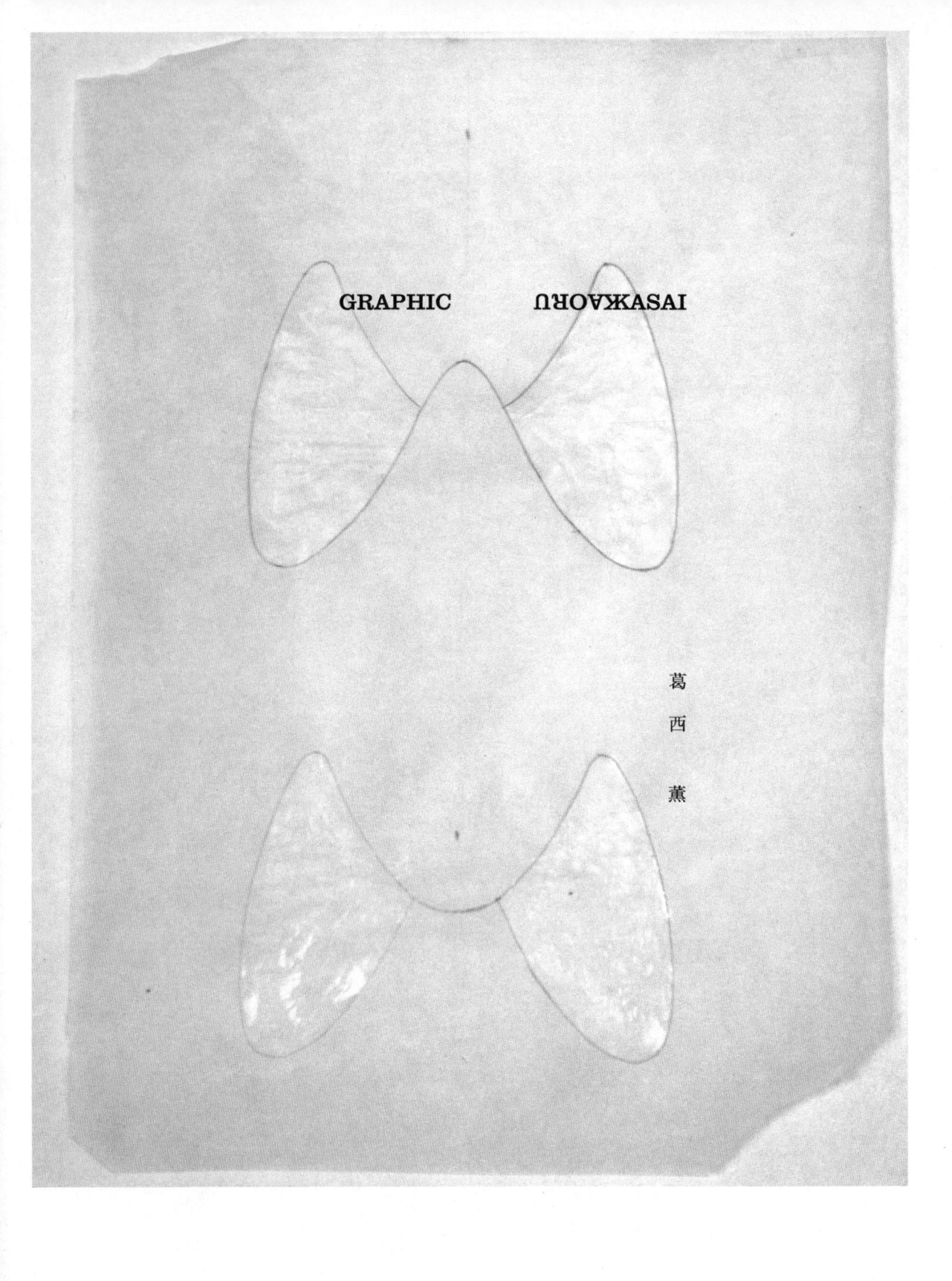

葛
西

薫

artwork Rikuyosha, 2003

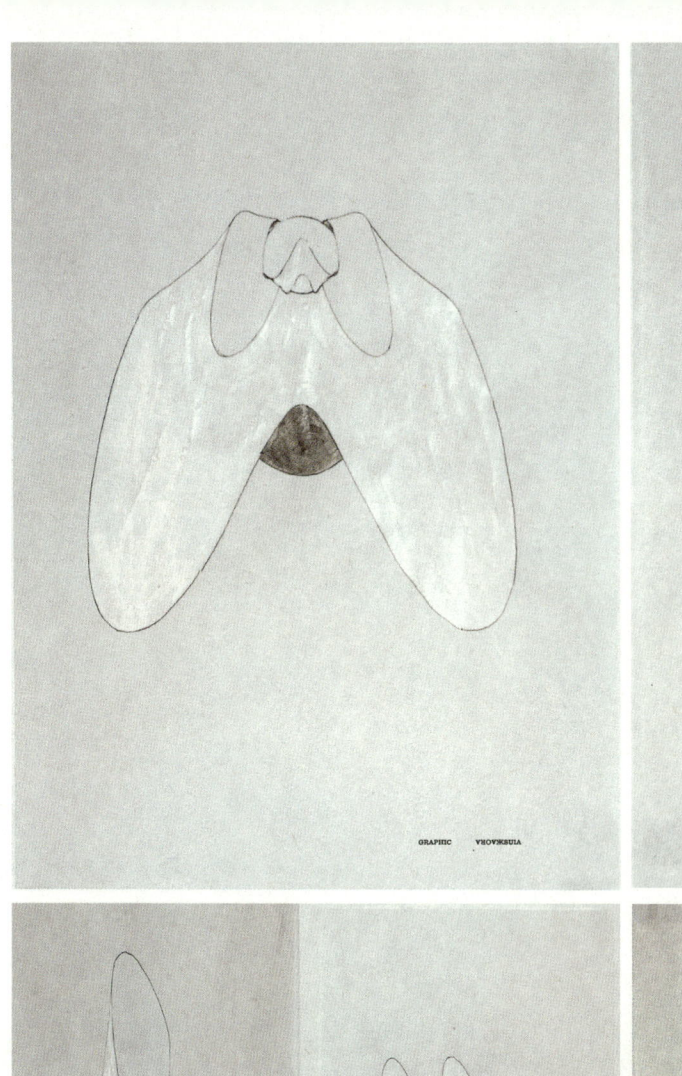

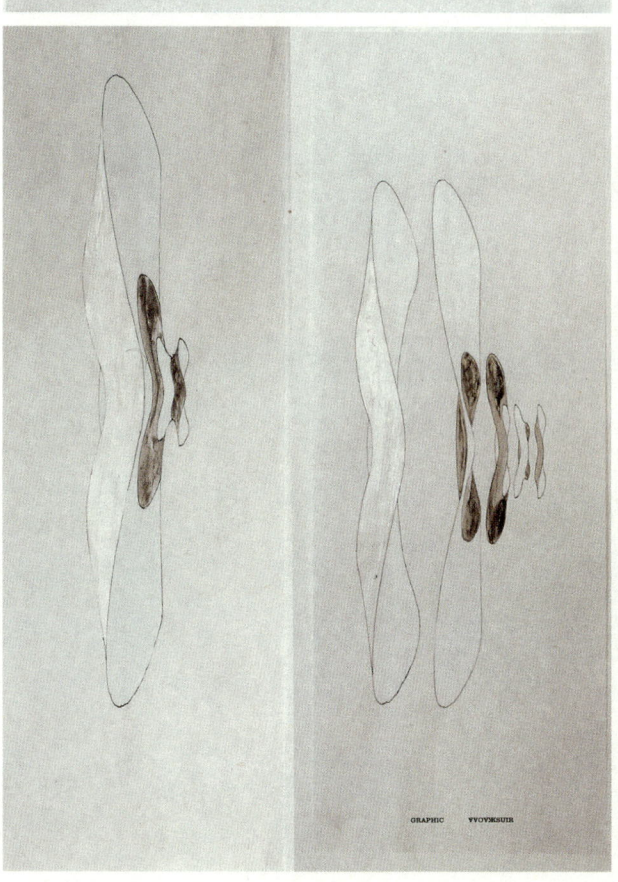

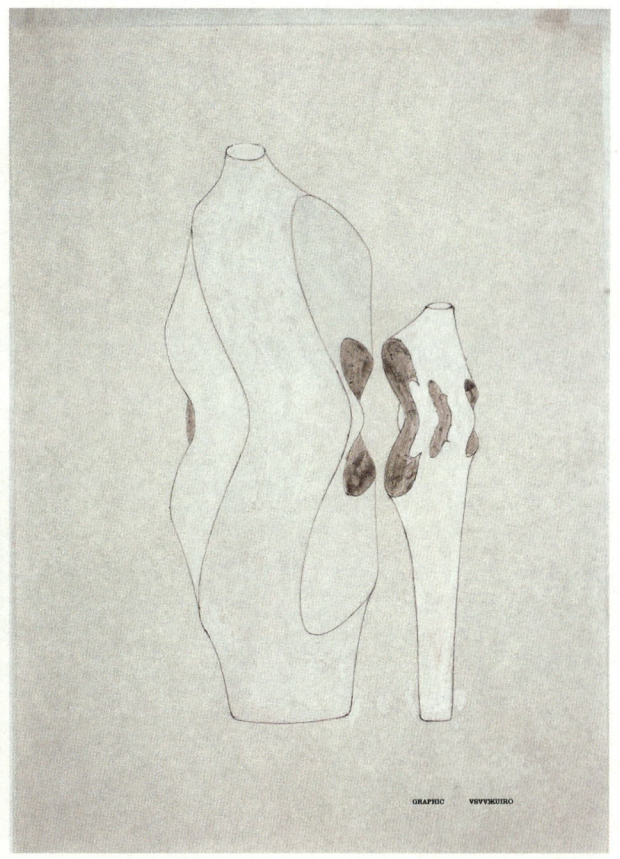

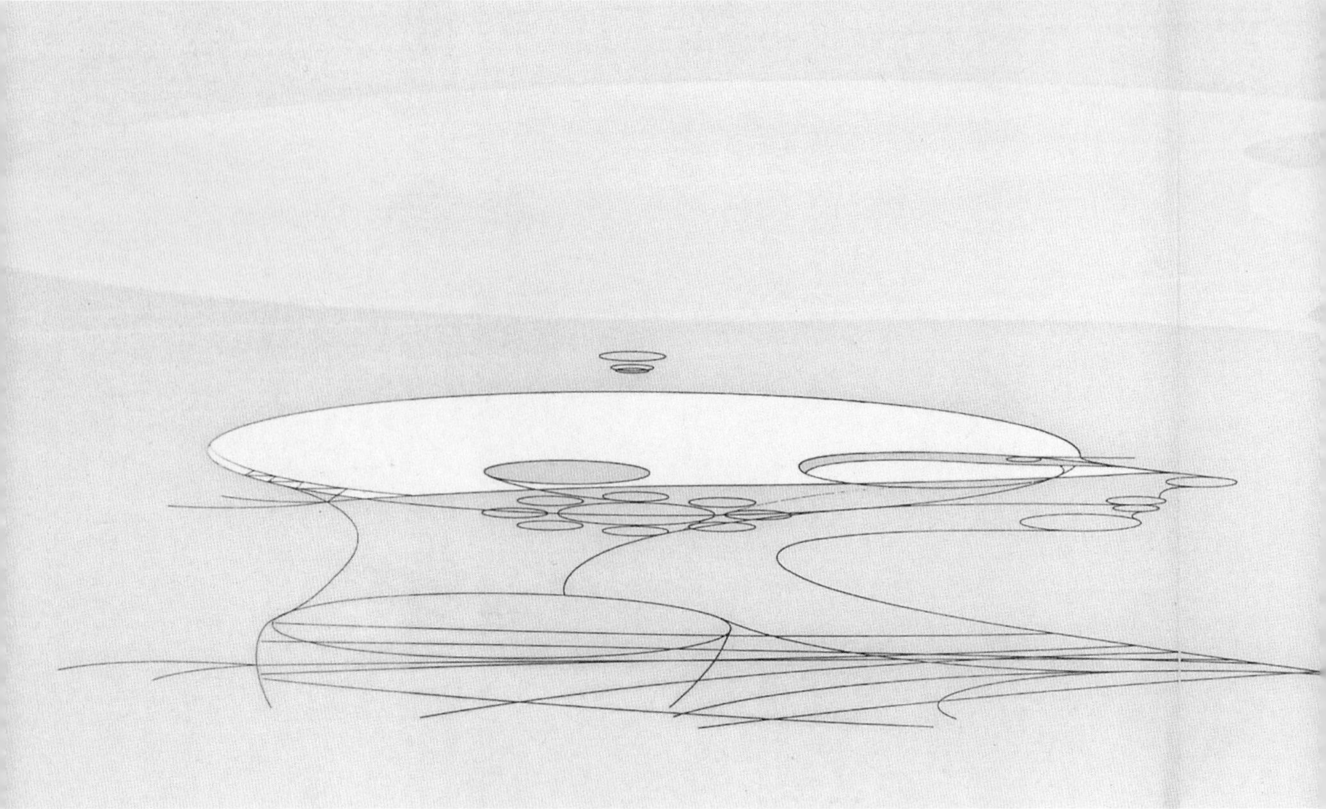

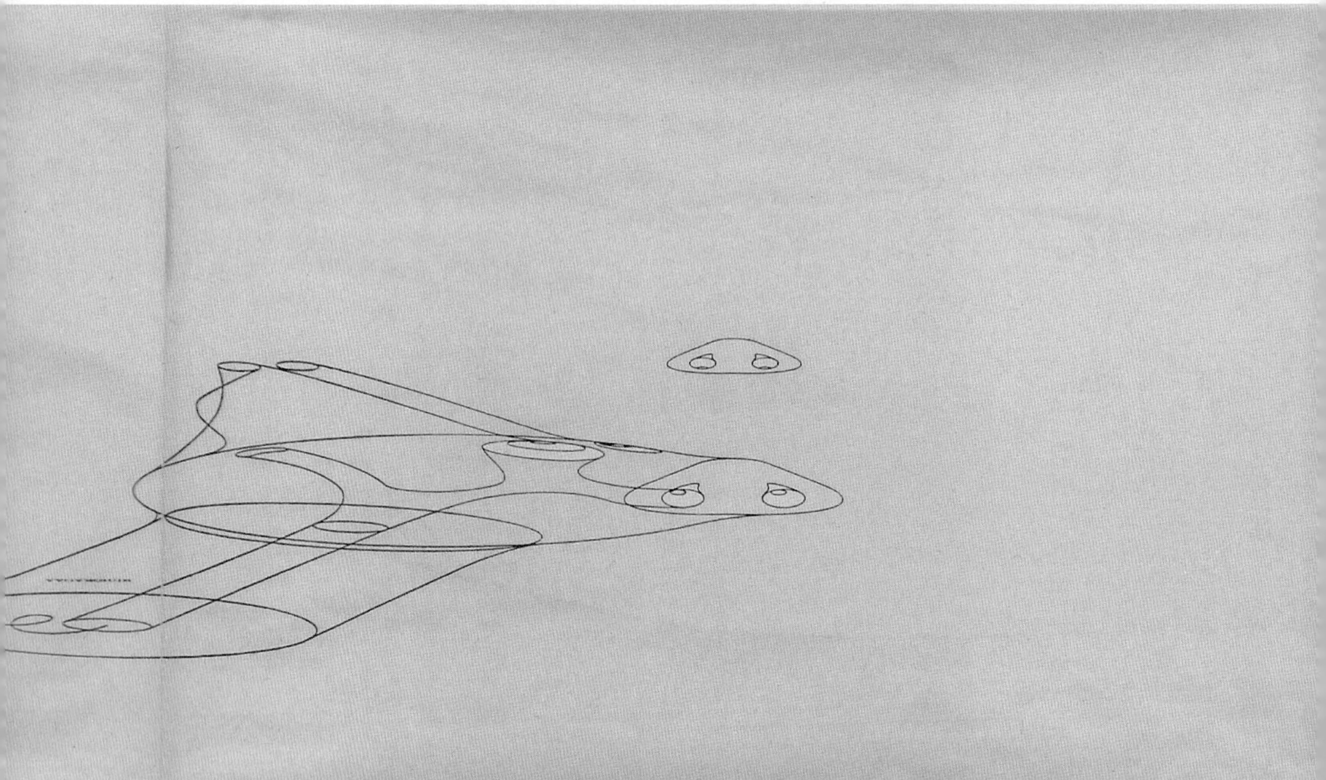

artwork　Takeo, 2005　**053**

054 study 1991

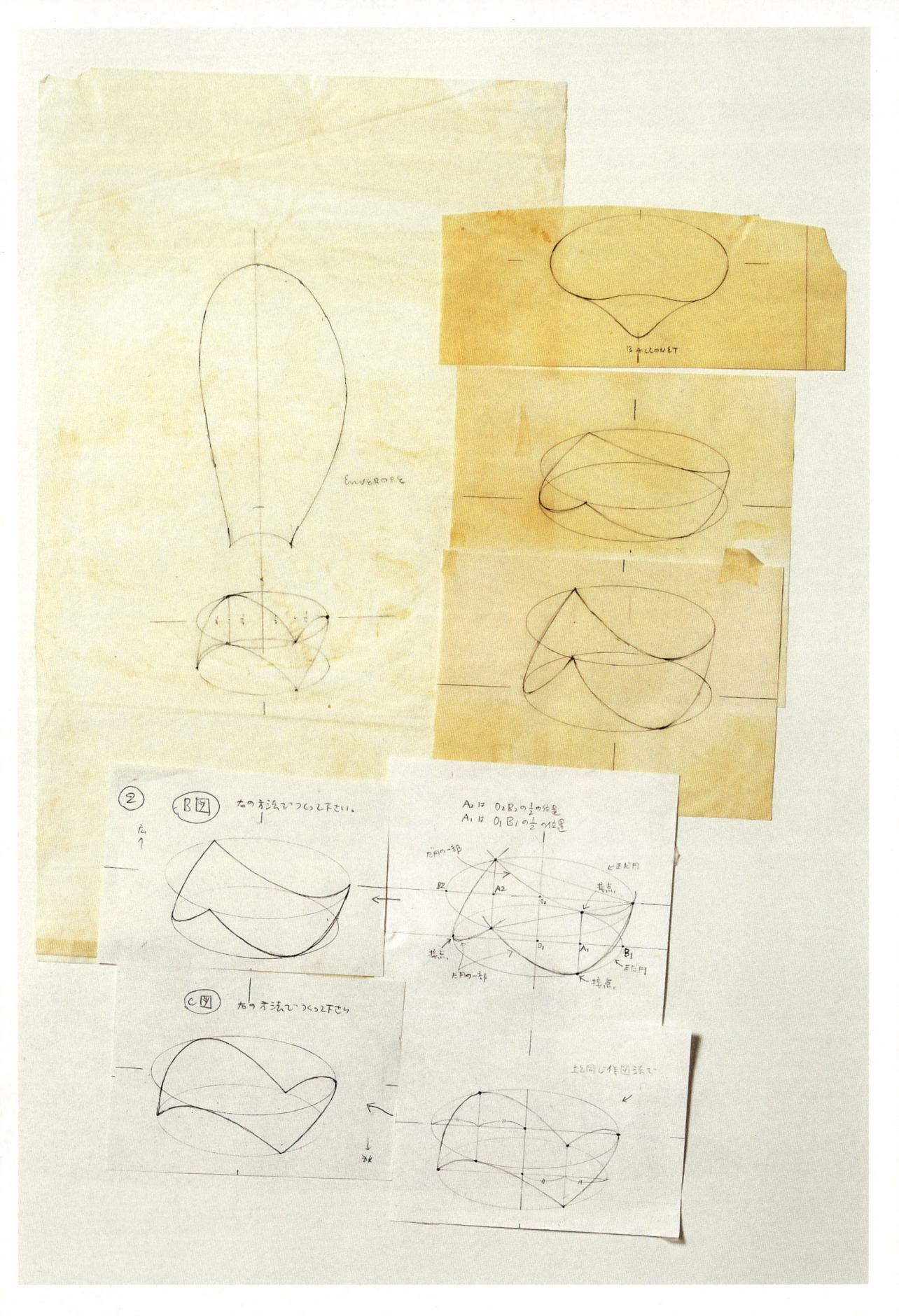

AERO 0

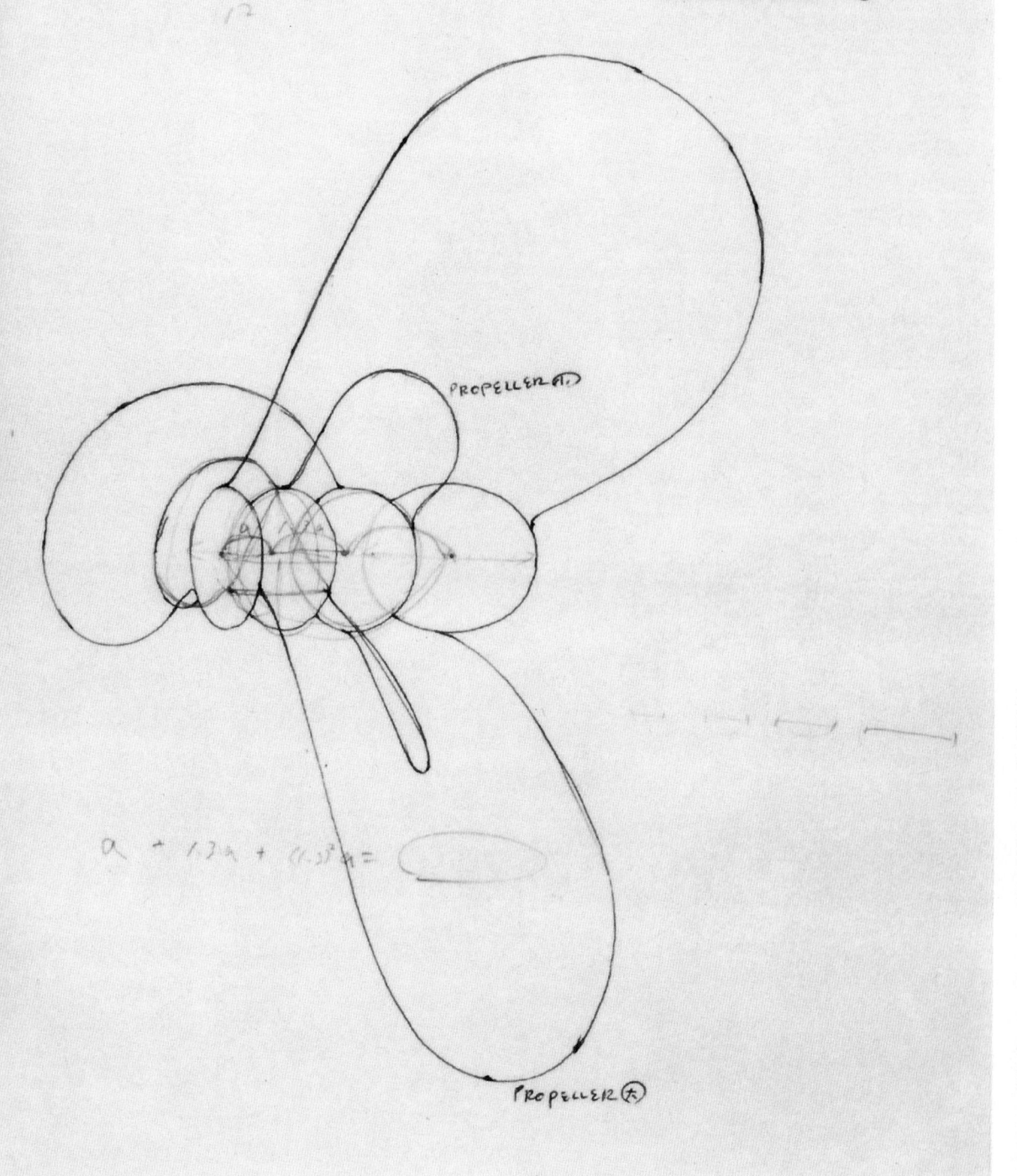

book design　Tokyo Type Directors Club, 2007

056

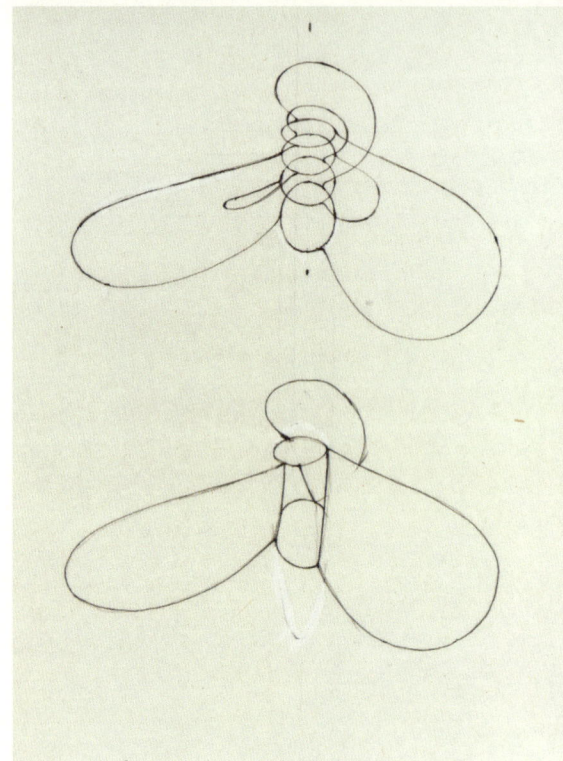

book design   Tokyo Type Directors Club, 2007

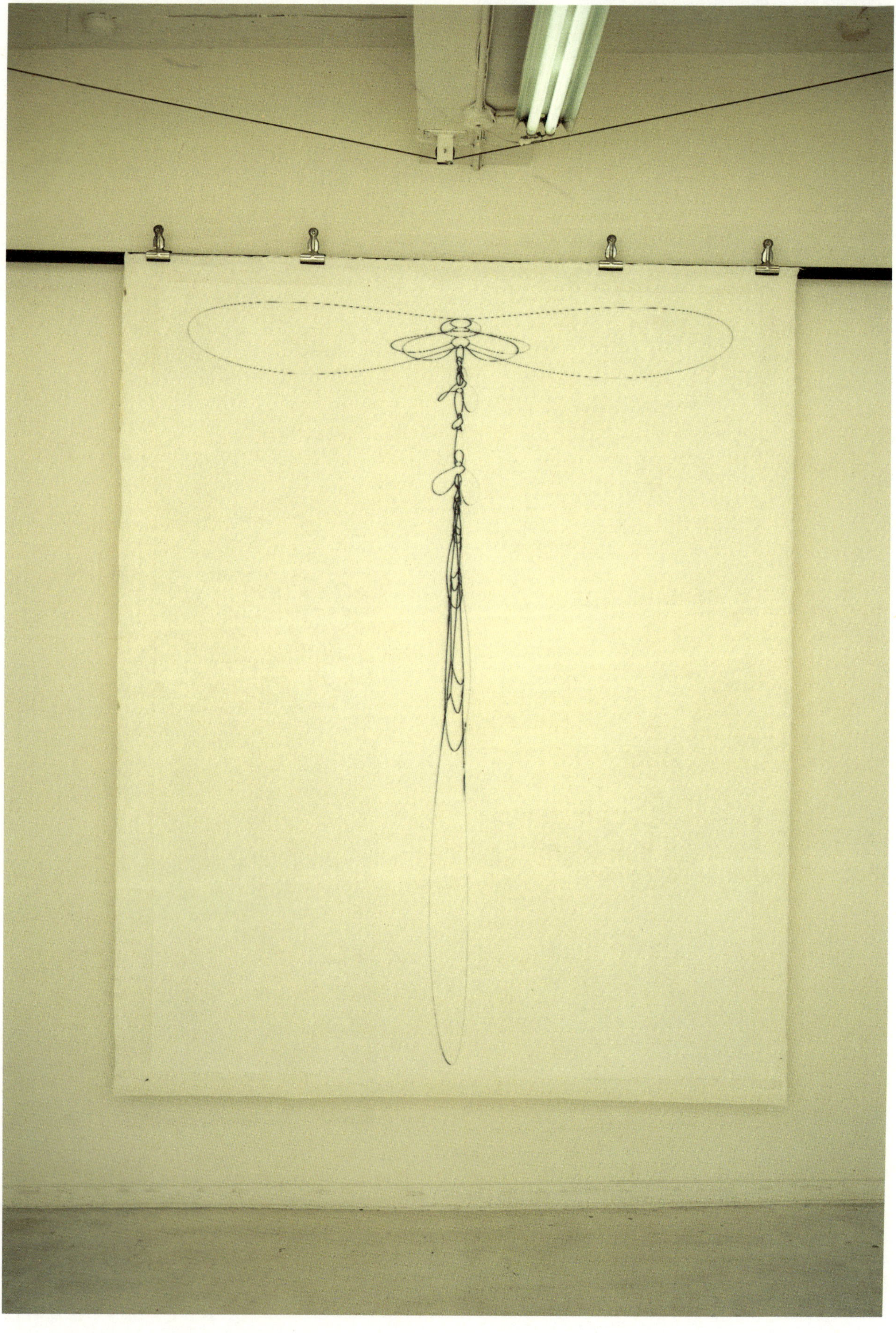

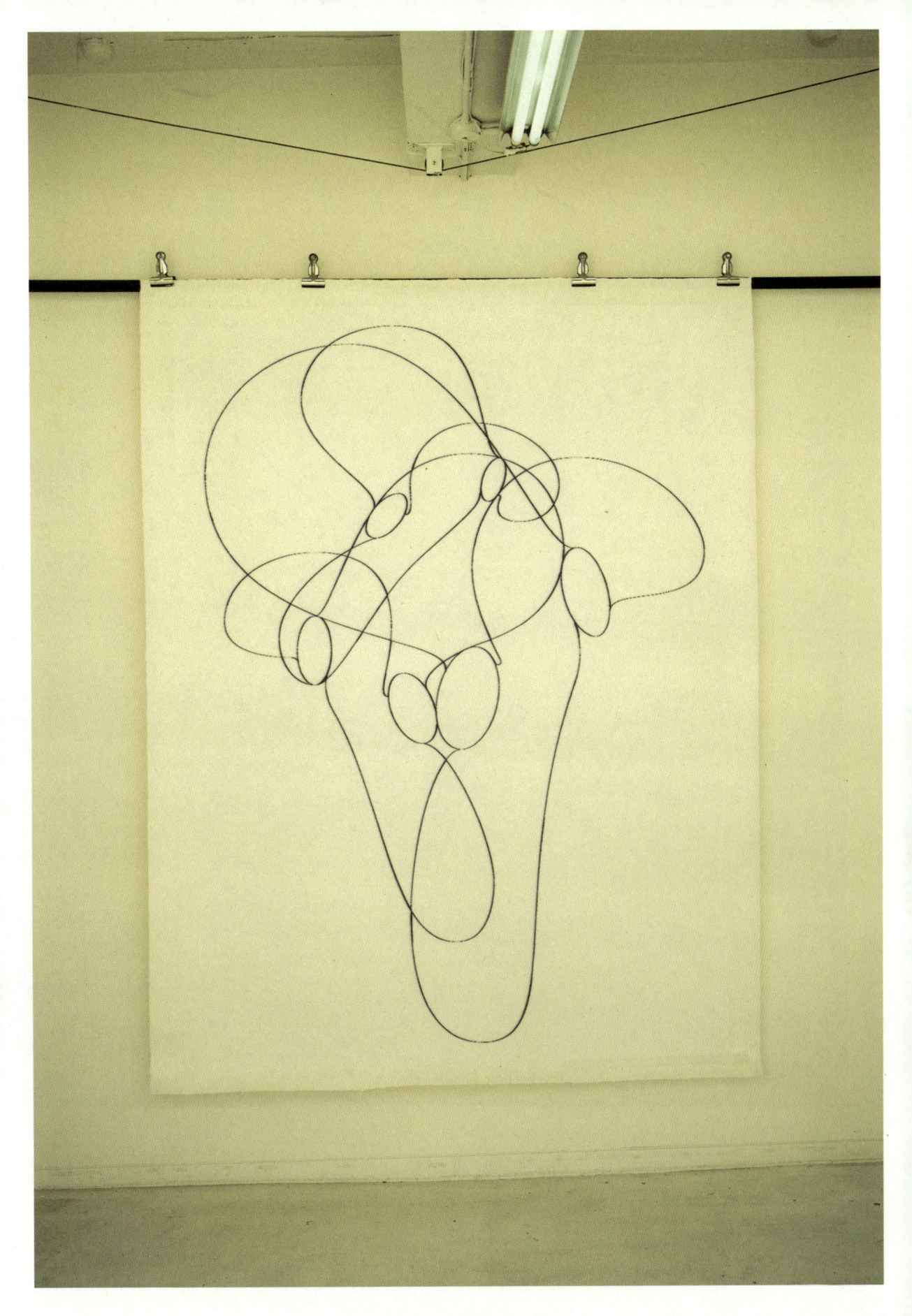

artwork　Ginza Graphic Gallery, 1992

2. 4 ENVELOPES
4つの気養

'AERO'
KASAI Kaoru
EXHIBITION
GINZA GRAPHIC GALLERY
Sept. 2 wed. ~ 26 sat. 1992

1: catalogue　private publication, 1992　2: DM　Ginza Graphic Gallery, 1992

3. 4 ENVELOPES
   4つの気嚢

catalogue   private publication, 1992

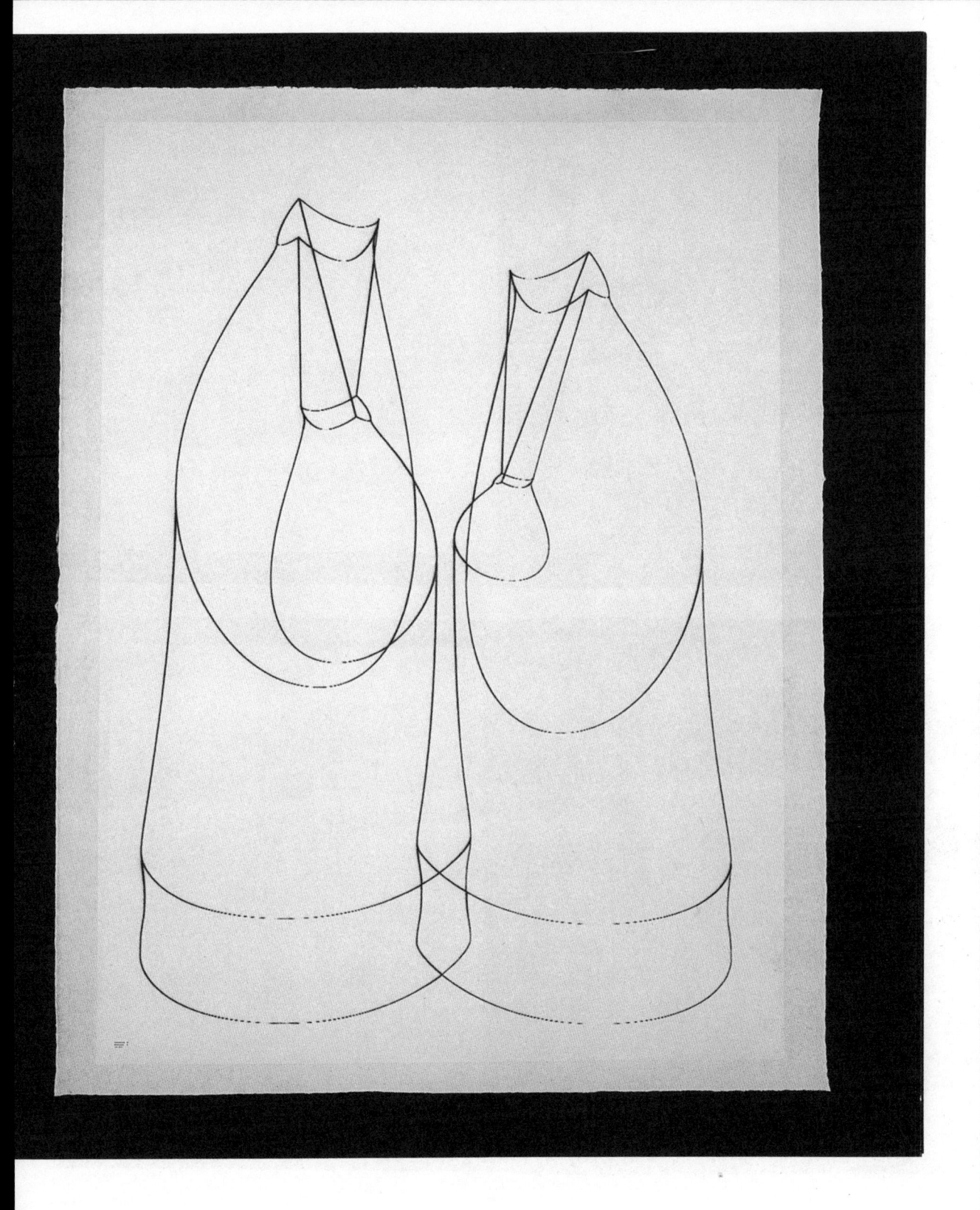

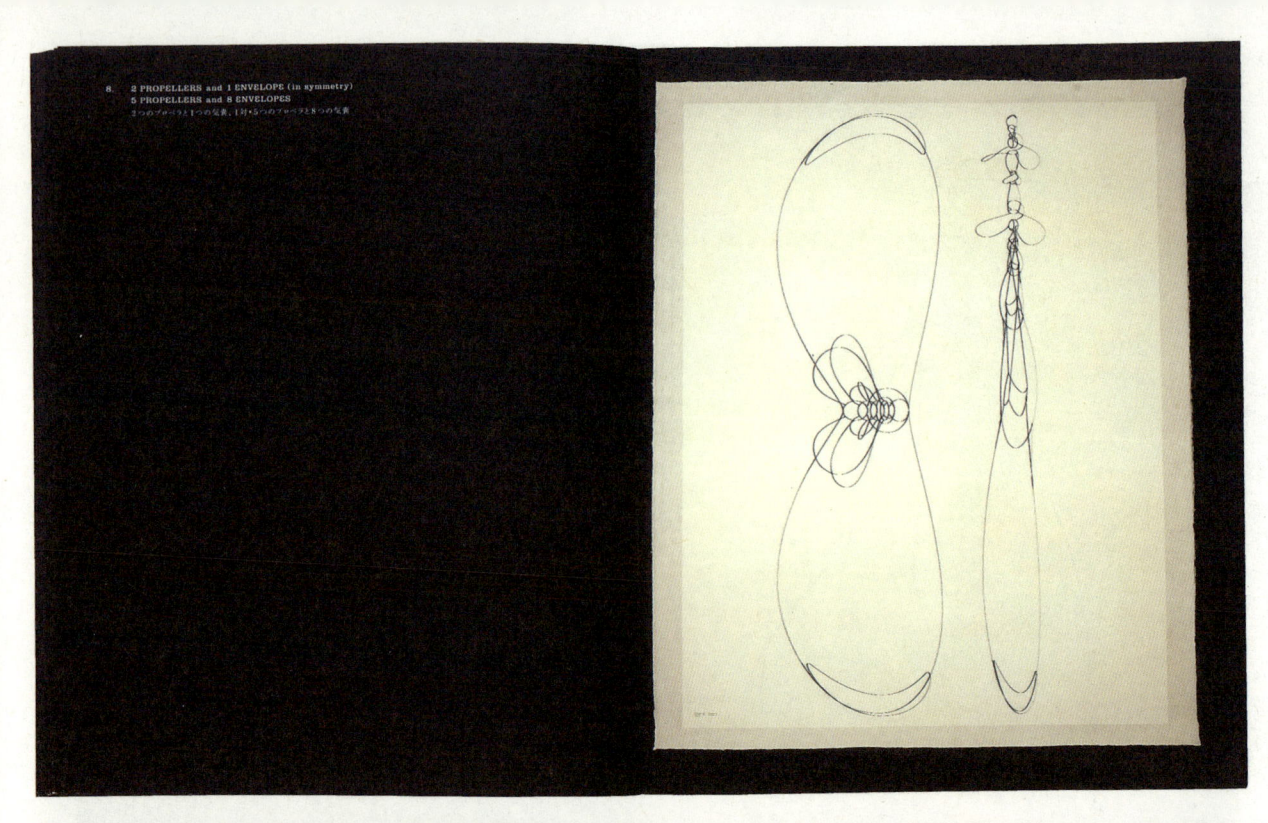

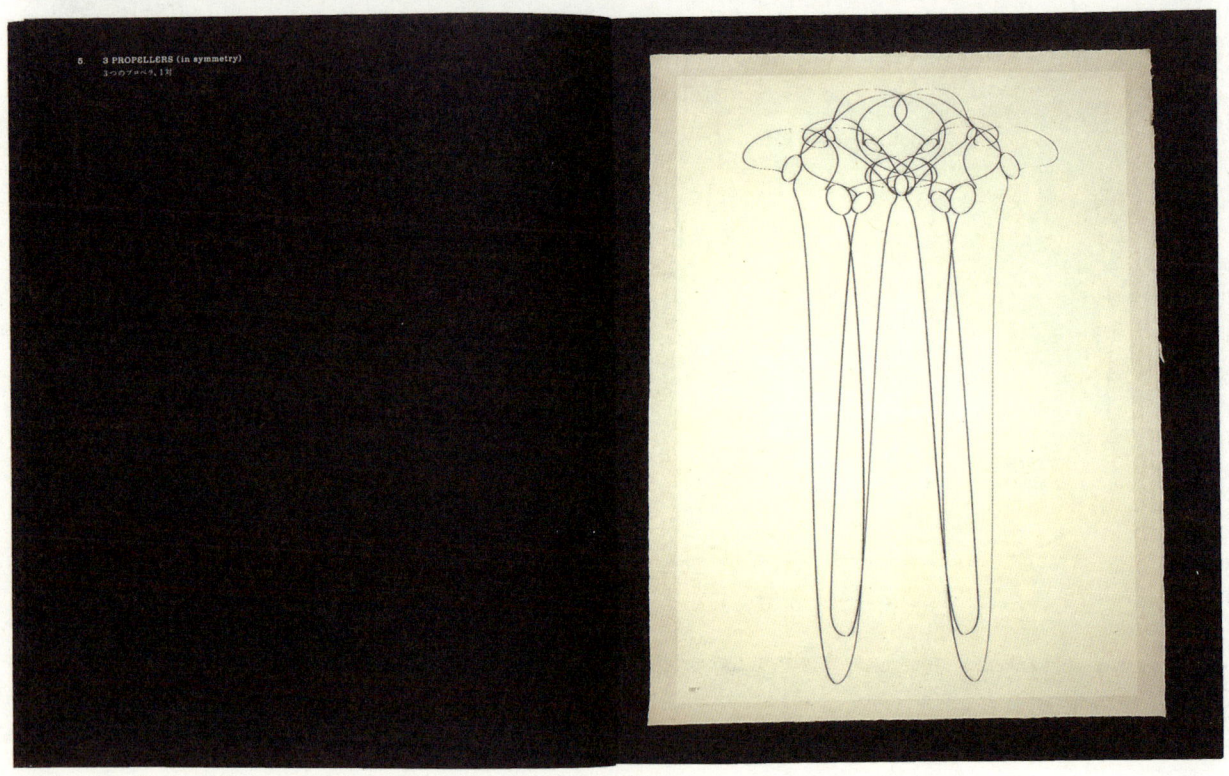

8. 2 PROPELLERS and 1 ENVELOPE (in symmetry)
   5 PROPELLERS and 8 ENVELOPES
   3つのプロペラと1つの写象、1対・5つのプロペラと8つの写象

9. 3 PROPELLERS (in symmetry)
   3つのプロペラ、1対

11. 4 ENVELOPES
4つの包絡

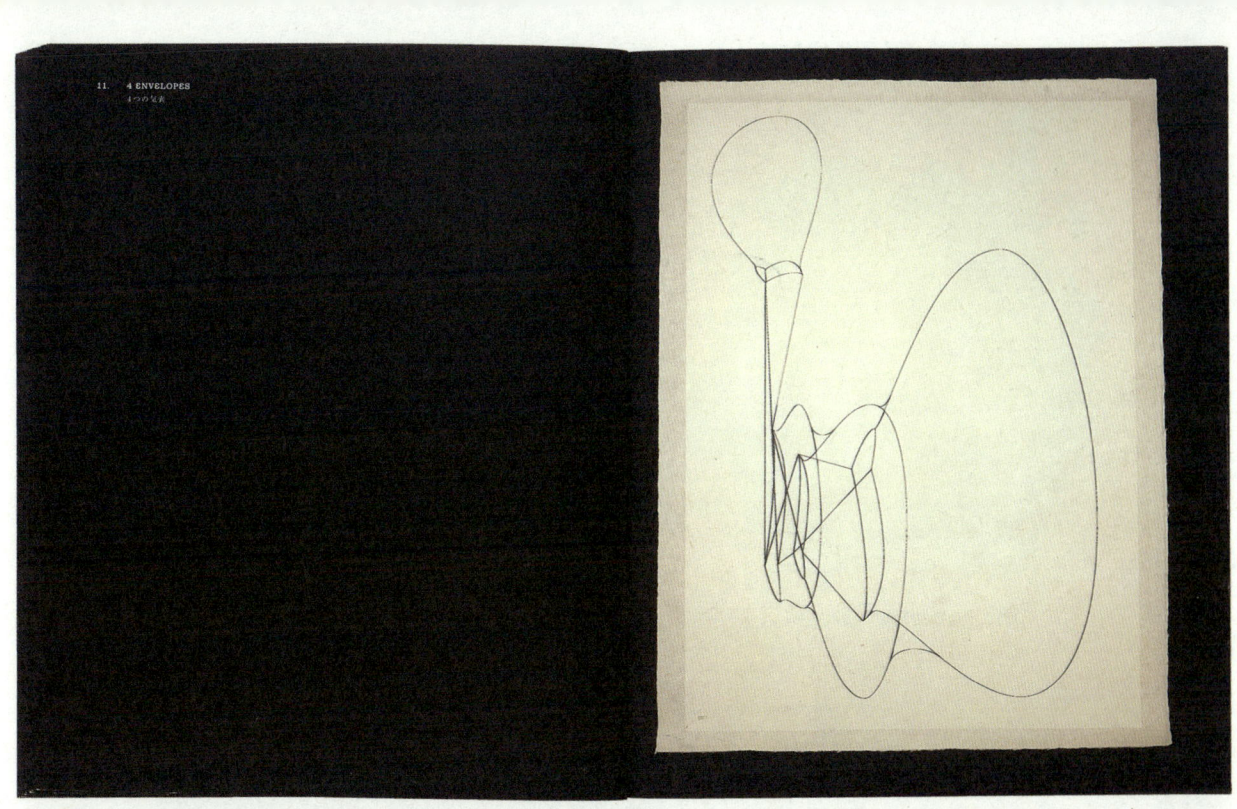

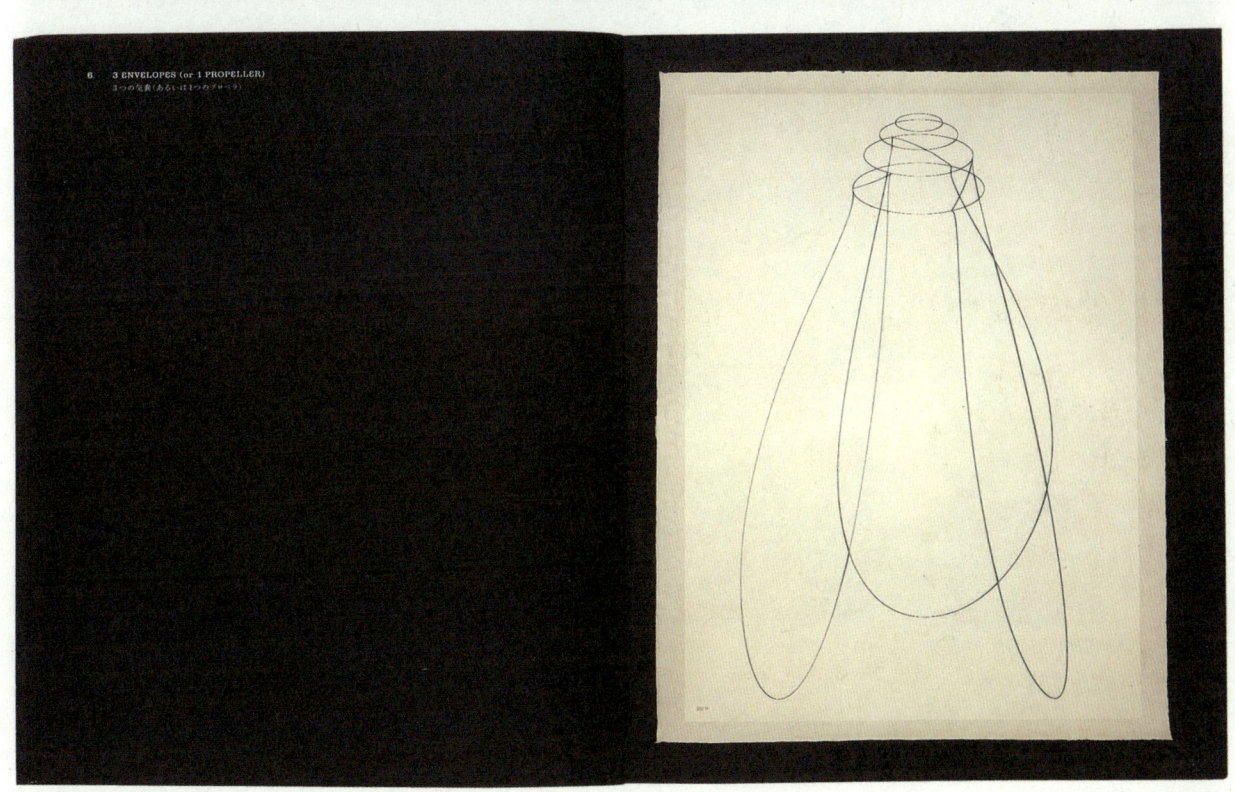

6. 3 ENVELOPES (or 1 PROPELLER)
3つの包絡（あるいは1つのプロペラ）

catalogue　private publication, 1992　**065**

NEATNIK&MANASCREEN

066   artwork   Mana Screen, 1999

artwork Japan Design Committee, 1994

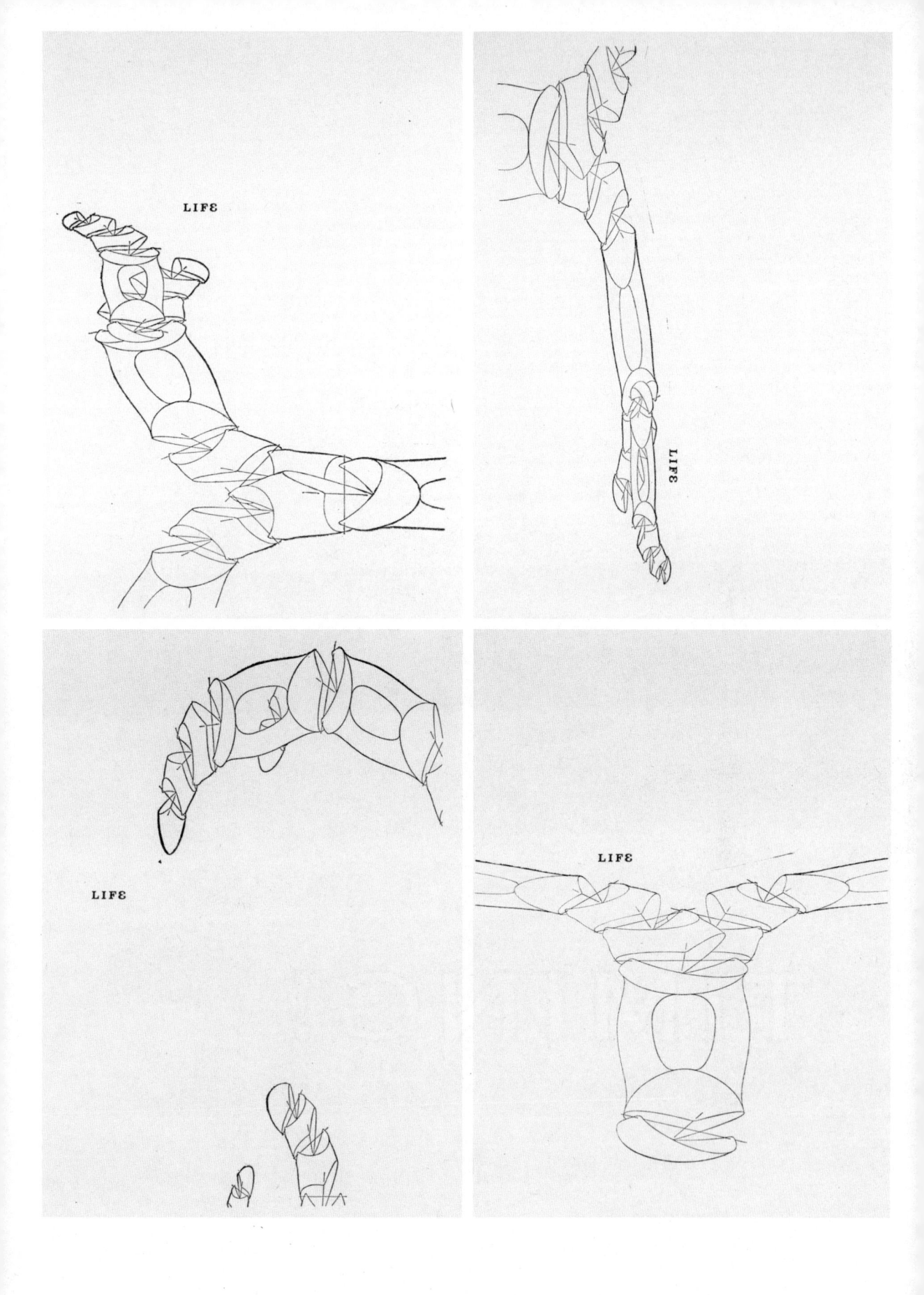

068　artwork　Tokyo University of the Arts / The Yomiuri Shimbun, 2001

8ugust

'93alendar

1993
1anuary

1993
2ebruary

1993
11ovember

1993
12ecember

artwork Morisawa, 1993 / calendar TOTO, 1993

UNFCCC-COP3-Kyoto
Dec. 1997

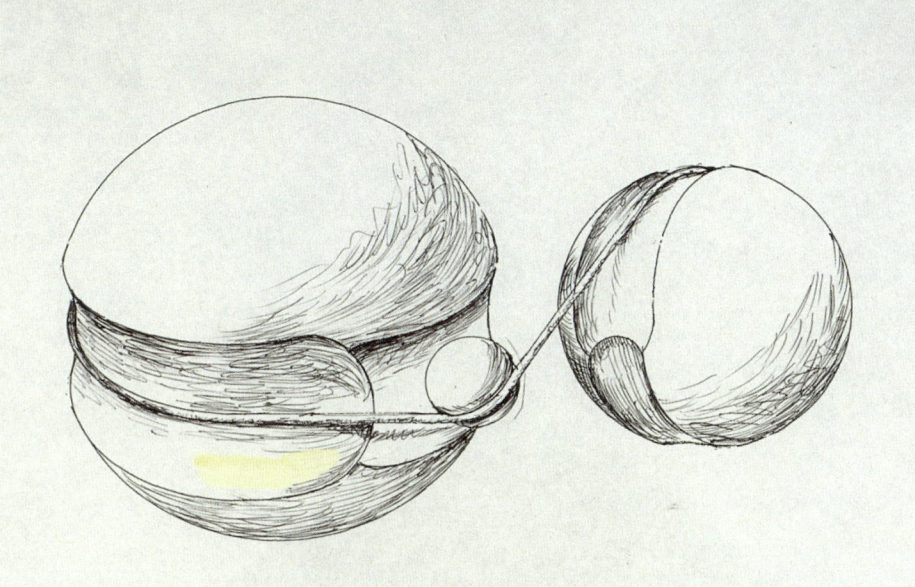

artwork / study   Suport Committee for UNFCCC-COP3-Kyoto, 1997

poster Ginza Graphic Gallery, 1992

artwork Taiyo Printing, 1990

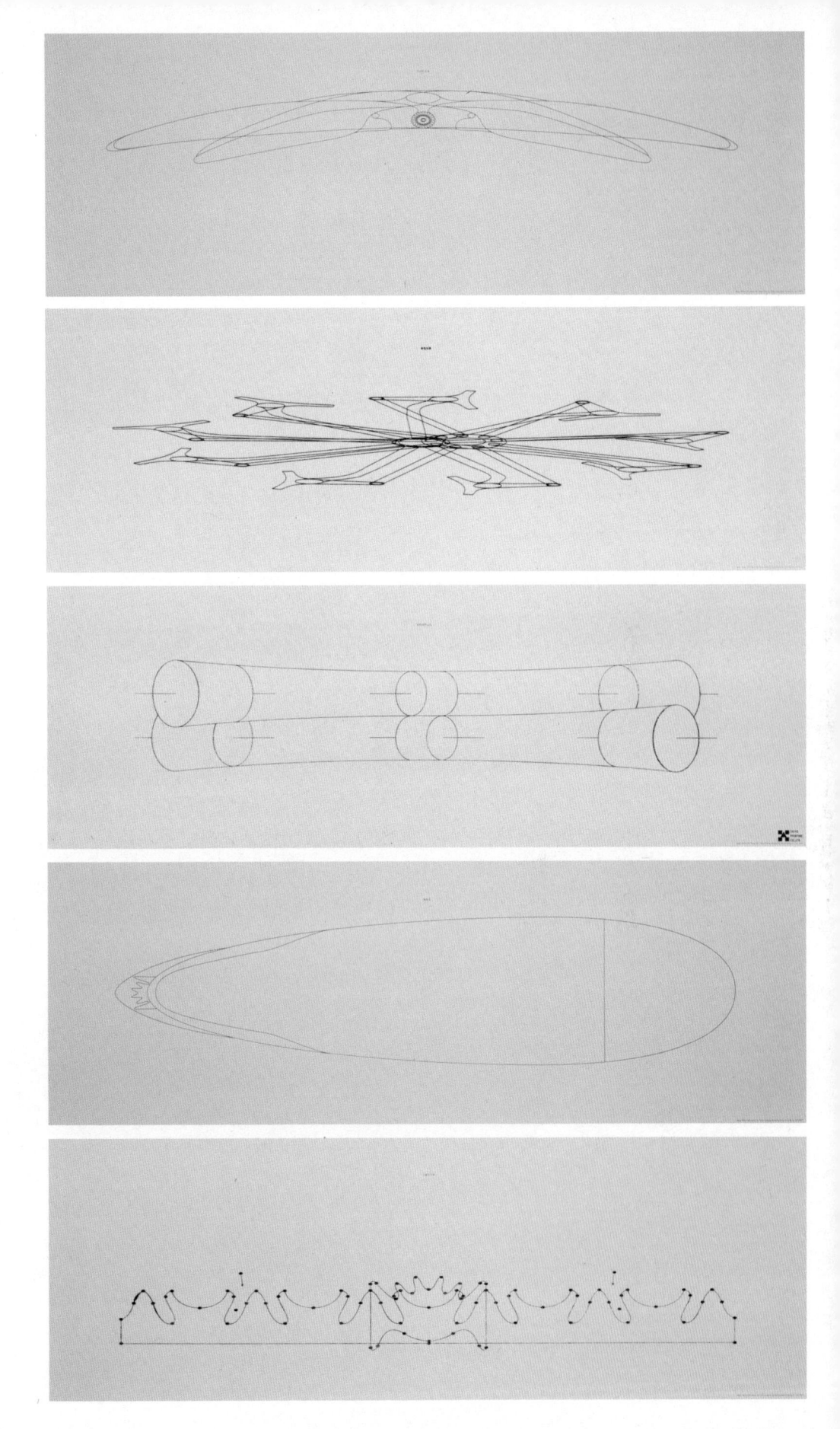

amnesty
amnesty

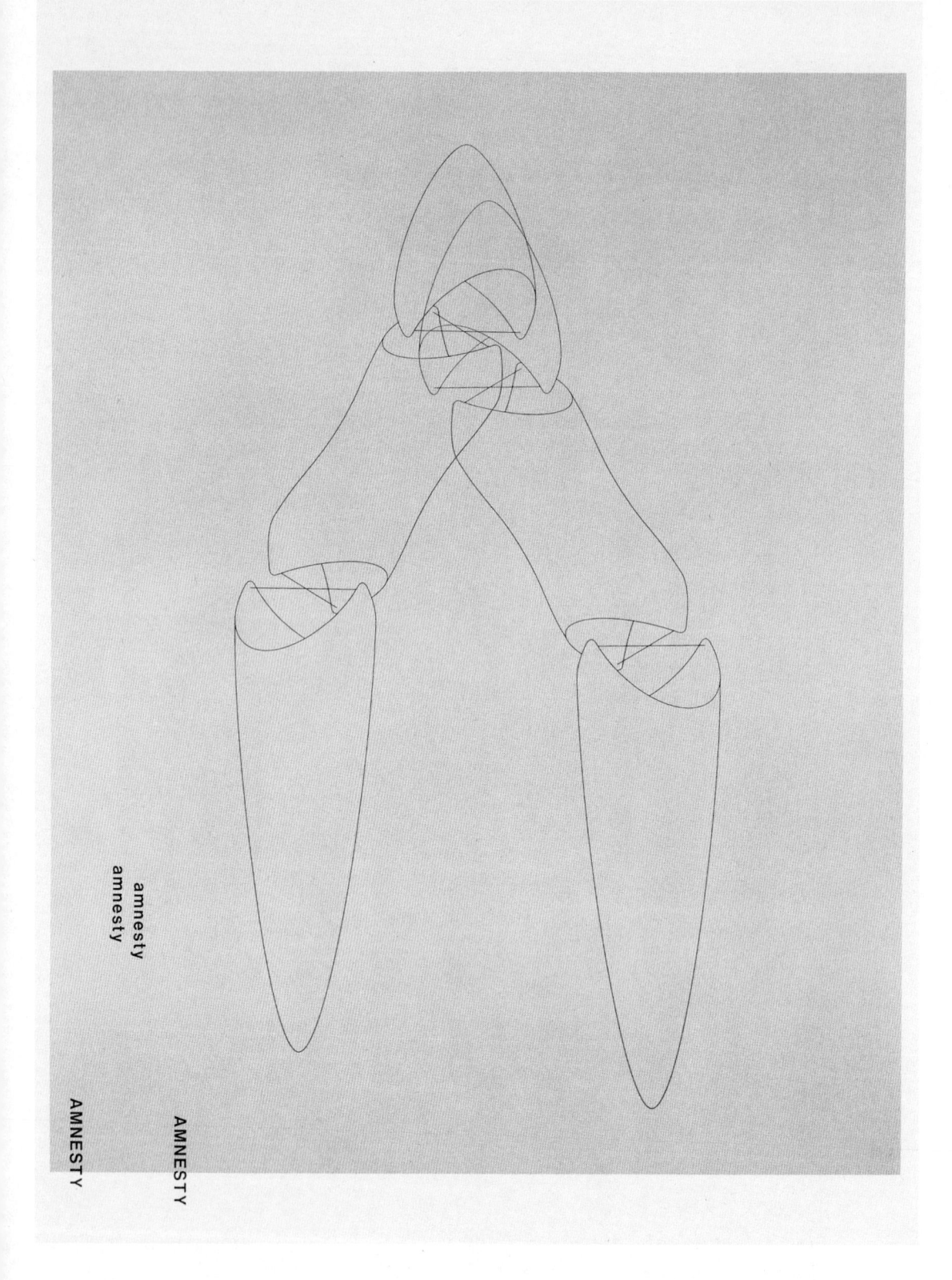

AMNESTY

AMNESTY

074 artwork Amnesty International Japan, 1990

KASAI Kaoru EXHIBITION 'AERO'
GINZA GRAPHIC GALLERY
Sept. 2 wed. ~ 26 sat. 1992

THE 10th KANAGAWA BIENNIAL
WORLD CHILDREN'S ART EXHIBITION

why not send in your work!
winners of the Grand Prize will be invited to Kanagawa, Japan.

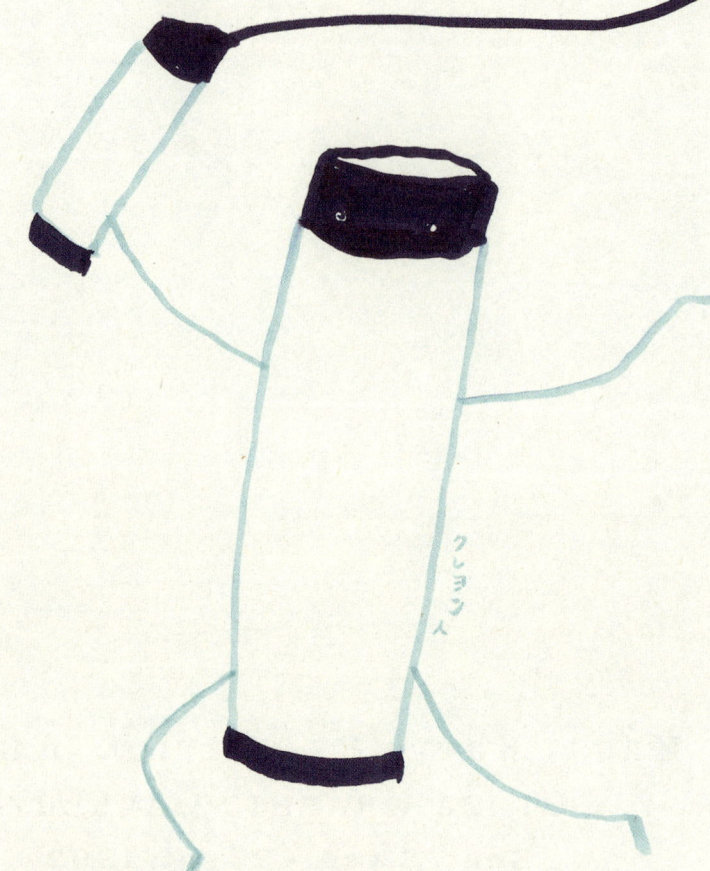

Exhibition: Drawings, paintings, prints, etc.
Deadline: September 1997
Sponsor: Kanagawa Prefectural Government, Japan

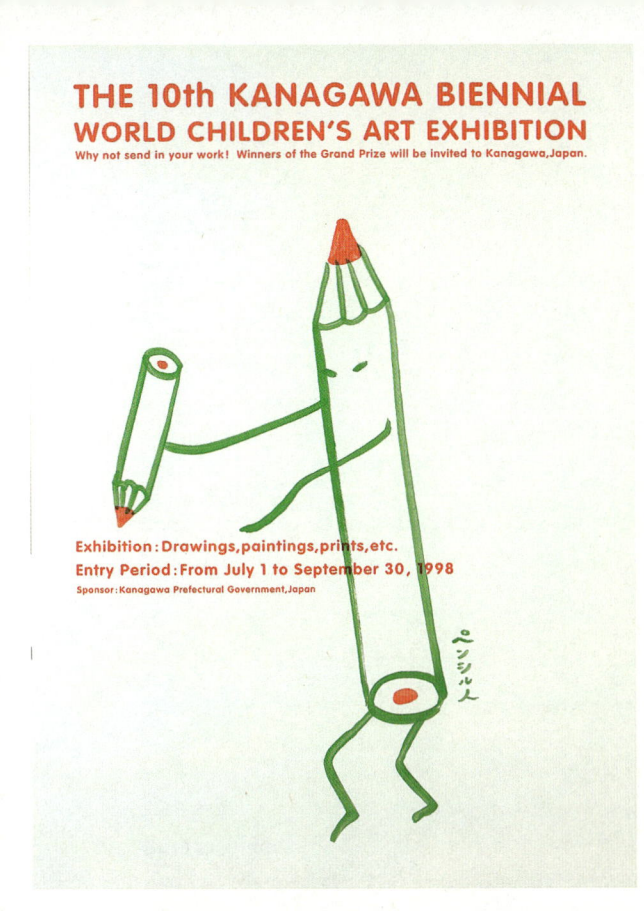

sketch / poster Kanagawa Prefectural Government, 1997–1999

078　poster　Parco, 1988

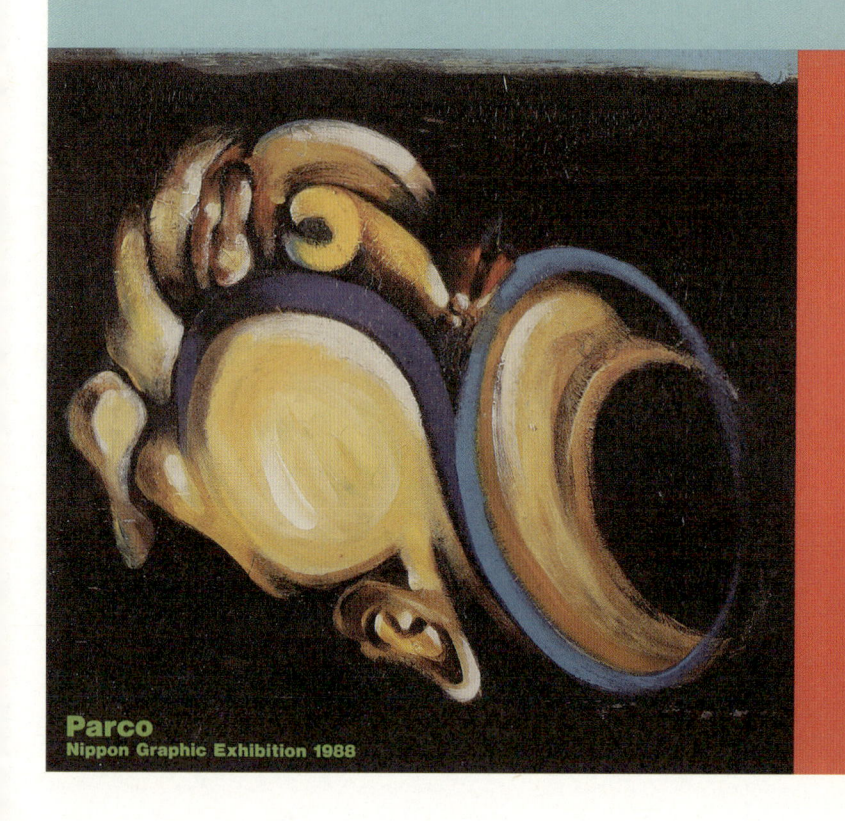

flier / catalogue / poster   Suntory Museum, 2002

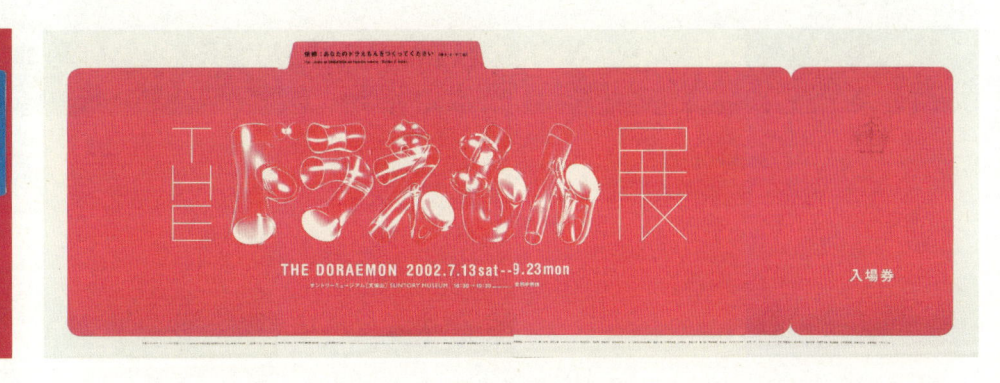

080　poster　Yokohama Museum of Art, 1996

poster   1–3: Yokohama Museum of Art, 1997–2003   4: Tokyo Station Gallery, 2003

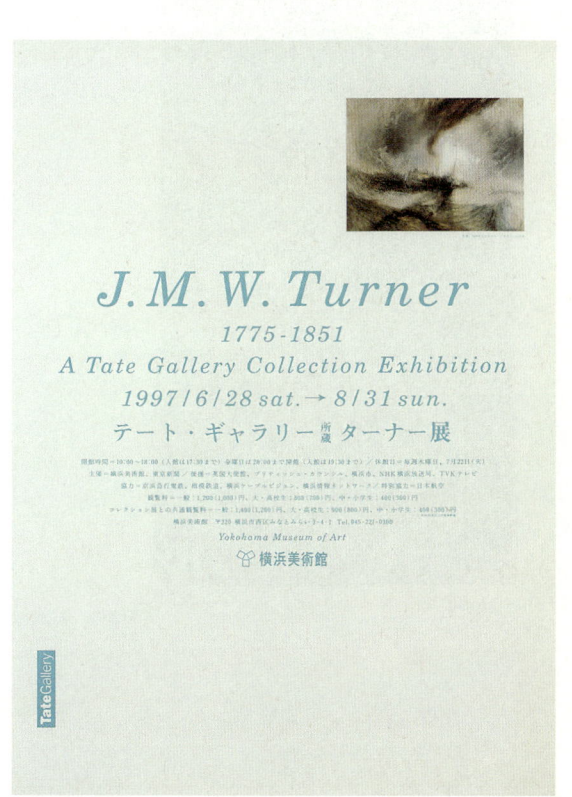

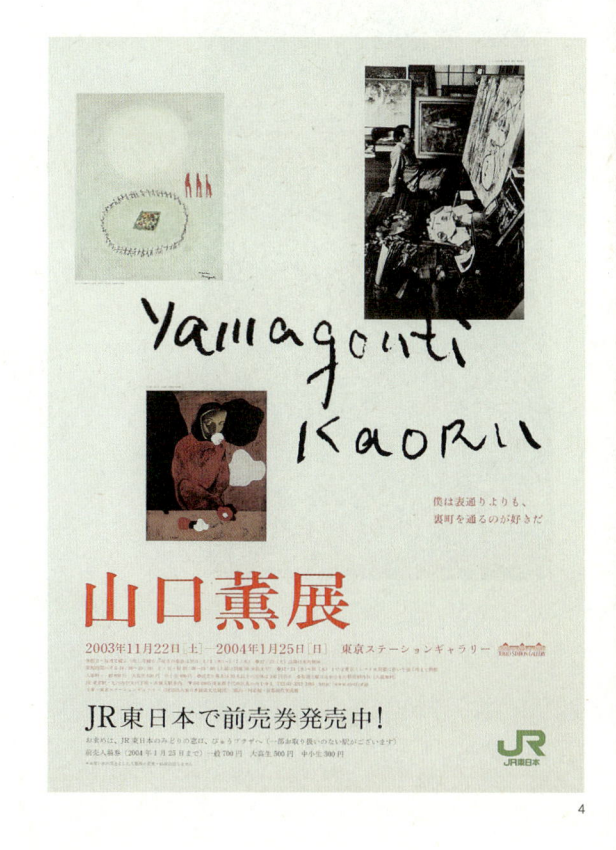

The 200th anniversary of SHARAKU 1794–1994 The Mainichi Newspapers

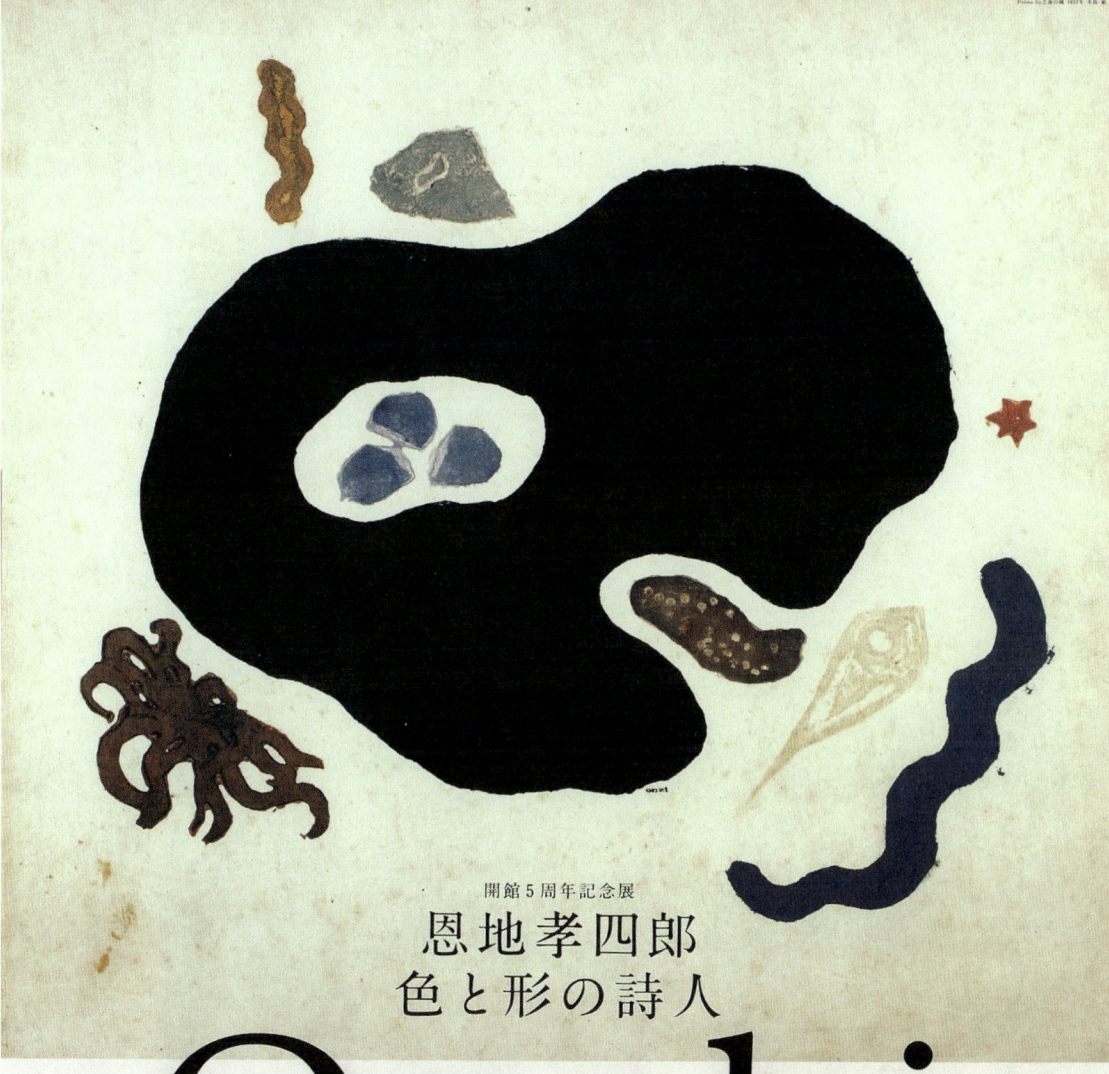

開館5周年記念展
恩地孝四郎
色と形の詩人

Onchi

A Poet of Colors and Forms
1994/10/8 sat.-11/6 sun.

開館時間：10:00〜18:00（入館は17:30まで）/休館日：毎週木曜日（11月3日を除く）及び10月11日、11月4日
観覧料：一般 800(600)円 大・高校生 600(400)円 中・小学生 300(200)円/常設展との共通観覧料：一般 1,000(800)円 大・高校生 700(560)円 中・小学生 300(240)円
横浜美術館 〒220 横浜市西区みなとみらい3-4-1 電話 045-221-0300
（　）内は20名以上の団体料金
主催：横浜美術館、読売新聞社、美術館連絡協議会／後援：NHK横浜放送局、横浜市／協力：日本航空、相模鉄道、ビス・メディア・ネットワーク・ヨコハマ、横浜ケーブルビジョン、横浜情報ネットワーク／協賛：花王株式会社

記念コンサート 恩地孝四郎の「ゆめ」―音と言葉と色彩と
日時：1994年10月30日(日) 14:00開演(13:30開場)／場所：横浜美術館レクチャーホール（入場無料・先着240名）

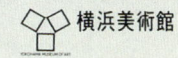

横浜美術館

poster　Yokohama Museum of Art, 1994　083

084 poster / flier / catalogue / ticket   The Museum of Modern Art, Saitama, 1986

地・間・余白
今日の表現から

The Space : Material, Tension, Vacancy in Japanese Contemporary Art

日本美術における色、形、構成は、時々に国外からの影響を受けながらも、我国の風土に根ざした美意識によって独自の展開をみせてきました。特に空間の扱いについては、地、間、余白などといった独特の言葉を生みだしています。自然と親密に交感する生活の中で育まれた日本人の自然に寄せる愛着は、木、土、石、紙など天然の素材のもつ味わいをそのまま造形表現に生かして「地」の美学ともいえる清浄な空間を形づくりました。
また、間合い、ころあい、ひまなどの言葉で認識され、日本人の生活、文化全般に活きづく「間」の感覚は、絵画における「余白」表現をはじめ、美術の中にも巧みに生かされ、緊張感のある、極めて印象的な空間表現を可能にしました。
今回の展覧会では、この地、間、余白といった日本美術にみられる独特の美意識とその表現が、近・現代美術の中にどのような形で生かされているのか、その新しい展開を探ろうとするものです。

主な出品作家
下村観山、平福百穂、土田麦僊、福田平八郎、徳岡神泉、吉原治良、昆野恒、浜口陽三、岡田謙三、糸園和三郎、里中英人、速水史朗、高松次郎、井田照一、菅木志雄、岡本敦生、保科豊巳、土屋公雄、ほか約70名、約80点。

1989・2・3fri.→3・21tue. 埼玉県立近代美術館

開館時間：午前9時→午後4時30分（ただし入館は午後4時まで）/休館日：月曜日
観覧料：一般500円(400円)・大高生400円(300円)・中小生300円(200円)※( )内は団体20名以上
埼玉県浦和市常盤9丁目30番1号　電話：048-824-0111　京浜東北線北浦和駅西口から徒歩3分
東京方面からおいての方は大宮行きをご利用ください。

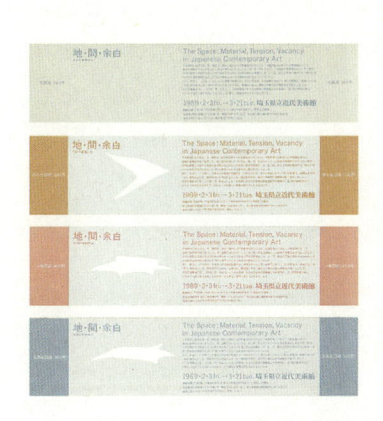

poster / ticket / flier / catalogue　　The Museum of Modern Art, Saitama, 1989

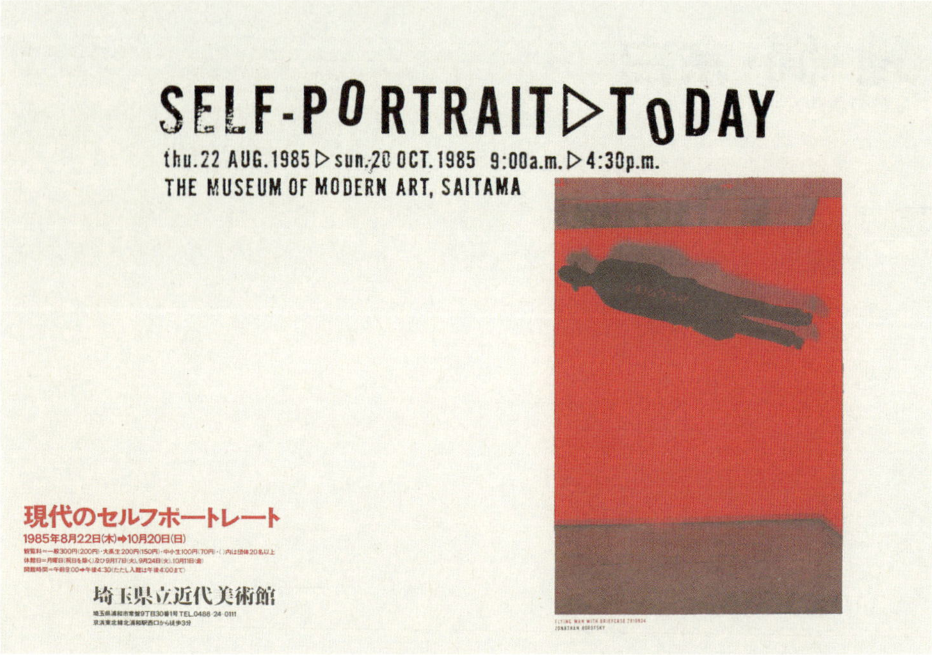

086 poster / catalogue   The Museum of Modern Art, Saitama, 1985

10/19 映画とシンポジウム
10月19日(金)・12時30分…21時00分・STVホール

上映作品
「父、パードレ・パドローネ」監督—パオロ&ヴィットリオ・タヴィアーニ
イタリア映画・1977年作品
「エミタイ」監督—ウスマン・センベーヌ
セネガル映画・1971年作品
「エレンディラ」監督—リュイ・グエッラ
フランス/メキシコ/西ドイツ合作・1983年作品 原作—G・ガルシア・マルケス

シンポジウム
司会―山本喜久男(早稲田大学教授)
品田雄吉(映画評論家)/C.W.ニコル(作家)

10/20 民族フィルムとシンポジウム[北方圏に生きる人々]
10月20日(土)・9時30分…20時00分・STVホール

フランナー―牛山純一/対談―野呂進+岡田宏明
協力―日本映像カルチャーセンター・日本映像記録センター

上映作品
「極北のナヌーク」ロバート・フラハティ
「アザラシを狩る人々・エスキモーの冬」ロバート・ヤング
「もり打ち師、ビンセント・ナギアック」野呂進
「最後のトナカイ遊牧民・ラップランドの1年」野呂進
「戦闘カヌーの地にて・タワキートルインディアン」エドワード・カーチス
「ファロ島の一年」野呂進
「ホンド入江のエスキモーたち」マイケル・グリグスビィ
「極北の狩人・山エスキモー」野呂進
「幻のイヨマンテ・75年目の森と湖のまつり」越智勝也

日本文化デザイン会議'84札幌

●会期―10月19日(金)・20(土)　●会場―札幌市教育文化会館・STVホール
●主催―日本文化デザイン会議　●開催地主管―札幌開催地実行委員会

●後援―北海道/札幌市/文部省/国際交流基金/北海道市長会/北海道町村会/北海道教育委員会/札幌市教育委員会/(社)札幌青年会議所/(社)日本青年会議所北海道地区協議会/札幌商工会議所/北海道経済連合会/北海道商工会議所連合会/北方圏センター/全日本広告連盟/北海道デザイン協議会/北海道新聞社/札幌テレビ放送　●協賛―キヤノン/キリンビール/UCCコーヒー/田崎真珠/大洋漁業/小学館/集英社/全日空/大日本印刷

●映画及び民族フィルムの分科会の参加について
参加登録票をお持ちの方は、入場自由です。参加登録票をお持ちでない方でも、特別会員会(2日間通し)―¥1,500を求めになれば、入場できます。
●お申し込みは電話でもできます―日本文化デザイン会議事務局
東京―〒100 東京都千代田区丸の内2-7-3 東京ビル 博報堂内
　　 Tel.(03)240-7674(直)/7051(代)
札幌―〒060 札幌市中央区北1条西1丁目5-1 安田生命札幌ビル 博報堂札幌支社内
　　 Tel.(011)231-8050(直)/251-0178(代)

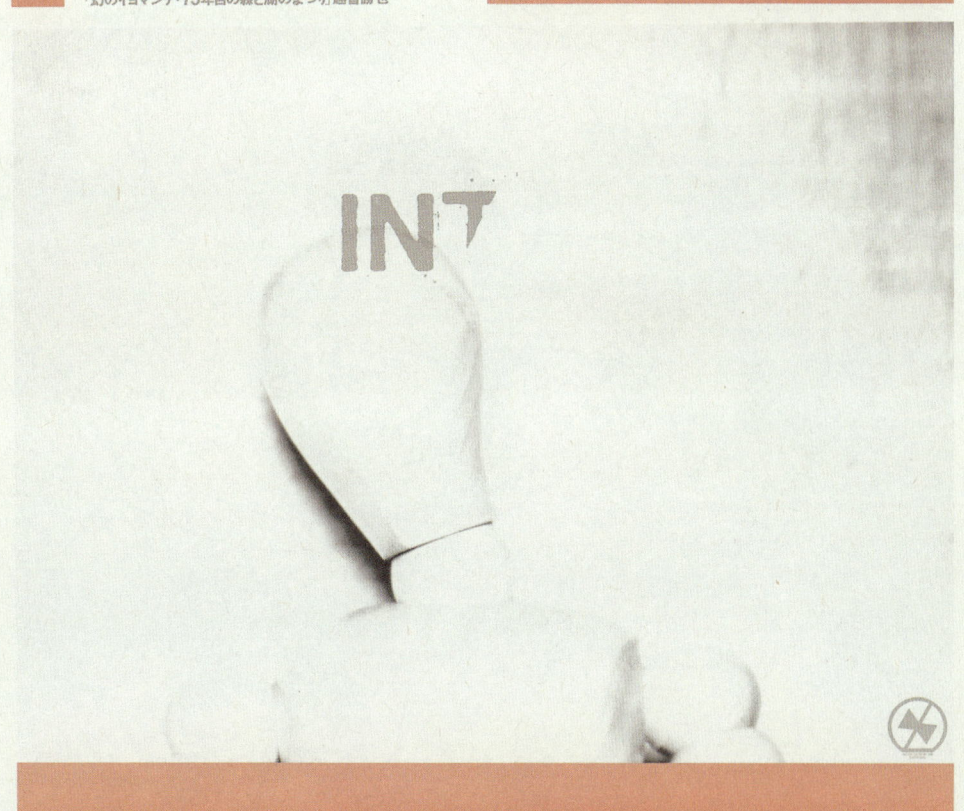

INTER DESIGN '84 SAPPORO

交流から創造へ[インター思考の時代]

パパ・タラフマラ公演〈生バンド付〉　　　　　　　　　　　　　　　　　　恋はくるくる回り舞台

P T

トウキョウ⇔ブエノスアイレス書簡

2007年10月2日（火）〜7日（日）アサヒ・アートスクエア　作・演出・振付：小池博史　音楽：中川俊郎

URL http://pappa-tara.com

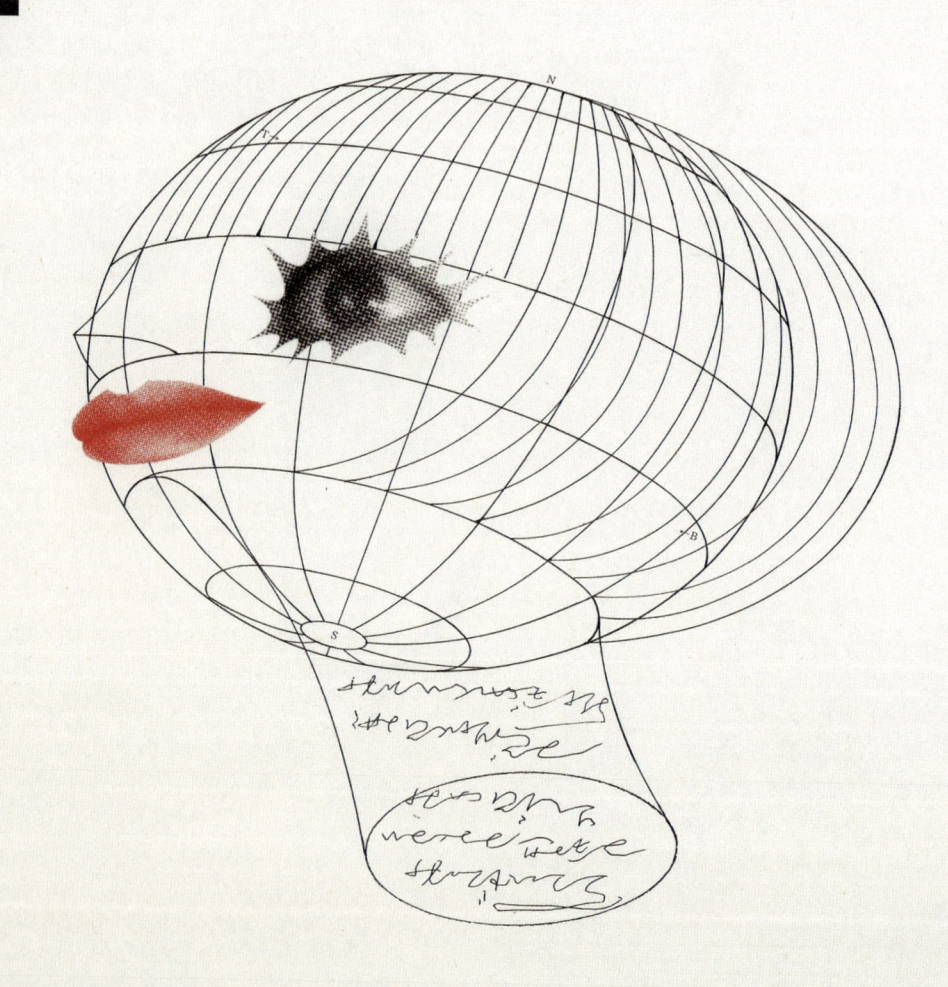

絶望の日の空はきまって青い

パパ・タラフマラの「僕の青空」

作・演出：小池博史　出演：松島誠　池野拓哉　菊地理恵　小池博史　音楽：松本淳一
2006年9月7日（木）〜12日（火）　会場：ザ・スズナリ
URL：http://pappa-tara.com

一般チケット発売開始日：2006年7月8日（土）[お問い合わせ] SAI Inc. tel：03-3385-2066 fax：03-3319-3178 e-mail：ticket@pappa-tara.com
主催：パパ・タラフマラ／助成：芸術文化振興基金／企画・制作：SAI Inc.

はじまったばかりのぼくたちは

Birds on Board   Pappa TARAHUMARA

パパ・タラフマラ　2002年日韓国民交流年記念事業
作・演出・振付：小池博史

2002年6月20日(木)→23日(日)　世田谷パブリックシアター

090　theater poster　Sai, 2002

theater poster Sai, 2008

Pappa TARAHUMARA
HEART of GOLD—百年の孤独

theater poster / study Sai, 2005   **093**

LANDMARK ART COLLABO
ART MIX PERFORMANCE
produced by JUNJI ITO

小池博史 & INGO GÜNTHER & 劉索拉
Pappa TARAHUMARA

島

No Wing Bird on the Island

プロデュース：伊東順二
作・演出：小池博史（パパ・タラフマラ）／映像・美術：インゴ・ギュンター／音楽：リュウ・ソーラ 菅谷昌弘
パフォーマー：小川摩利子 松島誠 鈴木美緒 三浦宏之 関口満紀枝 中村真咲 佐田恭子 ささだあきこ

1997 12/19 fri.－21 sun. 会場 ランドマークホール
ランドマークプラザ5F
19日(金)19:30開演／20日(土)14:00、18:00開演／21日(日)13:00開演（開場は開演30分前）
21日のみ、公演終了後にシンポジウム開催 伊東順二×小池博史×インゴ・ギュンター

料金：5,000円（前売り4,500円）全席指定 チケットぴあ・セゾンにて、10月10日より発売
主催：三菱地所 ／協賛：旭硝子株式会社 株式会社横浜みなとみらい21 ／助成：セゾン文化財団
特別協力：三菱電機株式会社 神奈川支社／協力：株式会社ソーテック／企画協力：株式会社ジェクスト／企画・制作：ランドマークホール
問い合わせ：ランドマークホール 045-222-5050 チケットぴあ 03-5237-9999 チケットセゾン 03-3250-9999

鳥と島、1人²、パパ・タラフマラ最小規模作品、TOKYOへ

Pappa TARAHUMARA

小川摩利子 (出) 　　　　　　　　　　　　　　松島誠 (出)

島〜ISLAND
《小池博史の仕事》

東京公演 2001年4月7日(土)・8日(日)　　　　かめありリリオホールにて

flier 2001 / CD jacket 1997　Sai

096 theater poster / CD jacket   Sai, 2001

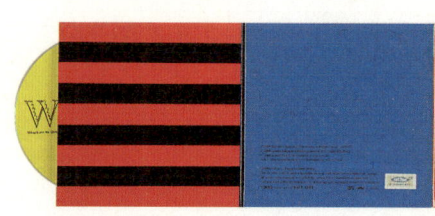

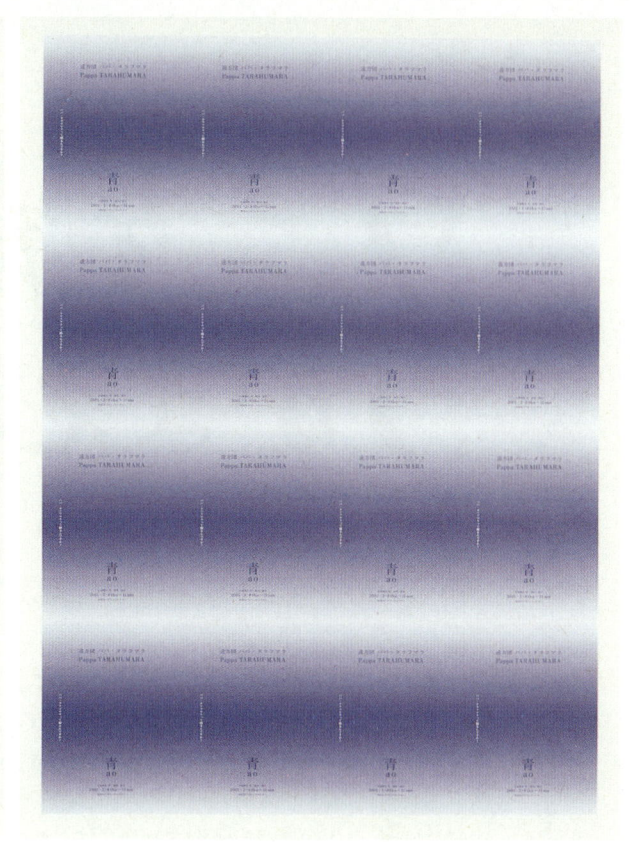

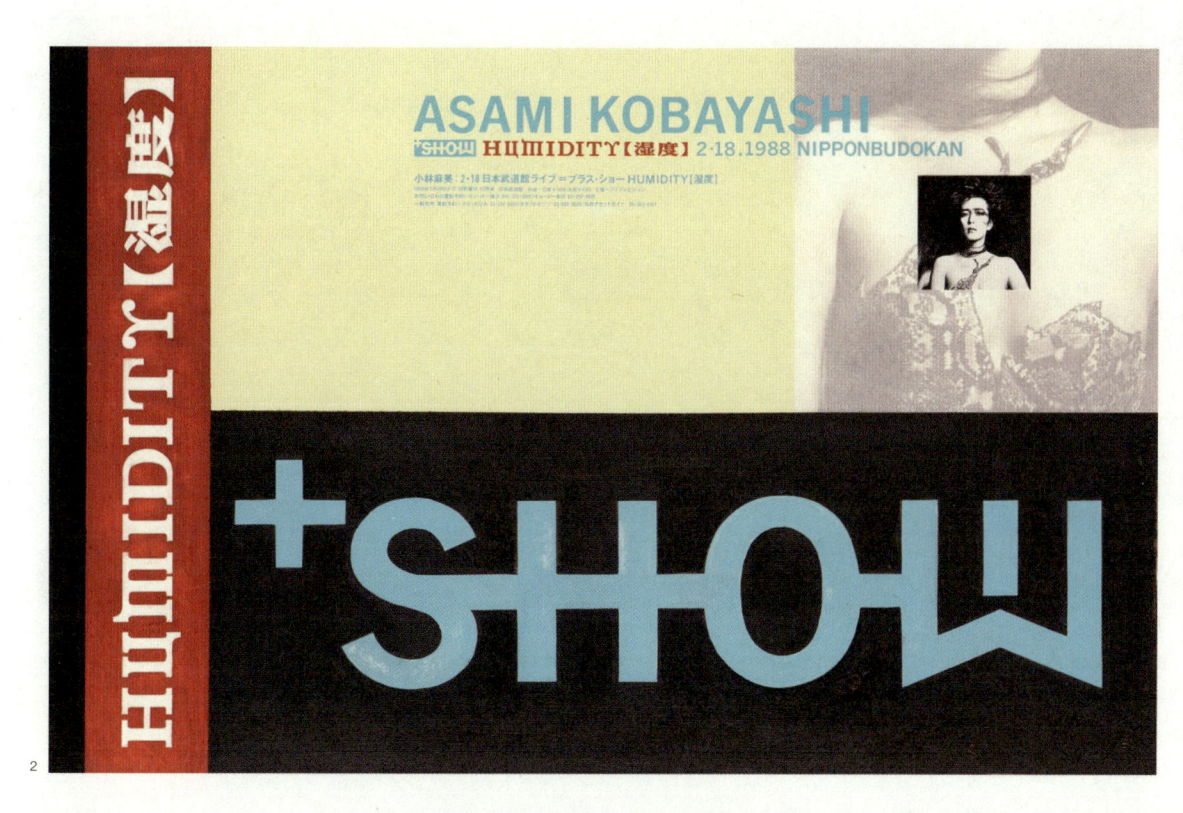

1: theater poster　Sai, 2001　2: concert poster　Fuji Television Network, 1988　　**097**

タ・マニネ第3回公演

ワニを素手でつかまえる方法

「浮雲」「悪戯」につづくタ・マニネ第3弾！

岩松了が放つB級エンターテインメント巨編！

出演 → 小林薫、荒川良々、岩松了、緒川たまき、小澤征悦、片桐はいり、佐藤銀平、田中哲司、徳井優、三谷昇

作・演出 → 岩松了

大阪公演 → 2004年2月14日(土)・15日(日) シアター・ドラマシティ
お問い合せ シアター・ドラマシティ 06-6377-3888 http://www.dramacity.co.jp

東京公演 → 2004年2月20日(金)〜3月7日(日) パルコ劇場
協賛 ダイワハウス チケットお問い合せ・ご予約 パルコポイント 03-3470-7670

福岡公演 → 2004年3月12日(金)・13日(土) 北九州芸術劇場 中劇場
お問い合せ ピクニック 072-715-0374 http://www.picnic-net.com

(ワニの写真はジョナさん)

どいてくれる？

こ　ワ　い　あ　お　お　か　さ　と　た　み

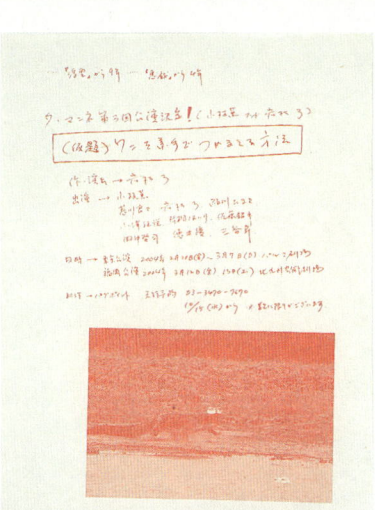

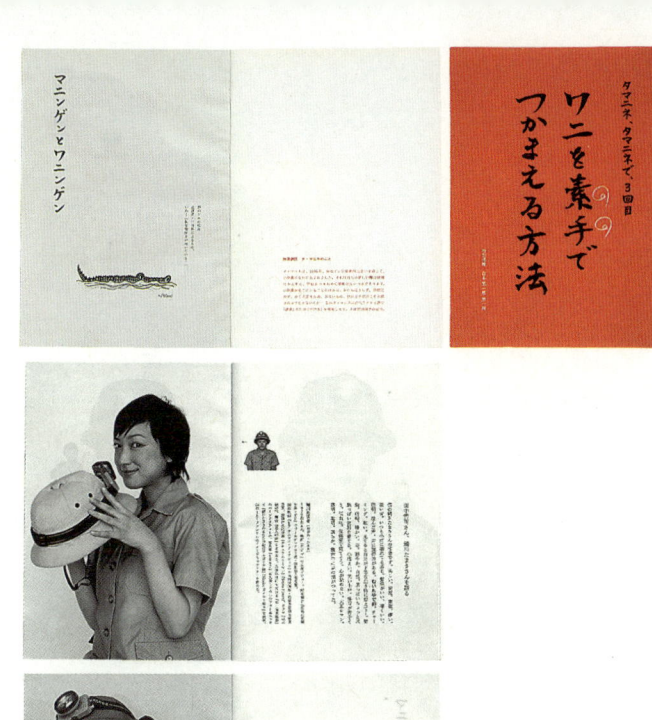

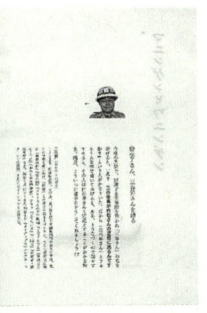

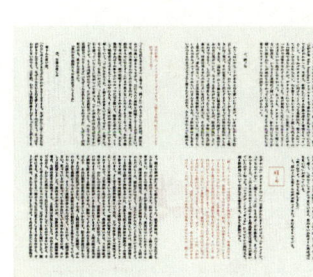

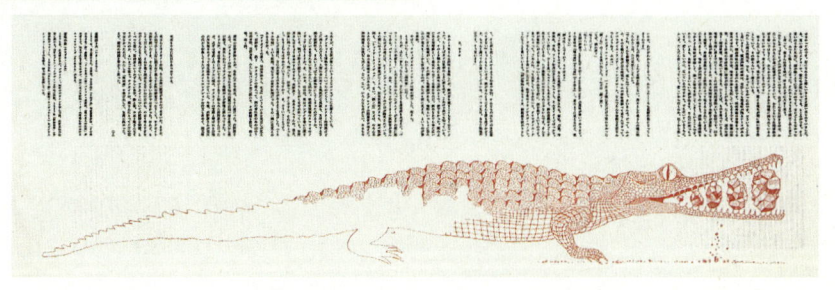

theater poster / flier / programme   Pug Point-Japan, 2004   099

嘘ばっかり
女も男も2回目がいいね
おめ、ゆうべ、女優の部屋にいたずら？
タ・マニネ2回目
悪、戯
ta manine「itazura」
タ・マニネ第2回公演『悪戯』 岩松了新作×小林薫+樋口可南子
2000年5月19日(金)から6月4日(日)=Bunkamura シアターコクーン／6月23日(金)から6月25日(日)=大阪シアター・ドラマシティ／6月27日(火) 28日(水)=メルパルクホール福岡
特別協賛=株式会社 後援=TBSラジオ954 制作協力=Bunkamura 企画・製作=PUG POINT

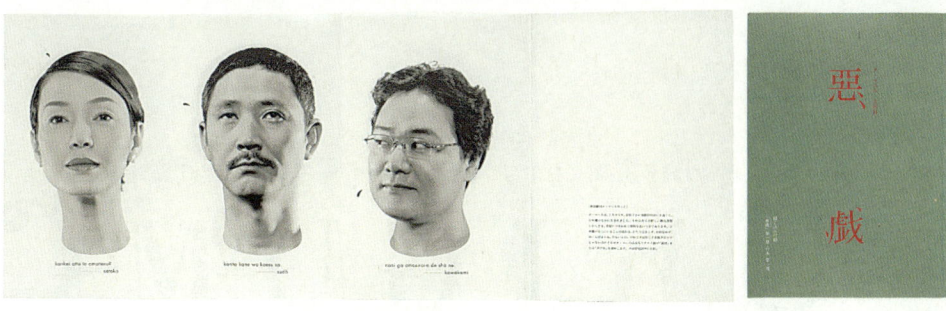

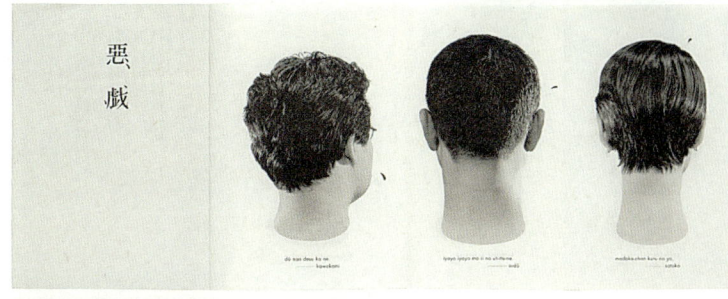

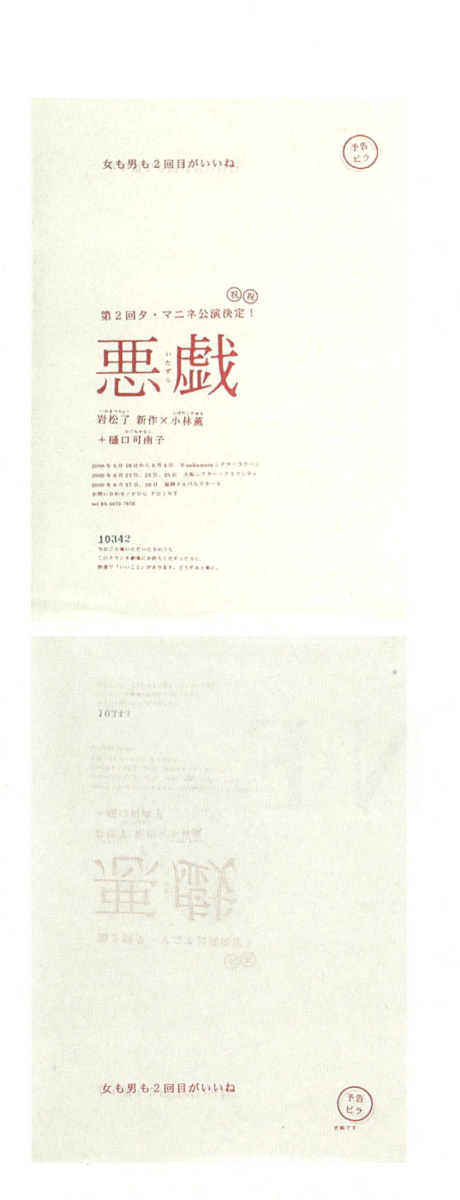

theater poster / programme / flier   Pug Point-Japan, 2000   101

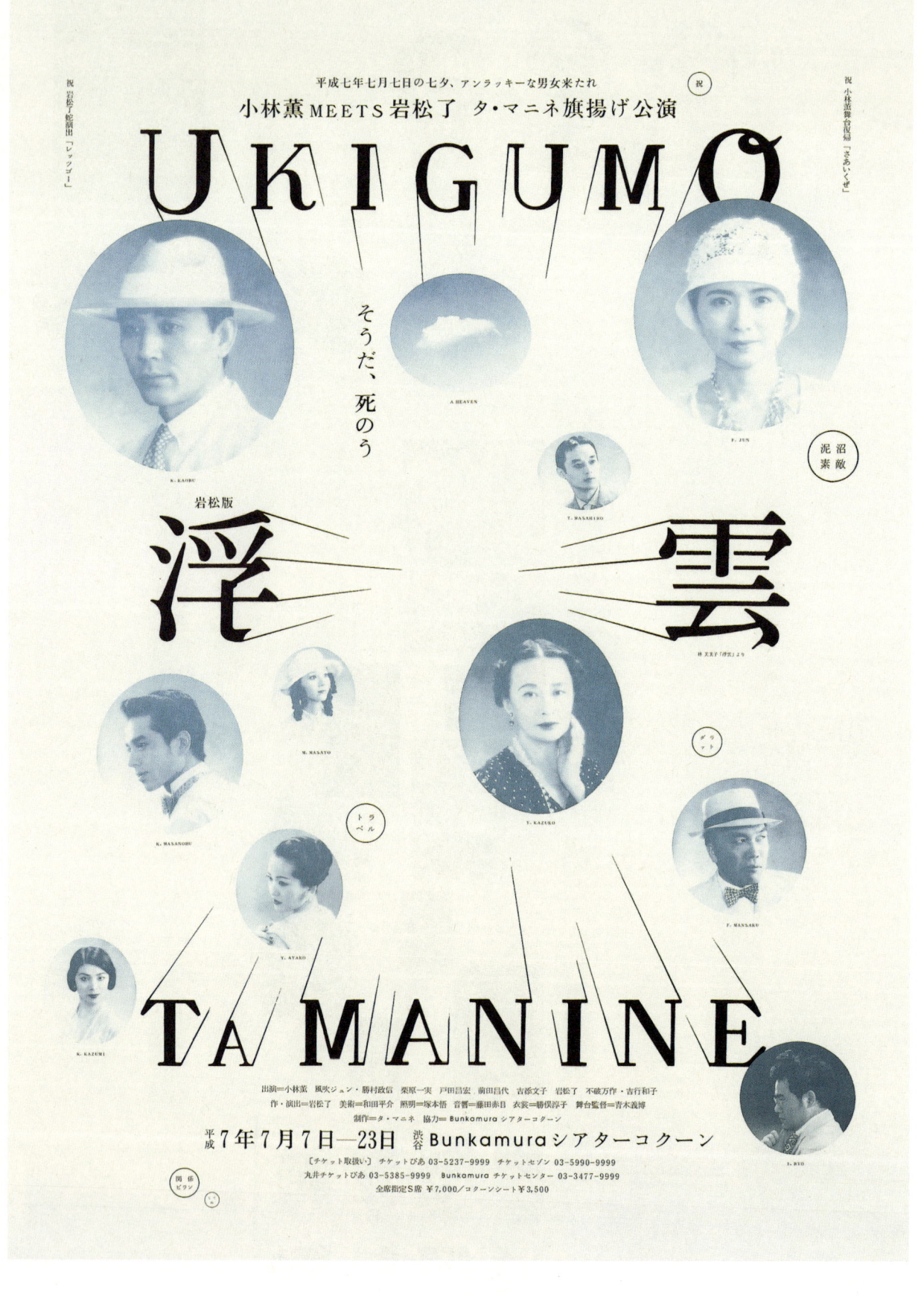

平成七年七月七日の七夕、アンラッキーな男女来たれ
小林薫MEETS岩松了 タ・マニネ旗揚げ公演

UKIGUMO

そうだ、死のう

岩松版

淫 雲

TA MANINE

出演＝小林薫 風吹ジュン・勝村政信 栗原一実 戸部昌宏 前田昌代 吉叙文子 岩松了 不破万作・吉行和子
作・演出＝岩松了 美術＝和田平介 照明＝塚本悟 音響＝藤田赤目 衣裳＝勝俣淳子 舞台監督＝青木義博
制作＝タ・マニネ 協力＝Bunkamura シアターコクーン

平成7年7月7日—23日 渋谷 Bunkamuraシアターコクーン

【チケット取扱い】チケットぴあ 03-5237-9999 チケットセゾン 03-5990-9999
丸井チケットぴあ 03-5385-9999 Bunkamura チケットセンター 03-3477-9999
全席指定S席 ¥7,000／コクーンシート¥3,500

theater poster / flier Pug Point-Japan, 1995

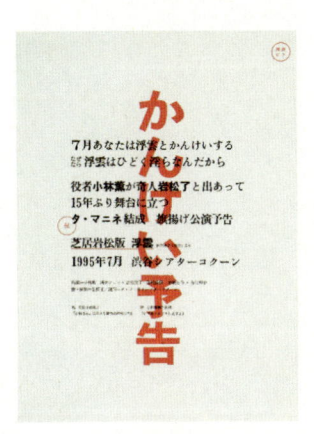

K. KAZUMI

K. MASANOBU

M. MASAYO

T. MASAHIRO

F. MANSAKU

Y. AYAKO

I. RYO

Y. KAZUKO

theater programme   Pug Point-Japan, 1995

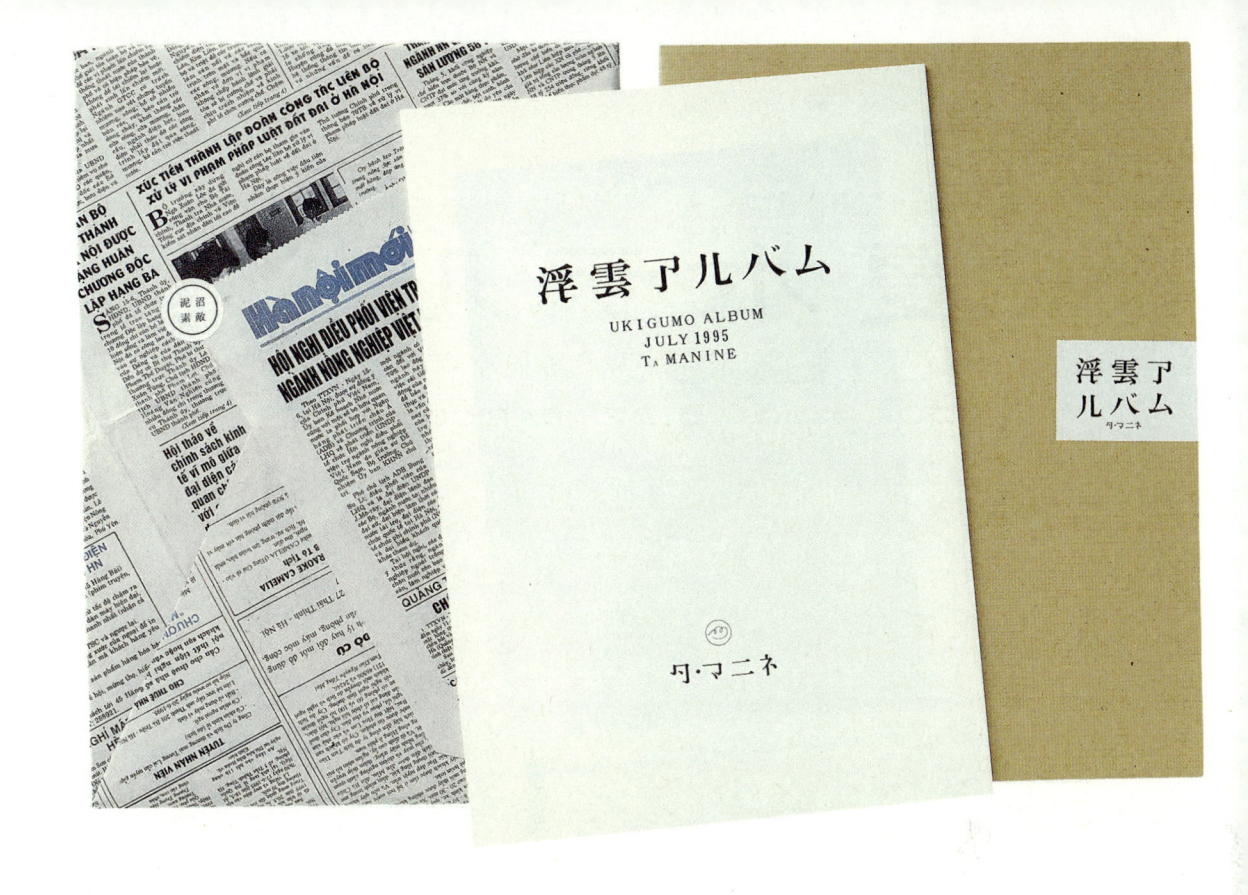

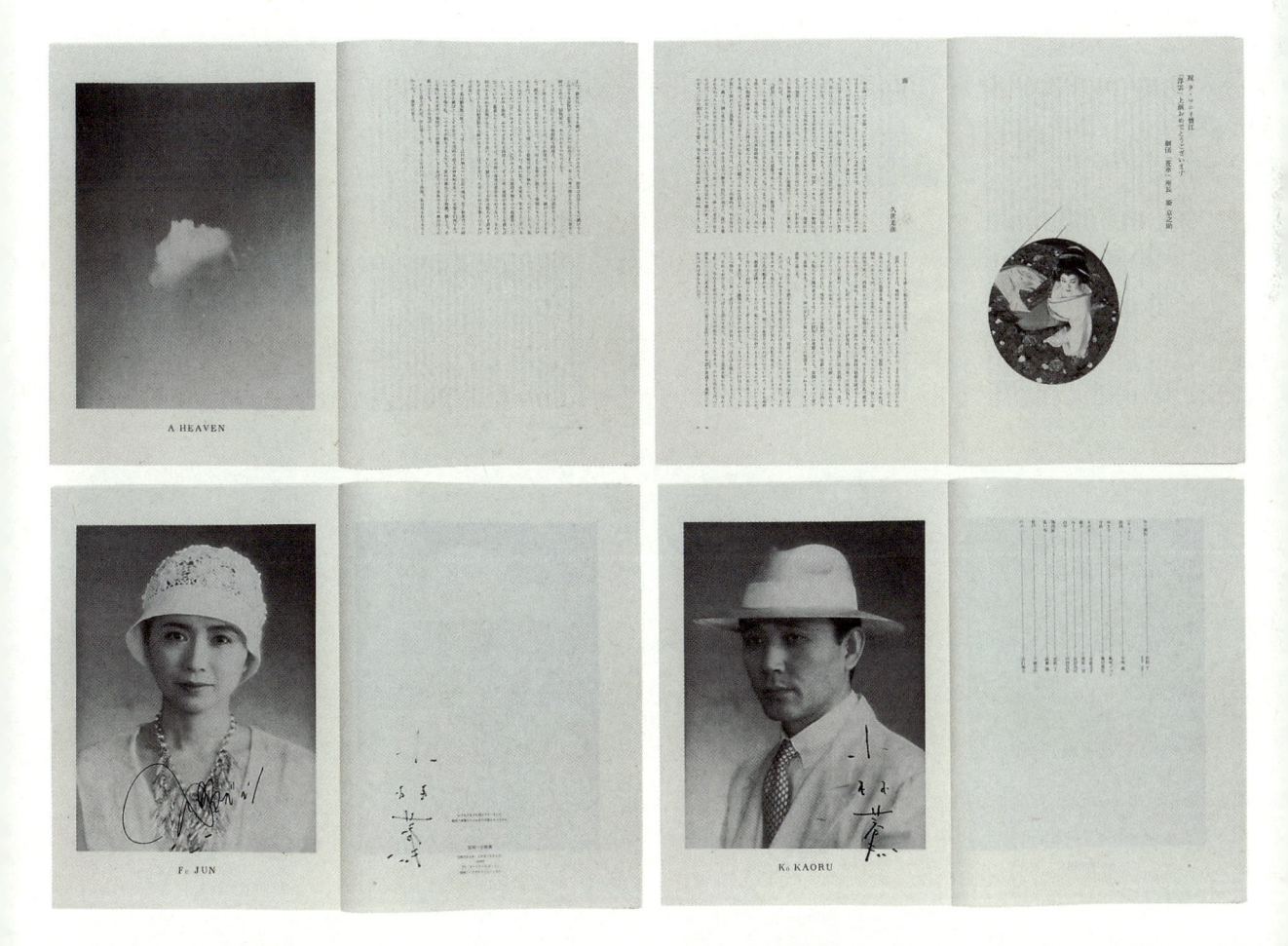

パルコ・松竹提携公演
シアターナインス5周年記念公演

夏ホテル
HOTEL SOMMER
2001・4・30 MON〜5・27 SUN PARCO劇場

作・演出：岩松了　出演：松本幸四郎／松たか子・松本紀保／岩崎加根子／岩松了・串田和美

〈企画〉シアターナインス／パルコ　〈製作〉㈱パルコ・㈱松竹パフォーマンス　入場料：9,000円（全席指定・税込）　前売開始：2001年3月25日（日）お問合せ：パルコ劇場 03-3477-5858

私たちは、3年に一度開催されるマジックの世界大会のために、
南ドイツのバーデンヴァイラーという湯治場にある「夏ホテル」に滞在していました。

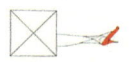

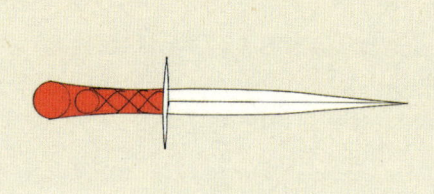

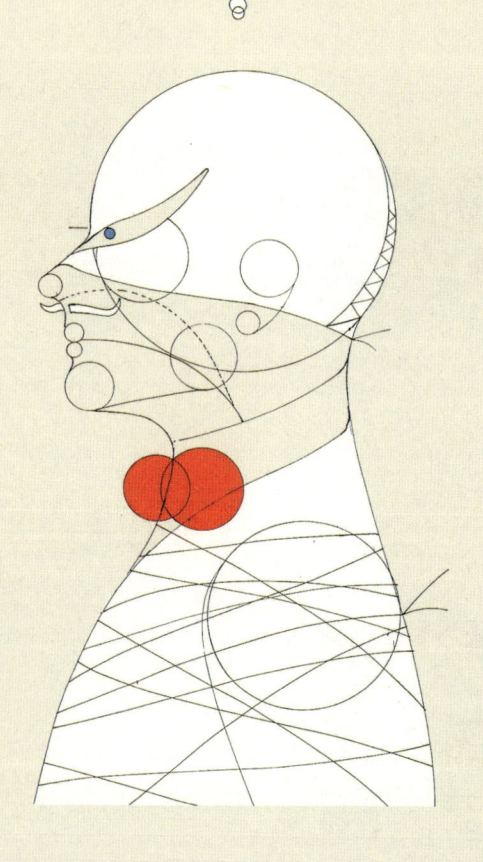

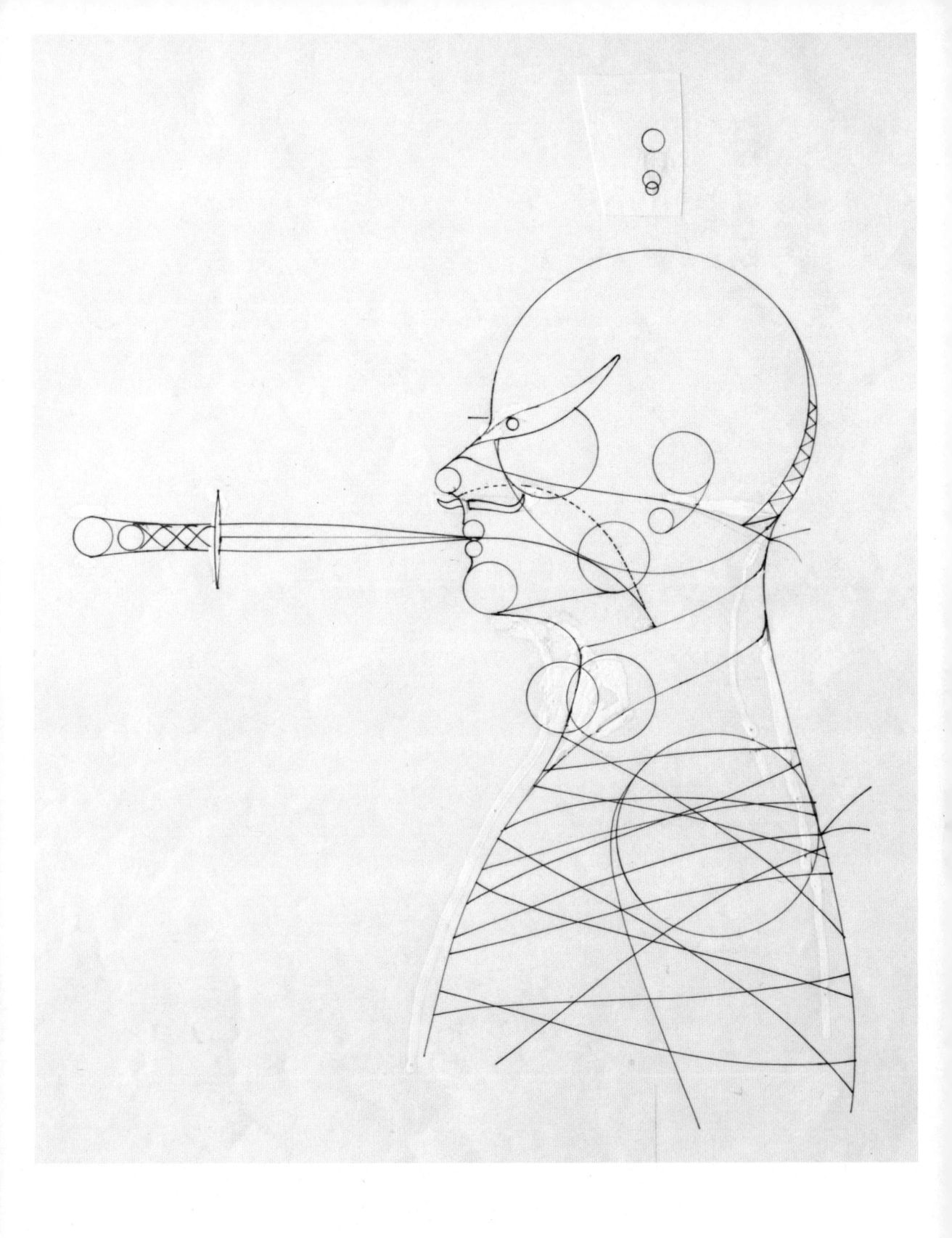

theater poster / drawing   Parco / Shochiku Performance, 2001 sketch   Sai / Pug Point-Japan, 1997–2007

Study Sai, 2007

Я чайка

写真映画「ヤーチャイカ」

主演 ｛香川照之 / 尾野真千子｝

もしこの星に
　もしこの星に生まれてきたら
　早春のやわらかな日差しをあびて
　あなたは歩いてゆくでしょう
　答えのない問いかけを胸に
　くりかえし夜は始まり夜は終わり
　いつかあなたは立ち止まるでしょう
　愛さずにいられないものを見つけて
　過ちをおそれ喜びをむだにせず
　あなたは歌うでしょう　小声で
　忘れてしまった自分を思い出そうとして
　もういちど　どこかへ帰ろうとして
　あなたは歩き出すでしょう
　もしこの星に生まれてきたら

通常の映画と違って、この作品の映像は静止している。動かない絵によって、目に見えるものから見えないものへの通路が、私たちの心に開かれる。

監督 ｛覚 和歌子 / 谷川俊太郎｝

企画・プロデューサー　畠中基博、中村誠
写真　首藤幹夫
音楽　丸尾めぐみ
衣装デザイン　伊藤佐智子
録音　橋本泰夫
アートディレクター　葛西薫

© 2006「ヤーチャイカ」製作委員会
http://www.yah-chaika.com

写真映画「ヤーチャイカ」music book

何あの日の絶望からもらったものは
を脱いだのかもわからないまま
裸になった心をそよ風が撫でてゆく
終わることがそのまま始まりだと
暮れなずむ空が教えてくれる
ひとりきりの静けさ　その豊かさ
無愛想な愛　ほんとの自分
そして　空

cinema poster / CD jacket / ticket / DM / flier / programme   Pug Point-Japan, 2008

人生は、いつもちょっとだけ間にあわない

歩いても 歩いても

今年の夏も、15年前のあの日につづいている——。
横山家の一日には、誰もが自分の家族の物語を重ね合わさずにいられない。

阿部 寛　夏川結衣　YOU　高橋和也　田中祥平　樹木希林　原田芳雄　監督・原作・脚本・編集：是枝裕和

cinema poster　Engine Film, 2008

そして、家族は続く

川本三郎［評論家］

114

cinema programme   Cine Quanon, 2008

くそくらえ・乙吉

色呆け・青木庄三郎

わけあり・おりょう

ぷんぷん・おのぶ

鼻血の・伊勢勘

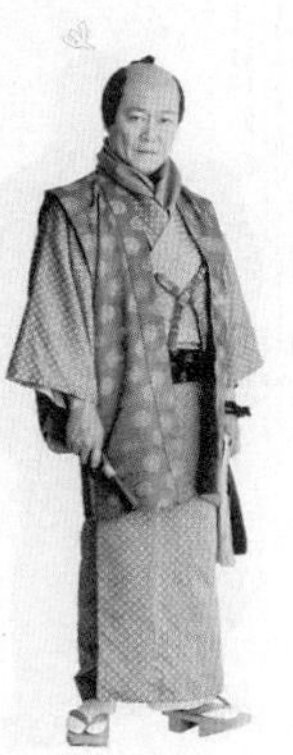

ハラキリ・平野次郎左衛門

にっくき・金沢十兵衛

そそのかし・貞四郎

わらじの・寺坂吉右衛門

恋する・お勝

知恵ぶくろ・重八

なりすまし・小野寺十内

さぼりの・善蔵

なげやり・そで吉

てやんでぃ・留吉

ぴょんぴょん・孫三郎

花よりもなほ

うっとり・おさえ

宮沢りえ　みやざわりえ
一九七三年東京都生まれ。一九八八年、『七人のおたく』（三浦洋一監督）で映画初主演。以降、映画、TV、舞台で活躍中。『父と暮せば』（'04 黒木和雄監督）では第二十八回日本アカデミー賞最優秀主演女優賞ほか各映画賞最優秀主演女優賞を受賞した。『透光の樹』（'04 根岸吉太郎監督）、舞台『人間合格』（'05 市川準演出、井上ひさし作）、『阿修羅城の瞳』（'05 滝田洋二郎監督）がある。近作の映画出演は『下弦の月』（'04 二階健監督）、『父と暮せば』、『そろばんずく』（'03 山田洋次監督）、『深くて七日間戦争』（菅比呂志監督）、『ちょっとフェイント』（'02）、その他、TV、舞台多数。

へっぴり・青木宗左衛門

岡田准一　おかだじゅんいち
一九八〇年大阪府生まれ。一九九五年にV6メンバーとしてMUSIC FOR THE PEOPLEでCDデビュー。その後、TV、映画、舞台と活動の場を広げ、『木更津キャッツアイ』（'02 TBS）、その続編『木更津キャッツアイ 日本シリーズ』（'03 TBS）などのTVドラマを始め、映画は『タイガー&ドラゴン』（'05 NHK）、『花より男子』（'05 TBS）、『SPドラマヒーロー』（'01 フジテレビ）、『木更津キャッツアイ ワールドシリーズ』等、主演作が続く。見た目は田舎侍風ながら、非凡な剣術と繊細な感受性を兼ね備え、スクリーン映えする正統派ヒーローとしての華と存在感をあわせ持っている稀有な俳優、と語っている。

cinema programme　"Hana yorimo naho" Film Partners, 2006

生きているのは、おとなだけですか。

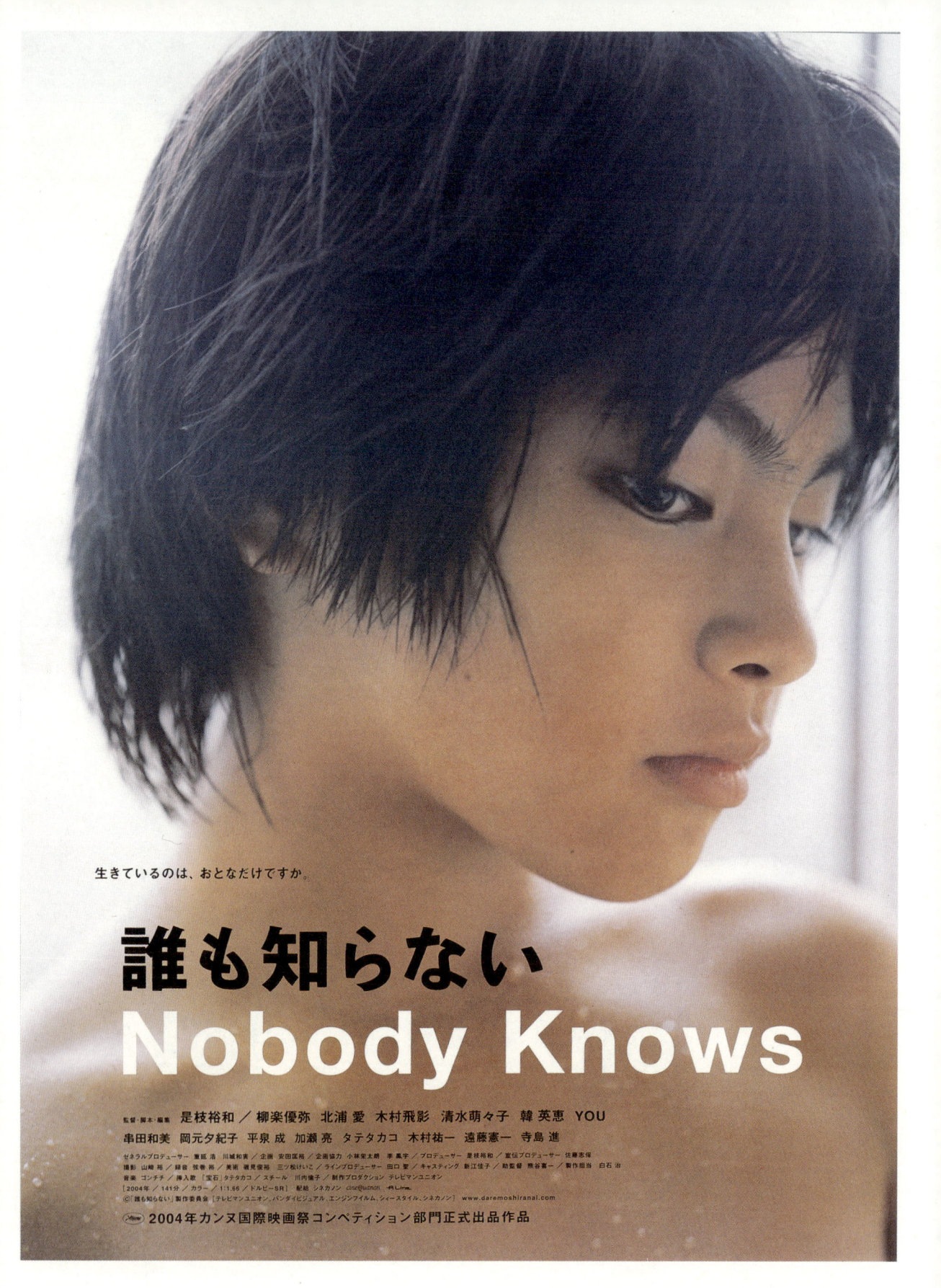

誰も知らない
Nobody Knows

2004年カンヌ国際映画祭コンペティション部門正式出品作品

この、ちいさな生きものを、捨てるな。

誰も知らない
Nobody Knows

cinema poster　TV Man Union / Cine Quanon, 2004

120 cinema poster TV Man Union / Cine Quanon, 2004

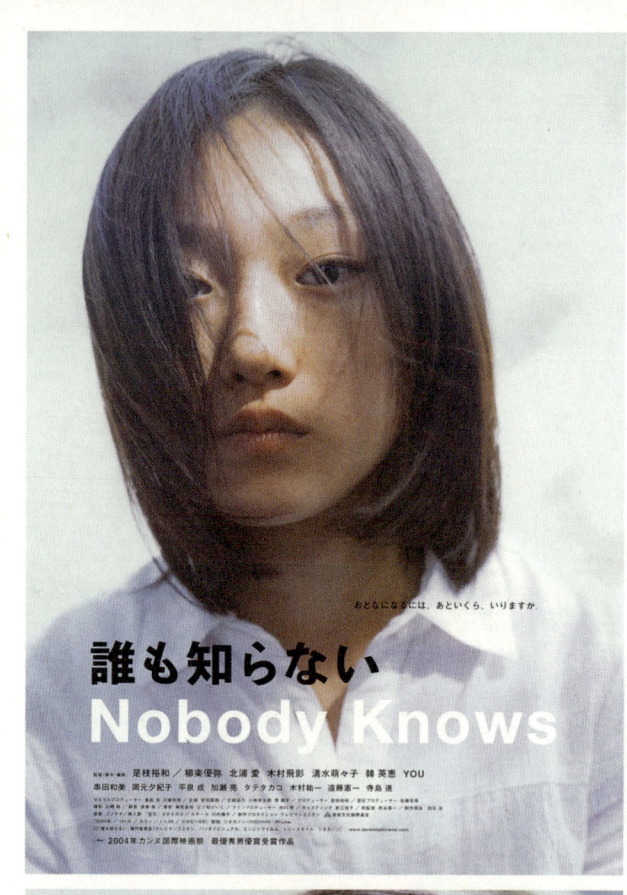

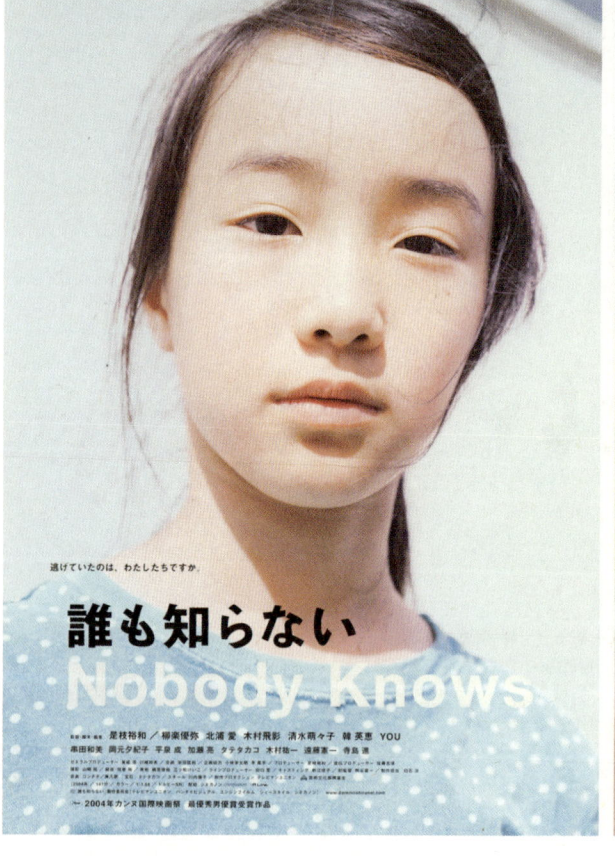

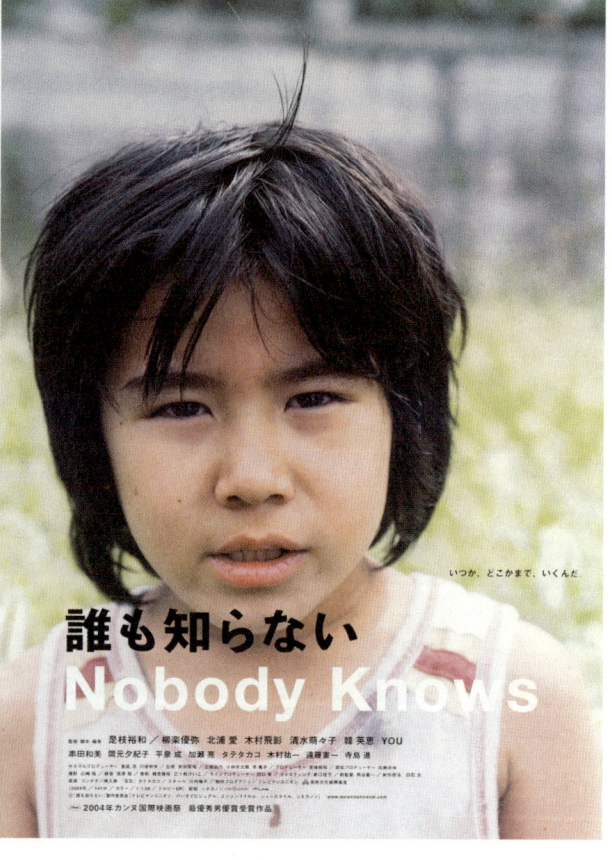

あの頃のこと
Every day as a child

写真　川内倫子
文　中村 航
　　是枝裕和
　　湯本香樹実
　　佐藤さとる
　　やまだないと
　　中村一義
　　島本理生
　　堀江敏幸
　　しりあがり寿

book design　Sony Magazines, 2004　121

122 cinema poster TV Man Union, 2001

book design   Switch Publishing, 2001

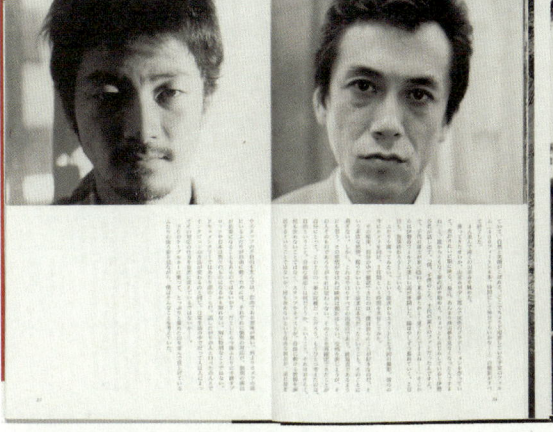

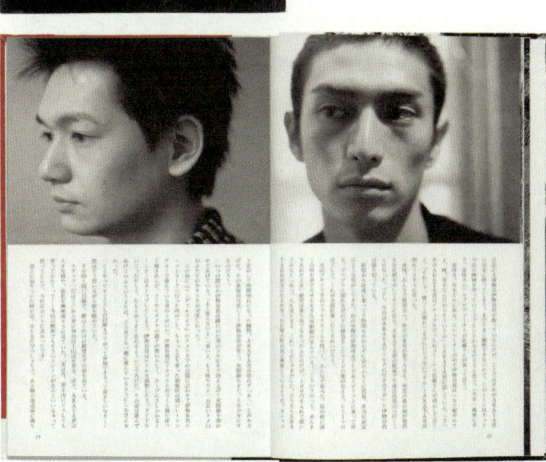

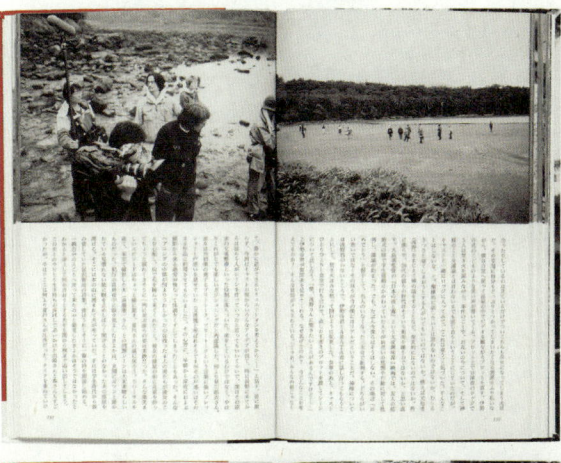

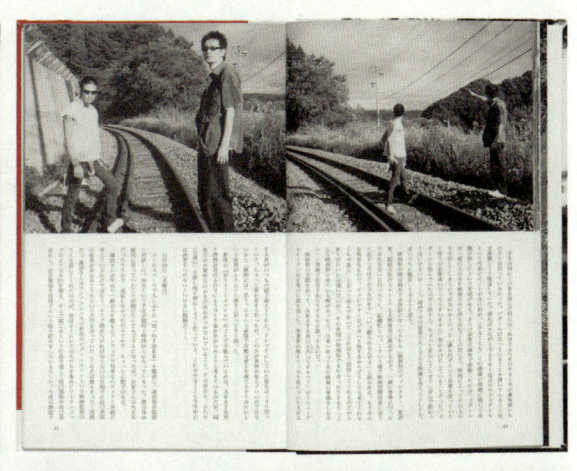

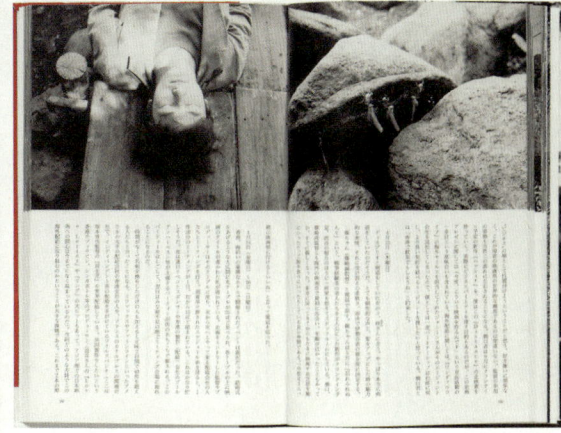

cinema poster　TV Man Union / Engine Film, 1998

book design   Korinsha Publishing, 1999

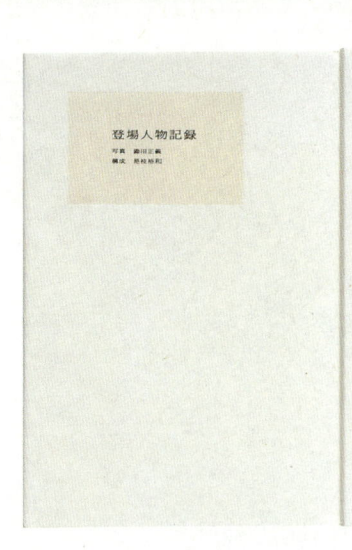

Did he also see "Maborosi" that night ?

*The shadow of death and the spark of life
in constant turmoil behind the facade of daily life.*

MABOROSI

Selected for competition, 1995 Venice International Film Festival

MAIN STAFF
Director — Hirokazu KORE-EDA
Producer — Nane GOZU
Writer — Teru MIYAMOTO
Music — CHEN MING-CHANG
Screenplay — Yoshihisa OGITA
Photography — Masao NAKABORI
Lighting — Fumio MARUYAMA
Recorder — Masatoshi YOKOMIZO
Art Director — Kyoko HEYA
Costume designer — Michiko KITAMURA
Editor — Tomoyo OHSHIMA
Exective Producer — Yutaka SHIGENOBU
Cooperation — 資生堂/EDO
Presented by — TV MAN UNION, INC

MAIN CAST
Yumiko — Makiko ESUMI
Tamio(Yumiko's Husband) — Takashi NAITO
Ikuo(Yumiko's Ex-husband) — Tadanobu ASANO
Michiko(Yumiko's Mother) — Midori KIUCHI
Yoshihiro(Tamio's Father) — Akira EMOTO
Tomeno — Mutsuko SAKURA
Master — Hidekazu AKAI
Hatsuko — Hiromi ICHIDA
Detectrive — Minori TERADA

幻の光

© TV MAN UNION, INC.
35 mm Color Vista-Vision
110 mins.

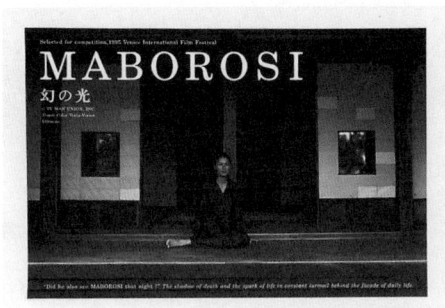

cinema poster / flier / programme   TV Man Union / Cinema Rise, 1995

128

cinema poster / programme   Cine Quanon, 2001

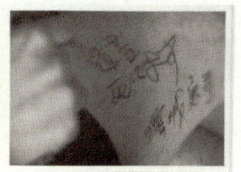

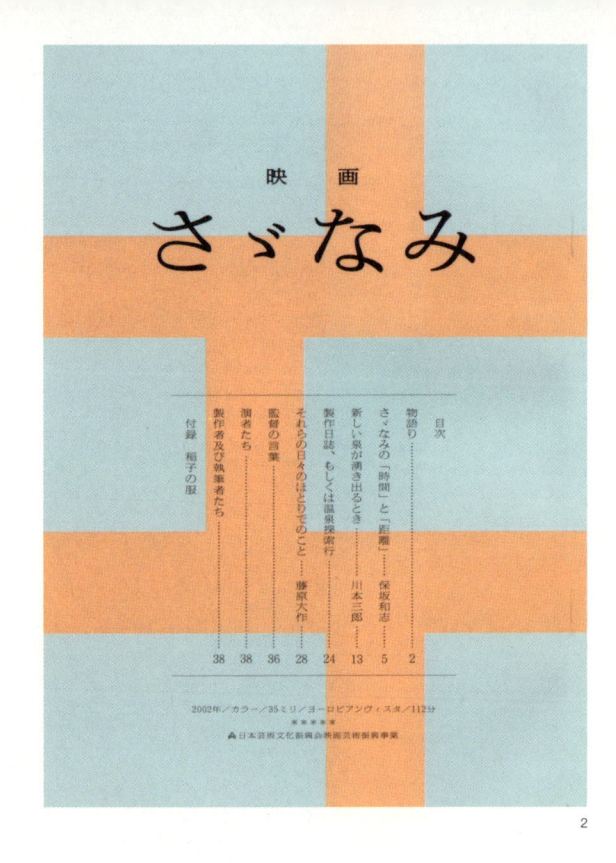

1·2: cinema poster / programme　"Sazanami" Production Committee, 2002
3: theater poster　Major League, 2002　4: cinema poster　Pug Point-Japan, 2006

cinema poster   Cinema Parisien, 1999

132　book design / supecial binding　Shueisha, 2008

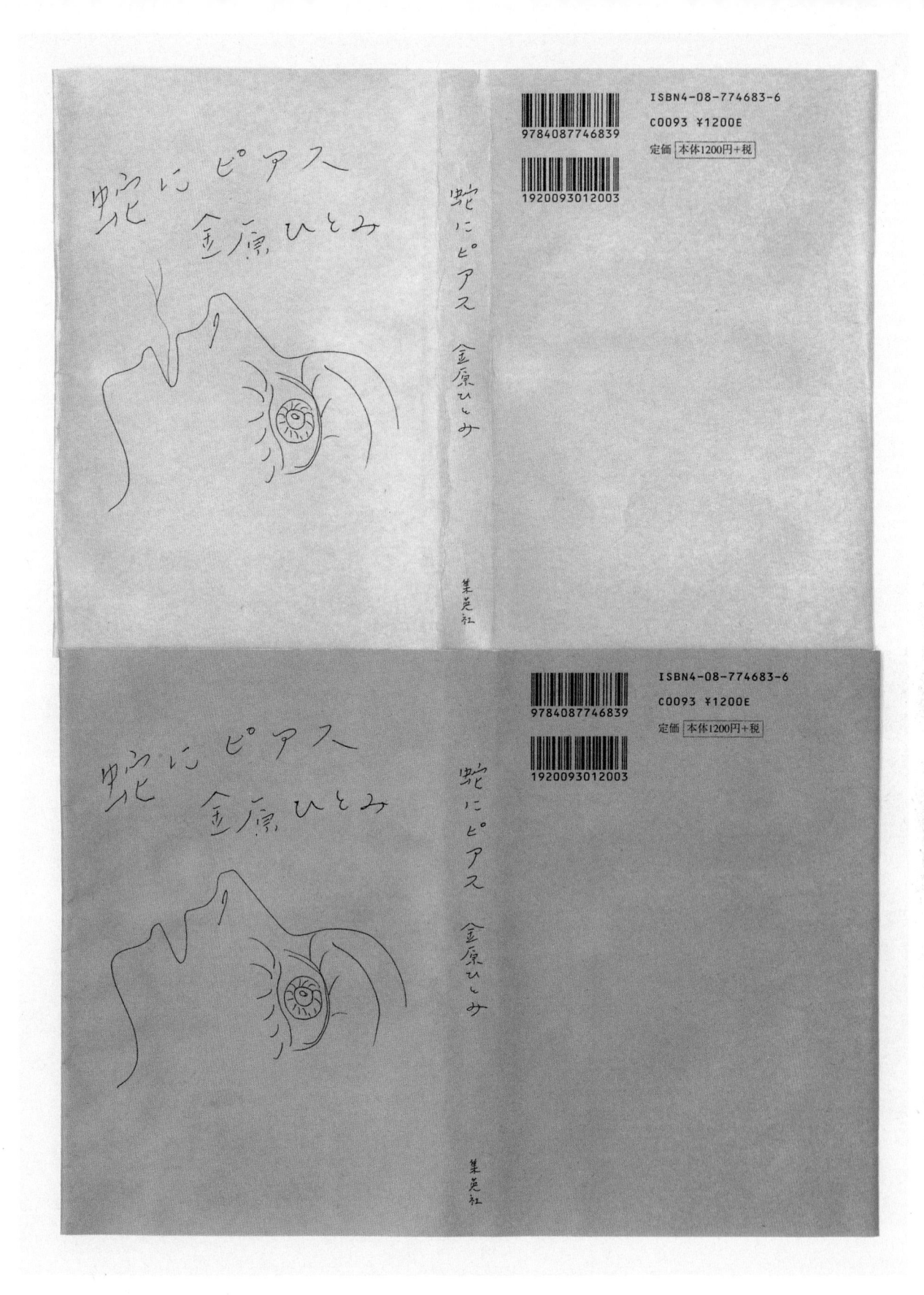

book design / cover proofs   Shueisha, 2004

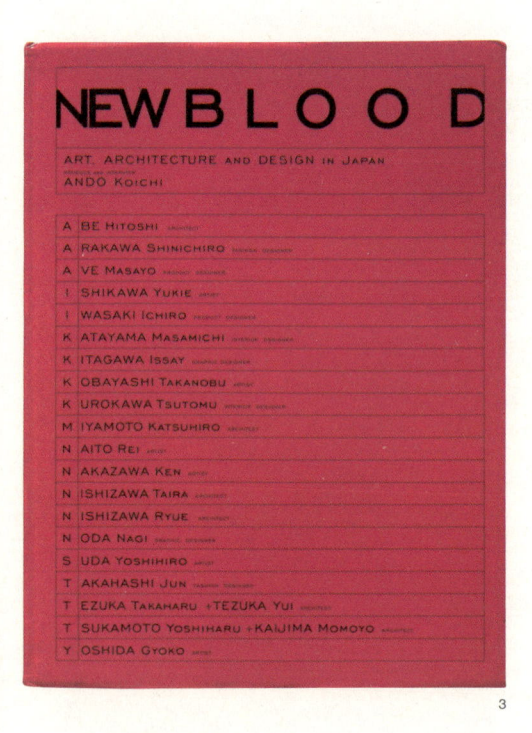

book design
1: Rikuyosha, 1995   2: Little More, 1997   3: Rikuyosha, 2001   4: Yokohama Civic Art Gallery, 1996
5: The Asahi Shimbun, 1999   6: Little More, 1996   7: Sakuhinsha, 2000   8: Asahi Press, 1995   9: Little More, 1996

5

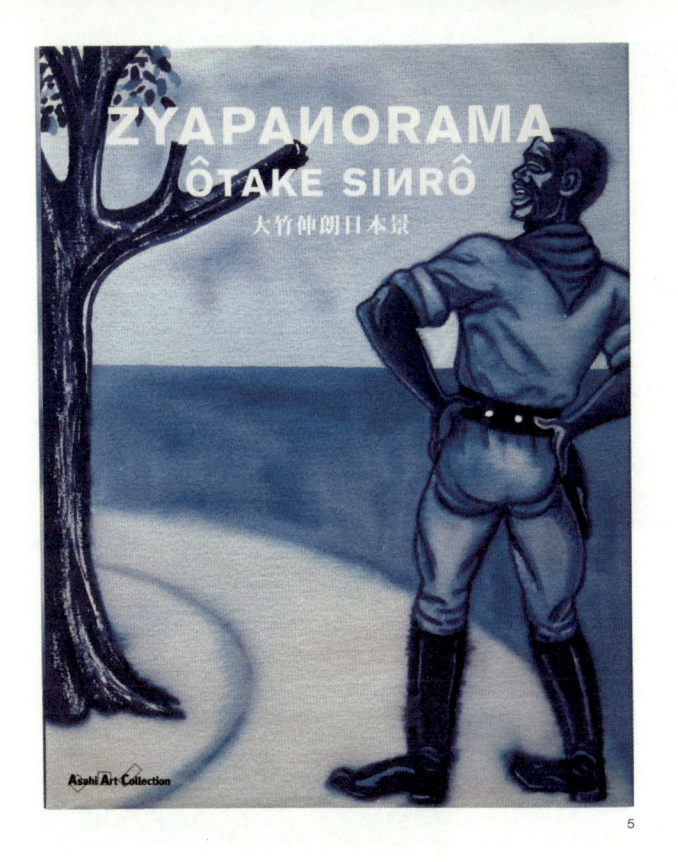

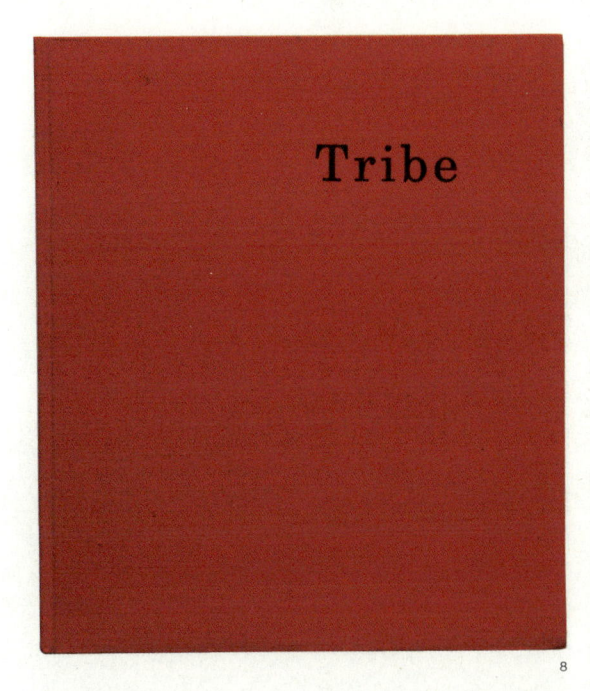

6

7

8

9

135

1

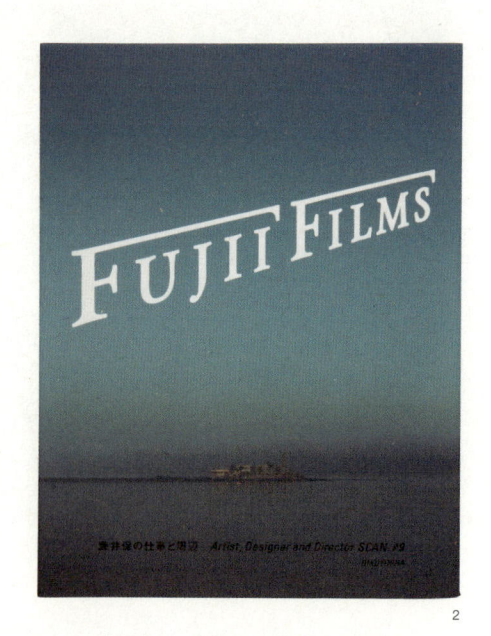

2

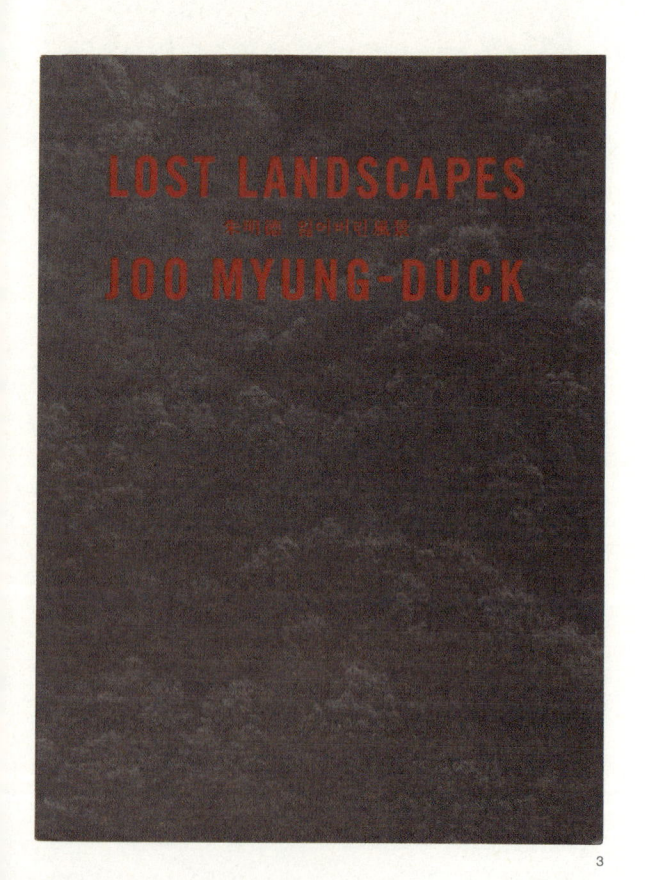

LOST LANDSCAPES
JOO MYUNG-DUCK

3

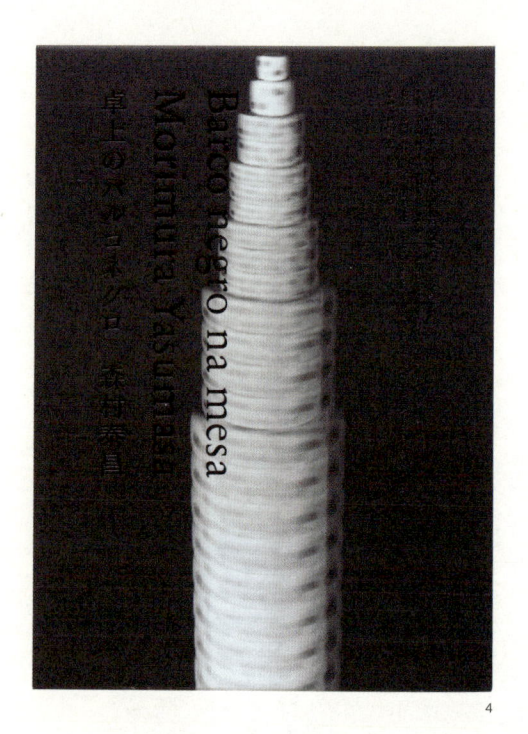

4

136

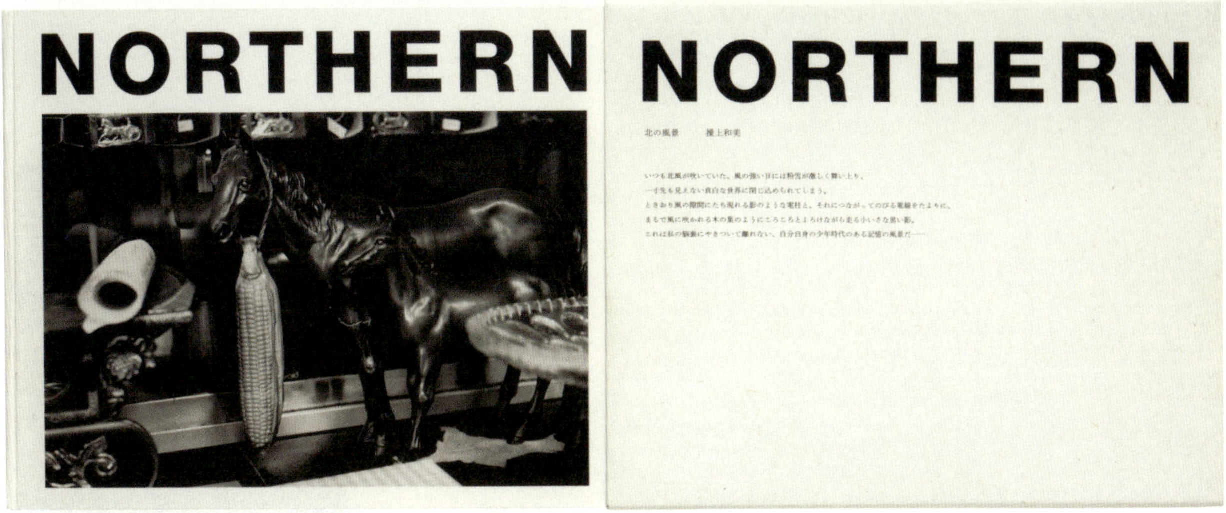

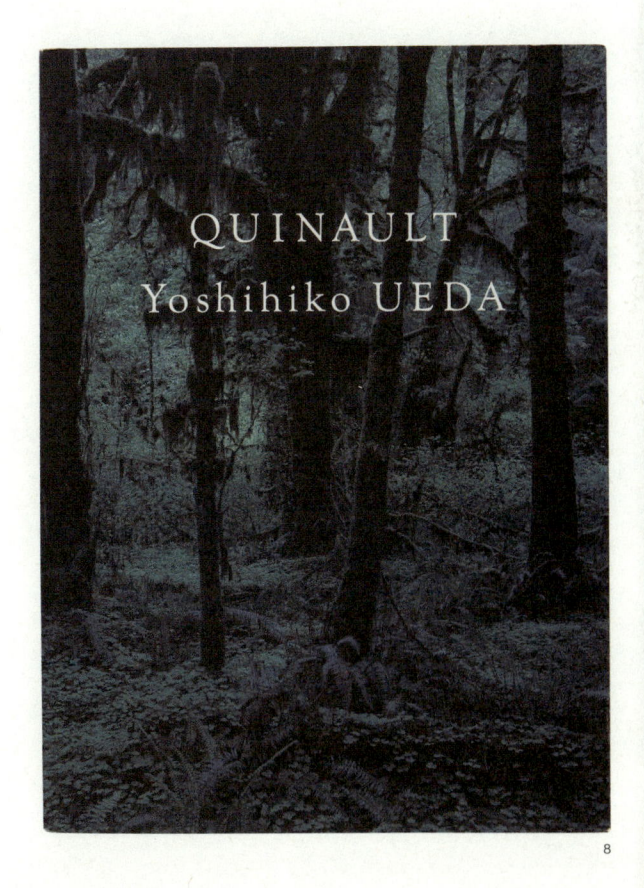

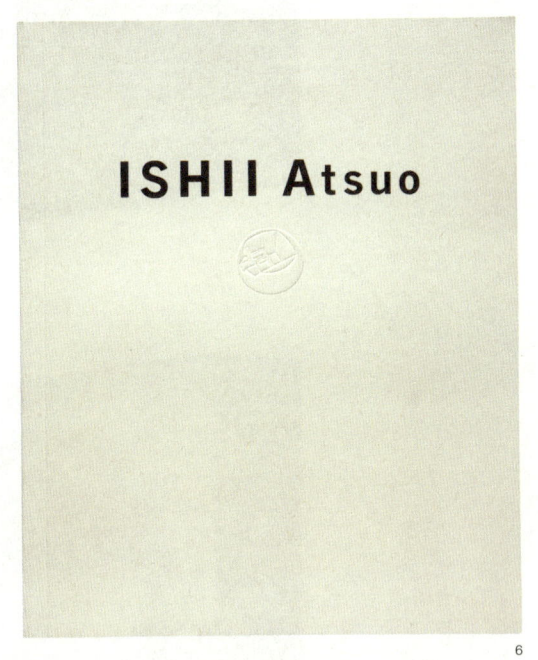

book design

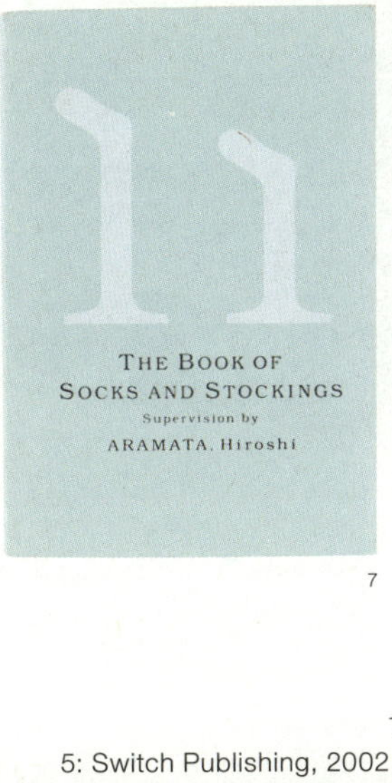

1: Little More, 1996   2: Rikuyosha, 2000   3: Kyoto Shoin International, 1993   4: Seigensha, 2006
5: Switch Publishing, 2002   6: Ishii Atsuo, 1990   7: The Japan Society for Hosiery, 1993   8: Kyoto Shoin International, 1993

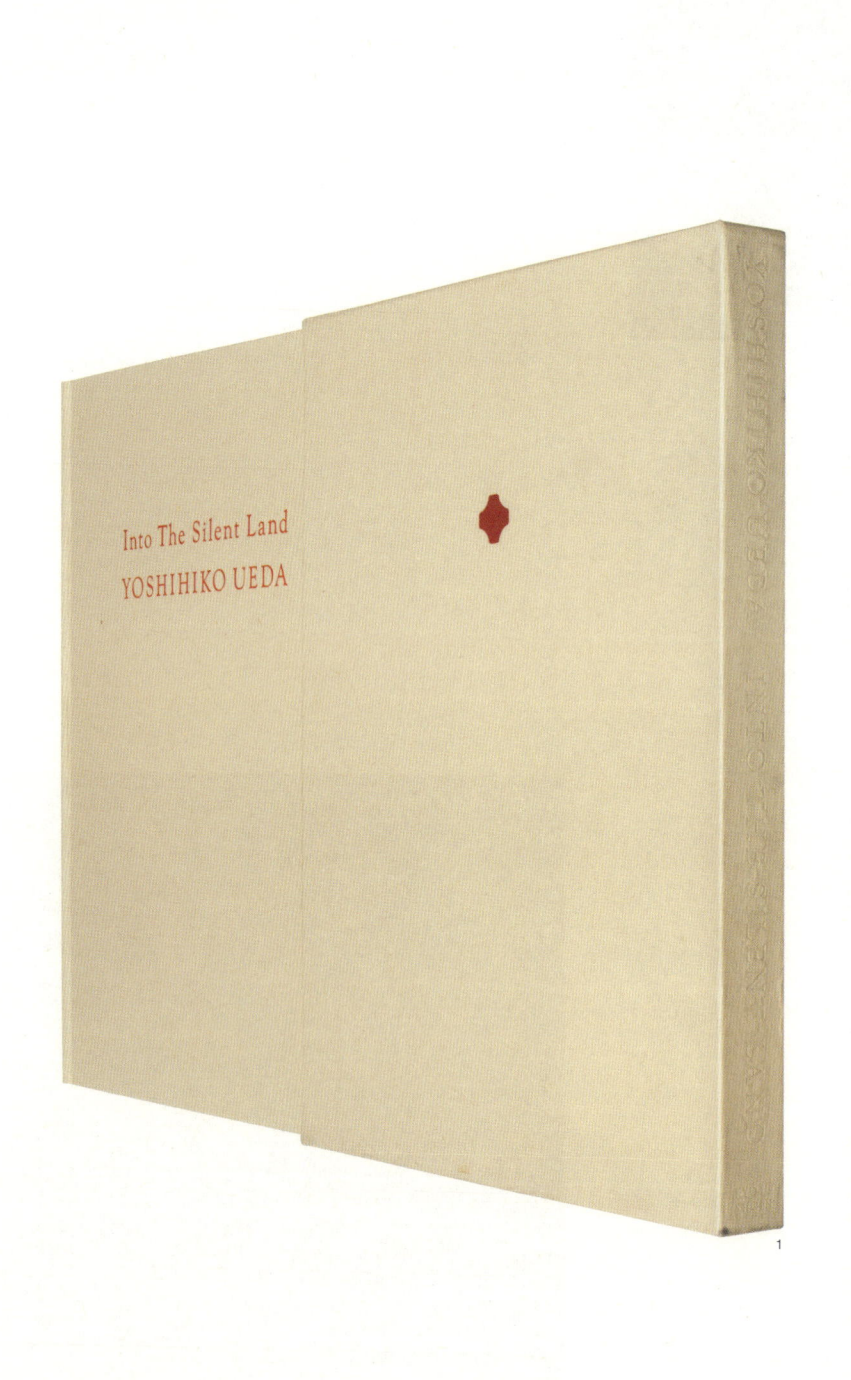

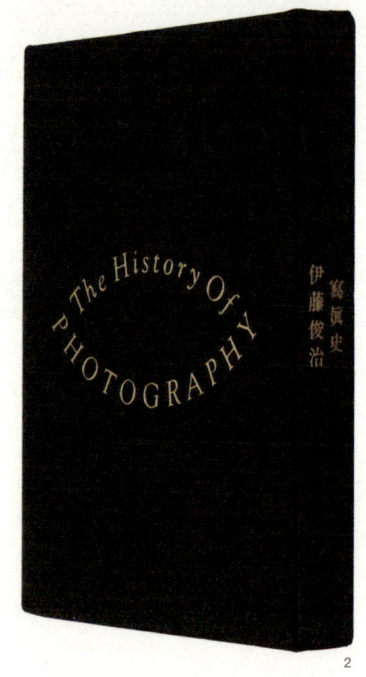

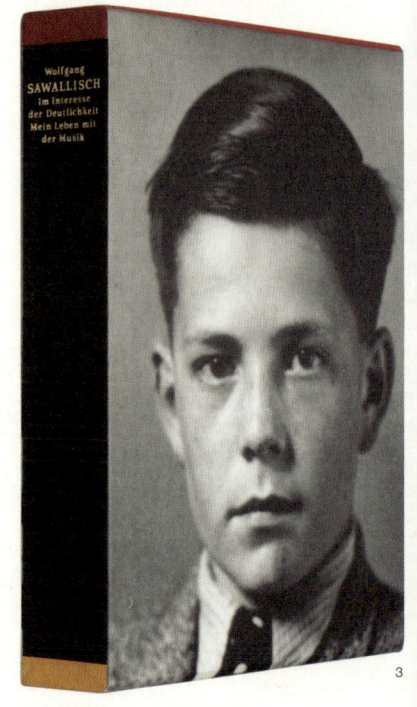

book design / cover design
1: Kyoto Shoin International, 1991   2: Asahi Press, 1992   3: Daisanbunmei-sha, 1989
4: Kyuryudo Art-Publishing, 2003   5: Shinchosha Publishing, 1999   6: Korinsha Publishing,1997   7: Rikuyosha, 1992

4

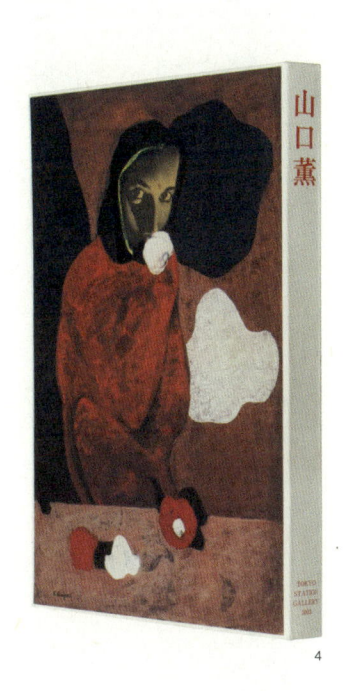

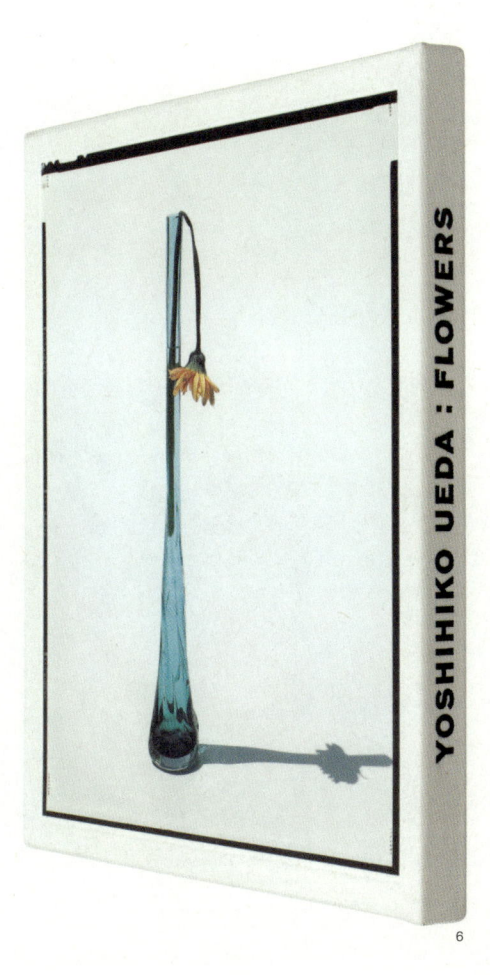

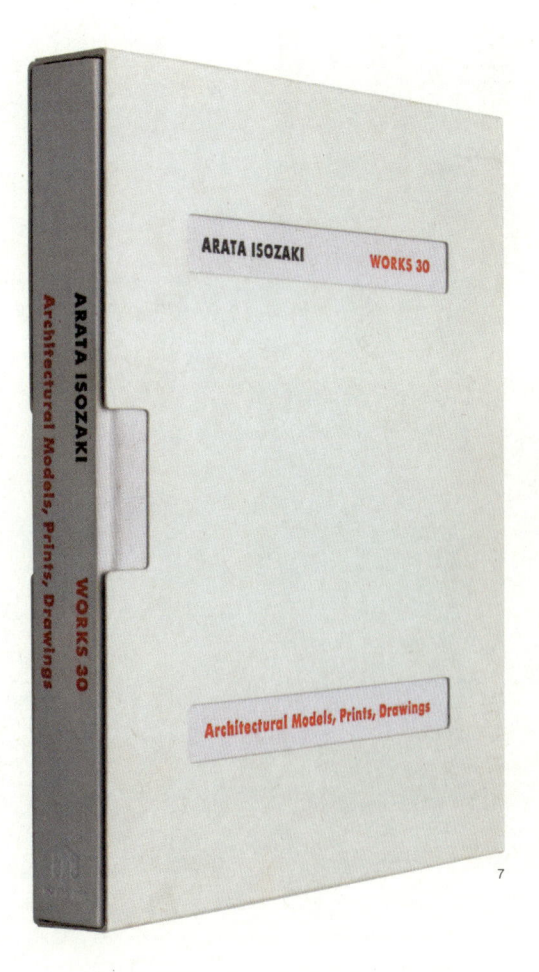

5

6

7

139

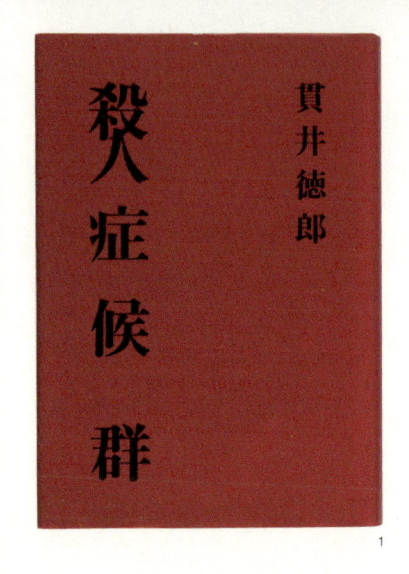

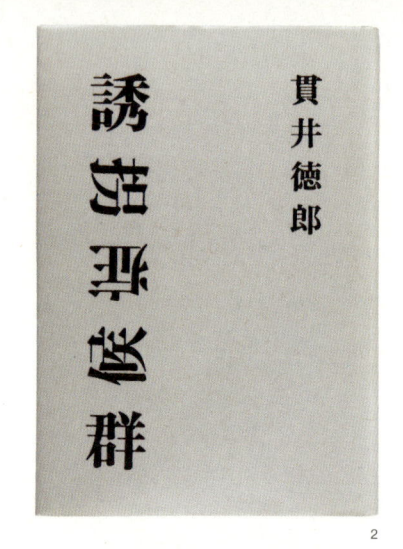

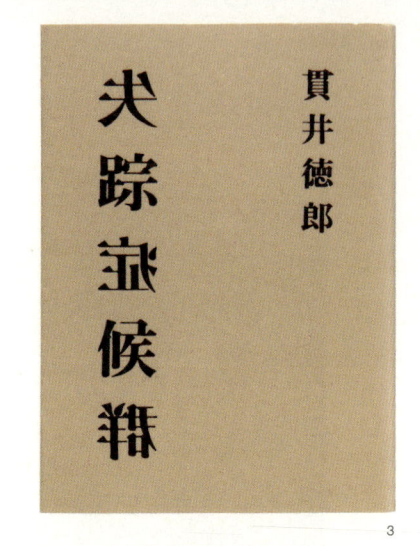

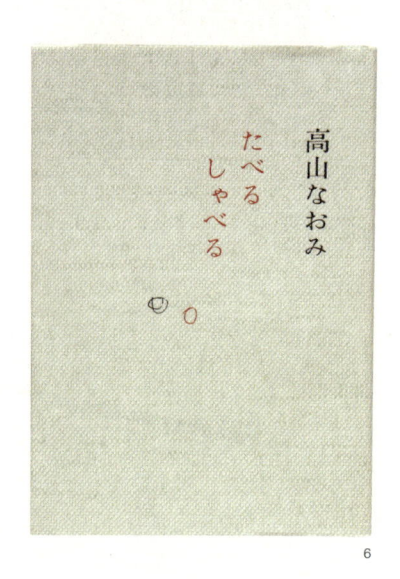

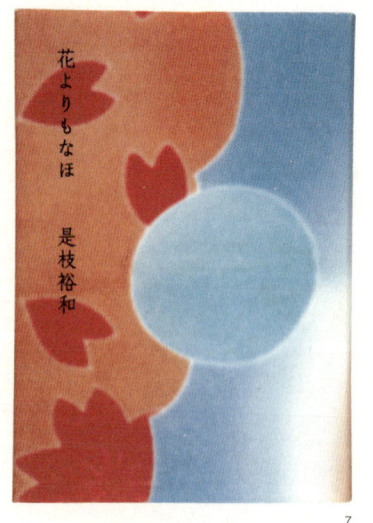

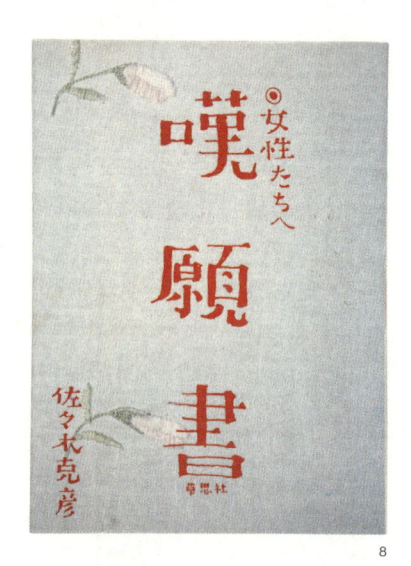

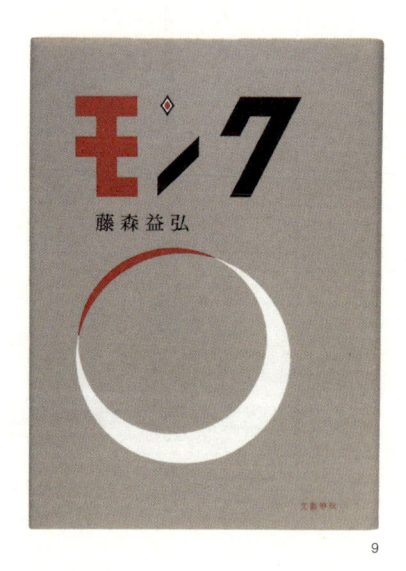

book design / cover design

1–3: Futabasha Publishers, 1998–2002   4: Poplar Publishing, 2009   5: Gentosha, 2008
6: Joho Center Publishing, 2006   7: Kadokawa Group Publishing, 2006   8: Soshisha Publishing, 1987   9: Bungeishunju, 2004
10: Shogakukan, 2000   11: Asahi Press, 1997   12: Aspect, 2006   13: Magazine House, 2001   14: Shichosha Publishing, 2001
15: Gentosha, 2007   16: Kadokawa Group Publishing, 2001   17: Kyuryudo Art-Publishing, 2007

141

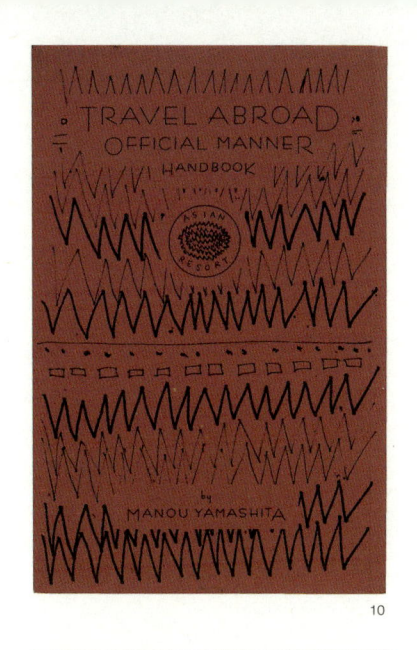

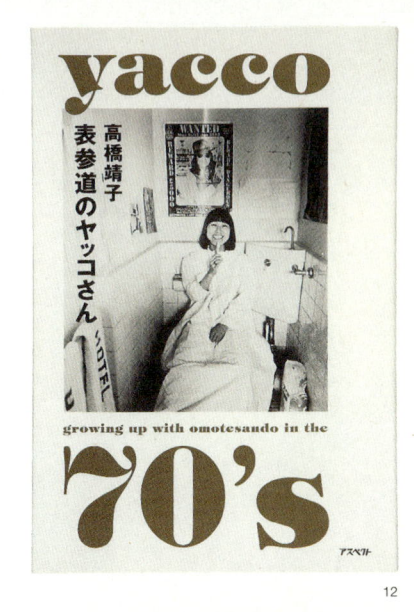

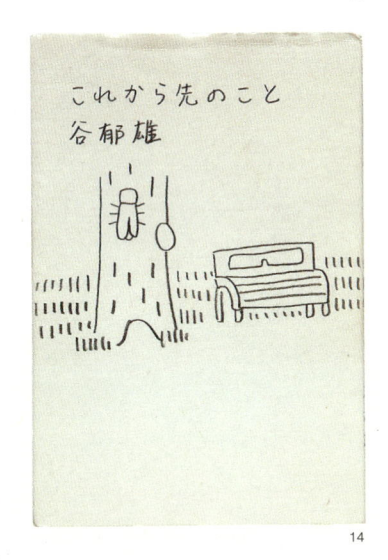

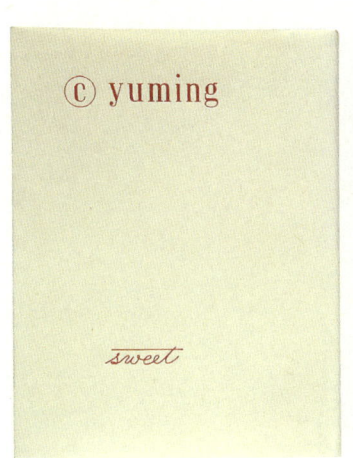

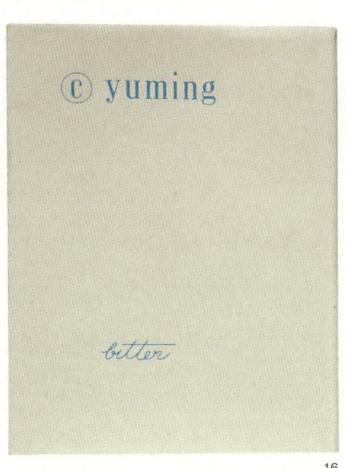

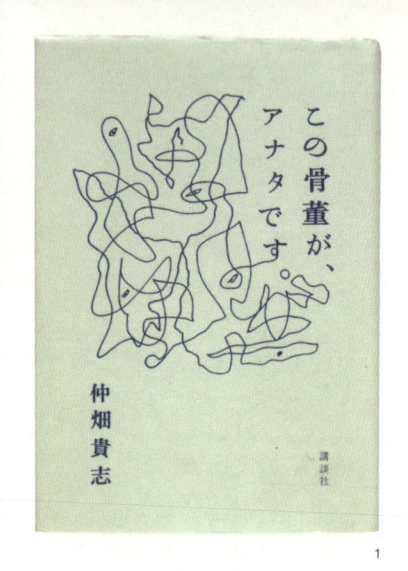

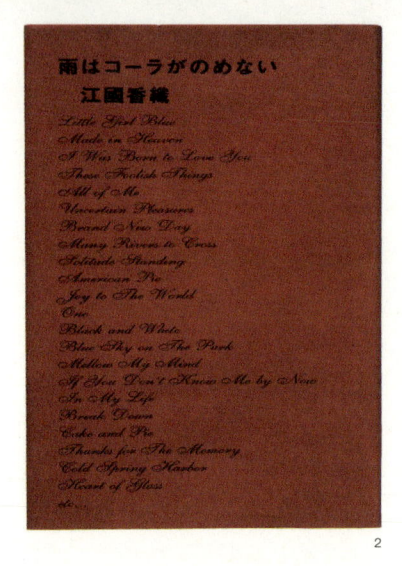

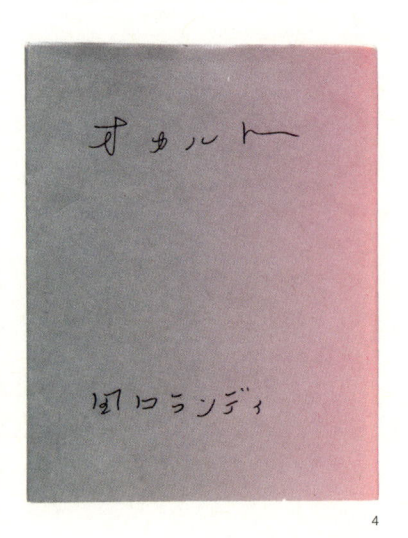

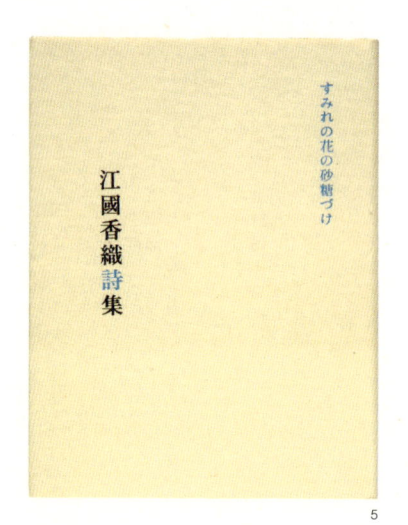

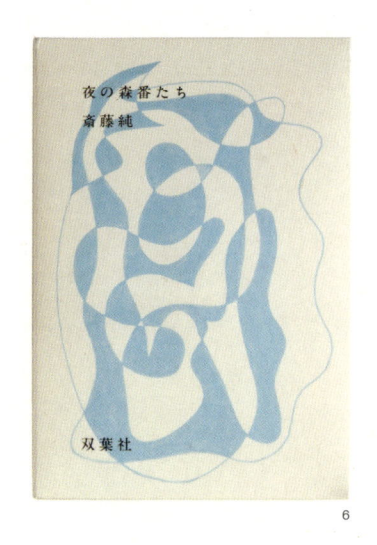

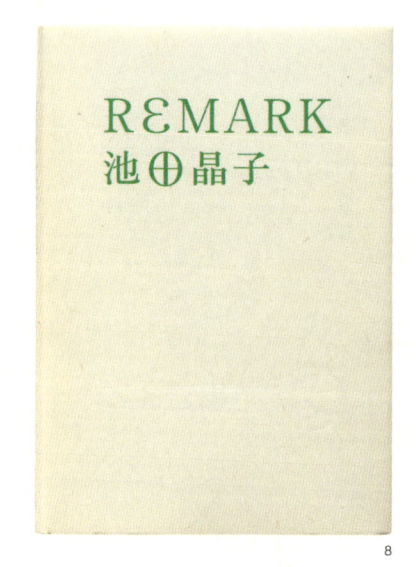

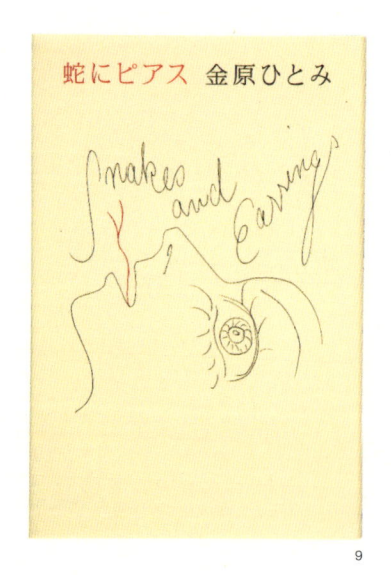

book design / cover design
1: Kodansha, 2000   2: Daiwashobo, 2004   3: Kadokawa Group Publishing, 1998   4: Media Factory, 2001   5: Rironsha, 1999
6: Futabasha Publishers, 1997   7: Futabasha Publishers, 1998   8: Futabasha Publishers, 2001   9: Shueisha, 2004

cover design   Futabasha Publishers, 2001–2007

存在そのものに迫る謎の思索日記

REMARK AUG. 1998
池田晶子 IKƐDA AKIKO

8・1
「何が」動いているのか
気分が変わる、気配が動くというとき、時空の制約が、コイツに働いているからであって、というそこに働いているもの、その質料はなんなのか
時空のない「空」としてのこれは、なんなのか

その繊細さと密度を形成しているものは、やはり存在する限りの全ての存在者で、げんにある

8・8
たまたま「これがコイツをやっている」と、声に出して、言ってみるのではなく、他の誰かでもあり得たのではなく、げんに、あり得たのである
にもかかわらず、やはり
誰が、いったい何が、

「私は池田晶子である」と、喉元で語っているこの違和感、しかし、たとえば「私は池田晶子である」と言ってみるよりも強いのは、やはり、これがコイツであることに、偶然性以上のものがあることを示している
偶然性以上のものとは、すなわち、それが「魂」であろう
時空の制約において、これがコイツであることの必然であろう

8・9
すなわち「愛」
「共感」
とは、げんに他の誰かでもあるということである
共感の原理とは、つまり、そういうことである
私が、彼に、共感するのではない
彼は私であるのだ、という、このことが、共感するということ、すなわちそのこと
となのである

事態において、《私》という主語なら、どこにも置場がないのである
なのに、飛びたいように飛んでいるように見えるのは、彼らにあって、たんに飛びたいように飛んでいるだけである。とくに肯定的感情があるわけでもない
たんにそうしているということが、なぜなんらかの価値なのかということではないか
なんでそれが何がしかの価値であるかのように思われているのか
そんなもの、とくに望むべきものでもない

8・11
自由
空を飛ぶ鳥が、飛びたいように
たんに、居る
これは、自由

8・16
類似もしくは相似の事柄が、そこに集まっ

てくるのは、いかなる理由によるのか
なんらかの意志の磁気、もしくはその痕跡のようなものによるのではないか

しかし、これは、たんに、「この石を持ち上げよう」と思って、それを持ち上げることとどこが違うのか
私はそこに行こうと思う
どこも違わない
これこそが驚くべきことなのである
精神的事象が物理的事象だからである
これが、
願望実現の神秘力
念力
である

8・17
志（ココロザシ）

意志の力によると言うことと、どこが違うのか
意志の力とは何か
意志は目に見えず、また力そのものも目に見えない。意志はそれ自体が力在る力である。意志することそのことが、なんらかの力を発動することである。したがって、事象は、それ自体によって動く。物理的事象は、それ自

そうしよう
と思わなければ

体が精神的事象である。思うことが、そうなるはずがないのは、当たり前ではないかなんでこれが神秘なのか

と言い換えてみる
私はそれを成し遂げようと志す
そのように努力する
それは成し遂げられるやっぱりこれだけのことではないか

類似の志が相寄ってくるのも、等しきものは等しきものによって知られるという、宇宙の公理によっている。事態はきわめて物理的でもある

引力と斥力
物と物の間の
人と人の間のでもない

善悪は論理において結晶化する
宇宙は物質でも精神でもない。種々のエネルギーの混沌交形態である
反省的自己意識は、正しく前反省的自己意識に裏返ることによって、〈空〉である〈私〉は、それ自体、人為である
善悪はあり
善悪はない
どちらでもあり
どちらでもない

8・22

宇宙
論理　混沌
行　為
認識

自然の中で、人がくつろぎを覚えるのは、同種同質のエネルギーの親和と交流異種異質のエネルギーの敵対と反発ことは、エネルギーレベルでの認知によっている

8・25
〈頌歌〉
ほむべきかな
ほむべきかな
ほむべきかな
神の栄光に万物は声を揃え——云々
よきかな

FORM: KASAI KAORU

存在そのものに迫る謎の思索日記

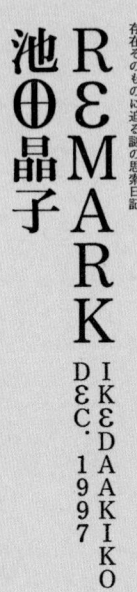

REMARK 池田晶子
IKEDA AKIKO DEC. 1997

12・1
宇宙飛行士と地上の人々が、興奮して何事かを語り合っているのである
彼は自分を飛んでいるのである
宇宙を飛ぶとはどんな感じだとか叫び合っている
感動したとか素晴らしいとか
要するに、何事も生じてはいないのである
今さら何に驚くべきなのか

こいつら、いったい何を信じているのだ
誰が何をやっているのかということについて、なぜ人はかくまで無自覚でいられるのか
自分は宇宙を飛んでいると思っているのだ、驚くべき、愚昧さ

12・2
宇宙飛行士が何事かに驚くべきだとすれば、作業をする自分の手の向こうに青い地球が見える、すなわち、自分がある特定の身体でもあり得るというそのことの不思議の方であろう
しかし、それとて、そういうものだと思えば、やはり何も生じてはいないのであろう
何が何していることでもないというわけでもないであろう

12・4
全くのところ、何事も生じてはいないのである
何事であれ何事が生じていると人が思うのは、主観と客観が別だと思っているからである
現象においては、なんでもあり
ゆえに、無限個のうそは可能である
言ったことが、そのことどもこそ本当

12・7
やはり内容はなんだっていいのだ
形式だけが謎なのだ

12・10
言語と現象の関係について
池田菜であるということがなぜ謎であるように思うのは、おそらく、意志の記憶が脱落しているからだ

存在という形式
形式の側から見る内容は、何もかもが芝居のように見える
魂が入れ替わることとか、天体が運動することとか

存在の中身、すなわち存在者のあれこれではなく、
存在という形式

12・11
私は何をみているか
脳髄をみているわけではなく、また眼前の風景をみているのでもない
すると、このとき、肉体の眼はいったい何をしていることになるのか
私はどの部位で何をみているのか
思考が存在に触れるその現場は、脳髄を開いてもみられない
第三の眼は、必ずしも視覚ではない
むしろ触覚によって、それは見開く

12・13
人が発狂するのは、存在するということが

どちらから見ても構わない
言語においては、言語である
現象においては、なんでもあり
どちらもそう本当

(77)

何事かであり得ると思っているからだ
しかし、存在するということは何事でもあり得るのだから、発狂するということもあり得ない
狂気というものはない

人が発狂するためには、見ることにおける一点突破が必要だ
しかし、突破されるべきその一点、突破されてはいけないその一点、死後存在も存在しないのだから、発狂する人は、発狂し得ないことになる
発狂は不可能である
見る人は発狂し得ない
むしろ、見るということ自体が最初の狂気である
一度狂った人間は、二度狂えないのだから、
狂気と正気は表裏なのではなく同一なのだ
何が問題か

本当のところはどうなのか
信仰や物語的言語的存在であって、なぜ困ったことがそのこと
語っていることの馬鹿さなのだから、言語外存在は存在しない
そんなものが存在すると思っているから、何が問題か

12・17
死が存在しないのだから
死後存在も存在しない
全てはいまげんにここにある一点なのだから、死後存在も存在し得ないことになる

円環が閉じることが問題であるように感じるのは、存在外があり得ると思っているのだ
らだ。しかし、存在外はないのだから、狂気の拡張は、どこまでも正気の拡張である
魂は何度も生まれ変わると、語ることができることが、そのことではないか

宇宙は無限個のうそによって成り立つうそは本当である
本当はうそである

12・20
百億光年向こうの星雲もまた言語的存在である
言語によらずに、どうしてそれを認識し得るはずがあるか

「星雲あれ」
と言ったから、星雲が、在るのである
言ったのは、□(私)である
□(私)が言う
ことにおいて、全ては存在する

(76)

発語するというそのその瞬間においてのみ、認識と存在がぴたりと合致する
それで、神は言葉であると言われ得る

現象を言語によって語るのではない
言語という現象なのである
現象、即、言語なのである
自分の人生はかくかくしかじかであるこれは言語である
私は自分の過去生を心眼によって見る
しかし、これはそうである
これがそうであるなら、今生がかくかくしかじかであるというのも、同等にうそである

やっぱり、なんでも、ありじゃないかいまげんにここに在る

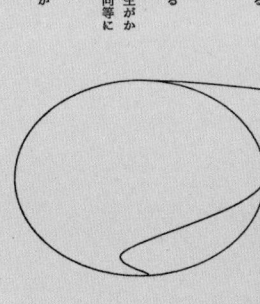

12・22

12・25
自分の髪をつかんで飛び上がろうとするというふうに表象するから、行為は不可能
という感じになるのだが、
既に飛んでいるそのことが、自分の髪をつかんで飛んでいることになる
というふうに表象すれば、
やはり驚くべきことを、やってのけていることになる
なんでここで驚かなければならないのか
何が何について今さら驚いているのか

というまさにこのことにおいて、何がどうでもいいじゃないか
なんでここでざまあみろ
と言いたくなるのか

FORM : KASAI KAORU

(79) (78)

layout / illustration　Futabasha Publishers, 1997-1998　145

146 book design Xylo, 1997

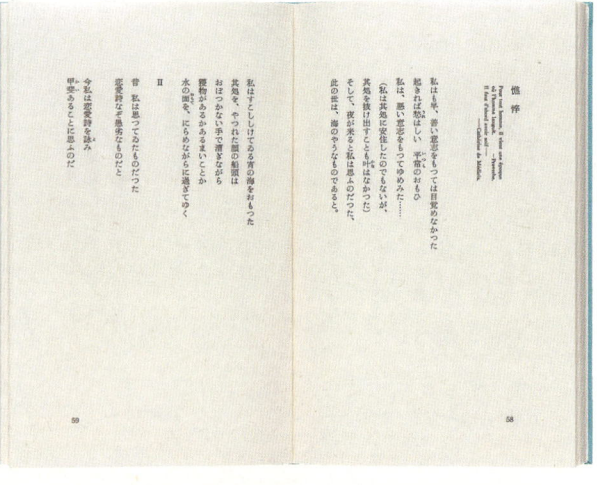

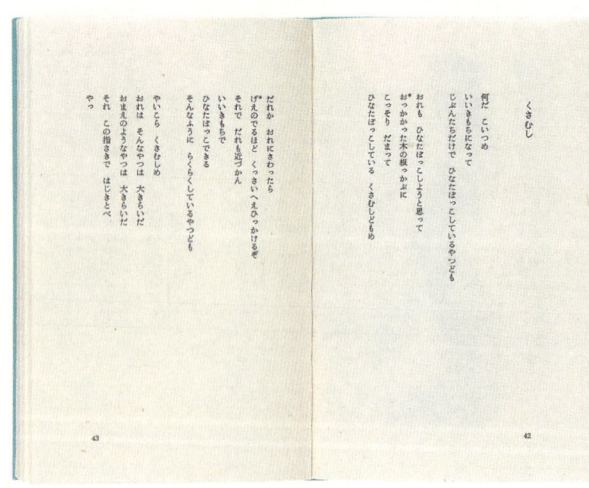

Whom the Gods Loved
five poets

詩集 妖精の詩〔英訳版〕

訳者：岡田秀穂　デイヴィッド・バーレイ
挿画：大竹伸朗

今井とおる	Imai Tōru	1955-93
金子みすゞ	Kaneko Misuzu	1903-30
大関松三郎	Ōzeki Matsusaburō	1926-44
中原中也	Nakahara Chūya	1907-37
小熊秀雄	Oguma Hideo	1901-40

XYLO Co., Ltd.

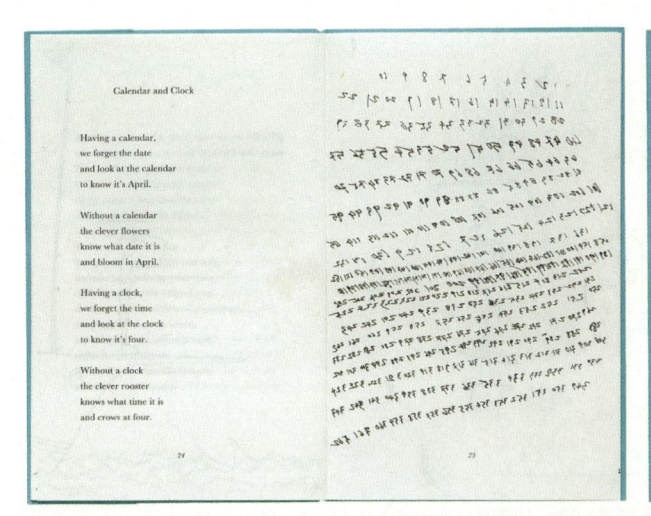

Calendar and Clock

Having a calendar,
we forget the date
and look at the calendar
to know it's April.

Without a calendar
the clever flowers
know what date it is
and bloom in April.

Having a clock,
we forget the time
and look at the clock
to know it's four.

Without a clock
the clever rooster
knows what time it is
and crows at four.

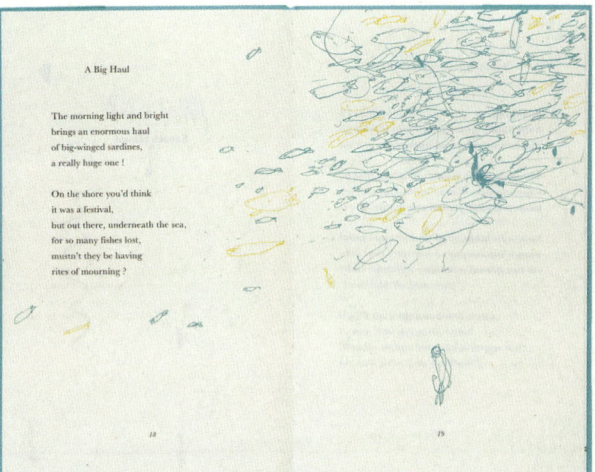

A Big Haul

The morning light and bright
brings an enormous haul
of big-winged sardines,
a really huge one !

On the shore you'd think
it was a festival,
but out there, underneath the sea,
for so many fishes lost,
mustn't they be having
rites of mourning ?

Each time the horse is hit,
it tosses up its head
and bares its teeth in anger,
right back to its bright red angry gums,
and screws its hind legs hard into the ground,
while the huge muscles on its chest all quiver.
Silently, silently, it struggles.

Hold out, old horse, hold out and win !
I'm shouting in my head.

Crack ! Crack !

Till finally the driver yields,
gives up the struggle and leads it forward,
and the cart rolls forward effortlessly,
turns right around and slips inside the shed.

Me, I'm so relieved,
I want to shout hurray !

A cold north wind comes whistling
through the leaves of radishes
hanging on the storehouse door to dry,
flapping them about so much that
it nearly tears them off.

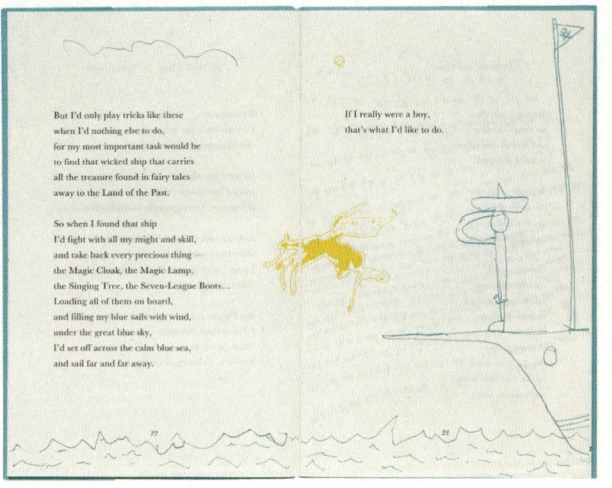

But I'd only play tricks like these
when I'd nothing else to do,
for my most important task would be
to find that wicked ship that carries
all the treasure found in fairy tales
away to the Land of the Past.

So when I found that ship
I'd fight with all my might and skill,
and take back every precious thing
the Magic Cloak, the Magic Lamp,
the Singing Tree, the Seven-League Boots…
Loading all of them on board,
and filling my blue sails with wind,
under the great blue sky,
I'd set off across the calm blue sea,
and sail far and far away.

If I really were a boy,
that's what I'd like to do.

book design   Xylo, 1998

148　book design　Ohta Publishing, 1991

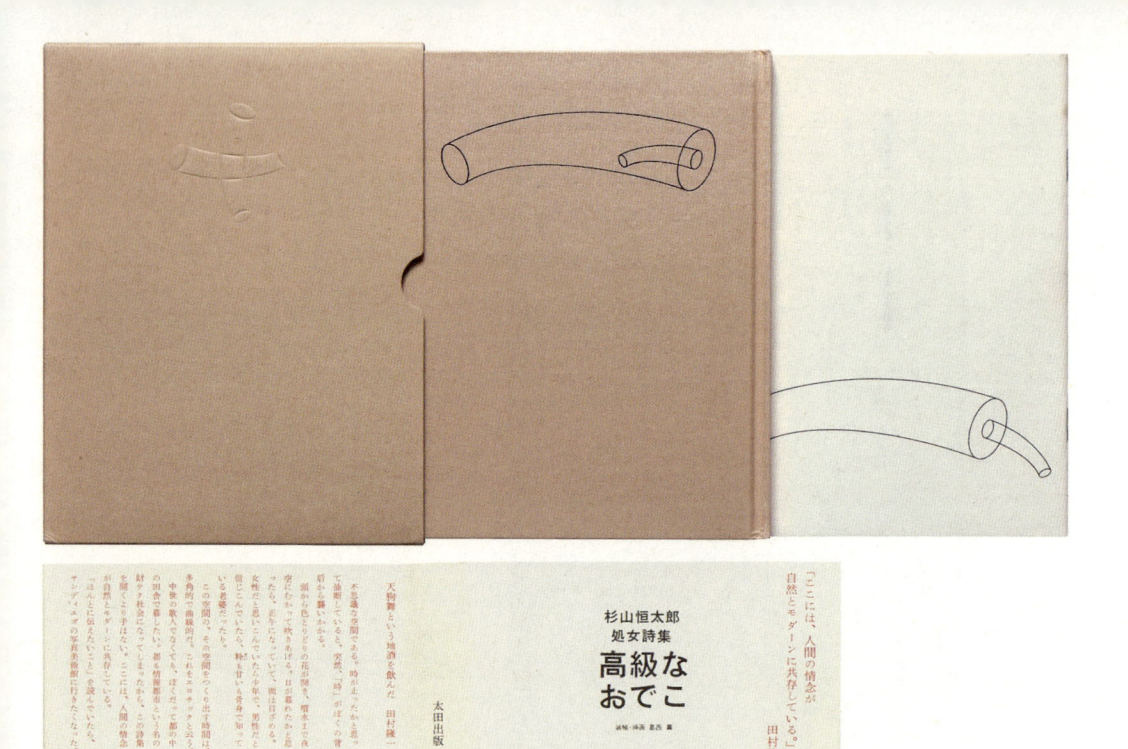

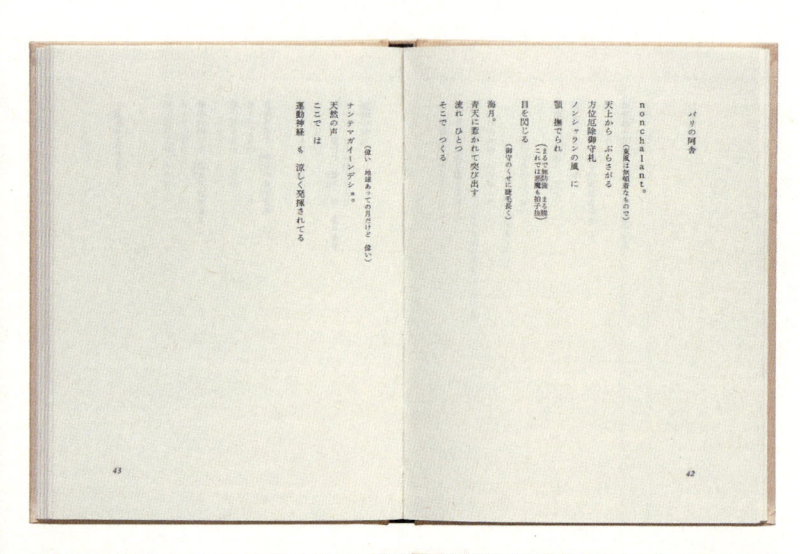

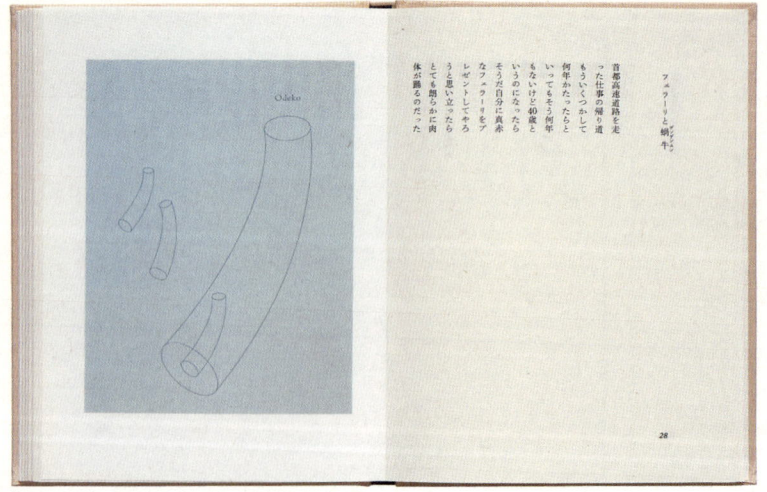

book design   Xylo, 1998   149

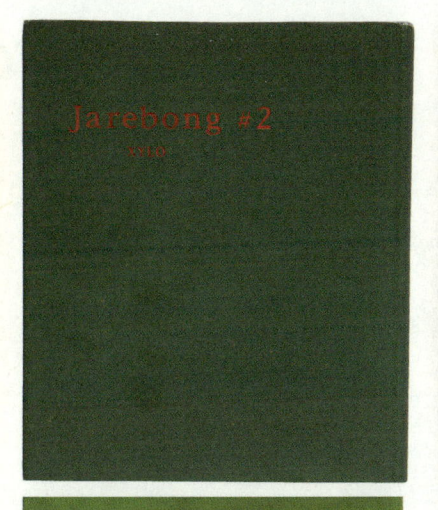

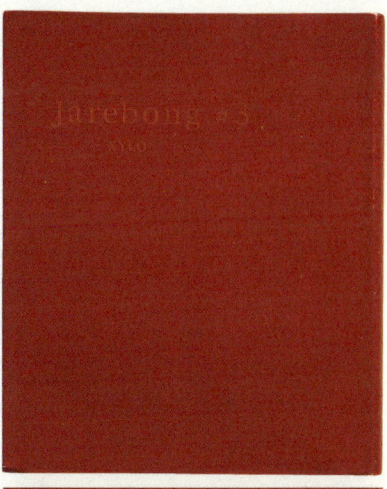

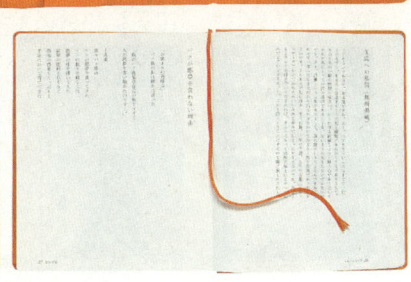

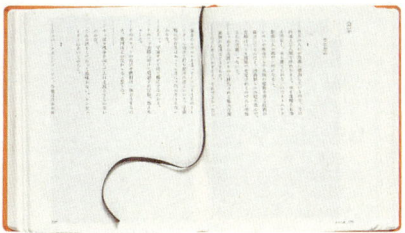

150

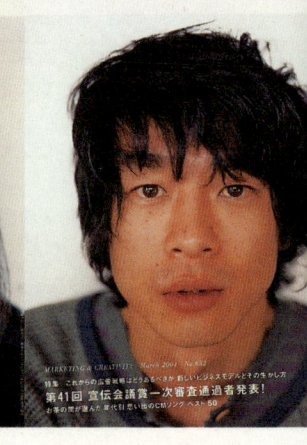

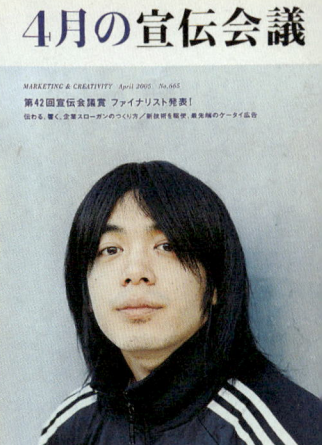

cover design　Sendenkaigi, 2003–2005

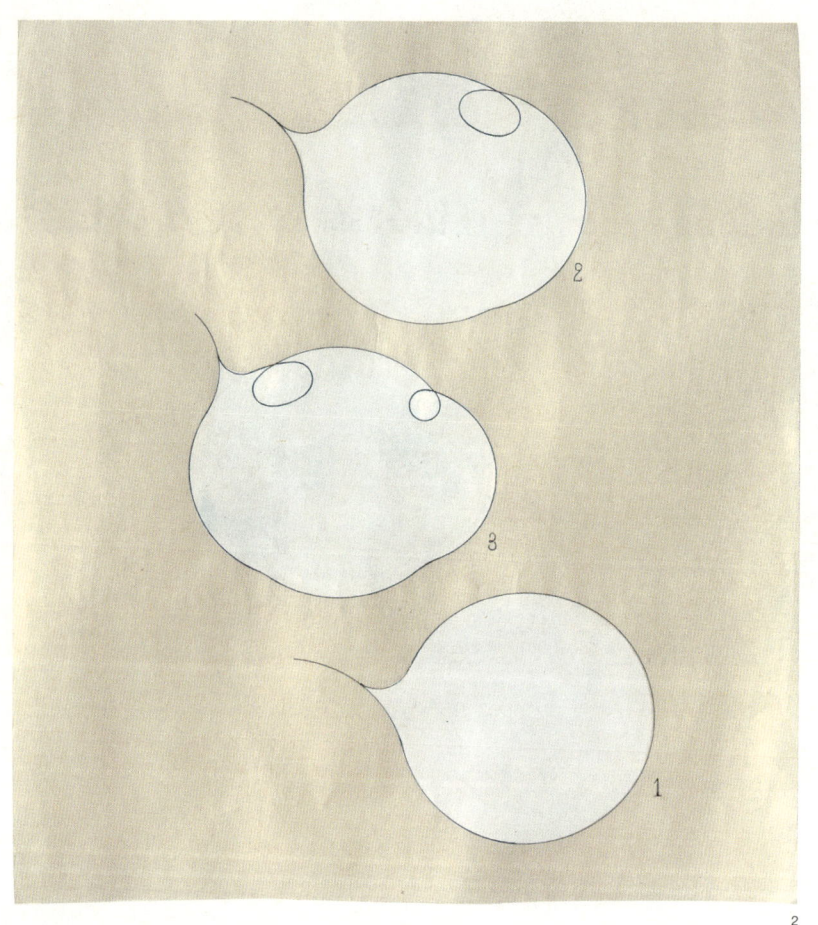

152 exhibits 1: dictionary cover Takeo, 1995 2: kite Creation Gallery G8, 2002

campaign mark / clock   Suntory, 2009

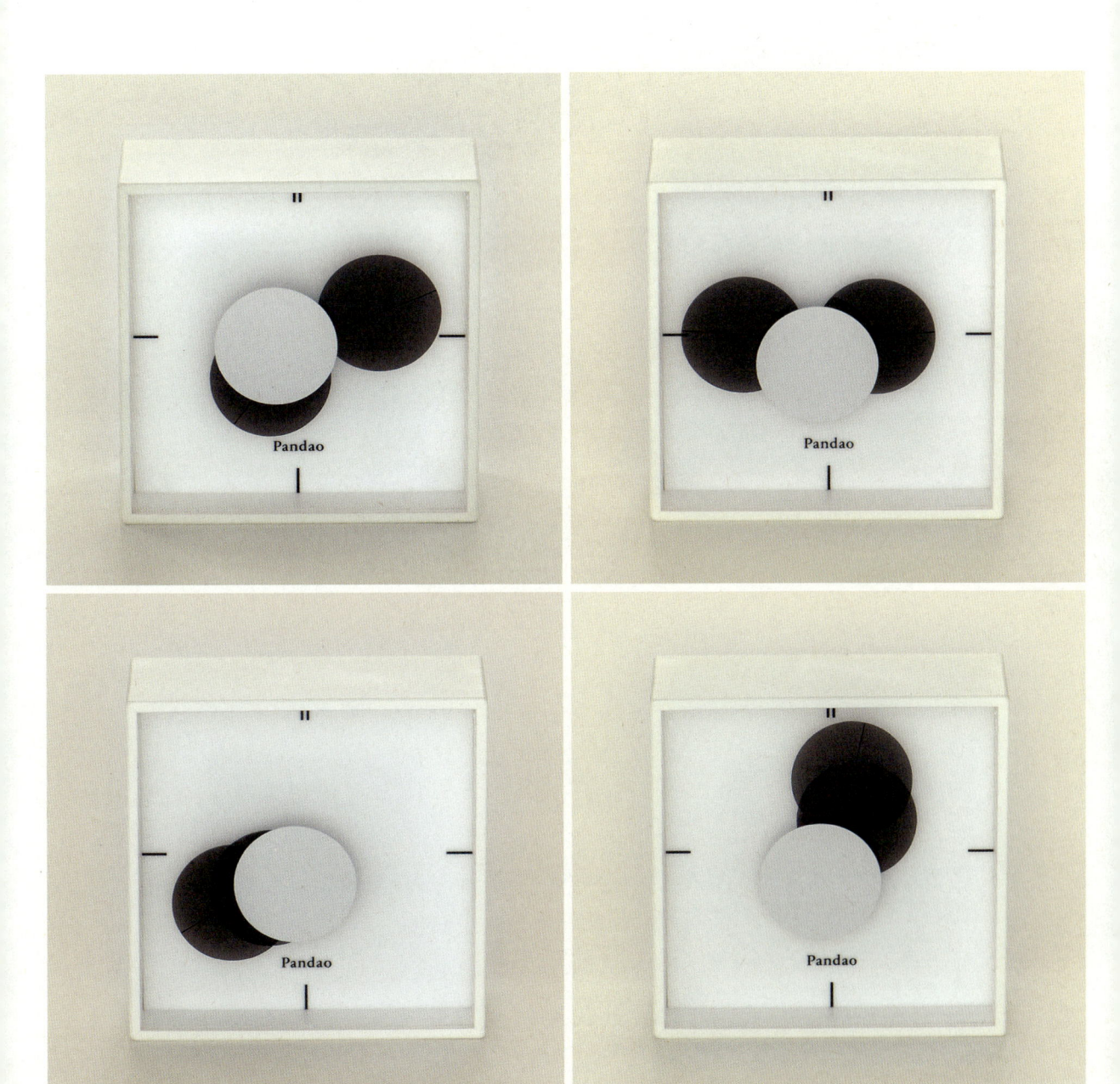

154

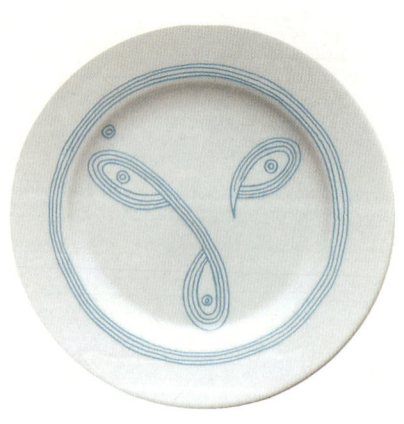

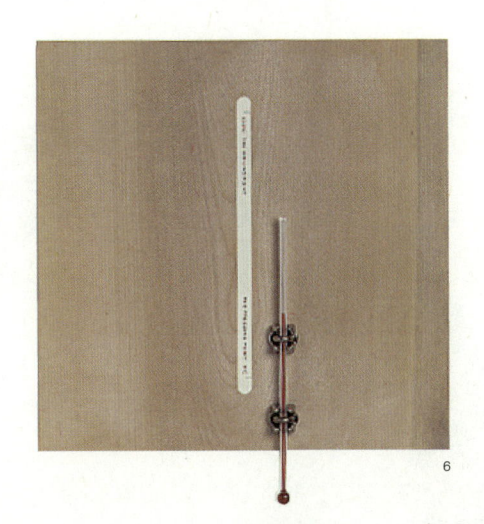

exhibits
1: miniature car 2003   2: plate 1996   3: cup & saucer 2007   4: clock 1998
5: folding fan 2006   6: thermometer 1997   7: wristwatch 2000

Creation Gallery G8

1

2

11·11
THE PAIRS DAY

3

exhibits
1·2: umbrella　Creation Gallery G8, 2001·2008　3: umbrella / logotype　The Japan Society for Hosiery, 1993
4: wrapping clothes　Design Index, 2004　5: wrapping cloth　Creation Gallery G8, 2006

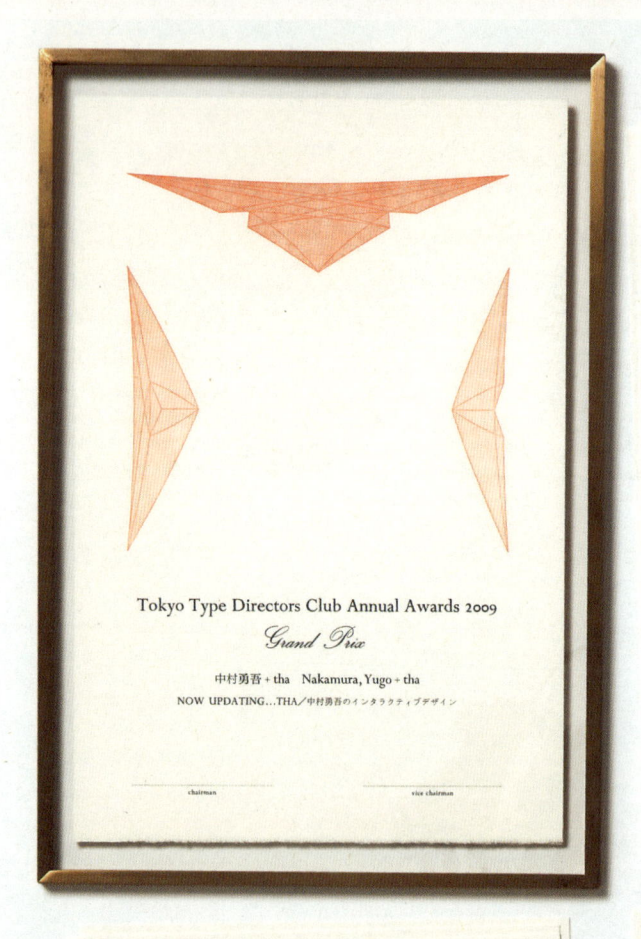

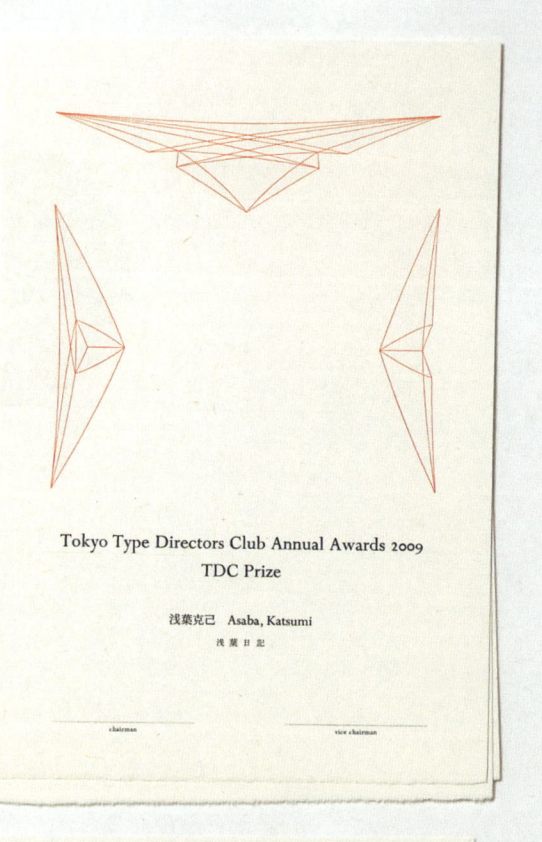

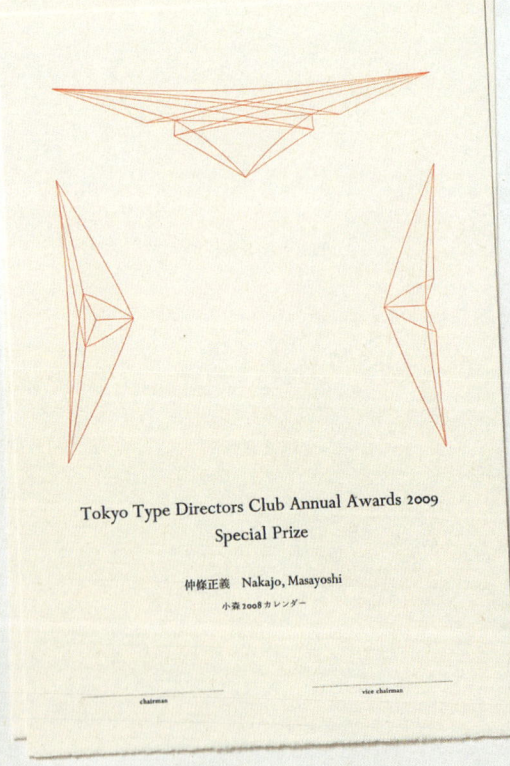

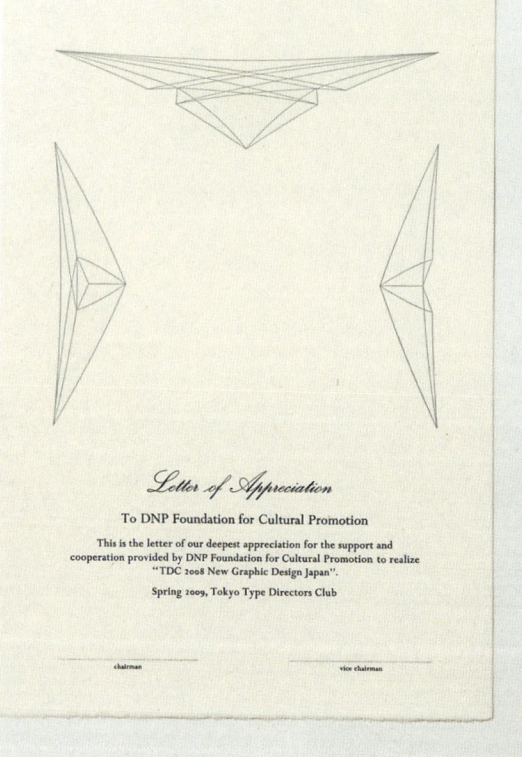

158 certificate / frame   Tokyo Type Directors Club, 2007

calendar Ando Gallery, 2003

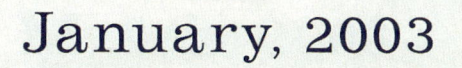

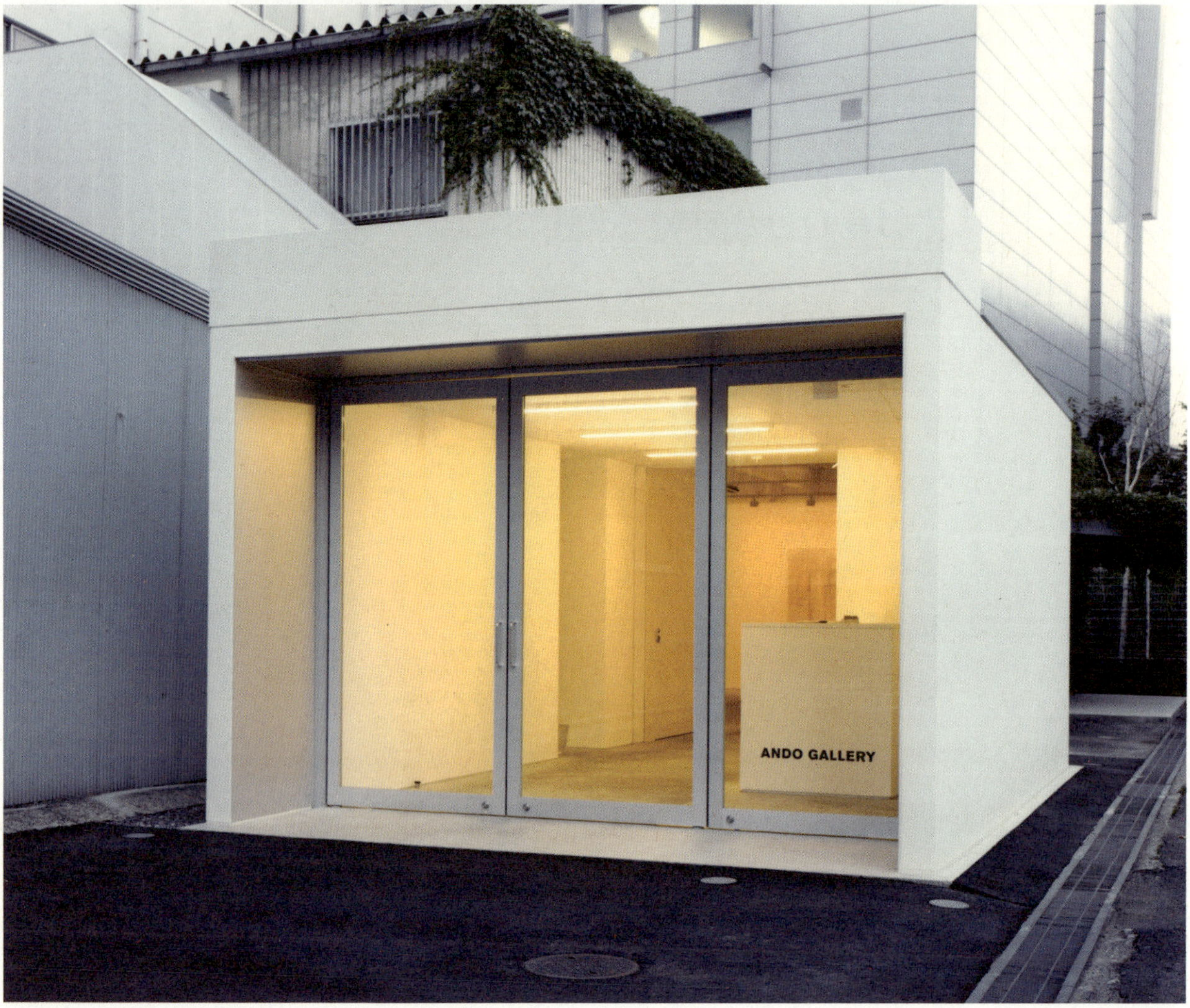
ANDO GALLERY

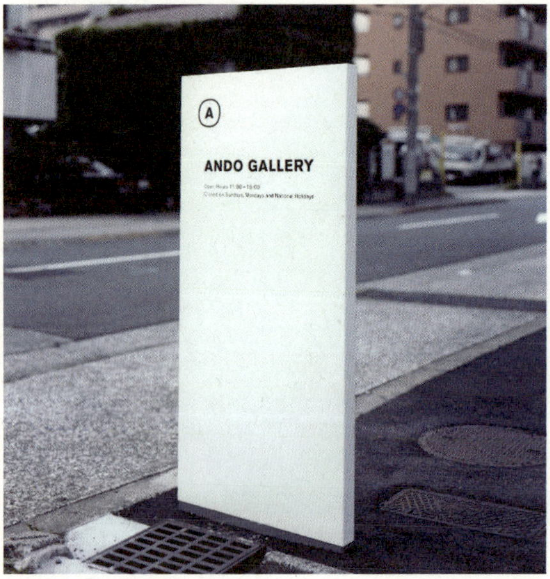
A
ANDO GALLERY

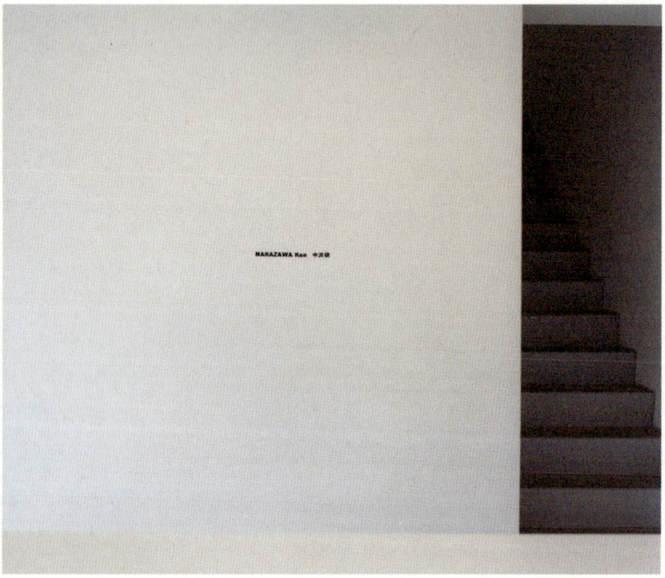
NAKAZAWA Ken 中沢研

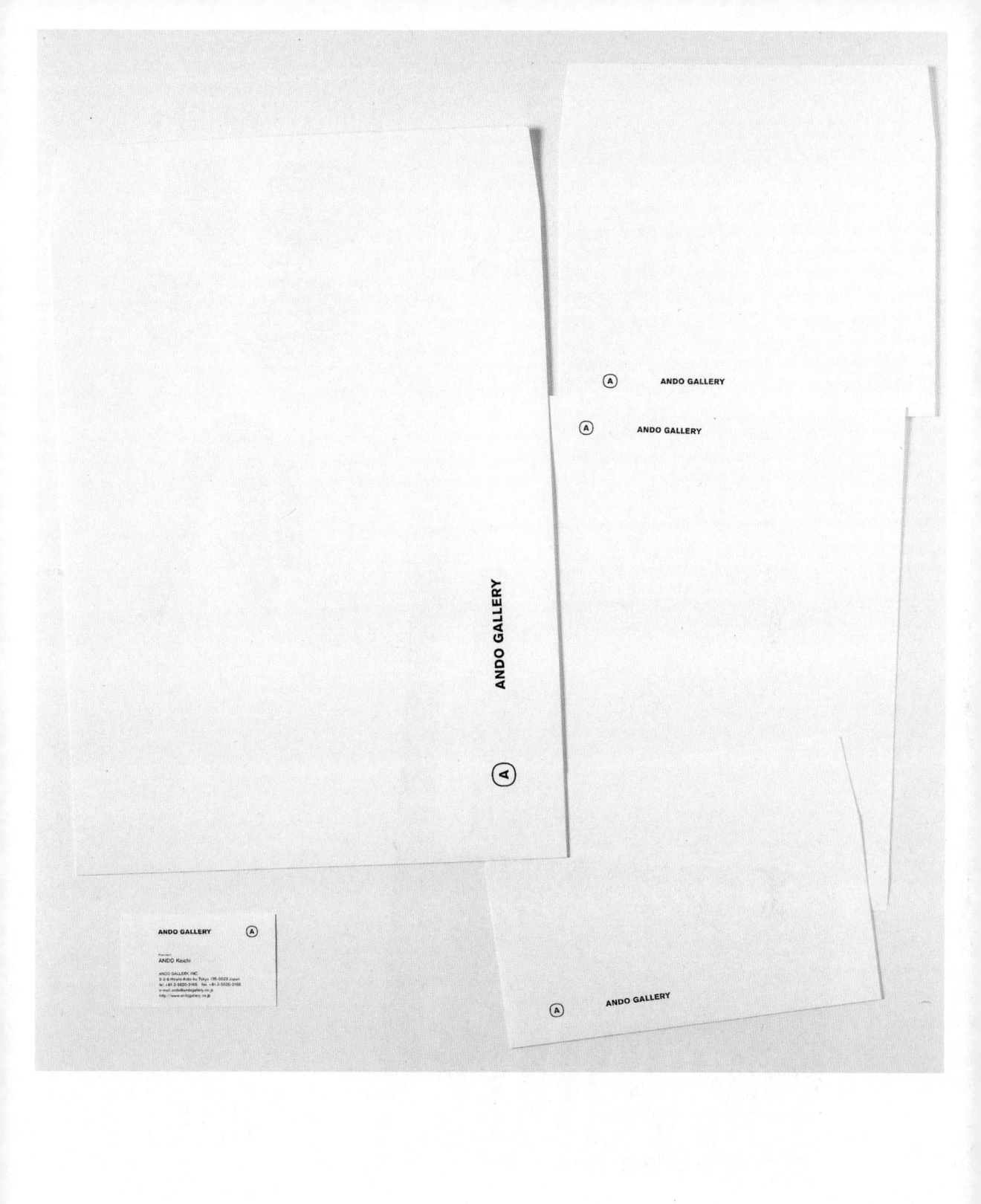

CI / sign / stationery / visiting card   Ando Gallery, 2008

162　stationery　Ractive Roppongi, 2009

stationery / visiting card   Bureau Kida, 2005

164　stationery　Fukuhara Iz / Fukuhara Corporation, 2007

stationery Moma, 1990

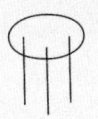

166 stationery / visiting card   Tokyo Copywriters Club, 2002

stationery / visiting card Kitamura Michiko, 1995

168 stationery / visiting card   Paradise Café, 1987

stationery / visiting card Iketei, 1988

TORAYA

TORAYA CAFÉ

とらや工房

青草窯

mark / logotype
1: Toraya, 2007   2: Kogen, 2003   3·4: Kogen, 2007   5: Seiyo Environment Development, 1987
6: Seisouka, 2008   7: United Arrows, 2002   8: Magazine House, 2003   9: Akaaka Art Publishing, 2007
10: Wacoal, 2006   11: Blooming Nakanishi, 2004   12: Pie International, 2009   13: Shiseido, 2000

united arrows
green label relaxing
7

ku:nel
8

AKAAKA
9

LALAN
10

blooming
11

12

TAPHY
13

mark / logotype

1: Kirishima Office, 2002   2: Index Produce, 2000   3: Anonima Studio, 2004   4: Xylo, 1997   5: Paradise Café, 1988
6: Paradise Café, 1989   7: Sagami Women's University, 2010   8: Tokyo Copywriters Club, 2002   9: Ando Gallery, 2008

PARADISE CAFÉ INC.
5

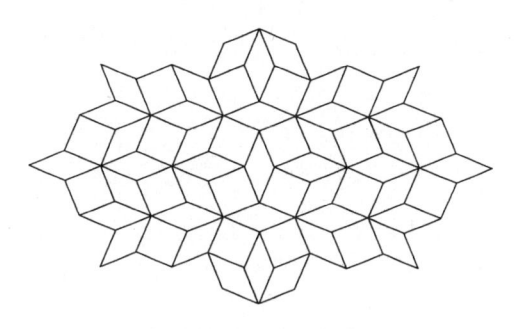

KIKUGUMI
6

Sagami Women's University
7

T C C
TOKYO COPYWRITERS CLUB
8

A ANDO GALLERY
9

ROCK, PAPER, SCISSORS

1

Bureau Kida sarl.

2

NIGITA

3

FUKUHARA CORPORATION

4

fukuhara iz

5

mark / logotype
1: Sun-Ad, 2005   2: Bureau Kida, 2005   3: Nigita, 2009   4: Fukuhara Corporation, 2007   5: Fukuhara Iz, 2007
6: Moma, 1990   7: Soh, 1983   8: Soh,1988   9: Soh, 1989
174   10: Rikuyosha, 2001   11: Iketei, 1988   12: The Museum of Modern Art, Saitama, 1997

175

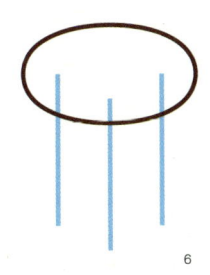

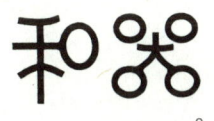

interview: graphicsとadvertisingのあいだに

イランのアッバス・キアロスタミ監督の映画が大好きだ。たとえば、田舎町に起こるごくささやかな出来事から、人の根っこにある喜びや悲しみの感情を見せてくれたりする。その監督を取材したNHKのドキュメンタリー番組を見たことがある。『桜桃の味』という新作の撮影場所をあちこち探し求めてある地点にたどり着いて迷う。ここでいいのかどうか… そこで監督は静かに目を閉じる。場の空気を肌でたしかめ、遠くの音を聴く。そうすることで見えてないものが見えてくるのだという。彼の映画の秘密がなにかわかったような気がした。

視覚上の美はデザイナーにとって快感だ。カタチにせよ空間にせよ、デザインを追い詰めていくと秩序が生まれるが、同時に緊張感も生まれてくる。それがいいところなのだが、時にデザインは人に窮屈を強いているのではないか？ と思うこともある。正直なところ居心地という点では、畳の上でゴロンとしているほうが、僕はずっと心が安まる。自分が信じることと自分のデザインは一致しているのだろうか… 「理屈と身体は相反しているなあ」といつも思う。

銀座の灯台守

1960年あたり、子どもの頃の僕にとって、東京の風景と言えばプロレス中継の合間にコマーシャルで映し出される三菱電機の銀座のネオンだった。都会、大人、夜、という子どもにとっては三大憧れともいうべきものが揃っていた。だからサントリーからの指名で『銀座4丁目の広告塔』の仕事をやることになったときは特別な感慨があった。2000年、これが空間系で初めての本格的な仕事となった (036-039)。

「銀座の灯台守になりたい」が基本のイメージ、夜の街を行く大人たちを見守る存在でありたいと考えた。最初に提案したのは、夕暮れどきにポッとあかりが灯り、やがて色を帯びはじめ、朱鷺色、象牙色、桜色、若草色… と和の色彩が時間とともに変わっていく、それも30分かけて次の色に変わるぐらいのゆったりとした「時間のグラデーション」という案だった。ほろ酔い気分の男たちが見上げては「あ、紫だ。そろそろ帰らなきゃ」「まだ青いからもう一杯」と目印にできる曖昧な時間計だ。ところが「悠長に過ぎる」とこの案は通らなかった。あちこちでネオンがチカチカしている場所だからこそ、じっと静かに灯っている広告塔は銀座の灯台になると思ったのだが。

ならば、と出したアイデアは、縞模様や市松模様がオーバーラップしながら形を変えていくという案だ。その模様が、春は桜色から琥珀色に、夏は水色から琥珀色にと季節ごとに色を変え、クリスマスには数日だけ朱色になる、というような年間のプログラムを立てた。偶然この広告塔の形が「響」のウイスキーボトルと同じ24面の角柱だったこともヒントになった。

大きく描かれた「響」の字は、地表から仰ぎ見たときに上部が詰まって見えないように、天に向かって微妙に逆パースをつけている。また、何十枚も並べたポリカーボネート製のスクリーン板の1cmほどの隙間から生の光源が漏れないように、スクリーン板の隣接部分の小口を直角ではなく斜めにカットした。こうした設計上の小さな工夫を、現場の職人たちとやりとりするのが実に楽しかった。

この広告塔は数年で役目を終えた。実は将来に向けてさまざまな映像プログラムに対応できるようにしてあって、いつか音に合わせてウイスキーがゆらゆら揺れるような映像を流してみたいと楽しみにしていたのだが…　ほんとうに時代の移り変わりが速すぎる。

虎屋との出会い

虎屋との出会いは2002年、六本木ヒルズにオープンしたTORAYA CAFÉにさかのぼる(016·017)。TORAYA CAFÉは、虎屋の餡を生かした、和菓子でも洋菓子でもないまったく新しいお菓子を提供する店だ。そのお菓子を考えるフードコーディネーターの長尾智子さんに、建築家の武松幸治さんが加わり、その後にグラフィックデザイナーとして僕がこの仕事に加わることになった。
　まず思ったことは、「あの虎屋」である以上、今風になってはいけないなということだ。なのでそのロゴタイプをつくる際には、昔からすでにあったかのような表情を目指した。本格的にパッケージをやるのはこれが初めてだったが、外箱はお菓子を取り出しやすいようにと箱本体に切り込みを入れて、その形をマークの「T」とシルエットを揃えたり、箱の寸法をモジュール化してラインナップを組み立てたりとか、工作好きの僕にとってはとても楽しい仕事だった。
　イメージは「菓子が喜ぶパッケージ」。主役はお菓子なのだから、パッケージはできるだけシンプルにと思った。たとえば、豆腐屋さんが水の中から掬いあげたできたての豆腐を、経木と新聞紙でササッと包んでくれるあの感じだ。この箱には瓶や袋など包材の異なる何種類かのお菓子が詰め合わされる。その際にできてしまう曖昧な隙間がどうしても気になり、長尾さんに会社まで来てもらって相談したことがある。お菓子の立場からの意見を聞きたかったのだ。長尾さんは「つまり隙間の相談だったんですね」と苦笑していた。そのくらいこの仕事には、綿密に取り組んだ。この後、依頼がきたのが「虎屋全体のクリエイティブディレクター」という仕事だった。

老舗虎屋の重み

羊羹で知られる虎屋は僕から見ればあまりにも盤石で、何も変える必要はないのではないかと思った。むしろどうしたら虎屋のデザインの歴史が、今の良さを保ったまま次にバトンタッチできるのか、と考えるのが精いっぱい。それに和菓子の知識はまったくなかった。今の僕にできることがあるとしたらなんだろうと考えたら、それは皆が持っている虎屋のイメージを代弁することだと思った。僕自身がお客の気持ちに近いのではないか、その視線からデザインを見渡して整理整頓していくことはできるかもしれない。ともかく長年デザインをやってきた自分が自信を持てる部分についてだけは「臆せずいこう」と決めた。
　虎屋から今日までの歴史を伺い、秘蔵の品々を見せてもらうと、それはもう宝の山だった。500年という歴史の重みがずっしりと伝わってくる。数百年前から受け継がれている四季折々の菓子の意匠はもちろん、情感あふれる「日本の言葉」がとても大切に今に伝えられており、これは素晴らし

いことだと思った。そんなわけもあって、第一段階として「変えることではなく、整えることを目的としましょう」と提案した。
　最初に着手したのは商品をとりまく書式の整理だった。商品名のことを「菓銘」と呼ぶそうだが（すごく良い呼び名だ）、まずその表示のしかたを見直したところ、何人かの書が混在しており、この機会に書家を一人にしましょうと提案した。その結果、菓銘、店頭ディスプレイなど、すべての筆文字を手掛けていただくことになったのは書家の古郡達郎さんだ。看板商品の羊羹『夜の梅』のラベルに代表される、実直そのものという印象の字を書かれる方だ。そしてその書が引き立つよう、菓銘の周りはできるだけすっきりとデザインするように心がけた。そうすることで字というより「言葉」が活きてくる。またカタログや菓子のしおり、パッケージに記載されている説明文や成分表示などの書体、文字組を見直し、使用する活字の書体を選定し、少しでも見やすく、読みやすくなるよう時間をかけて書式の系統化を図った。

虎屋らしさ、その菓子らしさ

虎屋には、京都の食材を使い、京都でのみ製造される湿粉製棹物と呼ばれる菓子がある。この商品には虎屋所蔵の京都の四季を描いた日本画家案本一洋（まつもといちよう）の作品を選び、春夏秋冬の装いにした。その絵に合わせて配置される菓銘は、他の商品よりは華奢な「女手のような書を」と古郡さんにお願いした（013）。
　この仕事のために京都で数百年続いている菓子屋さんをいくつか回った。小さいが風格のある構え、陳列、そしてシンプルな包装、そのどれもが素晴らしい。この味わいは一朝一夕にできるものではない。というより今の僕らのデザインとは立脚点がまったく違う、と痛感した。「なぜ変える必要があるのだ」という姿勢、守ることが目的なのではなく、「いいものはいいのだ」という意志を強く感じた。
　僕が虎屋のデザインについて目標とすることは「誰がやってもこうなるだろう」というような「その菓子らしさ」を表現することだ。その結果として「虎屋らしさ」につながればいい。整えることが本来の自分の仕事だと思っている僕にとって、虎屋の仕事はまさにグラフィックデザイナーとしての仕事をしているという実感がある。

とらや工房ができるまで

虎屋の仕事を始めてから間もない2004年のこと、新しいプロジェクトの話が持ち上がった。「そもそもお菓子の原点とはなんだろうか、虎屋自身が和菓子を再認識するためにも、大福やどら焼きのような素朴な菓子を提供できる店を都心につくりたい」という。
　そのプロジェクトの最初の段階で、提案の機会を得られた。そこで僕なりに美味しいと感じる瞬間はどんなときかを考え、議論のきっかけになればと思い、そのシーンが想像しやすいよう漫画

のようなスケッチを見せながら話をした。
　たとえばご近所の庭先で「ちょうど漬けあがったところだから食べて」と出された沢庵を、縁側で茶飲み話をしながらいただくときの味、天ぷら屋さんのカウンターで、料理人の手さばきを見ながら、タイミングよくさし出される天ぷらの味、それから、その奥で絶妙のフォーメーションで働いているお店の人たちの姿を見ることだって美味しい味わいにつながっているのではないかとか。もし饅頭なら、つくった人から粉だらけの手で、「どうぞ」ってお茶と一緒にできたてを出してもらったら、すごく美味しいと思う。つまり目指すべき店は「作り手とお客が近い店」ではないか、と僕のイメージを伝えた。
　それから何度も検討を重ね、都内の候補地を見て回り、設計図も起こしたりしたが、どうも初心とは違う方向になってきて行き詰まった。都心ではどこかに無理が生じる。そこでもういちど原点に戻って考えようと、最初に描いた僕の絵の話になり、「そもそもの思いを実現するのは都会では不可能、虎屋の工場のある御殿場にしてはどうか」という黒川社長のひと声で、急転直下このプロジェクトが大きく具体的に動いた。

ここで僕はこの場に建築家が必要だと思った。そこでかねてから意中の人、内藤廣さんのことが思い浮かんだ。考えるほどにこの人しかいないと思い、急だったがご本人を訪ね、僕の例のスケッチを見てもらいながら、ぜひ一緒にと思いを伝えたところ、初対面だというのにその場で快諾を得た。それから現地視察を重ね、工場のすぐそばを想定して、内藤さんからこのプロジェクトの草案が提出された。その案は土地をよく見つめた上の、素直かつ豪快な案だった。しかし敷地の事情などで工場そばを諦めねばならず一旦頓挫したが、東山地区に最適の場が見つかり、曲折を経て2007年10月、ついに完成した。
　ここは店というよりは菓子のための探求の場だ。そこでこの建物は『とらや工房』と名づけられた。茅葺きの門をくぐり林の中を歩いていくと、庭が広がり、やがて池が見え、建物が現れる。そこは菓子の厨房で、中では職人さんが菓子をつくっている。その隣にできたての菓子を食べるスペースが用意されており、お茶が準備されている。庭には回廊のように散策路があり、菓子の材料を育てる畑があったりする。訪れた人は菓子とともに季節も味わう。お客の導線、茶碗、包装紙などは、長尾智子さんとともにサン・アドの皆で考えた。どれもごく簡素なものだ。唯一デザインらしいデザインは、古郡さんに描いていただいた富士山の稜線にひらがなの「と」のマークだ。どら焼きにはこのマークが焼き印で押されている(014)。
　いわゆる広告宣伝はしていない。地元の人に喜んでもらえればと、写生会や茶会を催したり、この土地でとれた素材で菓子をつくる試みもしている。それにしてもこんな気持ちのいい庭を見ながら働ける職人さんたちが羨ましい。
　食べるということに対して、僕がふだん思っている気持ちのまま描いた絵や言葉がきっかけとなり実現につながった。感無量だ。この仕事をきっかけに、御殿場店、東京ミッドタウン店(010・011)、そして京都店と、内藤さんとの仕事が続いている。

壁の上の格言

その内藤さんを知るきっかけは、アンドーギャラリーの安東孝一さんとの出会いということになる。1994年のある日、安東さんが会社に訪ねてきて、「アート、建築、デザインの分野から数人ずつ選び、その作品集をつくりたい」。ついては「葛西さんの作品を載せたい。ただし広告作品ではなく葛西さんが一人で仕事をしたと言えるものだけにしてほしい」と言う。ということはつまり広告以外の僕を見ていてくれる人がいたということで、そのことが嬉しかった。この『MoDERN』というタイトルの本に内藤廣さんも登場しており、その仕事を知ることになったのだ(134)。

それからというもの安東さんのプロデュースにより、サイン計画などの空間に関するいくつかの仕事をすることができた。東京都立つばさ総合高等学校(023-029)、汐留タワー、虎ノ門タワーズ(018-021)。これまでほとんどが広告の仕事だった僕にとって、これらの仕事は人生後半戦の大きな出来事となった。

なかでも2002年のつばさ高校の壁面デザイン『Wisdom on Wall』は思い出深い。当時、石原都知事は大学ゼミナール方式の高校を提唱し、民間人を校長先生として迎え、新しいスタイルの教育を実践していた。そのひとつがつばさ高校で、1階から4階のそれぞれ約100メートルの廊下の壁面にグラフィックデザインを、という計画が持ち上がり、そのデザイナーとして安東さんが僕を推薦してくれた。

最初はいわゆるアートワークと考え、なにか絵の描かれた壁を想像してみた。しかしここに通う生徒の身になって考えると、もし自分の嫌いな絵だったら学校に行くのが嫌になるだろうなと思った。考えれば考えるほど何もないほうがいいという結論になってしまう。といって何もしないわけにはいかない。そこでふと色の壁にしたらどうだろうと思った。しかしそれだけでは幼稚園のようになるかもしれない。じゃあここに文字があったらどうだろう、しかもアルファベットでと考えた。

ではその文字はどうするか。そういえば僕の高校の校長先生がなにかにつけて「継続は力なり」と言っていた。あの頃は「またか」と少々うんざりしたものだったが、今この歳になってみると、確かにその通りだなと言葉の重みにうなずける。そしてその言葉と一緒に高校時代のことが懐かしく思い出される。そこで思いついたのが、格言を配置するという案だ。

さっそくなにか良い格言はないかと同僚のコピーライター古居利康君に相談したところ、ラテン語の格言を何十と集めてくれた。たとえば「順境は友を与え、逆境は友を試す。」とか「わずかしか持たない者が貧しいのではない。多くを望む者が貧しいのである。」など、唸らせる言葉ばかりだ。「Festina lente.＝ゆっくり急げ。」はサン・アドの先輩である作家の開高健さんが好んで口にしていた言葉だ(026-028)。先生たちと相談し18の言葉を選び、壁のあちこちに配置することにした。

案は決まったものの問題は「色」だった。僕にとって色はいちばん苦手なのだ。しかしそれで勝負すると決めたのだから後に引けない。ともかくまずどう着手すべきか図面を見ながら考えた。考えてみればデザインする面は廊下の壁だから正面図のようには一望できないはずだ。そこでそこに

立つ生徒の視覚になれるよう、手づくりで立面図を起こした。子どもの頃模型工作ばかりやっていたので図面を読み取ることはできた。これで空間の気分がつかめるようになり、色鉛筆で何度も塗り分けて考えたがなかなか決められない。そこでまず各フロアの基調色を決め、壁、文字の色に他のフロアの基調色を織り交ぜる、というルールにしてみた。そしてこっちから見た風景、あっちから見た風景、と視線を考えながら色と文字の配置を決め、なんとかまとめることができた。

　ところが、その色指定のもとに塗装が仕上がったというので現場チェックに行ったとき、「これは大失敗だ！」と思った。なんだか子どもっぽく見えて、ものすごく恥ずかしくなった。1週間後、今度はシルク印刷で文字を刷りこむ場に立ち合わねばならず、重い気持ちで現場に立った。それが、なんと文字を載せたその瞬間に壁面が急に輝いてきたのだ。文字の色との色彩対比によって壁の色が活きてきたのだ。まさに地獄から天国に昇ったような心地だった。文字によって苦手だった色が救われたと思った。あの瞬間は忘れられない。

　格言のうちでいちばん好きだったのは「Omnium rerum principia parva sunt.＝すべての物事の始まりは、小さい。」というキケロの言葉だ。この格言は1階の水色の壁面にピンク色で入れた（**023**・**029**）。そこにたまたま赤い消火栓のランプがあった。その偶然の色と形の位置関係が「きれいだ」と思った。それは後にシルクスクリーン印刷によるポスター展の出品作のモチーフになった（**022**）。消火栓のランプは少し横から見るとオニギリのように歪んで見える。そのポカンとした形がなんともユーモラスで、しばらくこの形の虜になってしまい、あるときは風呂敷のデザインにも使ったりした（**157**）。

線と形

線による作品をつくるようになったそもそものきっかけは、7人のグラフィックデザイナーによるグループ展『IMAGEMIRROR Ⅲ "EMAKI"』だった。「日月火水木金土」をテーマにB全半裁サイズでというもので、どうしようかと考えるとなぜか設計図のような絵柄ばかりが頭に浮かんでくる。それでなにかヒントになるかもしれないと、神田の古本屋で機械設計や構造学の本を何冊か手に入れた。図解とグラフと表ばかりのその本をめくっているうちに、やがて創作意欲に火がついてくる感覚があったが、いざ白い紙を前にするとなかなか筆を下ろすことができなくて、「とにかく第一筆を描け！なにも考えず描け！」と自分に命令をして手を動かしてみた。そのうちになんだか面白くなり、ひとつの図形が枝分かれしては新しい図形ができる。どれがゴールなのかわからず困ったが、なんとか8点に絞り、それらを、いつも写真植字をお願いしている大平善道さんの事務所に持ち込み、一緒にコンピュータのモニターを見ながら仕上げた。大平さんは文字を設計する方だから、カーブの描写においてとても頼りになるのだ。これらの図形はまったく説明のつかないものだが、なにか新しい自分を見るような気がした。1992年、まだデザイナーにコンピュータがそれほど普及してない時期だった（**073**）。

『AERO』のこと

ギンザ・グラフィック・ギャラリーから個展の話があったときは、ウーロン茶の仕事がいよいよ拡大しつつあった時期で、他の仕事もいくつか重なっていた。その上できれば新作でというギャラリーからの要望もあり、今の自分にオリジナル作品などつくれるのかという状況だった。展覧会をどうするか考えがまとまらないままどんどん日が経ち、頭の中では漠然と、機械的な図形がギャラリーに並ぶ風景を思い描いてばかりいて、なにも具体化できないでいた。

　その頃、NTTデータ通信が提供する特別番組のための告知広告を制作していて、その絵柄としてプロペラの設計図のようなものを描いていた(351)。そこでそのとき資料にしたスクリューの写真をなんとなく思い出し、あらためて見直してみた。じっと見つめるうちに、一枚の羽根の輪郭線がすごく美しいと思い始めた。左右非対称で片側が豊かに膨らんでいる。その曲線に力感がみなぎっている。この曲線を基本にして伸ばしたり縮めたりしたものを組み合わせて、PROPELLER、ENVELOPE、BALLOONという3種類の形をつくった。そしてこの三つの組み合わせだけで自分なりの形をつくってみることにした。それを手の動きに任せるといった感じでトレースしながら少しずつ変化させるうちに、一見立体のようで現実にはあり得ない形ができたりする。なにか嬉しい予感がしてきて、「よし個展はこれでいこう！」と決めた。

　ちょうどこのときウーロン茶のロケと重なり、作図はほとんど中国でやった。昼間は撮影をこなし、夜にホテルの自室に戻ってからの時間、描いてはホテルのビジネスセンターでコピーをして、それを切ったり貼ったりしてはまたトレースした。そのうちこうして線を走らせていることが快感になってきた。で、ふと思った。この感じ、アクロバット飛行をしているパイロットの気分だなと。浮遊感とか昂揚感… 思えばスクリューは水をかき、プロペラは空気をかいて浮かぶ。すると僕は線によって空気を描こうとしているのか… と思いが巡り、展覧会のタイトルを「空気」という意味の『AERO』と名付けた。ふだんの仕事感覚で展覧作品のサイズはB倍判とかB全判かなと思っていたが、空気である以上、大空のように思いっきり大きくしたくなってきた。そこで、ギャラリースペースの天地いっぱいのサイズに和紙をすいてもらい、そこに壁塗り用の塗料を刷毛で塗って手づくりのキャンバスをこしらえ、その上にNECOというインクジェット印刷で仕上げた。その刷る過程で、往復運動しながらインクを噴射するノズルのピッチと図形の曲線が干渉して、ところどころ線がかすれたりして思わぬ効果を生み、これは嬉しい誤算だった(058·059)。

地球ゴマ、動滑車、デバイダー

「地球ゴマ」をもう知らない人のほうが多いと思うけど、あれを手のひらの上で回したときに感じる重力はすごくいい。自分は引力に支えられて宇宙の一角にいるんだと思わせてくれる。長い金定規の真ん中を握って弓なりに揺らしたときの腕に感じる反発力も似た感覚だ。子どもの頃からこんなことにばかり気をとられていた。『AERO』の図形はそういう自分と関係しているかもしれない。

それと機械や道具の知恵にいつも感心していた。学校で動滑車のしくみを教わったときは心から感動した。1個の動滑車を使えば半分の力で、2個なら4分の1の力で物を持ち上げられる。ただしワイヤーを動かす距離は2倍4倍とその割合で増える。なるほど世の中はうまくできていると思った。

　僕はいまだに製図器を手離せないでいる。とりわけデバイダーは必需品だ。コンパスの先が両方とも針になっていて、たとえばあるものの幅に針先を合わせて、そのまま別の紙面に針先を置けば、正確かつ最短時間で寸法を写し取ることができる。この、寸法を数字に置き換えないところが賢い。これはデバイダーのごく一端の機能であって、使い途は使う人によっていくらでも広がる。デバイダーのおかげで僕は図形におけるたくさんの幾何学的秘密を知ることができた。もし知りたい人がいたら、ぜひ手取り足取り教えたいものだが…。

　いつのまにか僕らの仕事場から三角定規やコンパスがなくなり、絵の具を溶いたり塗ったりすることがなくなった。手で考えることは発見の連続だ。そんなグラフィックデザインの楽しさや喜びが遠くに去ってしまった現代は、僕にとっては少し寂しい。

僕の中の夜の側

昔、『マルマン深夜劇場』という天知茂主演のテレビ番組があって、オープニングに女性ナレーターが耳もとで囁くように「ヨルハ、トモダチ」と言う。このフレーズを聞くとなんだかワクワクした。人生は半分が昼で半分は夜。深夜はとても楽しい時間だ。音楽を聴きながらウイスキーを飲む。本を読んだり、絵を描いたりしていると一人旅をしているような感じがする。「あ！」と急になにかが思い浮かび仕事の筆が進むこともある。思えば演劇のポスターはほとんどが深夜に考えたものだ。夜は闇だ。だからもしかしたら僕の中の闇の側が出ているのかもしれない、なんてキザなことを思ってみたりする。

　最初の演劇の仕事は俳優の小林薫さんからの依頼だった。以前にサントリーウイスキーのギフトの仕事でご一緒したことがあって、それから会う機会はなかったのだが、ある日突然、演出家で俳優でもある岩松了さんと組んで演劇をやるので、そのポスターをお願いしたいと連絡がきた。なぜ僕に？ と聞くと、一緒にできたサントリーの仕事がとても楽しかったのでぜひまた、とのこと。「葛西さんは葛西さんで演劇とは関係なく思い切りつくってほしい」、しかも「横尾忠則がやっていたように」と言う。「結果的にポスターが実際に演じられるものと違ってもいい、葛西さんがつくったものもひとつの演劇になる」というような意味のことを小林さんは言ってくれた。小林さんは状況劇場の出身だ。急にあの頃の血が騒ぎ、ひさしぶりに舞台に立ちたくなったとのことだ。僕が上京した1970年あたりはアングラ全盛の時代、よく状況劇場などに足を運んだものだった。そしてポスターで見る横尾忠則や宇野亜喜良、伊坂芳太郎の絵やデザインにドキドキした。それが今度は自分の手でポスターをつくることができる。「よし、自分が楽しむためにつくろう」と決めた。

　そうしてできたのが、タ・マニネ第一作『浮雲』のポスターだった。タ・マニネとは小林さんと岩松さんが「タマニ思いついたら上演しようネ」という意味でつけた劇団名で、サン・アドのコピーラ

イターの安藤隆さんが名付け親だ。常として演劇のポスターはお金がかけられない。そこでいいことを思いついた。出演者全員を、町の写真館で撮影してもらうのだ。そうすれば有名スターでも一般の人と価格は同じだ。

　このポスターの刷り出しには小林さんも立ち会い、あれこれ相談しながら印刷したことが懐かしい。せっかくだからと印刷所の方の案内で一緒に工場見学した。そのときの小林さん、さすが役者、なんの違和感もなく、まるで営業の人みたいに場になじんでいたのが可笑しかった(102)。

演劇や映画の仕事では、まだ完成していないうちに宣伝物をつくらなければならない。で、どこに向かってデザインを考えるかというと、その作品の作者である監督や演出家に、そしてそれに出演する人たちの励みになってくれるといいな、と思っている。パフォーマンス集団のパパ・タラフマラの『島』のときだったと思う(094)。出演者の方から、「ポスターが稽古場に貼られて嬉しくなった。頑張ろうと思った」と言われたときはとても嬉しかった。そのパパ・タラフマラを主宰する演出家、小池博史さんはいつ会っても目が輝いている。なにか冒険家の顔と似ている。きっと世界の辺境を飛び回っているからだ。小池さんと話していると、僕は地球上のなんと小さな一点にとどまっているんだろうと思わされる。だからせめてポスターの中でだけは、思いっきり遠くまで行こうと思っている。

ドキュメンタリー作家出身の映画監督、是枝裕和さんは世の中の背景や裏側を冷静に見続け、撮り続けてきた人だ。15年前、彼の初めての映画監督作品『幻の光』のときに、スタイリストの北村道子さんの紹介で一緒に仕事をして以来、ずっと広告宣伝やタイトルワークで参加してきた(126-127)。孤独とか喪失感とか… テーマはいつも深いが描き方がそのたびに変わる。なにか一作ごとに自由になってきているように感じる。ある意味で凄みが増してきたというのか。是枝さんは静かな人だ。撮影の現場でもそうだ。しかし映画を観ることで、その静けさの奥にある感情が見えてくる。そして是枝さんの「映画を見終えた後のことを大事に思う」という言葉に大いに共感する。

　演劇や映画のポスターは、その作品を一枚に集約するという思いでつくるが、プログラムのほうは別だ。僕自身がじっくり映画の裏にあるものを知りたい。そんなわけで文字量の多い文芸誌のようなものになることが多い。それとプログラムはお客さんのためにつくるものだが、それだけでなく、監督やスタッフ、出演者へのプレゼントだという気持ちでつくっている。

装丁の楽しみ

装丁の仕事がいつのまにか多くなった。知り合いから個人的に頼まれることがほとんどだ。もともと造本についての知識がなく見よう見まねの我流で、どこかアマチュア気分なところがある。一冊の本は小さな、しかしものすごくたくさんの決断の積み重ねでできている。できあがったときは決まって思う。「そうか、こうなったか」と。何度やってもこの予測と微妙に狂うところが面白い。

でも時には苦い思い出もある。金原ひとみさんの『蛇にピアス』は、僕としては珍しくデザインに着手する前に一気に原稿を読み終えた。すごく面白かった。冗談だが僕もピアスをしてみたくなったくらいに。その高揚した気持ちのまま何十枚もイラストレーションを描いた。これなら気分かなという絵ができたところで、タイトルもその勢いで手描きにした。こうして一気にできあがったデザインを編集者も金原さんも気に入ってくれたが、校正刷りの出た日、出版社の上司の「店頭で目立たない」という意見でボツになってしまった(133)。といってもやり直す時間はなく、あわただしくタイトルを活字にし、地色を変え、なんとか収めた(142)。
　しかし嬉しいことが待っていた。なんとこの小説が芥川賞を受賞したのだ。その記念にと編集者からの提案で特装本をつくらせてもらった。著者と編集者と関係者数人だけが持つのだ。その本には一冊一冊函の背にピアスを取り付け、函にはスプリットタン(割れた舌)を表す線画を、表紙にはスクリプト体で組んだタイトルを刺繍で入れた。今、一冊僕の手元にある(132)。

　五條瑛さんの『R／EVOLUTION』は1年に一冊ずつ、10年かけて10巻で完結するという壮大な構想のミステリーだ。なので「10年経っても古くならないデザインにしてください」というのが編集者からの注文だった。それと「10巻揃ったとき、背の絵がつながってアンリ・ルソーの『蛇使いの女』になるというのはどうですか」と提案された。『蛇使いの女』は小説の中である登場人物の部屋に飾られている。すごくいいアイデアだと思った。背が絵なら表紙は文字だけのほうがいい。タイトルの『断鎖』は字を置いただけでもうサマになった(143)。最初から古風なデザインなら、新しくはないが古くならない。それにしてもひとつの仕事が終わると10歳も歳をとるというのはなかなか…。

　『妖精の詩』は夭折した5人の詩人のいくつかの詩を集めた本だ。布装で本文頁は和紙の袋綴じにした。とにかく柔らかな本にしたかった。まずそれぞれの詩を活字で組んだ。縦長の版型にこだわったためにストロークの短い詩を割り付けるのがとても難しい。その活字組が活きるよう薄めの和紙に活版で印刷した。その印刷にあたった嘉瑞工房の相談役、髙岡重蔵さんによると、「印圧が強すぎるのは野暮」とのこと、細心の印刷をしてくれた。その面付けがされたままの刷り上がりを別の印刷所に運び、オフセット印刷で3人の画家の絵を4色カラーで刷った(うちの一人がこの仕事を紹介いただいたサン・アドの先輩の山崎英介さん)。そしてさらに京都に運び、この製本ができる唯一の職人さんに造本を依頼した(146)。出版社のXYRO(ザイロ)は樹木という意味だそうだ。函の上に箔押しされているマークはこのときにつくったもので気に入っている(173)。
　この本の英訳版『Whom the Gods Loved』のほうは、瀧口修造とミロの『ミロの星とともに』みたいな詩画集ができたらいいなと思った(147)。そこで思い出したのが大竹伸朗さんの『ジャリおじさん』だ。前々からあの自由なタッチが好きで、いつか一緒に仕事ができたらと思っていた。そんな気持ちのままお願いしたところ快く引き受けてくれた。まず先に僕が余白を意識しながら文字を組み、空いた所に思いっきり好きに絵を描いてくださいと、四国にいる大竹さんに送った。それか

ら数日後にそれはそれは楽しい絵が届いた。そのペン画の色指定は僕にまかせてもらった。折りごとに色を変えたり、わざと薄い紙を使って裏映りを楽しんだり、ワクワクしながら仕上げた。

　大竹さんの画集『ZYAPANORAMA—日本景』は、日本の観光地を大竹さんが巡り、変な看板とか風景を見つけたり、彼がオリジナルで描いたものを集めたりした奇妙奇天烈な画集だ(135)。元々は『JAPANORAMA—日本景』というタイトルだった。日本がテーマなんだからローマ字表記はヘボン式ではなく日本式と思い、JAをZYAに、大竹伸朗のローマ字はÔで始まりÔで終わるように、Nは間違いを装って裏返しに、と至るところで文字組を楽しんだ。
　この本のラストページは室蘭の地球岬の絵だ。地球岬は子どもの頃よく遊びに行った所だ。そんな話もしたことがあって、大竹さんがトリにしてくれたのだ。出版されて数カ月経ったある日、大竹さんから小包が届いた。開けてみたら『室蘭全史』という本で、詳しい歴史とともに僕が子どもの頃の、ものすごく懐かしい室蘭の景色が満載だった。「札幌の古本屋で葛西さんの手元に行くべき運命の本を見つけ…」と嬉しい一文が添えられていた。僕の宝物だ。

著者自装にはかなわない

そんなにたくさん本を読んでいるわけではないが、小説など、装丁と物語がマッチしていなくてガッカリすることが多い。それと過剰にデザインされたものは読んでいて落ち着かない。カバーをはがした文庫本や新書の表紙のように無個性なほうが文章に熱中できる。たまに凝ったものもつくってみたいと思うものの、やっているうちに嫌になってしまう。だから僕の装丁はなんだか皆同じようなものばかりになってしまう。
　室生犀星の自装による短編集を持っている。質感のある地に筆文字で『小説集　草・簪・沼』と書かれており、なかなか味わい深い。著者の言葉には著者の字がいちばんなじむ。料理でいえば「ともあえ」だ。猪本典子さんの『猫別れ』のカバーの絵は著者によるものだ。話の始まりがパリだったので、トリコロールを思わせる縦縞のデザインを提案したら、「時間があったので描いてみました」と筆で縦縞の絵を描いてくれた。その絵がなかなか粋で、着物の柄にも見えてくる。猪本さんのおかげで猪本さんらしい本になった(140)。谷郁雄さんの『これから先のこと』の表紙の絵と題字もご本人によるもの。やっぱり温厚な人柄がそのままに表れている(141)。ほんとどんなに頑張っても著者自装にはかなわない。

意味のある、意味なし

昭和初期に「ナンセンス」という言葉が流行り、無声映画の弁士の徳川夢声が、この言葉に「軟尖」と当て字をしたそうだ。「軟らかいようでどこかにチクチクと刺すところがある」ということらしい。「徳川夢声は『ばかげたこと』を『意味のある、意味なし』と捉えている」のだという評論家の

一説を雑誌で発見し、ものすごく嬉しくなった。この屁理屈(?)がなんだかよくわかるのだ。
　毎年末にクリエイションギャラリーG8で開かれるチャリティー企画に参加している。時計だったり、傘だったり、あるときは凧だったり、与えられた形の中にデザインする。これがいつもなかなか苦心する。そしてアイデアが浮かばないままあっという間に締切日がやってくる。いよいよ苦しくなって手を動かし始めるが、たいていが苦しまぎれの「形の駄洒落」みたいなものになってしまう。その結果、どこにもチクチク刺すところもなく恥ずかしいものができあがるが、そこに至る手作業の時間は実に楽しい。すっかりデザインの理由なんか忘れている。手で考え、手でつくる。ふだん錆びついてしまっている神経を目覚めさせる絶好の機会でもあるのだ(154–157)。

重心について

green label relaxingのマークを考えたときは「グリーンなら葉っぱだ」と単純発想したものの、いざ一枚の葉の形をデザインしようとすると、あまりに凡庸で絵にならなくて苦労した。それが葉の重心をちょっと低くしてみたら、とたんに葉の形に力感が生まれた(171)。ほんの少しの差から大きな変化が生まれるものだ。
　視覚の要素で「重心」はすごく大事だと思っている。紙面にいくつかの要素を配置するときもそれぞれの重心を意識している。その上で、言ってみれば要素をひとつはずすと全体が崩れてしまうような「スリル」のある位置関係を探す。レイアウトが安定しすぎると退屈だから敢えてアンバランスにすることもある。
　20歳の頃、大谷デザイン研究所に入社して、ロゴタイプをつくる際の基本を教わった。何よりも可読性が大切。そのためにはまず頭文字がスパッと読めること。最初の入りがよければ後は流れで読める。それから、デザインのワンポイントは文字どおりひとつで済ませること、の2点だ。今でもこのことは守っている。自分流があるとしたら、まずは与えられた字面に対して素直になること。ロゴタイプは言葉でもあるから、その字面に必ず支配される。そこに強引なデザインを持ち込むと駄目だ。そして一文字一文字の重心を意識しながら、どこを見ても気分が同じになるよう重さを平均化する。もしアクセントや抑揚がほしくなったらこれらすべてを経由してからにする。考えてみればこのことはデザインのどんな場面のときにも言える。

ウーロン茶の始まり

ウーロン茶が初めて広告として新聞に掲載されたのは27年前、1983年のことだ。実際は1981年に発売されていたが、飲食店や自動販売機だけで静かに販売されていて、一般にはほとんど知られていなかった。同僚のコピーライターの安藤隆さんが、サントリーに新聞広告の自主提案をしようと思い立ったのが、そもそものきっかけだった。あるとき、このウーロン茶の酒販店向けチラシに目が留まり、「これは売れるんじゃないか」という予感がしたそうだ。

その安藤さんから一緒にやらないかと声がかかった。その頃暇だった僕は「ぜひやりたい」と即座に答えた。実は香港のフィリップ・コウというイラストレーターに注目していて、いつかこの人と仕事がしたいと思っていたところだった。日本では見たことのない、ちょっとロシアアバンギャルド風な、なかなか洒落たイラストレーションを描いていた。それで若者を描いた彼の絵にウーロン茶の缶を合成して手に持たせ、「100円スよ」「大陸の味がする。サントリー缶入りウーロン茶」という安藤さんのコピーをつけて新聞一頁広告の体裁に形をつくった。その校正刷りをサントリーに持ち込んだところ、「面白い、やろう」と即決、さっそくフィリップ・コウと会う段取りをつけた。

ところがいざ香港へ出発という前日、サントリーからストップがかかった。「ウーロン茶には脂肪を分解するという効能がある。だから少年少女ではなく中年世代向けに内容を考え直してほしい」ということだった。その結果としてできたのが中国の老大人(たいじん)をモデルにした、ウーロン茶第一回目の新聞広告だ(256)。

この広告はもともと自主提案で実現したものだし、掲載はきっとこの1回限りなんだろうなと思っていたので、思い切り楽しんで考えた。大人の耳にはピアスをつけ、襟の右と左に烏と龍の柄を入れたりして、ただ異様に目立つことを目標にとことん凝った。横山明さんによるこの細密画は「あたかも昔からある国宝級中国屏風絵のように」とお願いしたものだが、今見てもほんとうに素晴らしい。このときからこの大人は「ウーロン茶おじさん」と呼ばれるようになり、いわばサントリーウーロン茶のアイドルとなった。烏龍茶は英語でoolong-teaと綴る。この字面がかっこいいなと思って、車のエンブレムのようなロゴタイプにした。そしてこのとき『ウーロン茶はサントリー、のこと』という、後々まで力を持つことになるキャッチフレーズができた。

動き出したウーロン茶

この新聞広告が掲載されたら、商品が動き出したという嬉しい知らせが届いた。そこにテレビコマーシャル制作の話が降って湧いた。予定していたサントリーのコマーシャルがある事情で抜けてしまい、1週間だけのオンエア予定だが、急きょウーロン茶でコマーシャルをつくってほしいというのだ。オンエアまでは10日ほどしかなかった。材料は一枚の絵しかない。そこで思いついたのは、ウーロン茶おじさんがただウインクするだけ、というアイデア。これならたいした時間はかからない。その動画に「人生平安のこと、妻への愛のこと、ウーロン茶はサントリーのこと」とナレーショ

ンをかぶせて、第一号コマーシャルが誕生した。

　このコマーシャルがオンエアされたら、さらにまた商品が動き出した。そこで2年目もコマーシャル続行となった。思いがけず嬉しい展開となり、ならば「奥さんを登場させよう」とツーショットになり、3年目は「一人娘がいることにしよう」となり、4年目を迎えて「じゃあ、娘の結婚だ」とストーリーらしきものを加えながら、年一本のペースでコマーシャルが展開され、連動して新聞広告もどんどんつくっていった。こうしてこのアニメーションのシリーズは4年間続いた(**256–259**)。

　そのうちにサントリーの消費者相談室に「あれはほんとに中国でつくられたお茶ですか」というような問い合わせが多くなり、そのたびに商品の成り立ちを説明しなければならなくなった。「福建省茶葉分公司推奨」といってもあまりに奇妙で独特なコマーシャルだったから信用できなかったのかもしれない。そこでもうアニメーションではなく実写のフィルムで、中国福建省の武夷山の茶畑を題材にコマーシャルをつくろうということになった。

初めての中国

こうして1987年、僕たちはウーロン茶の仕事で初めて中国に行くことになった。現地での撮影にあたっては中国電影合作制片公司という映画制作会社に頼ることになった。目指す武夷山はものすごく遠かった。大阪から上海、福州まで飛行機で乗り継ぎ南平まで列車で4時間、そこからバスでさらに4時間かかってようやく現地の宿に着いた。

　僕は乗り物で移動している時間が大好きだ。だから、スタッフの皆は相当まいっていたようだけど、実は僕にとっては楽しい時間だった。道々、駅舎の表示や看板を見るのも面白かった。漢字の使い方が日本とまるで違う。トイレに行くと「男界」「女界」と記されており、妙に感心し納得したものだ。後年安藤さんのコピーに「世界男女」というフレーズが登場するが、そのときこの字面が日本語に思えず、気宇壮大な言葉に感じたのはそのせいだったかもしれない。そんなわけで見るものすべてが興味深く、ノートにメモばかりしていた。

　海外ロケといっても、これまで経験したものとはまったく様相が異なり、撮影は想像以上に大変だった。早朝、ホテルからバスで出発、粗末な船着き場から、全員機材と一緒にイカダに乗りこみ、くねくね曲がった九曲渓という名の川を上る。左右には水墨画のような岩山が聳え、別の星に来たかと思うほどの絶景だった。

　撮影ポイントに着くまでに数時間、茶畑はその岩山にへばりつくようにあった。そこで働く茶摘み娘たちを撮るのだ。演出は同僚の富沢道久君。主役の二人は北京で選んだモデル、他は皆実際ここで働いている人たちだ。撮影打ち合わせの後、さあ撮影だと皆を呼び寄せたら、なんとほとんど全員がイヤリングに首飾り、しっかり化粧までしている。「全員化粧を落としてもういちど！」とふだんの恰好で出直してもらい、なんとかコマーシャルの撮影を終えた。ポスターと新聞広告のための写真はムービー撮影の合間で撮った。このときのカメラは半田也寸志さん。ナショナルジオグラフィック誌に載りそうな歴史的な写真が撮れた(**252–255**)。

帰りはまたイカダからバスに乗り継いでホテルまで戻る。移動の時間はいつもウォークマンで音楽を聴いていた。延々と続くでこぼこ道でときどき身体が跳ね上がる。そして町に入れば人と自転車の波を、運転手がクラクションを鳴らしっぱなしで、かき分けるように進む。そのときたまたま聴いていた曲がラヴェルの『ボレロ』だった。それがこの目の前の風景に合わさると中国という土地や人々の鼓動のように聴こえ、一人密かにドラマチックな気分に浸った。

　ホテルに戻ると宴会が待っていた。日中国交が回復してからそれほど年月が経っておらず、夜は毎日現地の要人と接待のための酒宴が開かれる。受けた杯は飲み干すのが礼儀だ。このあたりは「親と机以外はなんでも食べる」という有名な諺があるそうで、食卓には、蛇、カエル、アヒルの掌、サソリ…　が続々と運ばれる。連日の酒盛りと食べ物の違いでスタッフが次々と体調を崩した。そんな文化的、文明的ショックを受けながらの毎日だった。

　その後、中国には何十回と行くことになったが、飽きるということはまったくなかった。ここにいると「生きている」という実感でいっぱいだ。その後武夷山は世界遺産になった。まだ飛行機も飛んでなかったあの頃がとても懐かしい。

茶畑から上海へ

武夷山の翌年は安渓の製茶工場で茶葉を選別する少女たちを撮影した。しかし中国福建省での撮影が軌道に乗りはじめたところで、1989年に天安門事件が起こった。その影響で日本への難民問題も発生し、福建省が著しくイメージダウンしたために、コマーシャルは1年間中止せざるを得なくなった。年があけた1990年、上海舞踏学校のバレリーナと中国京劇院の俳優の卵たちを撮影することになったのは、そんな時代背景があったからだ。

　舞踏学校では、小学生から高校生の生徒たちが寮生活をしている。その中から数人のモデルを選んだ。テレビに出るのも初めてなら、カメラを回されるのも初めてだ。皆最初はおどおどしていたが、撮影が進むにつれて日増しに美しく、神々しくさえなっていく。このとき合間を見つけては描いた生徒たちのスケッチを見ると、今でも一人ひとり懐かしく思い出すことができる。この年の『幸福はカラダの奥にある』『未来はカラダの奥にある』という安藤さんの二つのコピーが大好きだ。実際この時の出演者の一人、14歳だった譚元元（タン・ヤンヤン）はその後世界的バレリーナになった。それと京劇院の厳慶谷（イエン・チン・グー）は孫悟空役として活躍し続けている。僕はなんだか親戚のような気持ちでそんな話を嬉しく聞いた。

歌とウーロン茶

こんな風にしてできた広告が効いたのか、だんだん日本の家庭にウーロン茶が浸透してきた。そして他社から競合商品が発売され出し、僕らのつくるコマーシャルに、なんらかの転換を求められた。

　そこで生まれたのが1992年の、橋幸夫と吉永小百合のデュエットソング『いつでも夢を』を中国

人カップルが中国語で歌う、というコマーシャルだ。最初は農民夫婦が畑でフォスターの曲を歌うという案だったが、「もっとインパクトの強いものを」と再提案を求められ、「デュエットソングと言えば『いつでも夢を』だ」と実に単純な思いつきからだった。それがそのまま通ってしまい、内心大丈夫かなと不安だったが、なんとかなるだろうと自分に言い聞かせて、撮影地の桂林に向かった。夫婦役には中国バレーボール選手と深圳のファッションモデルが選ばれた。さていよいよ本番スタート。だいたいにおいて不安というものは的中する。二人が中国語で歌いはじめたら、あまりにも奇異なものに感じ、聴くに耐えない。「ああこれは大失敗だったかもしれない、ウーロン茶の仕事もこれで終わりか」と思った。帰国後、サントリーでの試写の場では案の定、大不評だった。

しかしわからないものだ。このコマーシャルが、いわゆるヒットCMとなった。全国の子どもたちの間でこの中国語の歌が流行り出した。親なら誰でも知っている歌だから子どもと一緒に歌える。こうしたこともあって家庭にも浸透し、一挙にウーロン茶の市場が動き始めた。

その後、吉田拓郎の『結婚しようよ』、キャンディーズの『春一番』『暑中お見舞い申し上げます』『微笑がえし』、そして『鉄腕アトム』『ライク・ア・ヴァージン』、シューベルトの『鱒』まで、ジャンルを問わず誰もが口ずさめる曲を選んできた。これらのほとんどを手掛けた現代音楽家の中川俊郎さんのアレンジが素晴らしい。中川さんのメロディーを聴くと、自分がゆらゆらと水の中を漂う魚のような心地になってくる。恥ずかしくてあまり人に言えなかったが、実は歌謡曲が大好きだった僕にとってこんな嬉しいことはなかった。

いちどロケ先から僕一人だけ先に帰国しなければならないことがあり、軽トラックで、深夜の山道を降りて空港まで送ってもらったことがある。中国人運転手と二人っきりでお互い会話もできずニヤニヤ顔を合わせるだけだったが、そうだ！ とたまたま持参していたテレサ・テンのカセットテープをカーステレオでかけてもらった。3時間ぐらいだったか、運転手と一緒に歌っているうちにあっという間に空港に着いた。歌と音楽はウーロン茶にとって欠かすことのできない大きな支えだ。

小さな大作

こうしたいわば本流の広告の合間に、プレゼントキャンペーンなどの仕事もあった。そのプレゼントは音楽に関係するものが多かった。その中でも、かつて大ヒットしたピンク・レディーの『ペッパー警部』の振りをアニメーションの孫悟空と三蔵法師の二人が踊る「iPod nano PRESENT」の制作がとても楽しかった (210・211)。このキャラクターは、張光宇（チャン・コワンウ）という、いわば中国の手塚治虫ともいえる人の漫画を元にしている。その作画にあたって、まず、ピンク・レディーの振り付けの元祖、土居甫氏に見ていただきながら、竹内亜矢子さんの振り付けで、実際のダンサーに孫悟空と三蔵法師の扮装をしてもらって撮影した。この実写のまま仕上げても充分なほど惚れ惚れするダンスだった。その映像の編集を完成させてから、一コマ一コマ描き起こし、さらに細部に変化をつけた。このコマーシャルを見たある人から、「昔の東映動画の『白蛇伝』を思い出した」と言われ、すごく嬉しかった。僕にとっては15秒の小さな大作だ。

毎日が元旦

話は戻る。こうして数年が経ち、ブレンド茶や日本茶などが無糖茶市場に加わり、それらに対抗してウーロン茶の広告づくりにも、なにかと課題が出されるようになってきた。「今年は主婦層に」「若い子向けに快活に」「健康をテーマに」と、その年その年の要望に応えてアイデアを出してきた。コマーシャルも年間3本、4本と増え、1年単位の物語を考えるようになった。物語といっても一枚のグラフィックというような感覚でその季節のワンシーンを考え、その前後に少しの物語を加えるといった程度のささやかな話ばかりだ。

　人の配置や情景だけでそこに物語が生まれることを、ウーロン茶の仕事は学ばせてくれた。地平線を見ている少女の後ろ姿は、タレントやスターではなく、実際この国で頑張って生きている少女だから、風景に人物が溶けていく。

　「幸せ」と「不幸せ」で分けるなら、ウーロン茶で描いているのは「少しだけ幸せ」なシーンだ。寂しさや悲しさが隣り合わせだから小さな幸せが表現できる。だから主人公がフッと口元をほころばせたり目元を緩めたりするだけで見た人も幸せになれる。

　忘れられないのは、1998年の「洗濯」篇の撮影にあたって、母親役のモデルに向かって言った上田義彦さんの言葉だ(221)。「洗濯というのは毎日のことだけど、昨日の洗濯と今日の洗濯は違うんです。そこで起きていることは今日限りのことなのだから、一生懸命に洗濯してください」。横で聞いていた僕は胸が熱くなった。確かに日常はいつも違うのだ。一刻一刻が二度とやってこない瞬間なのだ。

ウーロン茶の仕事では夜明けの光の中で撮影することが何度もあった。深夜にホテルを出発して現地に着き、懐中電灯でカメラをセットし夜明けを待つ。やがてあたりが明るくなってくると、すでにたくさんの人たちが働き出していることに気づく。働いているのは僕たちだけではない。みんな今日という日のために懸命なのだ。そこに太陽がじりじりと昇ってくる風景は荘厳そのものに感じた。そのとき「毎日が元旦だ」と思った。

　中国では「お疲れさま」を「辛苦了（シンコラ）」と言う。働く喜びを感じるいい言葉だ。この言葉を皆で掛け合う瞬間は最高だ。

ユナイテッドアローズとトッカフォンド

イタリアのジャンルイジ・トッカフォンドとの出会いは大きな出来事だ。彼を知ったのは彼の友人でありマネージャーでもあるミラノ在住の太田雅子さんによってだ。1995年のこと、トッカフォンドが東京で初の個展を開いた際に、太田さんが彼の作品を持って訪ねてきてくれた。太田さんによると、日本に住む知人から、きっと葛西が好きだろうと勧められたそうだ。そこで初めて見た彼の絵に僕はその場でぞっこんになってしまった。自由自在なタッチと色彩にイタリア的開放と哀愁を

感じた。「絶対この人のことを忘れないぞ」と思った。
　その翌年、スタイリストの山本康一郎さんの推薦で、ユナイテッドアローズから僕に広告制作の話がきた。創業10周年を迎えるにあたって、企業広告を打ちたいとのことだった。そこで思い出したのがトッカフォンドの絵だ。
　提案にあたって「もし僕がトッカフォンドだったら」と想像しながら、一コマ漫画のような何枚かのスケッチを描いた(284)。それに「ユナイテッドアローズがもたらすウキウキ」と大書きした紙を加えて、彼の作品ファイルを添えて提案したところ、即決、「トッカフォンドでいきましょう」となった。
　山本さんとともにミラノのアトリエに訪ねて会った初対面のトッカフォンドとは、少し打ち合わせただけですぐに意気投合した。人間は誰でも弱いもの、そして不格好で情けない、それが人間の魅力。動物だって同じ。そんなことをやろうと3人で盛り上がった。
　こうしてグラフィックでスタートしたこの仕事は、やがて発展してコマーシャルフィルムもつくることになった。打ち合わせの後、彼はこのひとつの仕事のためだけに、数カ月アトリエにこもって数百枚の手描きの原画を描いた。そしてミラノで再び会い、彼の仲間たちとワイワイ一緒に編集した。彼らの手さばきは実に鮮やかだった。あれほど時間をかけて描き上げたものが、こんな短時間で仕上がるのかと驚いた。そして仕上がりは深く心に迫るものだった(280·281)。
　この絵に言葉が要る。直感的にコピーライターは一倉宏さんにと思った。「cocoloni útao」「caradani áio」というナレーションは、一倉さん特製のイタリア的日本語だ。それからウーロン茶でお世話になっている中川俊郎さんにオリジナルの曲をつくってもらった。その曲を聴いたユナイテッドアローズのクリエイティブオフィサーの栗野宏文さんの言葉が忘れられない。「ある日、人生に失敗してすべてを失ってしまったとき、この曲が流れてきたら『ま、いっか』と思わせてくれる曲ですね」と。確かに。ほんと名曲だと思う(285)。
　トッカフォンドとの共同作業で思ったのは、言語、職業の違いは表現になんの制約も与えないということ。それから美意識は生まれ育った環境のみに支配されるものではないということ。実際、トッカフォンドとは言葉は通じずとも身ぶり手ぶりで一緒にアイデアを出し合ううちに、腹を抱えて笑い転げることがある。これは人間という動物同士なんだな、と思った。

写真のこと

1982年の『あなたがくれたもの』(442)から10年近く、お中元とお歳暮時期に、サントリーウイスキーの贈りものをテーマに広告をつくった。僕が多少大きな仕事を任されるようになった頃で、失敗は許されずかなり緊張していた。当時お中元お歳暮となると決まって、タレントが豪華な贈答品を両手にかかえてにっこり、というものばかりで、なんとも古めかしいパターンだと思っていた。これを自分のチャンスと考え、なんとかいい仕事にしようと思った。
　『アイ ラブ ユー』(438-441)と、その翌年の『ウイスキーをありがとう』(436·437)は、その中でも僕にとって大きな分岐点となった仕事だ。それまでの僕は写真の中の「カタチ」は考えていても、

「トーン」というものはあまり頭になかった。この二つの仕事で僕の写真を見る目が完全に変わったと思う。

『アイ ラブ ユー』は菅昌也さんによる写真だ。まったくわからないと思うが、老人の帽子の背景は東京駅、女性のほうは横浜港の氷川丸が背景だ。ほうぼう探してその色とトーンだけが欲しくて選んだ場所だ。菅さんは僕のスケッチを見たときから「トーンが大事、その成否はすべて光にかかっている」と言っていた。午後3時過ぎあたりのやや斜光、太陽に一枚パラフィン紙がかかったような薄日の光（ワンパラと言うそうだ）がベストと言う。それが幸いにも両方とも思い通りの天候になった。僕は写真の構図だけを菅さんに伝えて、後はお任せだった。実のところどんな感じの写真になるか想像できていなかった。その光のすごさを知ったのは、ポジフィルムの現像があがりそれをスライドで大きく映写したときだった。季節の情感とか遥かな思いとか… 言葉にできないさまざまなものを感じた。

藤井保さんとの『ウイスキーをありがとう』は芦ノ湖の湖畔で撮影したものだ。旧友との再会を、テーブルの上の二つのグラスだけで表現できないかと考えた。そこで芦ノ湖の別荘地で暖炉のあるような邸宅を探したが、なかなか見つからず弱っていたら、藤井さんが外のテラスの欄干の上にグラスを置いてシャッターを切り、「このほうがいいのでは」とポラロイドを見せてくれた。二つのグラスが室内のときよりも断然絵になっていた。それを見て一転、室内での撮影は止めにした。本番の日、湖畔にセットした大理石のテーブルに二つのグラスを置き、氷の溶け具合、ウイスキーの減り具合を微妙に変えた。撮影はほぼ思い通りに進んだ。背景には水墨画のような山並が写っているはずだ。それが急に霧が立ちこめてきて、あっという間に背景が消えてしまった。そのまま日没となり、最後には真っ暗で懐中電灯をあててピントを合わせ、長時間露光でしか撮ることができなくなってしまった。藤井さんの頭の中は想像できなかったが、内心これは駄目だろうと思った。ところがその翌々日、ラストカットを大映しにしたら、まったく想像できなかった別世界が写っていた。こんなオン・ザ・ロックの写真は初めて見た。そしてなにか「遠いもの」が写っていると思った。

菅さんはよく「和らか」という言葉を言った。そして藤井さんは「ウエット＝湿り気」とよく言う。共通するのは「ただそこにあるもの」を撮るということだ。細かく演出することはめったにない。写真は撮るというより視るということなのかと思わされた。

モノクローム

「これはいつ誰が撮ったのだろう」というような写真が好きだ。半田也寸志さんと一緒にサントリーウイスキーの仕事で青年が空を飛ぶ写真を撮ったときは「押入れの奥から発見された、作者不詳のような古いトーンで」とお願いした(432-433)。『さしあげたのは、時間です。』も半田さんの写真だ(425)。出演してもらった小林薫さんには古い写真のように少しかしこまった感じでとお願いした。「戦争と戦争の間にあるつかの間の幸福」というような話をしたことをよく憶えている。

たぶんそのイメージのもとは古いアルバムの記憶だ。子どもの頃、親戚のうちに行ったときにアルバムを見せてもらうのが大好きだった。誰が撮ったかわからない、写っている人が誰なのかわからない写真なのになぜか見入ってしまう。今、「映像の20世紀」のような記録映像を見ても、自分のことでもないのに胸が苦しくなる。きっとモノクロ映像の持つ美しさにも魅せられている。家族と歴史、どちらにしても記録写真は僕にとってはすでに「いい写真」だ。
　それと同じような意味になるかどうか、1930年代あたりのデザインや写真に魅力を感じる。日本でも世界でもデザインの興奮があって、デザインの極致が示されている時代。マン・レイやロドチェンコ、日本では中山岩太、野島康三が写真を残したあたり。詩人でもある北園克衛の創作などなど… ロマンティックで上昇感があり、少しの退廃が漂う。これら遠い昔のほうが僕には未来的だ。

写真家たち

初めての写真家との仕事はいつも新鮮で興味深い。『宣伝会議』の表紙を担当することになったときは辻佐織さんにその写真をお願いした(150·151)。green label relaxingで辻さんの花の写真(290·291)を使わせてもらったことがあるが、現場で一緒にというのはこのときが初めてだった。是枝裕和監督の映画ポスターなどでは是枝さん自身が写真家を決めている場合が多く、『DISTANCE』では若木信吾さん(123)、『誰も知らない』では川内倫子さん(118·120·121)、『歩いても歩いても』では新津保建秀さんだった(113-115)。各人各様、被写体の選び方、現場での撮り方が違う。そして写真のセレクトが僕と微妙に違ったりする。僕からすると中心を外しているように思えることもあるのだが、僕のほうが中心を外しているのかもしれない。それがまた面白い。
　どの写真家にも思う。その人の一枚の写真という結果を見せてもらうことで、僕が向かうべき地点を示してくれた。そして迷っていた僕を前へと連れて行ってくれる。操上和美さんがあるとき「人生は引力との戦いだ」と言っていた。人はいつかは引力によって土に還るが、生きている以上、停まってはいけないのだと。「表現する」ということはなんらかのものに抵抗するということだ。だからいつも苦しい。90%が苦しみの時間だ。しかし最後につかんだ一枚の写真が残ることで、90%を忘れてしまう。だからこの仕事を続けられるのかな。

イラストレーションについて

写真の場合は写真家と共同作業でつくっていけるが、イラストレーションはそうはいかない。そのことを痛感したのはソニーのトランシーバーの仕事だ。歴史上の冒険者たちを、スケール感あふれる想像図で描くというシリーズで、そのひとつ、南極探検隊のシャクルトン隊遭難事件を、当時九州宮崎に住んでいたベテランの生頼範義(おうらいのりよし)さんにお願いした。生頼さんは、作家の松本清張や中国の項羽と劉邦の点描による肖像画など、書籍の広告でおなじみだったが、その頃は『スターウォー

ズ』のポスターなどを手掛けていて、そのスペクタクルな、荒々しいタッチが魅力的だった。しかしあがってきた絵が僕の期待していたイメージと違った。それでもういちどアトリエのある宮崎まで飛んで生頼さんに会いに行った。僕が何をそのときに伝えたかは忘れてしまったが、生頼さんが「僕を選んだこと自体が違うと思いますよ」とおっしゃったことをよく憶えている。そして「せっかくここまで来たのだから」と、一晩ご自宅でもてなしてくださった。後日、描き直した絵が届き、それで満足のいくポスターが完成したのだが、考えてみればなんと失礼なことをしてしまったのだろうと思う(392·393)。今の僕ならきっと最初の絵で良しとして、むしろ想定外を楽しめると思う。要は若気の至りで、勝手に思い込んだイメージに縛られていただけだ。今でも生頼さんの悲しそうだった顔が忘れられない。この経験で、イラストレーションはお願いした以上、僕の気持ちを最初にすべて伝えた結果なのだから、僕自身が描いたのだと思うようになった。

色が苦手で

イラストレーションを介した出会いでは、仲條正義さんがいる。グラフィックデザイナーとして特別の存在だったが、思いきってセゾン生命のキャラクターをお願いしたら、快諾いただいた(316·317)。数枚の絵をお願いしたら、FAXで絵を山ほど送ってくれて、「大丈夫?」「使えますか?」「いいか悪いかわからなくて」とおっしゃる。僕にとってはもうどれもバッチリで、こんなすごい方がとビックリした。それにしてもこれだけの量のアイデアが湧き上がってくる仲條さんの頭の中に心底驚いた。

　実は仲條さんと出会って、僕には大きな変化があった。最も苦手としている「色」の突破口を仲條さんの作品から見出したのだ。あるとき『花椿』の中の、黄緑のバックに真っ赤な衣装のマネキンの写真に目を奪われた。理屈抜きにきれいだなと思った。それまでは、黄緑のそばには同系の黄色か緑か青、というように無難なものでしか考えられなかった僕にとって、この組み合わせはあり得ないものだった。それから僕も青地に赤というような補色の組み合わせも平気でできるようになった。

　サントリーウーロン茶で桂林に行ったときだったか、清潔とは言い難い町並みを下見していたら、ふと「きれいだ!」と感じた情景に出会った。サーモンピンクの汚れた塗り壁の前に、カーキ色の人民服を着て、襟元から鮮やかなピンク色の柔らかいスカーフをほんの少しのぞかせた老婦人が立っていた。それが美しい色面構成だった。そこに射し込む光の角度と質感が絡みあって、色が生き生きと存在している…　と感じた。こんなことを意識しはじめてから、目の前のものが形だけではなく、色として見えてくるようになった。もう40歳を越えてからのことだ。

　「感覚はだんだん鈍ってくる、デザインのような仕事は若いうちしかできない」とデザイナーを目指す僕に父が反対した。そのことがずっと怖かったが、今は歳を重ねるほど見えてくるものがあるように思う。色も形も、イラストレーションや写真に対しても、若い頃よりは感じる量が多いのではないかなと。

サン・アドに入社して

サン・アド入社時は一日も早く胸を張って「サン・アドの葛西です」と言えるよう、自分の表現以前に最低限デザインのレベルを上げなければと思っていた。そんな僕に、当時常務だった品田正平さん(サン・アド創設メンバー、1990-1997年社長)からよく声をかけていただいた。博学、そしてこよなく酒を愛する品田さんは、営業職でありながら、いつも文学性に富んだ企画をサントリーに提案していた。成人と新社会人に言葉を贈る『山口瞳・直言シリーズ』は品田さんの発案で僕がデザイナーとしてご一緒した仕事だ(450·451)。『Suntory Whisky Saga』という新聞広告のシリーズの第一回目、『ウイスキーは処女作に向かって成熟する』という品田さんのコピーは「小説家は処女作に向かって成熟する」という言葉をもじったそうだ(452)。今考えると、とても深い言葉だ。アートディレクターの井上嗣也さんが、2007年、クリエイションギャラリーG8の『葛西薫1968』展(045)で展示した僕の高校時代につくった手製のアルバムの中の、「東京国際空港」と「平等院鳳凰堂」のレタリングをいたく褒めてくれた。冗談交じりに「とりわけ東京国際空港がいい。未だに葛西さんはあれを超えてないね」と笑いながら。ということはそれが僕の処女作なのか(491·492)。

コピーライターの仲畑貴志さんは僕の一年前に入社していた。その仲畑さんが1978年に、社長だった坂根進さんに話をして、仲畑新チーム発足のメンバーとして僕を引き入れてくれた。それから数年、とにかく血気盛ん、いつも自信満々な仲畑さんにぐいぐいと引っ張られ、ソニーやサントリー、マルニ木工などの仕事をこなしていった。そのなかでもサントリーの『樹氷』の仕事が懐かしい。樹氷は「マイルドウォッカ」だから、ならばウォッカの本場北欧がいいだろうということで、フィンランドでロケとなった。テレビコマーシャルは若い男女がトナカイの引っ張る橇に乗って凍った湖の上を走る。恋の逃避行のようなものがテーマだ。しかし僕のほうのグラフィック案がなかなか思いつかなかった。せっかくここまで来たんだからフィンランドだとわかるような撮影をしようと思っていたが、目に見えるのは白い雪と林だけ。このときの写真家、冨永民生さんにどんな撮影をお願いしたものか迷っていたら、仲畑さんが「困ったときは顔をボーンとアップで撮ればいいんだ」と言った。

　言われるままに、零下20度の早朝、ノルウェー出身のモデル、ニナ・レップを超アップで撮った。あまりの寒さと、フィルムが切れる恐れもあって撮影はあっという間に終わった。これで良かったのか不安もあったがオーケーということにした。それが、東京に戻って他のカットと見比べてみると、このアップの写真が断然ベストワンだった。冷たそうな頬にキツネのような目、目元にも口元にも凍えるような寒さが写っていた。人も風景になる。今見てもいい写真だと思う(446·447)。

僕の手本

1970年過ぎ、大谷デザイン研究所勤務時代に、夕刊のラジオテレビ欄の下に出ていた惹きつけられる広告があった。「通のウイスキー」サントリーホワイトの広告だ。ボトルの横に季節の風物

などが置かれ、気の利いたキャッチフレーズがある。必ずボディコピーまで読んだ。紙面全体にゆったりした時間が流れていて、「洒落てるなあ」と思った。

　僕がサン・アドに入りたいと思ったのは、こんな大人っぽい広告をつくっている会社に憧れたからだ。そのホワイトの広告の作者は、コピーライターが西村佳也(嘉禮)さん、アートディレクターは小島勝平さんだった。もっとも僕が念願のサン・アドに入ったとき、その小島さんはすでに会社を辞めており、西村さんもまもなくフリーになってしまった。最近になって西村さんから聞いたのだが、あのホワイトの広告は、小島さんが西村さんに声をかけて自主提案したものが実って形になったそうだ。お二人のそのときの年齢を逆算するとまだ20代、なぜあんな広告がつくれたのだろうと、ただただ驚く。

一見してなんの広告かわからないものが嫌だった。そういうものはつくるまいと思っていた。商品かロゴタイプを極端に小さく隅に追いやっているものを見ると、そんなに嫌なら広告しなければいいのにと思う。僕が手本にしたのはこのサントリーホワイトの広告、それと西村さんと中島祥文さんがつくっていたウールマークの広告だった。全体のつくりが論理的で計算し尽くされていて、とりわけ言葉周り、ロゴタイプやマークの周辺が美しい。だから写真やキャッチフレーズが生きていた。ソニーの『考えて、いいことだったら、作ってしまう。』シリーズは、浅葉克己さんに「ウールマークみたいだな」と指摘されたことがある。あきらかに影響を受けていたのだから、まったくその通りだった**(384·385)**。

　その浅葉さんがライトパブリシティに在籍していた時代、その頃のキユーピーマヨネーズや、YAMAHAの仕事、細谷巖さんの『ただ一言申し上げます。「パイオニアのラジオです。」』などの文字組やレイアウトの美しさにも憧れた。その当時の僕の仕事はどれを見ても、強くそれらの影響を受けていることがわかる。

　中島さんも浅葉さんも細谷さんも、共通しているのはタイポグラフィへのこだわりだ。言葉に誰よりも神経を使っている。言葉によって絵が活き、絵によって言葉が活きる関係をつくっていた。タイポグラフィの美しい人の仕事には自然に吸い寄せられる。

大谷デザイン研究所の頃

20歳から3年ほど大谷デザイン研究所に勤務した。当時、写真植字の新書体の開発が行われ始めた頃で、写研から「タイポス」が出て、雑誌『an・an』の本文組に使われたりしていた。そのライバルの書体としてモリサワの「OH68」を設計したのが社長の大谷四郎さんだ。そんな書体研究もしていた会社だったから、ここで自分のレタリングが深められると思った。社内にはレタリングチームがあったが、僕はグラフィックデザインチームに配属され、初めて広告物をデザインすることになった。

　そのチームを率いていたのはアートディレクター飯島保良さんだ。デザインチームには同世代の

仲間がたくさんいて、飯島さんは若い僕らに対しては上司というより先生のようだった。デザインの良し悪し以前に、デザインと向き合う姿勢についてとても厳しかった。たいていの仕事は営業の人がつくわけでもなく、デザイナー一人ひとりがスポンサーに出向いて話をまとめ、デザインを考え、版下をつくって納めた。皆のその過程をいつも飯島さんが見守ってくれていた。今思うと仕事として未熟で、とてつもなく効率が悪かったが、ひとつひとつが今につながったと思う。

飯島さんは写真家でもある。もう何十年も続けられているライフワークの写真『河口の風景』が、折々にエッセイとともに郵送されてくる。そのエッセイで飯島さんの近況を知る。その中に「今日、銀座のギャラリーで葛西君の作品を見た。頑張っている様子」というような一文を見つけたりする。右も左もわからなかった僕の、初めてのアートディレクターとの出会いが飯島さんであったことが、ほんとうに幸福だったと思う。

文華印刷時代

1968年、高校を卒業して上京した。東京文京区の印刷所に就職、版下部門に所属して、主に家具店のチラシをデザインし版下をつくった。B4サイズに隙間なく家具を並べ、派手なタイトルで飾る。先輩2人と僕の3人のチームで、1日数枚のペースで仕上げねばならず、日々時間との戦いで、今思えばレイアウトのいい訓練になった。

素人の僕でもすぐに仕事を任されたのは、高校時代に通信教育でレタリングを習っていたからだ。そこで学んだことがおおいに活きるタイトルのデザインは、忙しいながらも楽しかった。チラシは派手で賑やかでなければならない。凝れば凝るほど店長に喜ばれる。なのでいつも新しいデザインに挑んだ。

「大処分換金セール」(487)は初めて印刷物になったものですごく懐かしい。このタイトルは、「溝引き」という伝統的な手法で描いたものだ。箸を持つ要領で小筆とガラス棒を持ち、定規の溝にガラス棒の先を乗せて滑らせ、箸先の幅を微妙に変えながらカーブを描く。たとえばゴシック体は「角立て」と言って、一画一画末端を太らせる。単なる平行線だと先が細く見えてしまうのを補正するためなのだが、そのうっすらとしたカーブはこの溝引きでなければできない。「ゴールデングランドセール」(486)は自分流の書体をつくり、立体文字の遠近を逆にしたりして、今見ても無邪気で若々しい。すべて烏口で描いたもので、角丸で、しかも二重のアウトライン文字は相当に難しかったはずだ。我ながらよくできたものだと思う。

歌舞伎文字のように勘亭流でタイトルをつくることもよくあり、見よう見まねでこなした。いろいろな書き手のなかで、竹柴蟹助という人の字がとても華麗でいちばん好きだった。この人に弟子入りしようかと思ったこともある。将来を考えると、これから東京で食べていけるのか、自分はデザイナーになれるのかと不安だったが、手を動かして技術さえ磨いていればなんとかなるだろう、デザインはその次だ、と思っていた。

文字のアジア的混沌

文字が僕の最後の拠り所になるのは、スタートが通信教育で、一所懸命、千本ノックのように明朝体の練習をしたのが原点だからだと思う。正方形の中に区切り線を入れて曲線で骨格をつくり、肉付けをしながら形を整えていく。どこで強く筆を刺すか、力を抜くかといった身体感覚に、誤差の修正や錯視の矯正などのメカニックな部分を押さえて可読性を高める。空間感覚とレイアウトも文字から学んだと言える。文字はデザインというより、建築物のように思えた。ひとつ間違うと全体が崩れるのだ。デザインを志す人にはレタリングの基礎訓練をぜひ体験してほしいと思う。

　明朝体は造形として美しい。たとえ細い横線が消えても可読性がある。これはすごい設計だと思う。だから可読性のためにという理由で横線を太くした書体はあまり好きではない。対してゴシック体は目で追うのに安定した速度を持つ、機械的な文字という感がある。それと今、インターネットやケータイがたいていゴシック体なのは、文字が読みやすいからだけではなく、情緒を嫌っているような世の趨勢と関係があるように思う。

　小さな頃から新聞の活字を見て、縦組の明朝体はカッコいい、横組のゴシック体は無骨だと感じていたが、僕もいつのまにかゴシック体で組むことが多くなってきた。日本語には縦組もあれば横組もある。しかも漢字にひらがなにカタカナ、そこに英数字が混入するという、タイポグラフィとしては悪条件だらけと言っていい環境だ。でも僕はこのアジア的混沌がなかなかいいと思っている。

1968

広告をやろうと思い立った頃、「匿名性において広告は成り立っている」とある本で読んだ。自己流で広告を勉強した僕の頭に最初に刻まれた言葉だ。それからずっと、広告には自分を出すべきではないと思いながらやってきた。その一方で、ともに仕事をすることになった人たちが発する、その人らしい言葉や絵や音に惹かれた。その引力に引き込まれて、いつのまにか自分を露にできるようになってきた。そうすることで知らなかった自分を知ることができ、それが自分のデザインとして形をなしてきたように思う。その源となったこれまでのすべての出会いに感謝するばかりだ。自分を表わすことで誰かが喜んでくれるとしたら、こんな嬉しいことはない。これからどんなことが待っているのか、1968年の心のまま、前を向きたいと思う。

最後に、出版をと声をかけていただいてから数年、ずっと背中を押してくださり、このたび図録として刊行に導いてくださった、ADPの久保田啓子さんに心からお礼を申し上げます。（了）

聞き手：久保田啓子
インタビューは、2009年7月8日、10日、13日、21日、サン・アド ミーティングルームで行われたものです。

Interview **Between Graphics and Advertising**

I love films directed by an Iranian filmmaker, Abbas Kiarostami. He illustrates very familiar feelings such as joy and sadness – emotions rooted in the deepest place of our heart – by depicting, for example, not very dramatic events unfolded in a small village. I once watched an NHK (Japan Broadcasting Corporation) documentary programme that followed the days of this film director. After traveling from place to place looking for an ideal location for his then latest film *Taste of Cherry*, he finally discovers a seemingly perfect location but still wonders, "Is this really the place?" Then he just closes his eyes to feel the atmosphere of the place and to listen to the sound drifting in from somewhere far away.
In doing so, he finds invisible things appear before his eyes, he says. I thought I'd found a clue to the secret of his films.

Visual beauty brings a pleasant sensation to designers. Product or spatial design eventually leads to order but it also produces tension. That should be regarded as a merit, yet I sense that sometimes design can make people feel as if they are in a straight jacket. Talking of comfort, I confess that I rather feel safe and happy when lying at full length on plain *tatami* (Japanese flooring made of straw) mats. Well, is my design in accord with my faith? I cannot help but think, "Body contradicts theory."

The Lighthouse Keeper in Ginza

Around the 1960's, when I was a young boy, there was a sight that I thought represented Tokyo urban landscapes. It was the neon sign of Mitsubishi Electric located in Ginza, which often appeared in a TV commercial inserted in a live professional wrestling match. The sight embodied the big three thrills for kids – a metropolis, adults and nighttime. Therefore, I was filled with deep emotions when asked by Suntory to create "The Advertising Pillar at Ginza 4-chome" in 2000. This was my first big project in the field of spatial design (**036–039**).

The basic theme was "Want to Be the Lighthouse Keeper in Ginza". That is, I wanted the advertising pillar to be a benign presence watching over adults walking down the street at night. My first idea was "gradation of time." A warm light, switched on in twilight, gradually turns *toki-iro* (cupid pink), *zouge-iro* (ivory), *sakura-iro* (cameo pink) and *wakakusa-iro* (fresh green), all of which are Japanese traditional colors. The transition from one color to another was planned to be very slow (approximately half an hour). So, it could have been a rather unconvincing clock, but convincing enough for happy drunks who would look up and say, "Oh, it's purple. Time to go home!" or "It's still blue, why not sip another drink?" Unfortunately, however, this "too leisurely" clock proposal was rejected, contrary to my expectation that a round display radiating serene light would definitely play the role of the lighthouse in Ginza in a sea of flickering neon lights.

I reacted to this rejection with a new proposal – transformation of overlapping stripes and checks. Its annual programme included seasonal changes of colors, and the color was being programmed to change from *sakura-iro* to *kohaku-iro* (amber) in springtime and from *mizu-iro* (aqua) to *kohaku-iro* in summertime. In addition, it was planned to turn to *shu-iro* (vermillion) just for a few days at Christmas time. For me, the shape of the advertising pillar was another source of inspiration. It was a prism with twenty-four faces and happened to be the same as that of the bottle of "Hibiki," a Suntory whisky.

The big *Kanji* (Chinese character) representing "Hibiki" was written in reverse perspective to correct deformation that occurred when seeing from the ground. And to avoid direct light leakage from the approximately one centimeter openings in the joints of dozens of polycarbonate screens, the sections of these screens were required to be not right-angled but oblique. Talking with people in the building trade about these small design ideas was most enjoyable.

This advertising pillar was decommissioned after several years' service. In fact, it had been designed to accommodate more visual programmes in the future, and I was secretly looking forward to showing a video, for instance, of whisky surface slowly ebbing to the sound. Times change too quickly – and relentlessly.

My Encounter with Toraya

My relationship with Toraya can be traced back to the launch of Toraya Café (**016·017**) at Roppongi Hills in 2002. The café was supposed to offer neither Japanese nor Western conventional confectionery but brand-new sweets made from Toraya's hallmark an (sweet *azuki* bean paste), and the development of those sweets was entrusted to food coordinator Tomoko Nagao. Another key member of this project was architect Yukiharu Takematsu, and sometime later I joined the team as graphic designer.

My first thought was not to aspire to trendiness because this was a project for Toraya, an old, nationally renowned Japanese confectionery company. So, I tried to design a logotype that had a *have-long-been-here* look. This was the first chance for me to be involved in packaging design, and it turned out to be lots of fun for a craftsman type of person like me. For example, a cutout, intended to make taking sweets out of the box easier, was designed to make a silhouette of the logo "T" and the basic size of the box was fixed and adapted to facilitate product lining through modularization.

The concept was "A Package to Make Sweets Happy", in other words, a sweets-friendly package. Packages must be as simple as possible in order to enhance the attraction of the main character – sweets. Remember how a piece of fresh straight-out-of-water *tofu* is neatly packed in a paper-thin sheet of wood and newspaper? I wanted that kind of simplicity. The new box was to contain several kinds of sweets in different individual packages – bottle, bag, etc. – and this assortment style inevitably left some small spaces, which I found unbearable. One day I decided to invite Ms. Nagao to my office and asked her to give me an opinion from the sweets developer's point of view..She just smiled perplexedly and said, "So, we're here to talk about those tiny spaces? Is that it?" This episode illustrates my sincere approach to this project. Eventually I was appointed to be creative director for the whole Toraya Confectionery Company Limited.

The Weight of an Old, Established Company

Toraya, known for its *yokan* (a thick jellied sweet made of *azuki* bean paste, agar and sugar), seemed to be firmly established and in an unassailable position, so I wondered if there was any room for further improvement. My mind was preoccupied with the question – What should I do to preserve the beauty of conventional Toraya design prior to handing it over to the next generation? Moreover, I knew hardly anything about *wagashi* (traditional Japanese sweets). Therefore, I presumed that the only thing I was able to do was to present the image of Toraya familiar to everyone. My point of view might have been rather close to that of consumers, and from that standpoint I was able to examine Toraya designs and sort them out, I thought. Anyway, I decided to "be bold" when my instinct as an experienced designer told me to do so.

When I was briefed on Toraya's history and allowed to appreciate the company's valuable possessions, they proved to be literally a pile of treasures. The weight of 500-year history felt very real. Needless to say, designs for seasonal sweets have been kept the same for several hundred years, and Japanese vocabulary, particularly rich in emotions, has long been cherished until today. I was very impressed and suggested that our first step should be "to aim at organizing things, not changing things."

We began with looking over various forms and layouts of letters. When checking *kamei* (product names for sweets), I noticed that several calligraphers' works were mingled, so I advised Toraya that they should opt for just one artist. In this way, calligrapher Tatsuro Furugori was selected and asked to be in charge of all calligraphic works used in product names, shop display, etc. His style reflects nothing but honesty, which is well represented in his work for the label of Toraya's standard *yokan* "Yoru no Ume." In order to highlight his calligraphy, the background was designed to look simple and modest, which indeed vitalized the written words, not just the letters. I also studied all fonts and setups of letters used in such text as product explanation and ingredient information printed in catalogs, leaflets and packages. Then I chose suitable fonts and spent a long time systematizing forms and layouts of letters in the hope of making them as legible and neat as possible.

The Identity of Toraya and of its Sweets

Some of Toraya's sweets are "limited to Kyoto", that is, made in Kyoto from ingredients produced in Kyoto and sold exclusively in Kyoto. One of them is a seasonal sweet called *shippun-sei saomono*, made from *an* as well as each season's typical ingredients. For this product's package I chose Japanese paintings by painter Ichiyo Matsumoto. The theme of these paintings, owned by Toraya, is the four seasons in Kyoto, and the package has spring, summer, autumn and winter versions accordingly. As for the product name, I asked Mr. Furugori to prepare a feminine (more delicate than usual) type of calligraphy to go well with these elegant paintings (**013**).

To get some inspiration for this work, I visited several of the hundreds-year-old confectioneries in Kyoto. Small yet dignified shop appearance, display and simple packaging – everything was stunning. Such taste must surely have been refined over a long time. I had to admit that their stance was totally different from that of today's designers. I was overwhelmed to find that their purpose was not to cling to and protect good old ways but rather a manifestation of their *why-do-we-need-to-change?* or *good-is-good* kind of attitude.

My goal is to express the identity of each Toraya sweet in a way that any designer would choose in the end. And I hope that this method will eventually lead to the expression of the identity of Toraya itself. I consider organizing things to be my mission, and in this sense the Toraya projects are a type of work that satisfies me as a graphic designer.

The Launch of Toraya Kobo

In 2004 – not a very long time had passed since I had started to work for Toraya – a possible new project surfaced. The question was raised, "What in fact is the starting point of confections? Let's build a new shop in central Tokyo to sell rather simple, not too sophisticated sweets like *daifuku* (a small round rice cake stuffed with *an*) and *dorayaki* (two small pancakes wrapped around *an*). This kind of shop is necessary partly because we, Toraya, have to rediscover the value of *wagashi*."

I was allowed to make a proposal at the first stage of this project. So, I brought to mind some situations that would make me feel something was delicious, and used cartoon-like sketches of those scenes to present my idea in order to activate discussion.

Imagine you pop in to see a neighbor. She says, "Come on, have a bite of my *takuan* (pickled *daikon* radish). It's just ready to eat," and invites you to sit on the *engawa* (a transition space between the indoor and the outdoor) for a casual conversation over a cup of green tea. Well, how would you enjoy the taste of the served *takuan*? Or suppose you sit at the counter in a *tempura* restaurant. Wouldn't it be nice to appreciate delicacies served one by one at just the right intervals, while observing your cook's artistic performance? Even the background sight of other staff cooperating with each other in miraculous formation may add flavor to your dish. Now, how about *manju* (a steamed cake filled with *an*)? It would be so tasty when served straight-from-the-steamer by the flour-covered hand of its maker, with a cup of green tea and a few words like "Here you are"... Through these examples I tried to convey my message that what was required was "a shop where confectioners and customers feel close to each other."

Following that we had discussions, visited potential shop sites in central Tokyo and even drew up a plan. In the end, however, we came to a deadlock as the direction of the project was derailed from the original intention. We realized that if we persisted in a central Tokyo location, it would inevitably cause some kind of inconvenience. Instead, we decided to go back to the starting point and talked about my drawings once again. Then suddenly Toraya's president, Mr. Kurokawa, said, "It is impossible to realize our original intention in central Tokyo. How about Gotemba, where we have a factory?" It was this suggestion that let this project take a big step forward in a realistic way.

At that point I thought that we should invite an architect to join the discussion, and Mr. Hiroshi Naito, an architect I had long admired, came to mind. The further I thought about this matter, the more confident I became that he must be the one. So I immediately paid him a visit with my sketches under my arm, telling him that I was eager to collaborate with him. Although I had never met him until then, Mr. Naito did not hesitate to say yes, and submitted a draft for this project after several visits to the potential location near the factory. That was a straight yet bold plan born from a careful observation of the location, but the project was suspended because we had to give up this site due to various conditions. Later, however, an ideal location was found in the Higashiyama area, and the shop was finally completed in October 2007 after many twists and turns.

This building was named Toraya Kobo because it was rather a place for the pursuit of the art of confectionery than a shop (*kobo* is a kind of atelier). When you walk through a thatched entrance gate into woods, you'll find a garden, then a pond, and finally a building – a kitchen where skilled confectioners are making various sweets. Adjacent to the kitchen is a space for tasting fresh sweets with some tea. The garden has a corridor-like walk as well as a field for growing plants to be used as ingredients. Here visitors can appreciate not only sweets but also seasonal attractions. Extremely simple designs for customers' path, teacup and wrapping paper are the product of collaboration with other members of Sun-Ad as well as food coordinator Tomoko Nagao. The only thing that truly deserves the name of design is a logo drawn by Mr. Furugori. The logo consists of the ridgeline of Mt. Fuji plus a *hiragana* character "to" (*hiragana* is a syllabary peculiar to the Japanese writing system), representing Toraya, and it is branded on *dorayaki* (**014**).

We decided not to advertise Toraya Kobo at all. Just in the hope of contributing to local people, the *kobo* hosts some events such as a sketching day and a tea ceremony, and confectioners are trying to use produce grown here as ingredients. Anyway, who on earth doesn't envy people who can enjoy such a refreshing garden sight while working?

It was my sketches or words directly expressing everyday feelings about eating that boosted the realization of this project. When I think of this, my heart is filled with deep emotions. The success opened the way for my continuous collaboration with Mr. Naito, which bore fruit in the Gotemba shop, Tokyo Midtown shop (**010·011**) and Kyoto shop.

Wisdom on Wall

In retrospect, the key person of my relationship with Mr. Naito was Mr. Koichi Ando, producer of Ando Gallery. One day in 1994, Mr. Ando visited our office to see me and said, "We are going to choose several artists from each of the three categories – fine art, architecture and design – and publish an anthology of their works. We'd like to include your works in it, but only the works you did independently, that is, not the ones for advertising." His words pleased me because it proved that there was someone who had been interested in the other side of me – not in the side of me as an advertising designer. The completed anthology *MoDERN* also contained works by Mr. Hiroshi Naito, and I came to know him through this book (**134**).

Since then, I've worked for signage design and other spatial design projects produced by Mr. Ando. While the first half of my working life had been occupied mostly with advertising works, projects for Tokyo Metropolitan Tsubasa Sogo Senior High School (**023–029**), Shiodome Tower and Toranomon Towers (**018–021**) marked the epochs of the second half.

Particularly unforgettable is *Wisdom on Wall*, a wall design project conducted in 2002 for above-mentioned Tokyo Metropolitan Tsubasa Sogo Senior High School. At that time, the Governor of Tokyo,

Mr. Ishihara, was introducing a new type of education. He had proposed building senior high schools that fostered university seminar style education under the discretion of a non-academic headmaster, and one such school was Tsubasa High School. Thanks to a recommendation by Mr. Ando I was asked to take charge of graphic design for the corridor walls. There were four corridors from the first to the fourth floor, each of which was as long as one hundred meters.

Initially I imagined walls with some picture drawn on them – that is, what is called artwork. But I reconsidered, supposing that I was one of the students. What if I disliked the paintings on the walls? I definitely wouldn't feel like going to school… The further I thought about it, the more inclined for "no picture" plan I became. Yet I had to design something. Then an idea of "the walls of colors" came to mind. But, just colors? No, it's not a kindergarten. Well, then, let's add letters – alphabets.

Now, what about the contents? In my high school days, the headmaster would say "*Keizoku wa Chikara Nari* (Remember that Persistence Pays Off)." When I was a student I tired of hearing that repeated proverb, but now I can appreciate the weight of it and think it is convincing. Also, the words bring nostalgic memories of my good old high school days. Yes, placing proverbs can be a nice solution.

I immediately asked copywriter Toshiyasu Furui, one of my colleagues, for help and he collected dozens of Latin proverbs for me. "*Fortuna amicos conciliat, inopia amicos probat.* (Good luck makes friends get along, while poverty puts them to the test)", "*Non qui parum habet, sed qui plus cupit pauper est.* (It is not the man who has too little, but the man who craves more, that is poor)"… How profound! One of the proverbs, "*Festina lente.* (Make haste slowly)," was a favorite of the late writer Takeshi Kaiko, who was also one of the founders of our company Sun-Ad (**026-028**). We discussed with teachers of Tsubasa High and picked up 18 proverbs to be placed separately on the walls.

The plan was OK, but I had a big problem – colors. Handling colors is my weak point, but I had already decided to feature colors in this project. No way back. Anyway, I stared at the blueprint to figure out how to set to work, and noticed that it was impossible to take the whole of corridor walls in one view – it's not one big flat surface. Therefore, I made an elevation plan for myself in order to grasp the actual view of students standing in corridors. As I used to be a boy devoted to model making, I knew how to read plans. In this way, I came to feel the atmosphere of the space and experimented with color pencils. But I was still undecided, so I made a rule: for each floor, I would decide the basic color and use the basic colors of the other floors for its walls and letters. After struggling to imagine how the walls would look from different angles, I managed to select colors and decided where to place the proverbs.

I was shocked, however, at the color-painted walls just finished according to my designation. "This is a total disaster!" They looked somehow childish, which made me terribly miserable. A week later, I reluctantly headed for the site to supervise silk-screening of letters. The very moment that letters were printed on, however, the walls suddenly started to shine. The color contrast brought by letters miraculously revived wall colors – it was the ascent from Hell to Heaven for me. Letters saved me as well as my colors, and I'll never forget that moment.

Of all those proverbs my favorite was Marcus Tullius Cicero's. "*Omnium rerum principia parva sunt.* (Everything has a small beginning)." I assigned the color pink to these letters and put them on an aqua-color wall of the first floor (**023·029**). The wall happened to have a fire hydrant, and its red, round light unexpectedly looked beautiful in there. Later it became the motif for a silk-screened poster, which I sent to a poster exhibition (**022**). When seen from an angle, the round shape of the light is deformed and looks just like *onigiri* (a rice ball). Its blank, humorous look kept fascinating me for a while, and I even used it as a motif for *furoshiki* (a wrapping cloth) design (**157**).

Lines and Figures

The very opportunity when I became to create works by making the most of lines was a group exhibition called *IMAGEMIRROR III* "*EMAKI*," joined by seven graphic designers. Designers were required to submit B2 size (500mm x 707mm) works based on the theme "*EMAKI – Nichi Getsu Ka Sui Moku Kin Do.*" The main title *EMAKI* meant text and pictures on a hand scroll, and the following subtitle had a double meaning of "Sun, Mon, Tue, Wed, Thu, Fri and Sat" and "sun, moon, fire, water, tree, gold and earth." When I was exploring the possibilities in my mind, I don't know why but I couldn't get away from images of drawings like blueprints. Therefore I got some books on mechanical design or structure in secondhand bookstores in Kanda, seeking some sort of inspiration. Turning the pages of those books filled with various graphs and tables, I felt my creative desire being turned on. However, I was lost when I actually faced a blank sheet of paper and did not know how to start drawing, so in order to warm up my hand, I gave an order to myself, "Anyway, draw your first line! Just draw, don't think anything else." Soon I was amused to find how a figure developed into some new figures just like a tree spreads into branches. I was too baffled to decide which was the one I wanted, but somehow managed to choose eight figures and brought them to Mr. Yoshimichi Ohira, who had always been in charge of phototypesetting for my works. In his office we finished my works together, watching a computer monitor. Mr. Ohira designs letters, that means he is skillful at drawing curves. The completed figures were almost inexplicable, but I think I was discovering a new side of myself in them. This was 1992, when the benefit of computers was not yet widespread among designers (**073**).

AERO

When offered a chance to hold a solo exhibition at Ginza Graphic Gallery, I was devoted to several projects including one for Suntory Oolong Tea, which was rapidly being expanded. Caught in such a tight situation I was not sure if I could make new originals as required by the gallery. Time flew without me having any concrete idea about the exhibition, and I just repeatedly imagined a vague sight of mechanical figures lined up in the gallery. Naturally nothing had materialized yet.

Around that time I was drawing a sort of propeller blueprint as a motif for an advertising announcement for a special TV programme presented by NTT Data Communications Systems (**351**), which reminded me of the photo of a screw propeller I had referred to. As I stared at it once again, the outline of a wing began to look very elegant to me. Its asymmetry with one side featuring a bulged arc represents abundant energy. I tried to lengthen or shorten this arc, whose results were edited into three patterns of figures called Propeller, Envelope and Balloon. Then I decided to combine these three patterns in order to create very original figures. I traced and transformed these figures little by little as if my hand has its own will, and it gave birth to figures seemingly three dimensional but impossible in the real world. I knew by happy intuition that I should make up my mind. "OK, this is it! This will work well for the exhibition!"

Most of the figures were drawn in China, where I happened to be staying while supervising the shooting of a commercial for Suntory Oolong Tea. In the daytime I attended the shooting, and at night I repeated the cycle of drawing, Xeroxing, cutting, pasting and tracing after I returned to the hotel. Driving a pen gradually became my pleasure, and I suddenly noticed that I was feeling as if I were an acrobatic pilot. Yes, I was floating, feeling high. Screws float by paddling water while propellers do so by sweeping air. I may be trying, then, to draw "air" by drawing lines… So came the exhibition title AERO. Initially I thought that it would be appropriate for my works to be finished in B0 (1000mm x 1414mm) or B1 (707mm x 1000mm) size, as I had often been requested to do. But this time I was drawing "air," therefore, I gradually turned to feel like making far larger works to remind us of the big sky. So, I ordered big sheets of handmade *washi* (Japanese traditional paper), whose vertical length was almost the same as the height of the gallery space, and painted them with a brush and wall paints. This handmade canvas accommodated my works finished with inkjet printing called NECO (New Enlarging Color Operation). In the printing process, interference between the pitch of the reciprocating inkjet nozzle and the curves of the figures resulted in partially fading lines, but the effect was rather a pleasant surprise to me (**058·059**).

Gyroscope Spinning Tops, Movable Pulleys and Dividers

Perhaps these days there are many people who may not know what "a gyroscope spinning top" is. I have to say, however, when you spin it on your palm it will make you feel gravity in a very comfortable way. You will be able to realize it is this gravity that is supporting your existence in a corner of the universe. A similar sensation will be gained by the bouncing reaction felt in the arm when you grip a long metal ruler in the middle, hold it horizontally and swing it up and down (or hold it vertically and swing it from side to side). These kinds of phenomena have always caught my attention since I was a little boy. Such is my nature and I guess the AERO figures might have something to do with it.

In addition, the wisdom hidden in machinery or tools has always impressed me. I was overwhelmed when I learned the mechanism of a movable pulley at school. The power necessary to lift up a thing is reduced to a half with one movable pulley, and to a one-fourth with two. Instead, the wire needs to be moved twice or four times in length accordingly. I was convinced of the exquisite art of the system of our mechanical world.

I must confess that I still keep a mechanical drawing set at hand. In particular, a pair of dividers is a must. A pair of dividers, or a measuring compass, has spikes on both ends. If you set those spikes on the ends of something drawn on a sheet of paper, and then set them on another sheet, you can duplicate the exact size of the thing on the spot. What is attractive about the tool is that it doesn't convert the measured size into numbers. This is only one of its various functions, however, and dependent on its user its usage may be infinite. Dividers unveiled a lot of geometrical secrets hidden in figures for me. If you are interested, I'm willing to teach you those secrets from scratch!

I don't know when, but set squares and compasses have disappeared from our working spaces. These days we don't even dissolve paints in water and paint pictures any more. Thinking through working with your hands is a way to a series of discoveries. Such joy and pleasure of graphic design have departed from us, and honestly, I miss them.

The Night Side of Me

A long time ago, there was a TV programme called *Maruman Shin-ya Gekijo* (Midnight Theater Presented by Maruman) starring actor Shigeru Amachi. The programme opened with a narration that went like "*Yoru wa Tomodachi* (The Night is Our Friend)." The female voice sounded like a whisper in my ear and its intimate tone thrilled me. One half of our life is daytime and the other is night, and midnight is a very pleasant time. You can listen to music over a glass of whisky. Reading a book or drawing a picture will make you feel as if you were traveling alone. Or you may suddenly get some inspiration that encourages you to proceed with your work. And indeed, most of my ideas for theatrical posters came to me at midnight. Night represents the world of darkness and it makes me suspect, which is rather uncharacteristic of me, that those posters are exposing a hidden side of me.

Actor Kaoru Kobayashi was the first to assign me a task for theatrical circles. We had once worked together to advertise Suntory's whisky gifts, but since that time there had been no chance of seeing each other. One day, however, he suddenly got in touch with me in order to ask me to design a poster for a theatrical performance planned by himself and director/actor Ryo Iwamatsu. Well, why me? Mr. Kobayashi answered my question by saying that he wanted to work with me once again because our collaboration for Suntory had been most enjoyable. "Don't care about our performance. You are free to create anything you like," he said, adding "just like artist Tadanori Yokoo once did." And he told me that it didn't matter if the resulting poster did not express the contents of the actual performance, even implying that my creation itself would be equivalent to a theatrical performance. Mr. Kobayashi had originally belonged to a theatrical company called Jokyo Gekijo (Theater of Situation), and it seemed that the old passion had brought him back to the stage after a long interval. I moved to Tokyo around 1970, when the Japanese underground theater movement was raging. I would often go out to see performances by Jokyo Gekijo and other theatrical companies, and would find the posters painted or designed by artists like Tadanori Yokoo, Akira Uno and Yoshitaro Isaka so exciting. Now it's my turn. I made up my mind, "OK, I'm going to take this opportunity to enjoy myself!"

So this is how the poster for *Ukigumo* (The Drifting Cloud), the first play performed by Ta Manine, was designed. Ta Manine – this strange name of the company was given by a copywriter of Sun-Ad, Mr. Takashi Ando, who was inspired by a conversation between Mr. Kobayashi and Mr. Iwamatsu. In fact it was a sort of pun that implied their performance would be just occasional. Anyway, it is common that theatrical companies cannot afford much money for posters, and Ta Manine was no exception. However, I hit upon an excellent idea – I would leave photographing of all the cast members to some photo studio in town. They charge a uniform fee, whether their client is a famous star or just an ordinary person.

I still remember how I discussed the details of poster printing with Mr. Kobayashi, who joined me in the supervision of the printing process. On that rare occasion, when the staff of the print shop kindly guided us around the factory, I rediscovered that Mr. Kobayashi was indeed a great actor, as his presence was so natural that he looked like nobody but a sales rep of the shop! (**102**)

When you work for a theatrical performance or a film, you are required to create publicity materials in advance – when the performance or the film itself has yet to be completed. Well, then, how do you deal with this tough situation? If you ask me, I would say I design those materials to encourage the director and the cast members. I remember one very happy moment. When a performance group, Pappa Tarahumara, played a programme called *Shima* (Island) – *No Wing Bird on the Island* (**094**), one of the performers told me, "I was thrilled to find your poster on the wall of our rehearsal room. It boosted my morale!" Pappa Tarahumara is led by director Hiroshi Koike, who has eyes that sparkle with curiosity and an adventurer's look on his face, possibly because of traveling all over the world, from frontier to frontier. When talking to him, it comes home to me that I've been staying on one tiny spot on Earth. Therefore, I'm trying to go somewhere far, far away, at least in the world of my creation – posters.

Film director Hirokazu Koreeda started his career as a documentary filmmaker and has been taking a cool view of the world, depicting it through its background or hidden side. Fifteen years ago, I was introduced to him by stylist Michiko Kitamura and worked for his first feature film *Maborosi no Hikari* (Phantasmic Light, a.k.a. *Maborosi*, or *Illusion*). Since then, I have taken part in advertising and title designs for his films (**126·127**). Although he always selects a profound theme such as loneliness and a sense of loss, he varies in approach. And I feel, every time he releases a new film, he gains more latitude in his creation – at least that's my impression. His works seem to appeal more and more to his audience. Mr. Koreeda is a quiet man, even on location. But through his films you will discover his feelings bubbling beneath the surface of that tranquility. "What happens to you after watching a film is important" – this simple yet profound comment evoked my great respect.

As a designer, I regard a poster as the condensed essence of a theatrical production or a film. I take another approach, however, to programmes. As I myself want to know what lies in the hidden side of a film, most of the programmes I design look like a literary magazine containing abundant textual information. Of course, I know these programmes are for the audience, but at the same time I keep in mind that they should be a nice little present for the director, staff and cast members.

The Pleasure of Book Design

I think these days I have more opportunities of taking part in book design than before. In fact, most of these opportunities are brought to me directly by personal friends and acquaintances. Because I know hardly anything about bookbinding, I just tackle these tasks in my own, somewhat amateurish way, while trying to learn by observing professionals. A book is made with the accumulation of numerous small decisions, and whenever a book is completed, I find its appearance slightly different from my expectation. That is a delightful discovery, though, and I utter words of admiration in my mind.

Of course this is not always the case, and I have some bitter experiences as well. *Hebi ni Piasu* (Snakes and Earrings), a novel by writer Hitomi Kanehara, was a true page-turner and I read it in one sitting before setting to work, which was rather unusual for me. I even felt like wearing an earring myself jokingly, and in such excitement I drew dozens of illustrations. Eventually one satisfying illustration was completed, which spurred me on to design a handwritten title straight away. Both the editor and Ms. Kanehara liked this design, but it was suddenly rejected by a senior editor, who checked the proofs and said, "No, this is too plain to catch the customer's eye at stores." (**133**) We did not have enough time to do it all over again, though, so we managed to find a way out of this desperate situation by replacing the handwritten title with a type-printed one, in addition to changing the background color (**142**).

However, a happy surprise awaited us. This novel won the Akutagawa Award, a very prestigious Japanese literary award. In commemoration of this wonderful event the editor suggested we should make a special limited edition (**132**) exclusively for the author, the editor and a few others who had participated in producing this book. I designed a box cover, which featured an earring dangling on its spine and had lines symbolizing a split tongue on its front. In addition, I had the book title in the script font embroidered on the front cover. I treasure my single copy.

Writer Akira Gojo's *R/EVOLUTION* is an ongoing mystery series built on a magnificent plan. It is planned to consist of ten volumes published at a rate of one volume per year, which means it will require ten years to be concluded. Therefore, the editor requested that my design for this series should never look old-fashioned even ten years after the release of the first volume. The editor also gave me suggestion, "When the series has been completed, the ten spines standing in a row should constitute the whole picture of *La Charmeuse de Serpents* (The Snake Charmer) by Henri Rousseau – how does that sound?" This famous painting appears as a part of the interior decoration of the home of one character in the series, and I liked the editor's idea very much. Well, then, wouldn't it be better for the front covers to carry only letters and no pictures on them? As a matter of fact, when I put one volume's title *Dansa* (Cutting a Chain) in *kanji*, it looked almost perfect just the way it was (**143**). Yes, if I choose a rather old type of design from the beginning, it may lack novelty but will never be old-fashioned! Well, I have somewhat mixed emotions, though, toward growing ten years older during just one project….

Yosei no Uta (Fairy Poems) was an anthology of works by five poets, all of whom had died young (**146**). As I wanted to give the book a soft and gentle feel, it was finished cloth-bound, with its text block made of *washi* pouch-bound (In pouch binding, sheets are printed on one side only, folded in half with the text-side out and stacked together. Each double-leaved page forms a pouch, that is open at the top and bottom). I persisted in a vertically long book style, therefore, when I put each poem in type, I found it was very difficult to arrange poems written in short vertical lines on that format. Anyway, in order to enhance the beauty of such typesetting, we decided to letterpress-print on thin sheets of *washi*. Mr. Juzo Takaoka of the Kazui Press insisted, "Too much printing pressure will ruin the sophisticated taste," and he printed it with the greatest circumspection. The paginated prints wet from the press were then carried to another print shop, where pictures by three artists were added by four-color offset printing. (One of the artists was Mr. Eisuke Yamasaki, my colleague at Sun-Ad, who had recommended me for this project.) The prints were then sent to Kyoto, and the book was completed by the only bookbinder skilled enough to undertake this task. The name of the publisher – Xylo – means "tree", and their logo is one of my favorites. It was created on that occasion and foil stamped on the box cover (**173**).

As for the English version of this book, *Whom the Gods Loved*, I was vaguely thinking that it would be nice if I could create something along the lines of *Miro no Hoshi to Tomo ni* (In Company with Miró's Stars) (**147**). This anthology of poems by Shuzo Takiguchi and paintings by Joan Miró reminded me of a work by artist Shinro Ohtake titled *Jari Ojisan* (Mr. Jarry). I had long admired Mr. Ohtake's unrestricted, easy-going kind of touch, hoping that someday I could collaborate with him. Therefore, I conveyed my message frankly, and he readily accepted my offer. So, I composed, carefully leaving blank spaces, and asked Mr. Ohtake who was living in the Shikoku district to draw pictures in the blank as he pleased. Several days later, I received exciting, joyful drawings, whose color designation was left to my discretion. I tried changing colors per signature, and intentionally used very thin sheets of paper in order to enjoy a see-through effect. Such finishing process was extremely thrilling to me.

Mr. Ohtake's ZYAPANORAMA Nippon–kei is a bizarre picture collection. It consists of pictures of weird billboards and landscapes as well as his original paintings, all of which are a product of traveling around tourist resorts in Japan (**135**). It was initially planned to be titled Nippon–kei JAPANORAMA (Landscapes in Japan). When I was asked to design the book, however, I thought that we should use not Hepburn- but Japanese-System Roman alphabets for a book about Japan. So, I replaced the spelling JA with ZYA and arranged the author's name so that it both began and ended with Ô. I even reversed N, pretending it was a mistake, and enjoyed typesetting by playing pleasant tricks throughout the book.

The last page features a picture of Chikyu Misaki (Cape Earth) in Muroran City. I was brought up in this city and would often visit the cape in my childhood. Mr. Ohtake was very kind to remember this old story of mine and to honor this picture with the mission to conclude the book. Several months after the release of the book, I received a parcel from him, which contained a book titled Muroran Zenshi (The Complete History of Muroran). The book is filled with a detailed explanation of the city as well as photos of nostalgic landscapes, which were familiar to the little boy in me. Attached was a note from Mr. Ohtake that said, "In a secondhand bookstore in Sapporo City I discovered this book, which was destined to reach you…." The book and the note are my treasures.

An Author is Always the Best Book Designer for his/her Own Book

I cannot say I'm a devoted booklover, but I'm often disappointed to find that a book design doesn't suit the story it contains. This is particularly the case with novels. Reading an overdesigned book makes me feel uneasy. As you will probably understand when you remove the jacket from bunko or shinsho (small-format paperbacks published in Japan), rather plain covers help you in focusing your attention on the contents. Occasionally I'm inclined to design something fancy, but even if I try, I get tired during the process. Therefore, my book designs look very similar, with no striking difference.

I have an anthology of short stories by Saisei Muroo, whose book design was done by the author himself. Its kanji title, Shosetsu-shu: Kusa, Kanzashi, Numa (Anthology: Grass, an Ornamental Hairpin and a Swamp), is written with a brush on a ground of rich texture and is quite impressive. Actually, the letters of an author are the fittest for his/her own words, just like tomoae (a Japanese cooking method; e.g. a squid dressed with a sauce made from its own internal organs). Decorator Noriko Inomoto painted a picture for the jacket of her own novel Neko Wakare (Parting with a Cat) (**140**). For the story that begins in Paris, I had made a proposal of book design featuring vertical stripes in the tricolor style. Then, she gave me a picture of vertical stripes painted with a brush, saying, "Well, I just found a little time to spare, so…." And indeed the picture was not bad at all, looking like a kimono pattern in a way. It was Ms. Inomoto herself who dressed the book up with her own identity. Another example is poet Ikuo Tani's Kore kara Saki no Koto (The Things Awaiting Us). The author drew the picture and wrote the title on the front cover (**141**), which surely reflected his gentle character. Well, I must concede my book design will be no match for that of the author herself/himself – however hard I try.

Meaningful Meaninglessness

I hear that early in the Showa Era, movie "talker" Musei Tokugawa tried to translate a then popular word "nonsense" into the combination of two kanji characters. One letter was pronounced "nan", while the other "sen", and they meant "soft" and "pointed" respectively. Perhaps his interpretation was that nonsense was something seemingly soft, but prickly in fact. I found a comment in a magazine article suggesting that Tokugawa regarded "nonsense" as "meaningful meaninglessness." This discovery made me extremely happy, as I somehow understood this "quibble" very well.

I've been participating in the charity event held at Creation Gallery G8 at the end of each year. The theme changes every year – clock, umbrella or kite – and all participants are required to design a material in the same fixed size and shape. As a matter of fact, this is not an easy task. Time flies without me having any good idea, and with the deadline rapidly approaching, I finally begin to move my hands in desperation. However, in most cases, the result of being under pressure is only "a little joke of shape," (i.e. a sort of punning on each year's theme, expressed in the shape of the theme) and the finished work tends to be rather embarrassing and not prickly at all. Still, while thinking and creating with my hands, I totally forget the purpose of design and just enjoy the process itself. This is also a perfect opportunity of waking up my rusty senses (**154–157**).

The Center of Gravity

When I was asked to design the logo of United Arrows' label "green label relaxing", I just simply associated "green" with "leaves." I set to work and tried to design a shape of a leaf, when I found I was in trouble. The shape was too plain to use as an artistic motif. Amazingly, however, setting the leaf's center of gravity a little lower brought dynamism to the shape of the leaf (**171**). Indeed, a minor difference can lead to a big change.

I regard the center of gravity as one of the most important visual elements. Whenever I arrange several components on a sheet of paper, I'm conscious of the center of gravity of each component. And I search for a "thrilling" equilibrium among them, which will be lost if just one component is removed. Sometimes, however, I deliberately choose an imbalanced layout to avoid the boredom of an excessive stability.

I started to work for Ohtani Design around the age of twenty, and learned the two basic laws of logotype making. First, legibility is more important than anything else, and for that purpose, the initial letter of a word must be clear and legible at sight. If so, the following letters become automatically readable. Second, elaboration should be limited to and focused on just one point. I still obey these laws. If you ask me whether there are some other rules of my own, I would say that one of those rules might be obedience to the appearance of assigned words. Logotypes are words in a way, so it is natural that they depend on the appearance of words. It won't succeed if your design defies that fact. Another rule is to average the weight of letters, being conscious of each letter's center of gravity, so that any part of the logotype has the same air. Until these rules have been duly observed, you should not add any accent or rhythm. I guess this could be true on all design occasions.

Dawn of the Oolong Tea Project

The first newspaper ad for Suntory Oolong Tea appeared twenty-seven years ago (1983). In fact the product was released in 1981 but hardly known to consumers, as it was available only at restaurants or through vending machines without much publicity. Then one of my colleagues, copywriter Takashi Ando, thought of making a voluntary proposal of newspaper advertising to Suntory. This was the dawn of a big project. He seemed to have sensed that it might sell well when he saw a leaflet of the product distributed to liquor stores.

Mr. Ando then asked me if I was willing to join him. I said on the spot, "Yes, absolutely," because I did not have much work to do at that time. Actually I thought it was a good chance for me to collaborate with Mr. Philip Kwok, a Hong Kong-based illustrator I'd been paying attention to. His works had a flavor of the Russian avant-garde and a certain kind of fashionable taste hardly found in Japan. So, I inserted a picture of the product, a can of oolong tea, into the hands of young people illustrated by him. Then I pasted Mr. Ando's copies "*Hyaku-en su yo* (It's Just one hundred Yen!)" and "*Tairiku no Aji ga Suru. Suntory Kan-iri Oolong Cha* (The Taste Reminds Us of the Continent – Suntory's Canned Oolong Tea)," and prepared a sample of a full-page newspaper ad. The staff of Suntory had a look at the proofs and said at once, "Excellent. Let's go ahead." Given the green light, we immediately arranged a meeting with Mr. Philip.

But the day before our departure to Hong Kong, the green light suddenly turned red. The staff of Suntory explained, "Oolong tea is effective for fat breakdown. Therefore, we'd like you to amend the contents of the ad, shifting the target from boys and girls to middle-aged people." So appeared the first newspaper ad of Suntory Oolong Tea featuring an image of *rou-taijin* (a wise old man in China) (**256**).

This ad project originally started from our voluntary suggestion, and I did not expect further opportunities to come, so I enjoyed designing this ad to my heart's content. In order to create an extravagant ad, I tried to make it as bizarre and eye-catching as possible, by making the *taijin* wear earrings as well as drawing a crow (oo) and a dragon (long) into his collar. The English spelling "oolong tea, " which I found very cool, led to a logotype like a car emblem. Also, a famous copy, that proved its long-lasting effect, was born – "*Oolong Cha wa Suntory, no Koto* (Oolong Tea? Suntory's is the Best!)" The elaborate picture by artist Akira Yokoyama, which is still so attractive, had an air of an antique Chinese folding screen of national treasure quality just as I had requested. Since then, this *taijin* has been affectionately called "*Oolong Cha Ojisan* (Mr. Oolong Tea)" and loved as the icon of Suntory Oolong Tea.

The Oolong Tea Project gets Underway

Good news arrived – the product began to sell well after the exposure of the newspaper ad. Then suddenly a possibility of creating a TV commercial surfaced. A Suntory commercial planned to be broadcast soon was given up due to some reason or other, and we were asked to immediately make a commercial for their Oolong Tea as a substitute that would go on the air only for a week. The day of the first broadcasting was only approximately 10 days away, and all we had was just one item – a drawing. Then I hit upon a solution. How about making *Oolong Cha Ojisan* give us a wink? With this simple idea it won't take long to produce an animation… "*Jinsei Heian no Koto, Tsuma e no Ai no Koto, Oolong Cha wa Suntory no Koto* (Desirable Things: A Peaceful Life, Love to Your Wife – And as for Oolong Tea, Suntory's is the Best!)" With this narration, the first commercial was completed.

After the exposure the product began to sell even better, which allowed us to make commercials for the next several years. We were so delighted at this unexpected development that we decided to invite *Ojisan*'s wife to join in the second year's commercial, and their only daughter as well in the third year's. In the fourth year, even a story hinting at the daughter's wedding was added. In this way, the project proceeded at the rate of one commercial per year in association with more newspaper ads, and this animation series continued for four years (**256–259**).

Meanwhile, Suntory Customer Center began to receive inquiries asking whether their Oolong Tea product was actually made in China, and the staff were required to explain the product background to each inquirer. It seemed that its authenticity given by the "Recommended by China Tea Import & Export Corporation, Fujian Branch Office" credit was not convincing enough for skeptical consumers, partly because of the very odd, unconventional commercial. We therefore decided to conclude the animation series and instead produce live-action series to be shot at tea plantations around Mt. Wuyi in Fujian Province.

Our First Visit to China

In this way, our team went to China for the Suntory Oolong Tea project in 1987. It was our first visit to China and we asked a film production company called China Film Co-production Corporation to cooperate in shooting on location. Mt. Wuyi, our destination, was rather remote. We traveled from Osaka to Shanghai by air, where we changed planes for Fuzhou. Then we took a four-hour ride on train to Nanping, followed by another four-hour ride on bus, and we finally arrived at our local accommodation.

I love the time spent in vehicles. Therefore, even a very hard time for other staff members was in fact a pleasant one for me. Also, it was fun to see various signs and billboards in the stations along the way. The Chinese way of using *kanji* is very different from ours. I found two *kanji* characters representing "men" (or "women") and "world (territory)" on the door of the respective toilets, which was impressive and rather convincing. Years later, when Mr. Ando wrote a copy including a phrase "*Sekai Danjo* (World, Men and Women),", it felt not very Japanese but magnificent and grandiose to me, and I suspect this was because I had been influenced by that experience in China. Anyway, during my first stay in that country, I was curious about everything I saw and made copious notes.

This overseas filming trip was totally different from all others I had experienced before, and the shooting turned out to be far tougher than expected. We left the hotel early in the morning and went to a shabby wharf by bus. There all of us got on rafts, carrying filming equipment with us, and went up a snaky river called Jiuquxi (Nine-Bend River). On both sides of the river rose rocky mountains that reminded us of suiboku-ga (ink and wash painting). It was a true spectacle, and we felt as if we were on another planet.

Thus it took several hours just to reach the shooting spot – the tea plantations that looked stuck to those rocky mountains. There we were going to film tea picking girls under the direction of one of my colleagues, Mr. Michihisa Tomizawa. The two main characters were models selected in Beijing, but others were real workers. After the meeting we summoned the cast for shooting, but were flabbergasted to find most of them wearing earrings, a necklace and even elaborate makeup. So, we said, "Everybody, go take off your makeup and come back!", and managed to film their usual appearance. Also, still photos for the poster and the newspaper ad were taken during the intervals of filming. The works by photographer Yasushi Handa were historic masterpieces, which might be worth being published in National Geographic magazine (**252–255**).

After each day's toil, we again took a ride by raft and bus and headed for the hotel. I was listening to music with a Walkman whenever I was traveling. On the long and bumpy road, my body often bounced up, while in town, our bus pushed its way through waves of people and bicycles, with the driver honking continuously. In those moments I happened to be listening to Boléro by Joseph-Maurice Ravel, which, combined with the landscape before my eyes, sounded like heartbeats of this land of China and its people. I secretly indulged myself in a dramatic mood.

Back in the hotel, a party was arranged for us every evening. It had not been very long since the restoration of diplomatic relations between Japan and China, and every evening we were invited to a party hosted by local VIPs. If you are served alcohol, you have to empty your glass in a gulp – that's the custom in China. And, as a famous local expression "eat anything except one's parents and desks" indicates, the tables were occupied with delicacies such as snakes, frogs, duck feet, scorpions, etc. Days of too much drink and unfamiliar foods were tough for us Japanese, and the members became sick one by one. Indeed those were days of culture shock – or should I call it "enlightenment?"

Since then, I've been to China dozens of times, but have never tired of the country. While staying in China, I'm filled with a strong feeling that I'm alive. Mt. Wuyi is now included in the World Heritage List, but I miss the days of my first visit, when even transportation by air was not yet available.

From Tea Plantations to Shanghai

The next year of the shooting in the plantations around Mt. Wuyi, we filmed girls sorting tea leaves in a tea factory in Anxi. When shooting on location in Fujian Province in China began going along the right lines, however, the 1989 Tiananmen Square Incident happened. The aftermath caused refugee problems in Japan and considerably damaged the image of Fujian Province. Therefore, we were forced to halt broadcasting TV commercials for a year. It was this background of the times that led us to film prospective ballet dancers of Shanghai Dance School and fledging performers of the China National Peking Opera Company in 1990.

The dance school is a boarding school. Elementary and junior/senior high school students live there together, out of whom we selected some as models. Of course this was the very first time for them to be filmed, not to mention to appear on TV. Initially all the models were shy and timid, but day by day they became increasingly beautiful, even divinely so, as the filming proceeded. I still remember each one of them with affection when I see the sketches of them that I drew during breaks. "*Kofuku wa Karada no Oku ni Aru* (Happiness Lies Deep Inside Your Body)" and "*Mirai wa Karada no Oku ni Aru* (Future Lies Deep Inside Your Body)" – I love these two copies written by Mr. Ando for that year's ad. Indeed, one of the models, Tan Yuanyuan, who was only fourteen at that time, has become a world-famous ballet dancer. Yan Qinggu is in full bloom as a Peking opera star, particularly known for playing Sun Wukong (The Monkey King). I'm delighted to hear about them, feeling proud as if they were my relatives.

Songs and Oolong Tea

These ads might have worked well, and oolong tea gradually spread into households in Japan. Other companies began to release competitive products, and we were required to add some kind of improvement to our commercials.

So, in 1992 we created a commercial, in which a Chinese couple sang a Chinese version of *Itsu demo Yume wo* (Have a Dream Anytime), a duet song originally sung by singer Yukio Hashi and actress Sayuri Yoshinaga. Initially we imagined a scene in the fields of a peasant couple singing a song composed by Stephen Foster. The staff of Suntory rejected this suggestion, however, and requested "something with a stronger impact." I still persisted in the duet version and thought, "Well, then, I'll replace the song with the greatest duet song, *Itsu demo Yume wo*!" Somehow, this rather easy option was accepted by Suntory, and this unexpected development made me a bit uneasy. But I tried to convince myself that everything should be OK, and headed for the shooting location, Guilin. The parts of husband and wife were given to a player of China's national volleyball team and a fashion model from Shenzhen, and the filming started. Unfortunately, a presentiment often comes true. When they began to sing the song in Chinese, it sounded too bizarre to listen to. "Ah, maybe I made a fatal mistake. We are done for – it's the end of our Oolong Tea project!" And indeed, the completed commercial was booed at the premier screening held at Suntory.

Life is unpredictable, though. As a matter of fact, this commercial eventually became a hit, and the song in Chinese fascinated children all over Japan. Of course parents were familiar with this famous song, so they enjoyed singing it with their children. Spurred by this phenomenon, the product spread through households in Japan, while the oolong tea market was boosted.

This success was followed by the adoption of various types of tunes with catchy melodies that any Japanese would be able to sing. *Kekkon Shiyo Yo* (Let's Get Married) by singer-songwriter Takuro Yoshida, *Haru Ichiban* (The First Gale in Spring), *Shochu Omimai Moshi Agemasu* (Midsummer Greetings) and *Hohoemi Gaeshi* (Return of a Smile) by pop group Candies, an animation theme song *Tetsuwan Atom* (Astro Boy), *Like a Virgin* by Madonna and *The Trout Quintet* by Schubert…. Most tunes were arranged by Mr. Toshio Nakagawa, a contemporary musician. His work was terrific and his melodies made me feel as if I were a fish gently swimming in water. I had been too embarrassed to confess that I had always been a pop-song lover, but in fact the collaboration with him was one of my happiest experiences.

I was once given a lift in a mini pick-up truck along a mountain path to the airport at midnight, when I had to return to Japan, leaving the other members behind. The Chinese driver and I were alone in the truck, but unable to verbally communicate, we were just giving meaningless grins at each other. Then, I suddenly remembered I coincidentally had a cassette tape of Teresa Teng's songs with me, and asked the driver to play it on the car stereo. Perhaps it took almost three hours to arrive at the airport, but the time flew while we were singing together. Songs and music – they are the indispensable foundation supporting our Oolong Tea Project.

A Little Masterpiece

Beside these main ads, we were also assigned the task of creating ads for special events such as promotional campaigns. Many of the premiums and incentives given to customers were music-related commodities, and I particularly enjoyed creating the "iPod nano PRESENT" campaign commercial. This was an animation of Sun Wukong (The Monkey King) as well as his master, the monk Xuanzang, dancing to a Japanese pop duo Pink Lady's super hit, *Pepper Keibu* (Inspector Pepper), according to its original choreography (**210·211**). These characters were created, based on a cartoon by Zhang Guang Yu, the Chinese counterpart of Japan's greatest cartoonist Osamu Tezuka. In the making of this animation, we asked choreographer Ayako Takeuchi to train two dancers under the supervision of the late Mr. Hajime Doi, the original choreographer of the song, and filmed the dancers actually dancing in the attire of Sun Wukong and Xuanzang respectively. Their dance was so charming that it almost convinced me that this live-action version would be successful enough by itself. We then edited the film, animated the scenes frame by frame and made some modifications to the details. A person who watched the completed commercial paid me the ultimate compliment, saying, "It reminded me of an old animation *Hakuja Den* (The Tale Of The White Serpent, the first color animation feature film produced in Japan) created by Toei Doga." To me, this commercial was a small masterpiece of just fifteen seconds.

Everyday is a New Year's Day

Meanwhile, blended teas and Japanese green teas entered the non-sugar beverage market, and our task became more demanding. Year by year we received different requests from Suntory – "This year, our target is housewives," "This time we want a cheerful ad appealing to young people," "Why don't we create a health-oriented ad?" etc, etc. So, every year we offered ideas in accordance with their requests. Commercials were being made more frequently than before, at the rate of three or four per year, which required the annual coordination of the contents of stories. Each "story" was not really a story, though. We just imagined a scene to symbolize each season as if we were creating a graphic work, and added some little narrative before and after the scene – and that was it.

Our Oolong Tea project has taught me an important lesson. A story will be born in any scene where the presence of people and their sentiments are merging into the landscape. The sight of a girl staring at the horizon, viewed from behind, can be integrated into the landscape very naturally, simply because she is not a TV personality or a star but an ordinary person striving to live in that country.

If the world is divided into "happy" and "unhappy" situations, our commercials may be depicting "just a little bit happy" scenes. A little happiness is truly appreciated when it is accompanied by loneliness and sorrow. Therefore, when the main character shows faint signs of a smile around her/his eyes or the corners of her/his mouth, it just makes the audience happy as well.

There are unforgettable words of advice, given by photographer Yoshihiko Ueda to a model, who played the mother's role in the "washing" version in 1998 (**221**). "Although washing is a daily routine, today's washing must be different from yesterday's, and it is exclusively for today. So, please do your best and wash with all your heart." I was there, listening to his words, and felt a tug on my heartstrings. Time never stands still. You will never have this moment twice.

In the process of this Oolong Tea project, we had not a few occasions of shooting in the light of dawn. We left the hotel at midnight for the location site, turned on a flashlight and set the camera on standby, waiting for dawn. After a while, in the dim light before dawn, we found many people already at work. Yes, there were earlier birds than us, and each one of them was working very hard, just to perform the task of the day. Eventually the sun slowly began to color the sky pink, and I could not find a word but "solemn" to describe such a scene. I thought to myself, "Everyday is a New Year's Day."

When completing a certain stage of work, Chinese people often show appreciation for each other's effort, saying, "Xin ku le." It is one of those simple greetings, possibly translated into "You have worked hard," but I like it very much because I can sense it contains the joy of labor. I treasure the moment of exchanging this greeting with all the other staff members – a supreme moment indeed.

United Arrows and Artist Gianluigi Toccafondo

The encounter with an Italian artist Gianluigi Toccafondo was an epoch for me. It was through Ms. Masako Ota, his friend and manager who was living in Milan, that I came to know him. When he held his first exhibition in Tokyo in 1995, Ms. Ota came to see me with his works. She said that one of her friends, who was living in Japan, had assured her that I would definitely like his style, and indeed, I fell in love with his works at first sight. His easy-going, unrestricted touch and colors reminded me of openness and nostalgia, which were characteristic of the Italians, and I thought, "I'll never forget this great artist."

The next year, thanks to stylist Koichiro Yamamoto's recommendation, I was asked by United Arrows to create ads for them. They said they were going to put out a corporate ad to celebrate the company's tenth anniversary, and immediately the works by Mr. Toccafondo flashed across my mind.

As presentation material, I drew some sketches like single-frame cartoons, imagining I was Mr. Toccafondo. And in addition, I submitted a sheet of paper, which carried a copy "*United Arrows ga Motarasu Uki-uki* (Euphoria Brought by United Arrows)" written in large letters, together with Mr. Toccafondo's portfolio. "OK, let's go ahead" was the response. My plan was adopted on the spot.

So, accompanied by Mr. Yamamoto, I visited the atelier of Mr. Toccafondo in Milan to see him for the first time, and we soon struck up a very close relationship after a very short discussion about the project. Well, being weak, unsophisticated and pitiable – that's the human condition, and it is in fact charming. This is also true for other animals. Let's express those feelings in our work…. Exchanging such aspirations, the three of us were in a buoyant mood.

In this way, the project, which started with graphic works, eventually developed to include commercial films as well. After a meeting, Mr. Toccafondo created hundreds of illustrations, while secluded in his atelier for several months in order to concentrate on our first commercial project. We then met again in Milan and edited his illustrations with his colleagues in an industrious, lively mood. Their performance was quick and neat, and I was surprised to find that the illustrations, which had consumed a very long time in preparation, could be edited in such a short time. And the completed work was stunning (**280·281**).

We need some words for this animation, I thought. And I knew by intuition that I should leave the task to copywriter Hiroshi Ichikura. "*Cocoloni ùtao* (Hold a Song in Your Heart)," and "*Caradani àio* (Hold Love in Your Body)" – these copies, Mr. Ichikura's specialty, might have sounded like Italian when narrated, but as a matter of fact, they were Japanese with a somewhat Italian accent. I then asked Mr. Toshio Nakagawa, my partner in the Oolong Tea project, to compose an original tune. I cannot forget the comment that Mr. Hirofumi Kurino, Creative Officer of United Arrows, gave on the tune. He listened to this music and said, "Even if one day you make a failure of your life and lose everything, once you listen to this, you'll feel easy and think 'I don't care, anyway' – isn't this such a tune?" Well, he was right. I do think this is a masterpiece (**285**).

Through the collaboration with Mr. Toccafondo, I confirmed that the difference of language or occupation did not restrict the possibility of our artistic expression in any way, and that one's own formative environment was not the only dominant element in the formation of one's aesthetic sense.

Actually, although I cannot have verbal communication with Mr. Toccafondo, we sometimes burst out laughing while exchanging ideas through body language. I guess this is because we are of the same species of animal called human being.

About Photographs

Beginning from "*Anata ga Kureta Mono* (What You Have Given Me)" 1982 (**442**), I continued to create ads for Suntory whisky summer and winter gifts for almost 10 years. In those days I had just begun to receive recognition and to be entrusted with rather big projects, so I was considerably nervous and determined not to fail. At that time most of the ads for seasonal gifts were very old-fashioned, even archaic, featuring some TV personality or actor smiling with a luxurious gift in his/her hands. Therefore, I thought this might be a good opportunity to do an impressive work.

Particularly, the version "I Love You" (**438–441**) and the following version "Whisky *wo Arigato* (Thank You for the Whisky)" (**436·437**) marked the turning point of my career. Until then, I had often thought about the "form" in photos, but had not really been conscious of the "tone." The two works drastically changed my appreciation of photos and attitude toward them.

The photos for "I Love You" were shot by photographer Masaya Suga. Although totally unrecognizable, in the backgrounds of the old man's hat and the woman's hat are Tokyo Station and the Hikawa-maru docked at Yokohama Port, respectively. We selected these sites just for their peculiar colors and tones, after having searched as many locations as possible. From the moment Mr. Suga first saw my sketches, he had insisted, "I have to choose the right tone for these. This time the success of my photos depends on nothing but the light conditions." According to him, the most desirable was rather soft, slightly slanting light of around just past three in the afternoon, which was called "one *para*" by Japanese photographers because it looked like the light shed by the sun covered with one sheet of paraffin paper. Fortunately, we were blessed with ideal weather conditions for both locations. All I did was to inform Mr. Suga of the planned composition of the photos, and all the rest was up to him. I was not yet sure, as a matter of fact, how the result would turn out. It is when I saw the developed positives projected onto a big screen that I was overwhelmed by the effect of light. In those photos, I was able to sense an atmosphere of the season, nostalgic feelings, and other various things beyond description.

On the other hand, the photo for "Whisky *wo Arigato*" was shot at the Ashinoko lakeside by photographer Tamotsu Fujii. My idea was simply putting two glasses on a table and implying a reunion of two old friends, and I tried, unsuccessfully, to find a villa with a fireplace around the Ashinoko Lake resort. Then, Mr. Fujii put glasses on the handrail on the terrace of our accommodation, pressed the shutter button of his Polaroid camera and showed me the film, saying, "Isn't this (i.e. shooting outdoors) better?" Indeed, the glasses looked more stylish and artistic, which led to a quick decision to forget shooting indoors. On the day of our photo session, I set a marble top table at the lakeside, put two glasses on it, and repeatedly arranged the size of melting ice as well as the quantity of whisky left in the glasses while shooting. The session generally proceeded as planned, and we were expecting that the finished photo should include beautiful mountains in the background just like *suiboku-ga*. Suddenly, however, a mist appeared over the lakeside and quickly shrouded the background. Soon the sun set, and in the end there was no option but to photograph with a long exposure, adjusting the focus using a flashlight in the dark. It was hard to guess what Mr. Fujii was thinking, but I was secretly disappointed, believing that this would be a failure. However, two days later, when the last shot was projected onto a big screen, we discovered another, totally unimaginable world unfolded before our eyes. It was totally unlike any of the photos of whisky on the rocks I had seen before, and I felt it had captured some sort of "far" existence.

Mr. Suga often mentioned "*yawaraka* (congenial, harmonious)," while Mr. Fujii's favorite expression was "wet" or "*shimeri-ke* (dampness)." What they had in common was an attitude of simply photographing "things just staying there," and they seldom tried to add detailed rendering. I was deeply impressed and wondered if photography was not the art of shooting but of viewing.

Monochrome

I like photos that make me curious, "Who shot these, and when?" Therefore, when I collaborated with photographer Yasushi Handa for Suntory whisky ads featuring a young man flying through the sky, I told Mr. Handa that I wanted photos "of an antique atmosphere, as if they were discovered in the back of oshiire (futon closet), with the photographer unknown" (**432·433**). The photos for the "*Sashiageta no wa Jikan Desu* (What I Gave You is Nothing but Time)" version were also taken by Mr. Handa (**425**), and this time, I asked one of the models, actor Kaoru Kobayashi, to pose rather humbly but formally, just like the Japanese did in the past. I remember quite well that I suggested that we should aspire to express a scene of "a momentary happiness between wars."

Perhaps this image has its source in my childhood memories of old photos. I used to be a boy who loved to see family albums even at my relatives'. Somehow, I would gaze intently at the old photos, although I had no idea about their subjects and photographers. Even now I feel overwhelmed when I watch documentary films like *NHK Special: The Twentieth Century in Moving Images*, though I personally have nothing to do with the contents. I think I'm fascinated with the beauty of monochrome images, definitely. To me, whether they are about families or about history, all documentary photos are wonderful as they are.

I cannot tell if it's a similar phenomenon or not, but I find designs and photos from around 1930's very appealing. That was an exciting era, when design reached its peak not only in Japan but also in the rest of the world. Representing that period are Man Ray, Aleksander Mikhailovich Rodchenko, as well as Japanese photographers including Iwata Nakayama and Kozo Nojima. Also, the works by photographer and poet Katsue Kitazono were impressive. All of those creations shared romantic and ascending feelings and a flavor of decadence. To me, the works of that era look far more futuristic than those of the present.

Photographers

The first collaboration with a photographer is always a fresh and interesting experience. When I was designated as the cover designer for a magazine *Sendenkaigi*, I decided to work with photographer Saori Tsuji (**150·151**). Although I had once used her flower photos to advertise United Arrows' "green label relaxing" (**290·291**), this was the very first opportunity for us to practically work together. As for film director Hirokazu Koreeda, he himself has selected photographers for most of his film posters, for example, Mr. Shingo Wakagi for *Distance* (**123**), Ms. Rinko Kawauchi for *Dare mo Shiranai* (*Nobody Knows*) (**118–121**) and Mr. Kenshu Shintsubo for *Aruite mo Aruite mo* (*Still Walking*) (**113–115**). Each of them had her/his own style in the selection of subjects and in the process of a shooting session. Moreover, often their choice of finished photos was slightly different from mine. Sometimes their selection seemed off the mark to me, but maybe it was me who had missed the mark, which was rather amusing.

I am grateful to each of the photographers, for they indicated to me the destination to reach just by showing a photo – the product of their creative efforts. And when I was still undecided, their works encouraged me to go ahead. Photographer Kazumi Kurigami once said, "Life is a battle with gravity." Someday we all return to dust by the power of gravity, but we must keep moving as long as we are alive…. "To express something" means an act of resistance, for which I suffer all the time – or, at least for ninety percent of my time. However, I forget this suffering, as soon as I have finally obtained a satisfying shot. I suppose that's what keeps me going.

About Illustrations

If it is for photos, I can practically collaborate with photographers, but this is not the case for illustrations. I fully realized this when I worked for the Sony transceiver project. The ads were a magnificent series of imaginary illustrations featuring historical adventures. I visited Mr. Noriyoshi Orai, an esteemed illustrator who was then living in Miyazaki Prefecture, Kyushu, and asked him to create one of the illustrations – the disaster of Shackleton's Imperial Trans-Antarctic Expedition. Mr. Orai was originally known for his ad illustrations for books including writer Seicho Matsumoto's novels, and also for his pointillism portraits of old Chinese heroes, Xiang Yu and Liu Bang. And at that time, he was attracting more people with his wild and spectacular touch, which was particularly apparent in the Star Wars and other posters. Unfortunately, however, the completed illustration for our project didn't match my image, so I once again flew to Miyazaki to see him at his atelier. I don't remember what I actually said to him, but his answer is unforgettable. "I guess you made a wrong choice. You shouldn't have assigned me this task." He then invited me to spend the night at his house, adding, "Anyway, you have come all the way to see me…." Several days later I received his new illustration, and the poster was duly finished (**392·393**). In retrospect, I cannot believe how I was able to be so rude to him. Now I would accept the first illustration and even enjoy that unexpected situation, but I was too young and thoughtless then, just persisting in my selfish resolution. I still remember Mr. Orai's sad face. This experience brought a change to my attitude – As long as I entrust illustrators with tasks, I should treat the submitted illustrations as if they are my own, because they are nothing but the manifestation of my fully explained intentions.

Overcoming My Weak Point – Colors

Talking about illustrations, I had another unforgettable encounter. Mr. Masayoshi Nakajo is a highly renowned graphic designer of an elevated status, but when I dared to ask him to design ad characters for Saison Life Insurance, he said he would happy to do it (**316·317**). Although I told him that just a few characters would be enough, he sent me dozens by fax, kindly asking, "Are they all right?", "Good enough?" or saying, "I'm sorry I can't tell if they are worth using or not." Actually every single illustration gave me nothing to complain about, and I wondered how come such a talented man was so modest. What amazed me most was his imagination – a fountain of numerous ideas.

In fact, the encounter with Mr. Nakajo brought a dramatic change to me. His works gave me the breakthrough to overcome my weakest point, that is, handling colors. I found a photo featured in *Hanatsubaki*, a cultural magazine published by Shiseido, and was charmed by his art direction. A mannequin in crimson on a yellow-green background – it was too beautiful for words. This combination of colors was impossible for me, who had always chosen safer ways. I would have combined yellow-green with similar types of colors such as yellow, green or blue. After this experience, however, I began to use complementary colors together, for example, putting red on a blue background, without hesitation.

I remember a very impressive scene. I was walking around a rather shabby, dusty town, while on location hunting in Guilin for the Suntory Oolong Tea project. Standing in front of a dirty wall painted in salmon pink was a woman in a khaki Mao suit (Zhongshan suit) with a soft, vivid-pink scarf showing from the open collar. The color composition was so beautiful, and the angle and texture of pouring light also contributed to the energy of those colors. So, having become conscious of feelings brought on by such experiences, at last I began to appreciate things before my eyes not only through their shapes but also through their colors. I was already in my 40's.

My father once tried to persuade me to give up my desire to be a designer, saying, "As our senses gradually deteriorate, you won't be able to continue designing when you are no longer young." I had been afraid that his words might be true, but now, on the contrary, I think that certain things become more and more noticeable as I get older. Whether for appreciation of colors or shapes, or of illustrations or photos, I feel I have keener senses than before.

My First Days at Sun-Ad

I was yet green when I started to work for Sun-Ad, and persisting in my own style was the last thing I was allowed to do. I was just struggling to enhance my design ability at least to the acceptable professional level as soon as possible, so that I would be able to declare in a dignified manner, "I'm Kasai, working for Sun-Ad." A then Managing Director, the late Mr. Shohei Shinada, (Co-Founder of Sun-Ad; President 1990–1997) took good care of a fledgling like me. He was an erudite man who loved to drink, and although being a sales manager, he always proposed creative plans rich in literary ideas to Suntory. "*Yamaguchi Hitomi Chokugen* Series (A Series of Outspoken Advice by Writer Hitomi Yamaguchi)," an ad series for young people just coming of age or starting to work, was created based on one of Mr. Shinada's ideas, and I joined the project team as designer (**450·451**). "Whisky *wa Shojo-saku ni Mukatte Seijuku Suru*" – this copy, created by Mr. Shinada for the first of the newspaper ad series "Suntory Whisky Saga," seems to be a parody of a critic's expression "*Shosetsu-ka wa Shojo-saku ni Mukatte Seijuku Suru* (literally translated into "A Writer Matures Towards His Maiden Work," and possibly interpreted as "The First is the Best") (**452**)." Now I understand its profound meaning. When my exhibition "KASAI Kaoru 1968" (**045**) was held at Creation Gallery G8 and Guardian Garden in 2007, I displayed an album I had made myself in my senior high school days. Out of old lettering works, "*Tokyo Kokusai Kuko* (Tokyo International Airport)" and "*Byodo-in Ho-o-do* (The Phoenix Hall, Equality Temple)" (**491·492**) won acclaim of art director Tsuguya Inoue. He smiled and said half-jokingly to me, "Particularly *Tokyo Kokusai Kuko* is terrific. You have not yet created anything better than that, have you?" Well, then, that is my "maiden work," I guess.

Copywriter Takashi Nakahata had joined Sun-Ad a year before I became a new member of the company. He persuaded art director Susumu Sakane, then President, that I should belong to a new team he was launching in 1978. Since then, driven by the passion of Mr. Nakahata, who was full of youthful vigor and self-confidence, I continued to work for several years on the projects for Sony, Suntory, Maruni Wood Industry, etc.

I feel some nostalgia about the Suntory *Juhyo* project. *Juhyo*, which means "trees covered with ice," was classified as "mild vodka", so we believed we should find a shooting location in North Europe, Finland, the mecca of vodka. The theme of the TV commercial was already decided to be a sort of "runaway lovers" – a young couple on a reindeer sled, traveling on a frozen lake. But I was still struggling to hit upon a nice idea for the graphic designs. We have come all the way from Japan, so we must make it clear that the photos were shot in Finland, I thought. All what lay before our eyes, however, were woods covered with white snow. I was wondering what kind of photos I should ask photographer Minsei Tominaga to take, when Mr. Nakahata said, "Undecided? Then, just shoot close-up photos of the subject's face!"

Early one morning, in accordance with his advice, we took super-close-up photos of the face of a Norwegian model, in the severe cold of twenty degrees below zero centigrade. Because of the numbness and the possibility of damaging films due to the temperature, the session was over too soon, but I had to make a compromise although I was a bit worried about the results. However, when compared with other types of photos back in Tokyo, one super-close-up photo showed decided superiority. Ice-cold cheeks and fox eyes – the freezing cold was showing all over her face, particularly around her eyes and mouth. It proved that people were able to make landscapes – or "humanscapes" – and I still find this photo so fascinating (**446·447**).

My Respectable Guides

In the early 1970's, when I was working for Ohtani Design, I found an attractive ad placed in the lower part of the radio and TV programme page in a newspaper's evening edition. It was a serial ad for "*Tsu no* Whisky (Whisky for True Whisky Lovers)," Suntory White. The picture of the whisky bottle was accompanied by a scene or object adding poetic charm to each season as well as a witty catchphrase, and I never forgot to read through the body copy. I found it very chic, and felt that another, comfortable world, where time would pass much slower, unfolded on the whole page.

Sun-Ad had created such admirable ads for mature consumers, and that's the very reason why I wanted to join the company. The ad series for Suntory White was a collaboration between copywriter Yoshiya Nishimura and art director Shohei Kojima. Unfortunately for me, when I became a new member of Sun-Ad, Mr. Nishimura was about to become a freelancer soon, while Mr. Kojima had already left the company.

Recently I heard from Mr. Nishimura that the ad series had been realized by a voluntary proposal of Mr. Kojima, who had asked Mr. Nishimura to join in. Judging from their current age, they must have been in their 20's, and it's simply amazing how come such young men could have created those ads with very mature taste.

From the beginning, I didn't like ads whose subject products were difficult to tell at a glance, and I was determined not to follow those examples. Whenever I found an ad in which the product or the logotype was designed extremely small and located in a corner, I would complain, "It looks as if they don't want to advertise – far worse than not advertising at all." My ideal models were the above-mentioned ads for Suntory White, as well as the ads for Woolmark. The Woolmark ads, whose structures were very logical and fully calculated, were a collaboration between Mr. Nishimura and Mr. Shobun Nakashima. In particular, the design around words, the symbol and the logotype was finely finished, which effectively enhanced the attraction of the photos and copies. Art director Katsumi Asaba once told me, "Aren't these a bit like those Woolmark ads?", commenting on my works for Sony's ad series: "*Kangae te Ii-Koto Datta ra Tsukutte Shimau* (If We Think Over a Thing and Determine It's Good, We'll Create It)." He was absolutely right, because I had apparently been influenced by those Woolmark ads (**384·385**).

I admired Mr. Asaba's works for Q.P. Corporation and Yamaha, created while he was a member of Light Publicity, as well as art director Gan Hosoya's work for the ad "*Tada Hitokoto Moshi Agemasu. Pioneer no Rajio Desu* (Let Me Send You a Simple Massage. This is a Pioneer Radio)." You can see the strong influence of their beautiful compositions and layouts in any work I created when I was young.

What Messrs. Nakajima, Asaba and Hosoya shared was the passion for typography. They paid more attention to words than anybody else did, and built a relationship of words and pictures activating and enhancing each other. I concede that I'm inevitably attracted to the works created by people whose typography is always beautiful.

Days at Ohtani Design

I entered Ohtani Design at the age of twenty and continued to work there for three years. At that time new fonts of phototypesetting began to be developed, including Shaken's Typos, which was used in the text of a popular fashion magazine *an·an*. And the designer of its rival, Morisawa's OH68, was Mr. Shiro Ohtani, President of Ohtani Design. I was interested in this company, where the staff were partly engaged in the research of fonts, and decided to join it, hoping that I would be able to cultivate my own lettering skills further. However, I was ordered to join not the lettering team but the graphic design team, led by art director Yasuyoshi Iijima. In this way, I was assigned to design ads for the first time in my life.

Not a few members of the team were of my age, and Mr. Iijima was not really our boss but rather our teacher. He always kept his eyes upon our attitudes toward design in a severe manner, whether the finished designs were good enough or not. Most of the tasks were left to each designer's discretion, so we had to visit the client alone, discuss the task with the staff, set to work and submit the finished camera-ready copy, without any help of sales reps. And Mr. Iijima was always there, benignly watching each process of each designer. In retrospect, such a method was terribly ineffective and my works were too immature, but I believe that each experience was a very important step for me to reach my current status.

Mr. Iijima is also a photographer. Once in a while I receive photos of the Landscapes of River Mouth series – his lifework, to which he has devoted himself for decades – enclosed together with his essay, which unveils how he is getting along. In those essays I sometimes find a sentence that goes like "Today I saw Mr. Kasai's works at a gallery in Ginza, which assured me that he was keeping it up." Such a kindly, beloved teacher is the very first art director I encountered, and I regard it as a very fortunate experience for me, who was an utterly inexperienced young man.

Days At Bunka Printing Company

In 1968 I graduated from senior high school, moved to Tokyo and started to work for a printing company in Bunkyo Ward. As a member of the division preparing camera-ready copies, I was mainly engaged in designing ad leaflets for furniture stores, adding flamboyant titles to JIS B4 (364mm x 257mm) size leaflets packed with lots of furniture photos. Our team consisted of me and two colleagues who had joined the company earlier, and we were under constant pressure to meet our work quota of several camera-ready copies per day. This kind of experience, however, proved to be good training for improving my layout skills.

In the beginning I was nothing but an amateur in this field, however I was entrusted with those tasks right away because I had learned lettering through a correspondence course in my senior high school days. However busy I was, designing leaflet titles was always very enjoyable as it gave me an opportunity of utilizing what I had already learned. Leaflets are normally required to be as resplendent and eye-catching as possible, and the more elaborate the leaflets appeared, the more delighted the clients were. Thus I was encouraged to continue to develop new types of design.

I feel some nostalgia about the leaflet for Dai-shobun Kankin Sale (Clearance and Realization Sale, **487**), which became my first printed work. Used for the title of this ad was a traditional Japanese technique called Mizo-biki (groove-aided drawing). By holding a small brush and a glass stick – just like a pair of chopsticks – then placing the point of the stick in the long groove of a drafting ruler and sliding it along the groove, you can easily draw a smooth, straight line. You can even draw a curve by gradually increasing or decreasing the gap between the brush and the glass stick. In order to write Gothic letters, for example, you need to broaden each stroke-end for optical adjustments (Otherwise, stroke-ends look somewhat narrower). This method is called Kado-tate (highlighting stroke-ends), and such delicate curving can only be realized with Mizo-biki. As for the Golden Grand Sale ad (**486**), which still radiates innocent and youthful energy, I created my own style of font and used the reverse perspective for 3-D letters. All letters were written with Karasu-guchi (a ruling pen). It must have been considerably difficult to finish the double-outline letters with rounded edges (Kado-maru), so I rather flatter myself that I succeeded in such a tough task.

Also, I often designed ad titles in the Kantei-ryu font (a style originating from the Japanese Kabuki tradition over two centuries ago). In fact, I managed to do it in my own, somewhat amateurish way, just mimicking works by professional Kantei-ryu calligraphers. I loved the particularly gorgeous letters written by Kanisuke Takeshiba, to whom I even thought about apprenticing myself. At that time I was actually uneasy about my future yet to unfold. Can I earn a living in Tokyo somehow or other? Am I talented enough to be a full-fledged designer, anyway…? I convinced myself, however, that all would be well if I kept myself busy enhancing my practical skills. I believed that sooner or later I would be mature enough to be allowed to focus on design itself.

Asian Chaos of Letters

Well, why do I regard letters as my last resort? Maybe it's because my starting point was a correspondence course in calligraphy, where I repeated writing Ming type letters thousands of times. In such practice, you first draw lines to divide a square, then build a framework of a letter with curves and arrange the shape by fleshing out. You need to improve legibility by enhancing your physical senses and controlling writing pressure according to each part of the letter, in addition to the mechanical skills such as correction of errors and optical illusions. I also think my space perception and layout abilities have been benefited greatly through learning lettering. To me a letter looked rather like a building than a design, because it might collapse by only one mistake. I'd like to strongly recommend people who want to be a designer to undergo basic lettering training.

Letters typeset in Ming have beauty in their own forms. They are legible even if their thin horizontal lines disappear. Indeed, it is a great design in itself, so I dislike fonts whose horizontal lines were made bold for further legibility. On the other hand, letters typeset in Gothic feel mechanical and easy for eyes to follow at a steady speed. Most of the letters used by Internet and cell phone users are Gothic, and I suspect this is not only because they are simply easy to read but also because nowadays people tend to distance themselves from sentiment.

Since I was a little child, whenever I looked at types in a newspaper, I always felt that vertical typesetting of Ming was cool, while horizontal typesetting of Gothic was crude. However, I've become to use Gothic type on more occasions, while I was not aware of it. The Japanese language can be typeset vertically or horizontally. Moreover, it is the mixture of several kinds of letters – *kanji, hiragana, katakana* (*hiragana* and *katakana* are syllabaries peculiar to the Japanese writing system, derived from *kanji*) as well as the Arabic numerals. These are nightmarishly complicated conditions for typography, but I think this chaos, which is very Asian, is not necessarily bad, or rather attractive.

1968

When I was motivated to design ads for the first time, I discovered an expression in a book, "*Tokumeisei ni Oite Kokoku wa Naritatte Iru* (Advertising is only possible with anonymity)." At that time I was studying advertising by myself, and those were the first words written indelibly on my mind. Subsequently, I continued to work on ad design, thoughtful of the need to refrain from expressing my personal identity.

Meanwhile, I was inevitably attracted to words, pictures and sounds characteristic of each of my collaborators, which encouraged me to be more liberal in revealing my personality. It appears to me that, in the course of time, I became to know well the stranger in myself, and that this kind of experience led to the gradual establishment of my design style. I am truly grateful for all those lucky encounters in the past, which have surely contributed to my creativity, and if the expression based on my own identity can bring joy to other people, it will please me more than anything else. Whatever awaits me in the future, I'll endeavor to keep my mind as fresh and positive as it was in 1968.

Last, but by no means least, I would like to express my deepest gratitude to my editor, Ms. Keiko Kubota of ADP Company. She offered me the publication plan several years ago and has continuously encouraged me to realize it. The release of this illustrated book owes a great deal to her hard work.

Interviewer: Keiko Kubota
This text is based on the interviews conducted in the Sun-Ad meeting room on July 8, 10, 13 and 21, 2009.

advertising

姉さんは
よく食べる

なのに…ずるい

そのお茶は
サントリーウーロン茶

中性脂肪
に告ぐ

脂っこい料理がお好きな方々に、朗報！
ごはんと一緒に黒烏龍茶をお飲みくださると
脂肪吸収を抑えます。
そして食後の中性脂肪の上昇を抑えますので
中性脂肪が高めの紳士淑女には、大朗報！

その食事の脂肪吸収を抑える
特保サントリー黒烏龍茶、来たる

poster Suntory, 2006

水と生きる SUNTORY

きれいになりましょう

水と生きる SUNTORY

春

その食事の脂肪吸収を抑える
特保 サントリー黒烏龍茶、あけよ

食べよ、未来

春の中性脂肪

poster Suntory, 2007

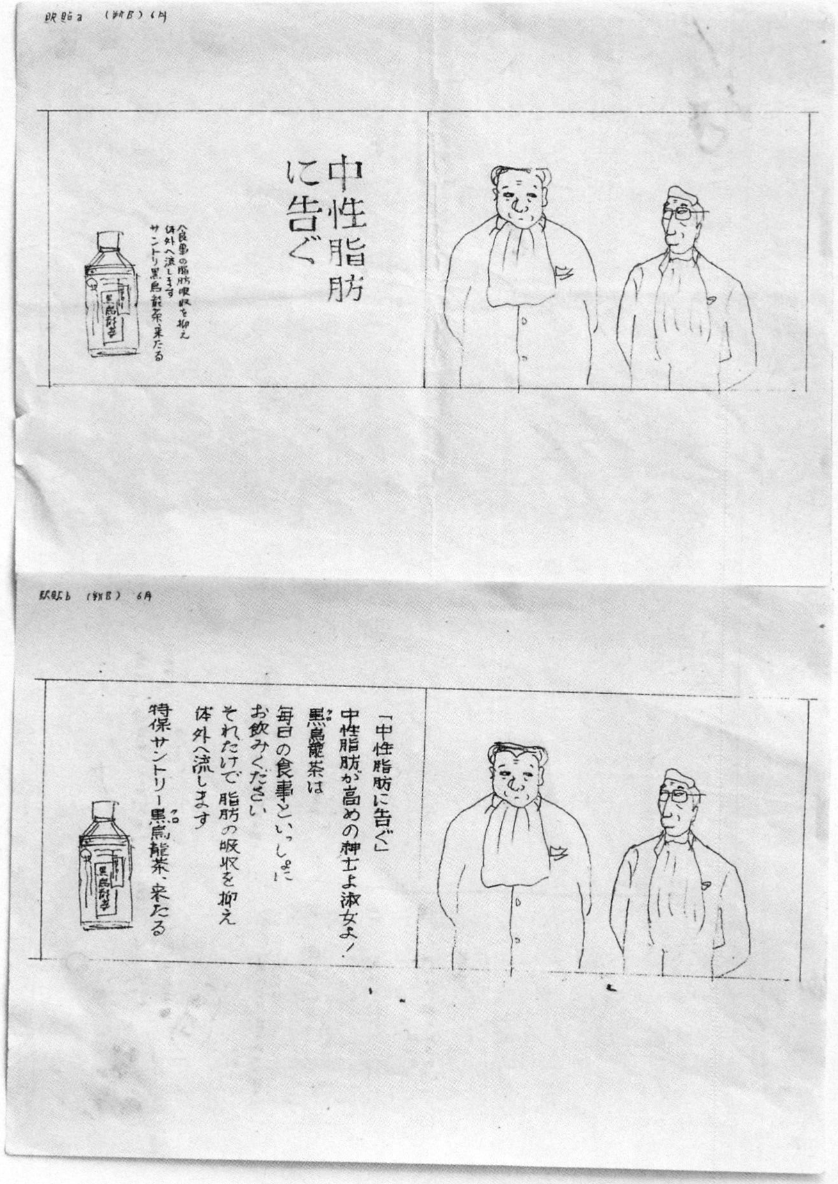
中性脂肪に告ぐ
食事の脂肪吸収を抑え
体外へ流します
サントリ黒烏龍茶、来たる
「中性脂肪に告ぐ」
中性脂肪が高めの紳士よ淑女よ！
黒烏龍茶は
毎日の食事といっしょに
お飲みください
それだけで脂肪の吸収を抑え
体外へ流します
特保サントリー黒烏龍茶、来たる

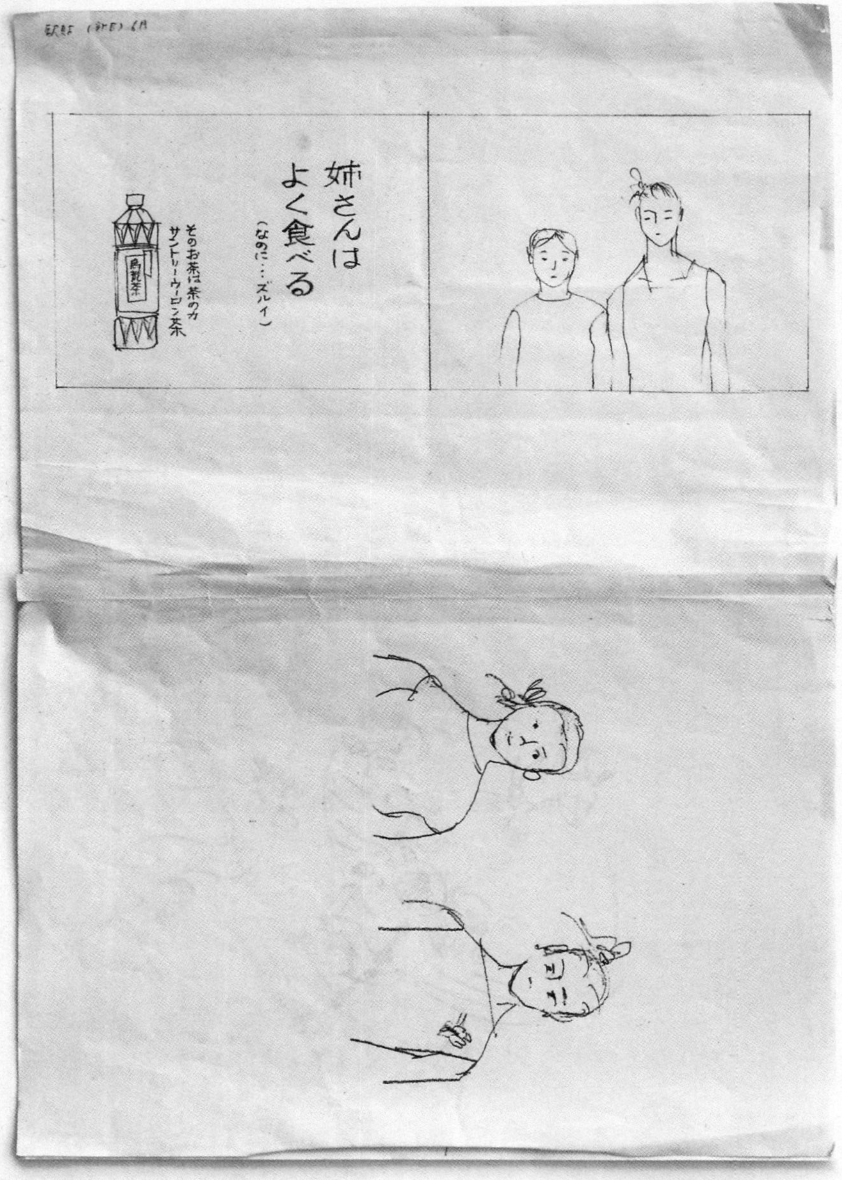
姉さんは
よく食べる
（なのに…ズルイ）
そのお茶は茶の力
サントリーウーロン茶

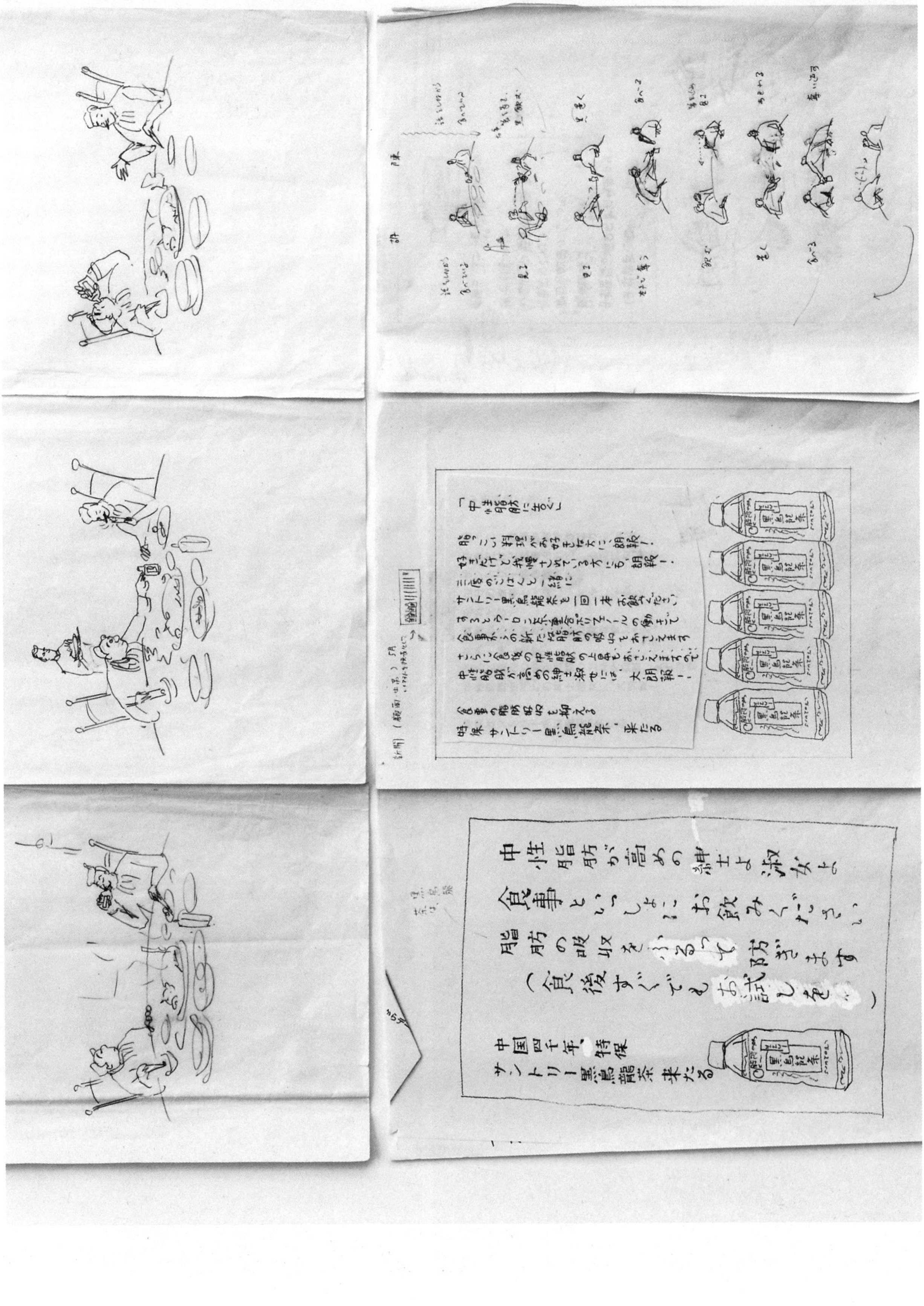
中性脂肪が高めの紳士淑女へ
食事といっしょにお飲みください
中国四千年、特保
サントリー黒烏龍茶 来たる

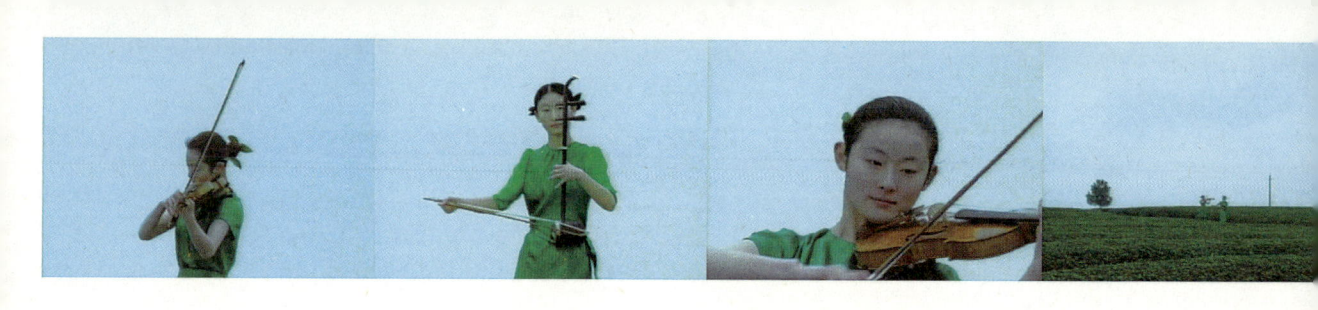

ウーロン茶ファンのみなさまへ

揺青
ヤオチン

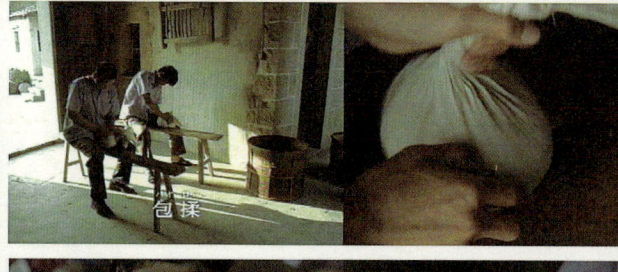

包揉
パオロウ

季節になると、
ウーロン茶づくりは、
茶摘みから
茶葉の選別まで、
続出で、一日で、一気につくりあげる。

季節になると、
ウーロン茶づくりは、
茶摘みから
茶葉の選別まで、
続出で、一日で、一気につくりあげる。
そのすべての工程で、
よい匂いがする。

やわらかいサントリーウーロン茶?

音韻調

晒青　晒青

炒青　揉捻

余香回味への 手間

季節になると、ウーロン茶づくりは、
のすべての工程で、いがする。

commercial film　Suntory, 2005

水と生きる SUNTORY
a! Suntory Oolong-cha
a! New Bottle
サントリー
烏龍茶
SUNTORY
a! New Bottle
製造・販売　サントリー株式会社　サントリーフーズ株式会社　http://suntory.jp/oolong/　のんだあとはリサイクル

magazine ad / commercial film Suntory, 2005

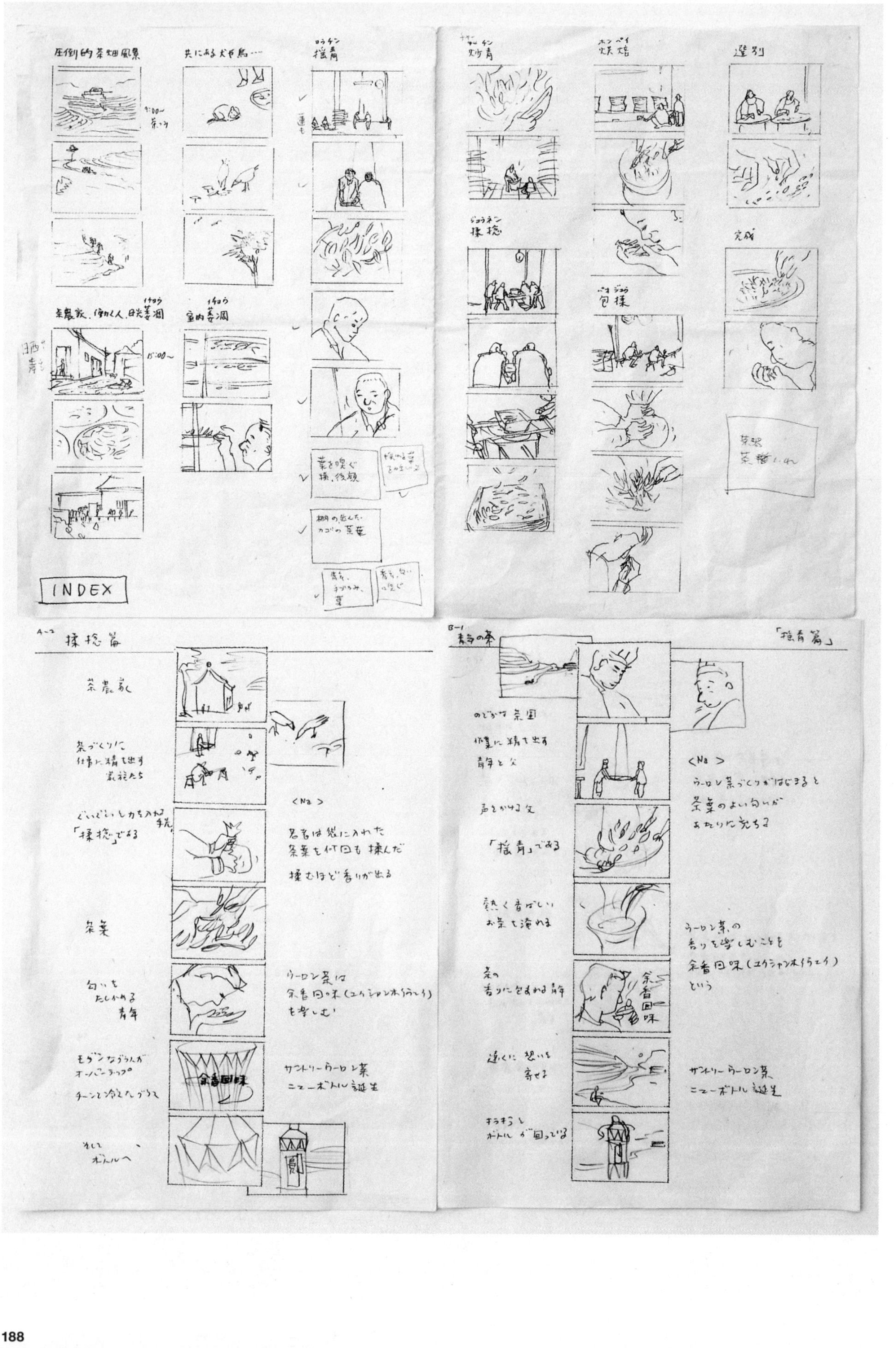
INDEX
揉捻篇
「揺青篇」
茶農家
<Na>
ウーロン茶は
余香回味(ユウシャンホイウェイ)
を楽しむ
茶葉
青年
「揉捻」である
「揺青」である
余香回味
サントリーウーロン茶
ニューボトル誕生
<Na>
ウーロン茶の
香りを楽しむことを
余香回味(ユウシャンホイウェイ)
という
サントリーウーロン茶
ニューボトル誕生

sketch Suntory, 2004·2005

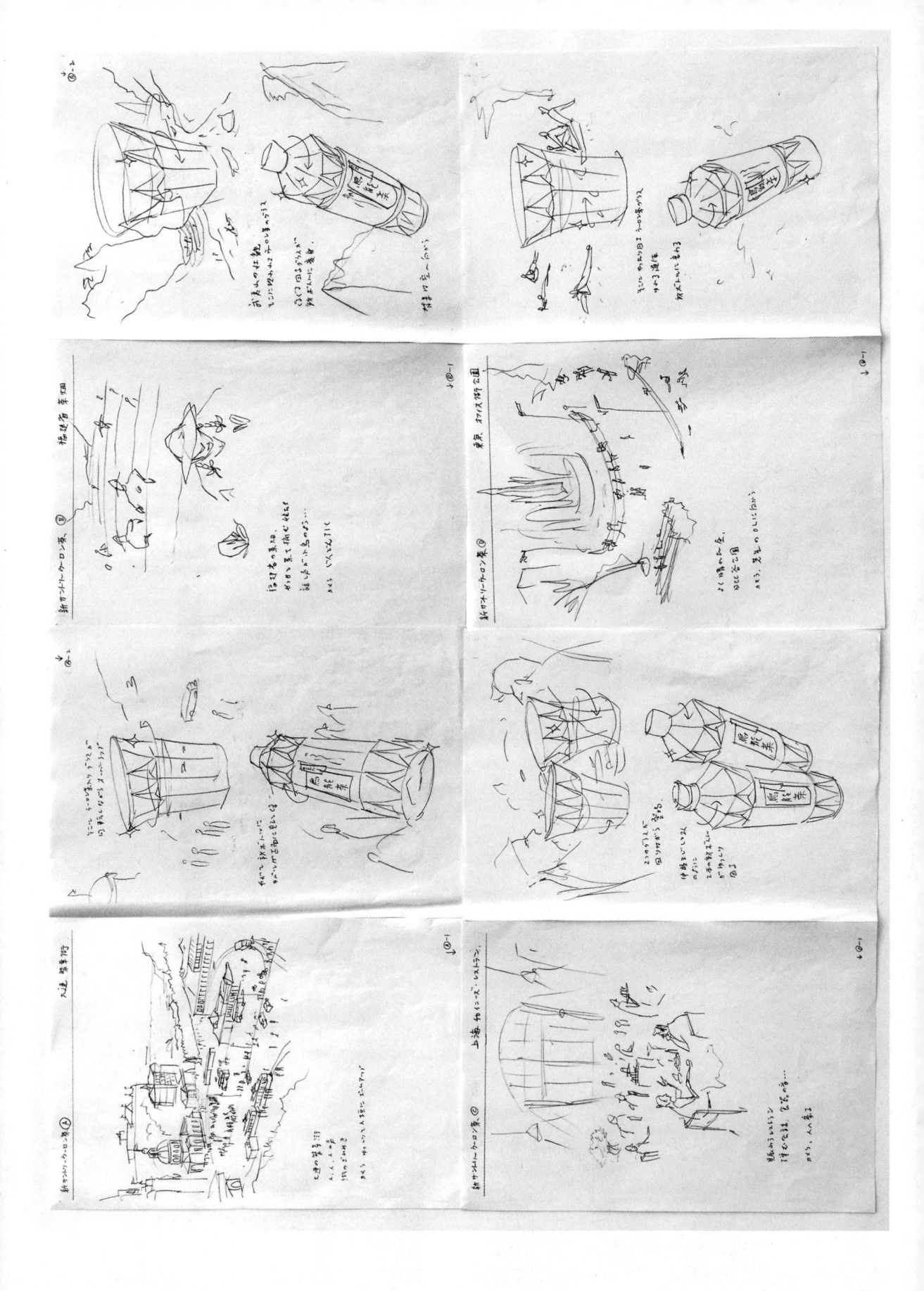

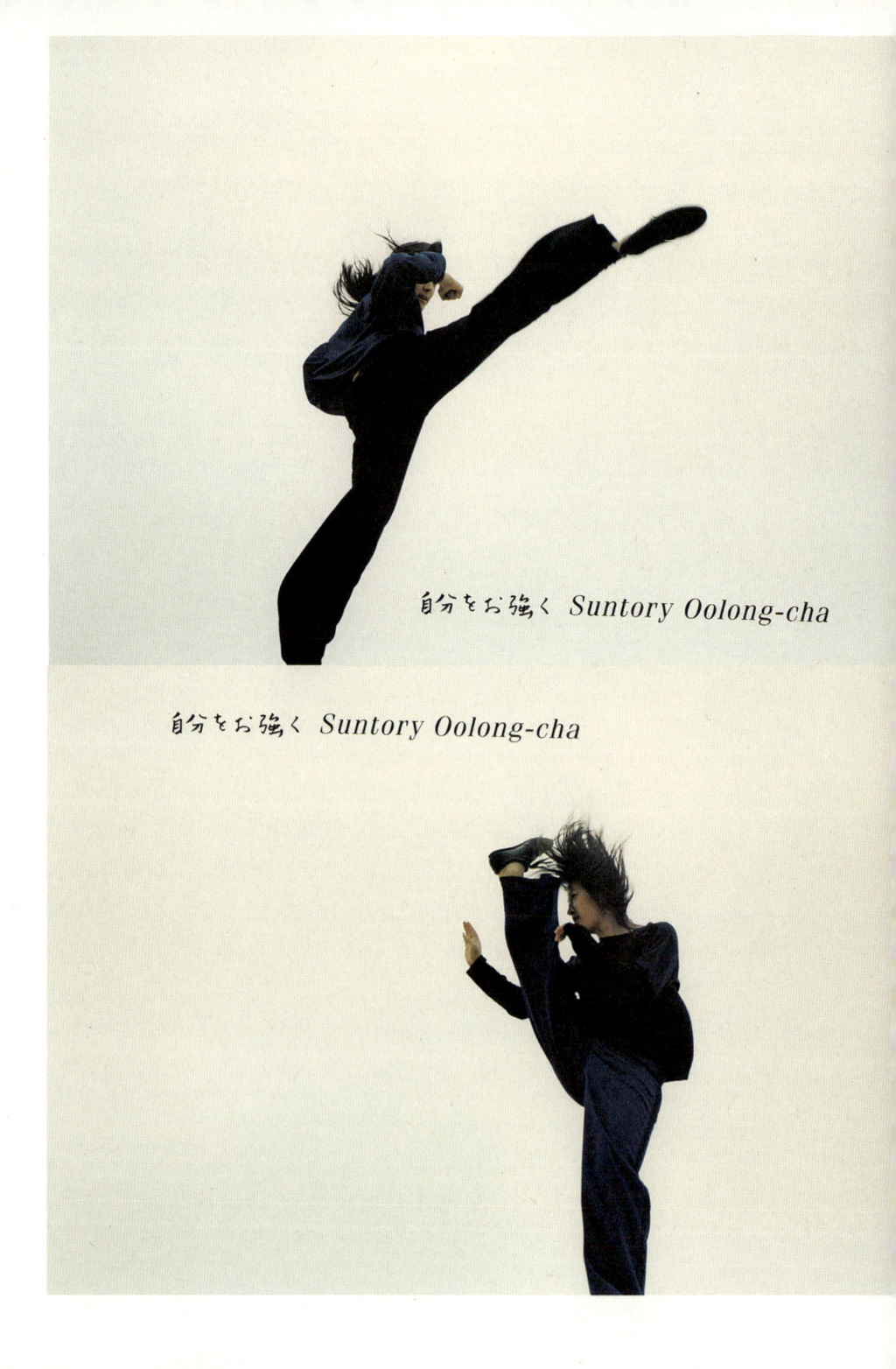

自分をお強く Suntory Oolong-cha

自分をお強く Suntory Oolong-cha

自分をお強く Suntory Oolong-cha

自分をお強く Suntory Oolong-cha

自分をお強く
Suntory Oolong-cha

poster / commercial film　Suntory, 2004

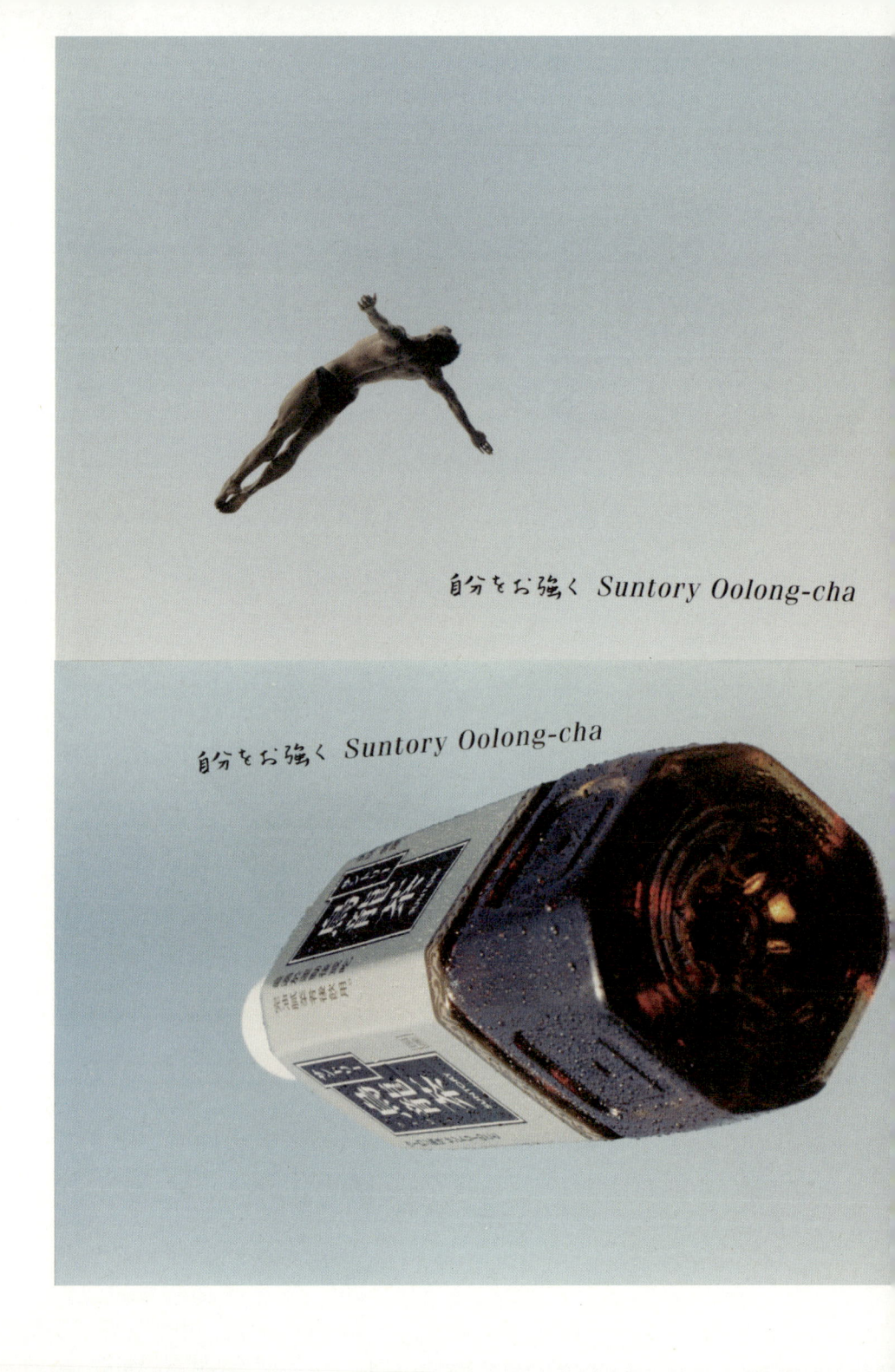

自分をお強く Suntory Oolong-cha

自分をお強く Suntory Oolong-cha

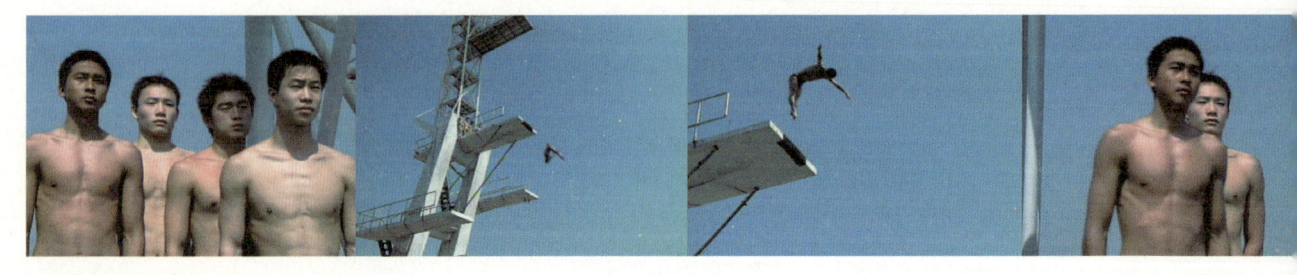

自分をお強く Suntory Oolong-cha

自分をお強く Suntory Oolong-cha

自分をお強く
Suntory Oolong-cha

poster / commercial film Suntory, 2004

一了一

poster Suntory, 2003

一、二

がんばって、生きてゆく

ピュアブラウン
サントリーウーロン茶

poster   Suntory, 2003   197

198

commercial film Suntory, 2003

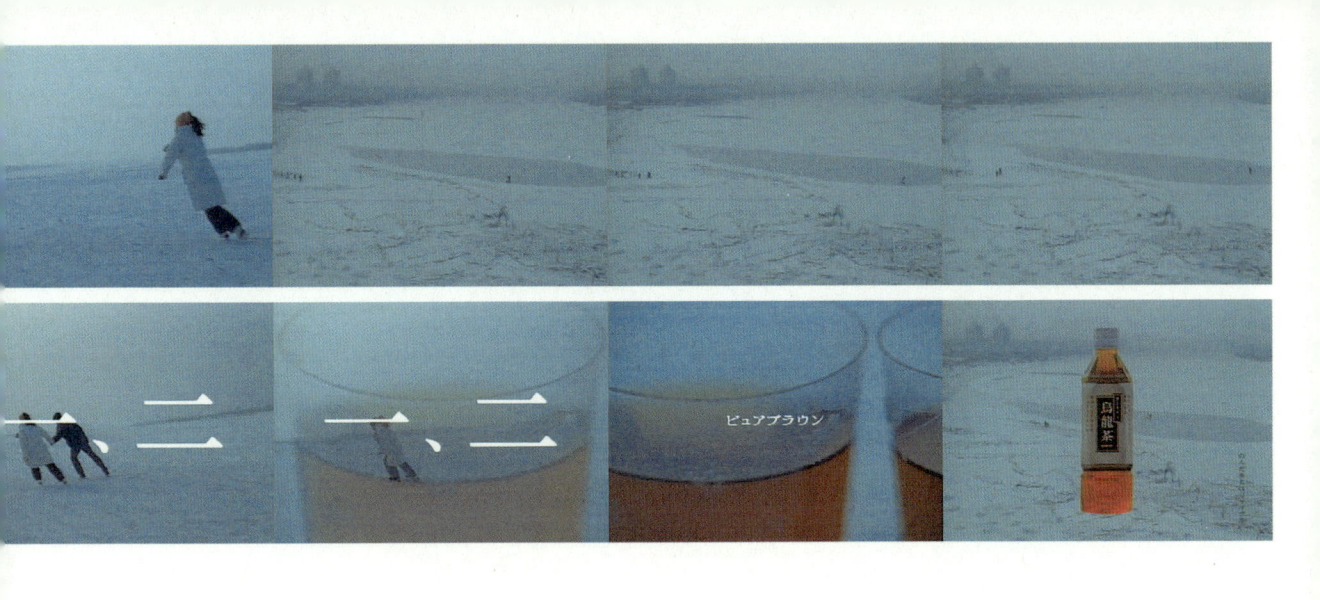

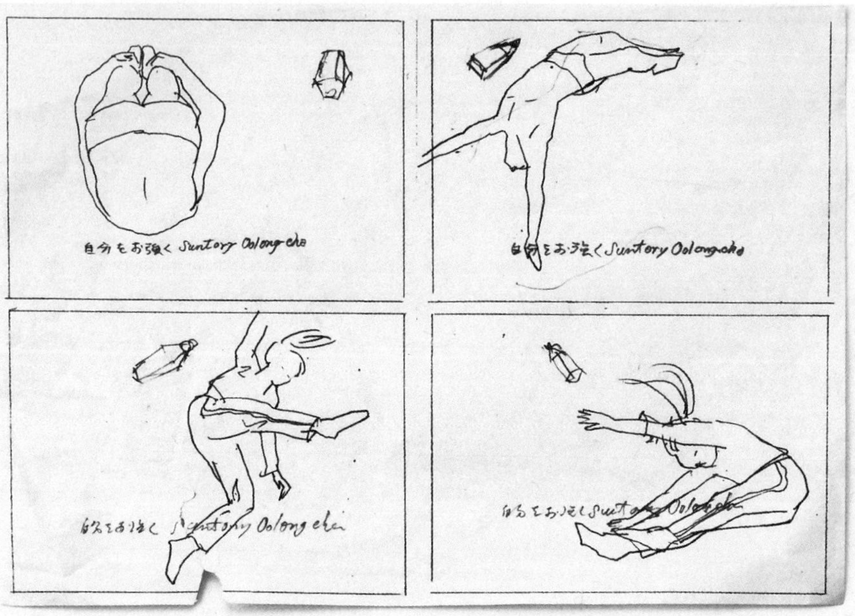

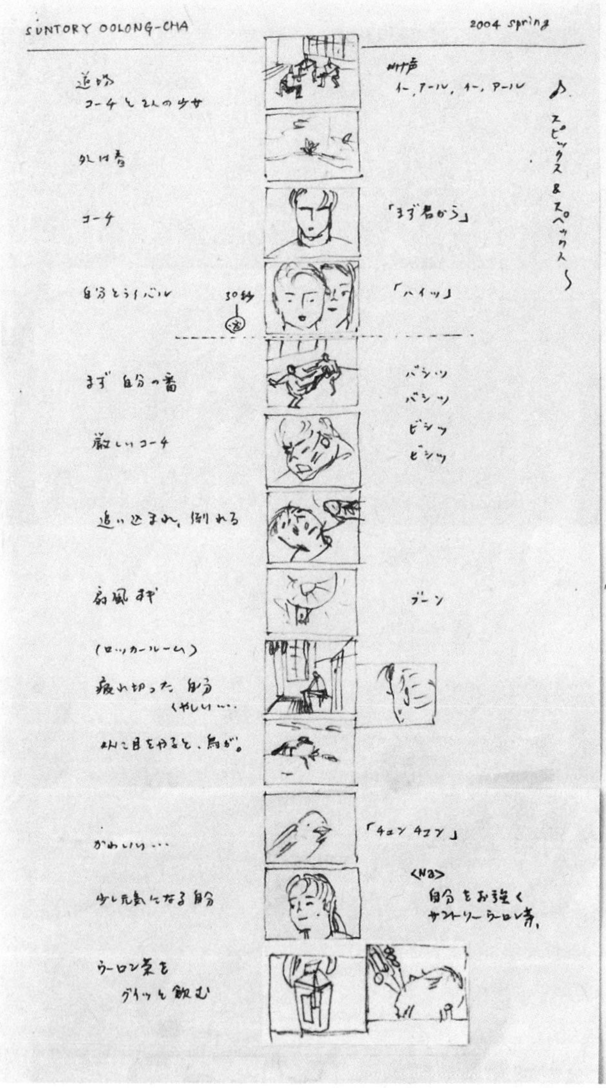

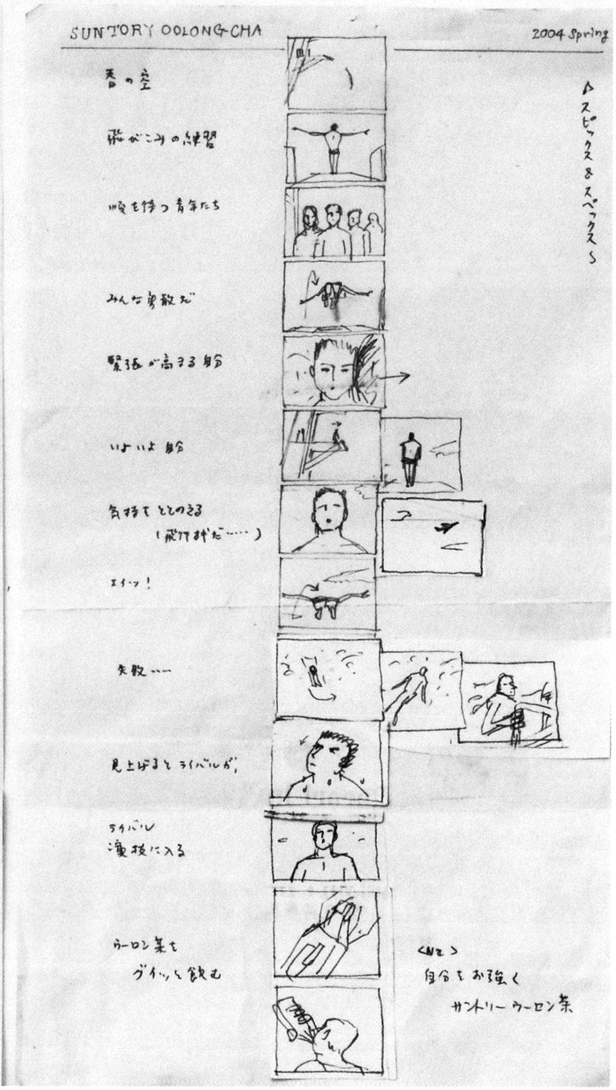

sketch Suntory, 2002–2004

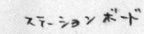

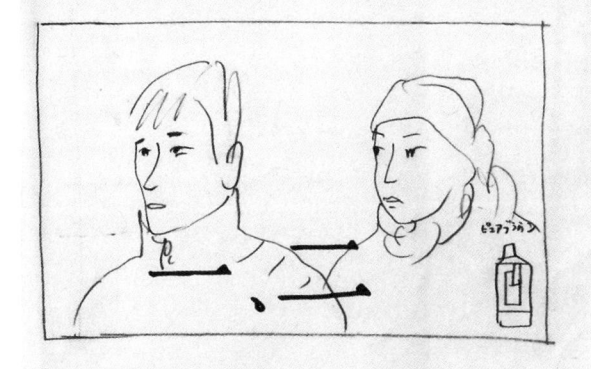

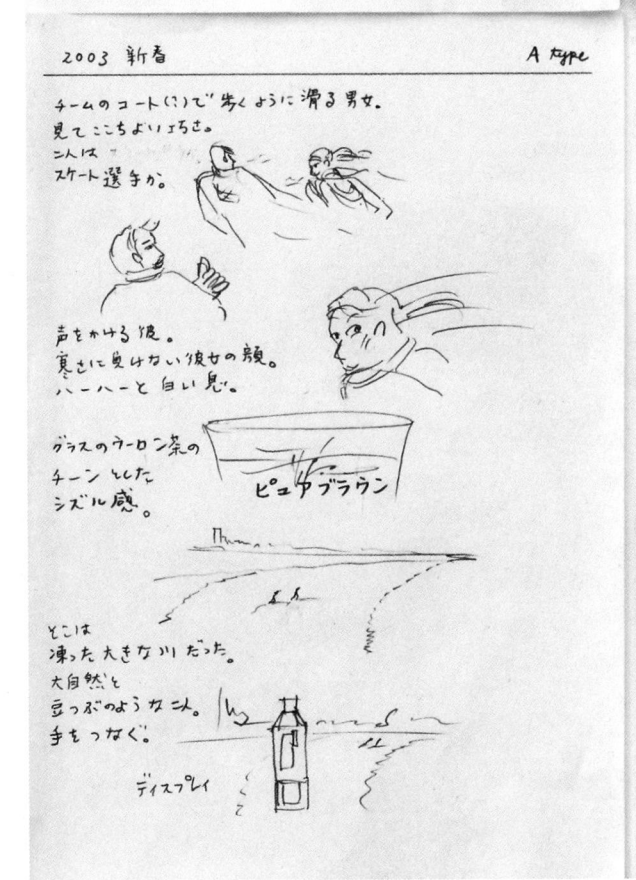

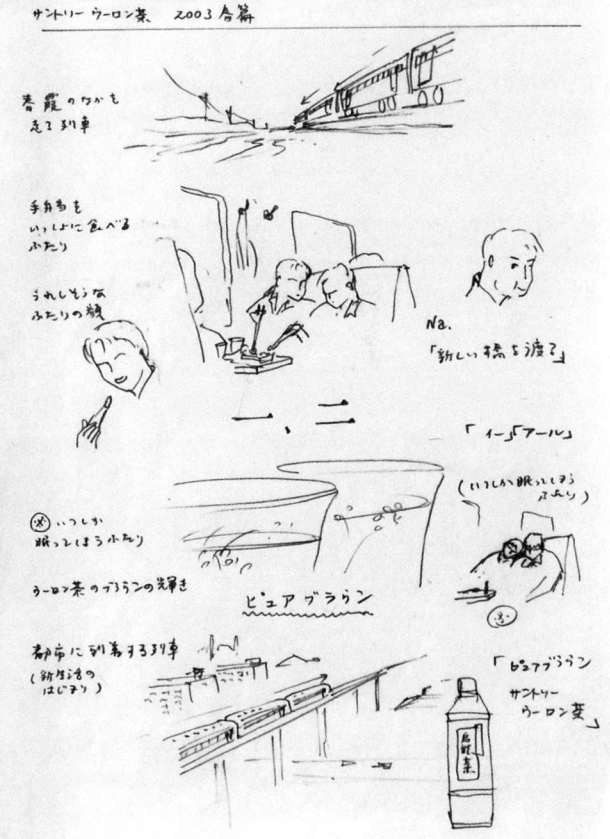

自分史上最高カレシ✦
jibun sijoo saikoo karesi✦

suntory oolong-cha✦

自分史上最高キレイ✦
jibun sijoo saikoo kirei✦

suntory oolong-cha✦

poster Suntory, 2002

自分史上最高カレシ・
jibun sijoo saikoo karesi *

自分史上最高メリハリ・
jibun sijoo saikoo meri-hari *

suntory oolong-cha *

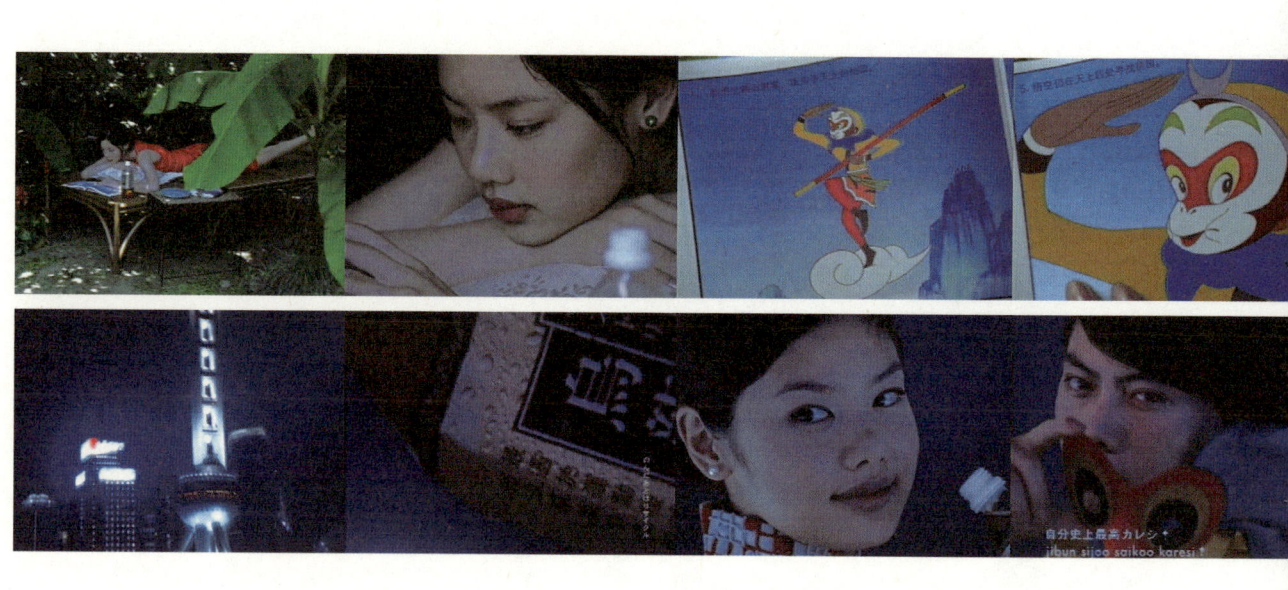

commercial film   Suntory, 2002

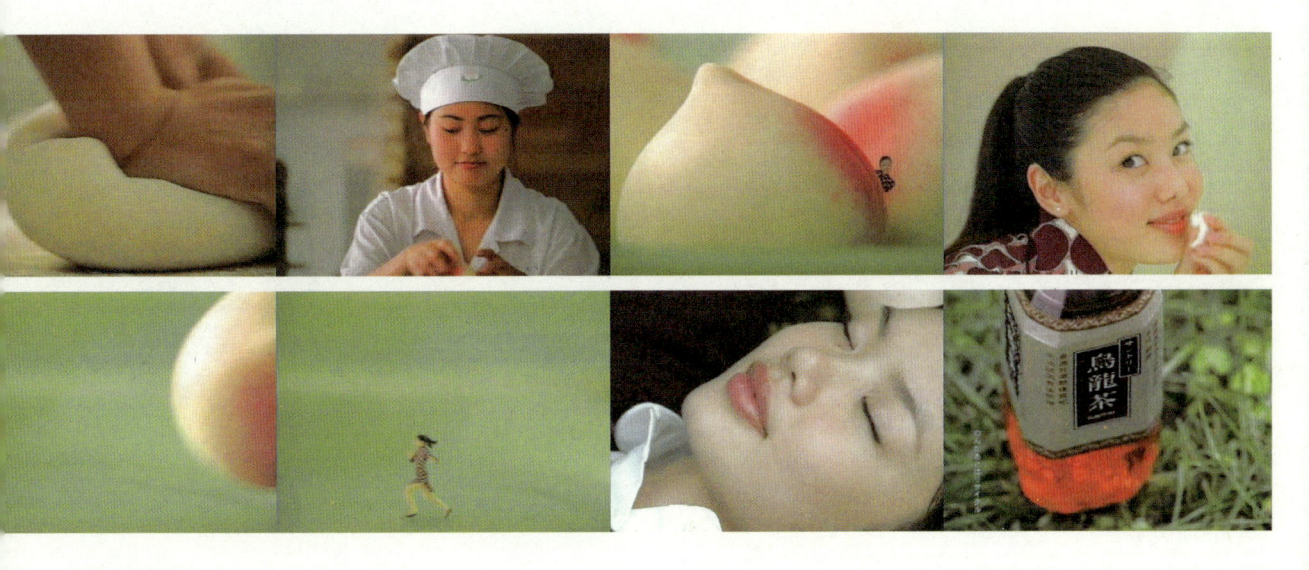

206　poster　Suntory, 2002

poster   Suntory, 2006

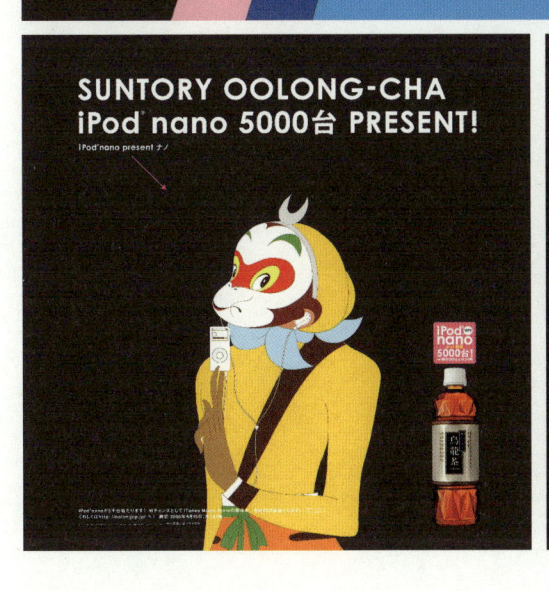

208

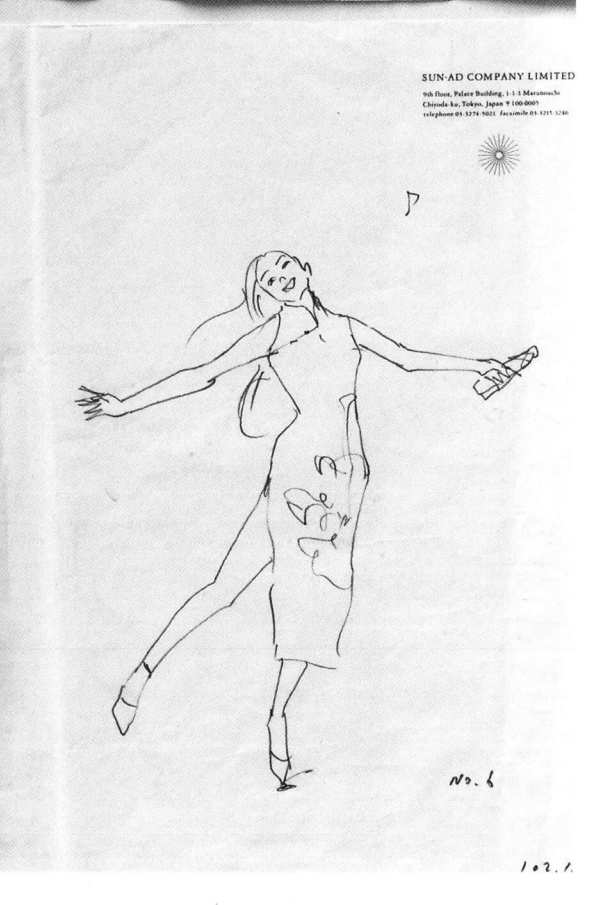

sketch Suntory, 2002

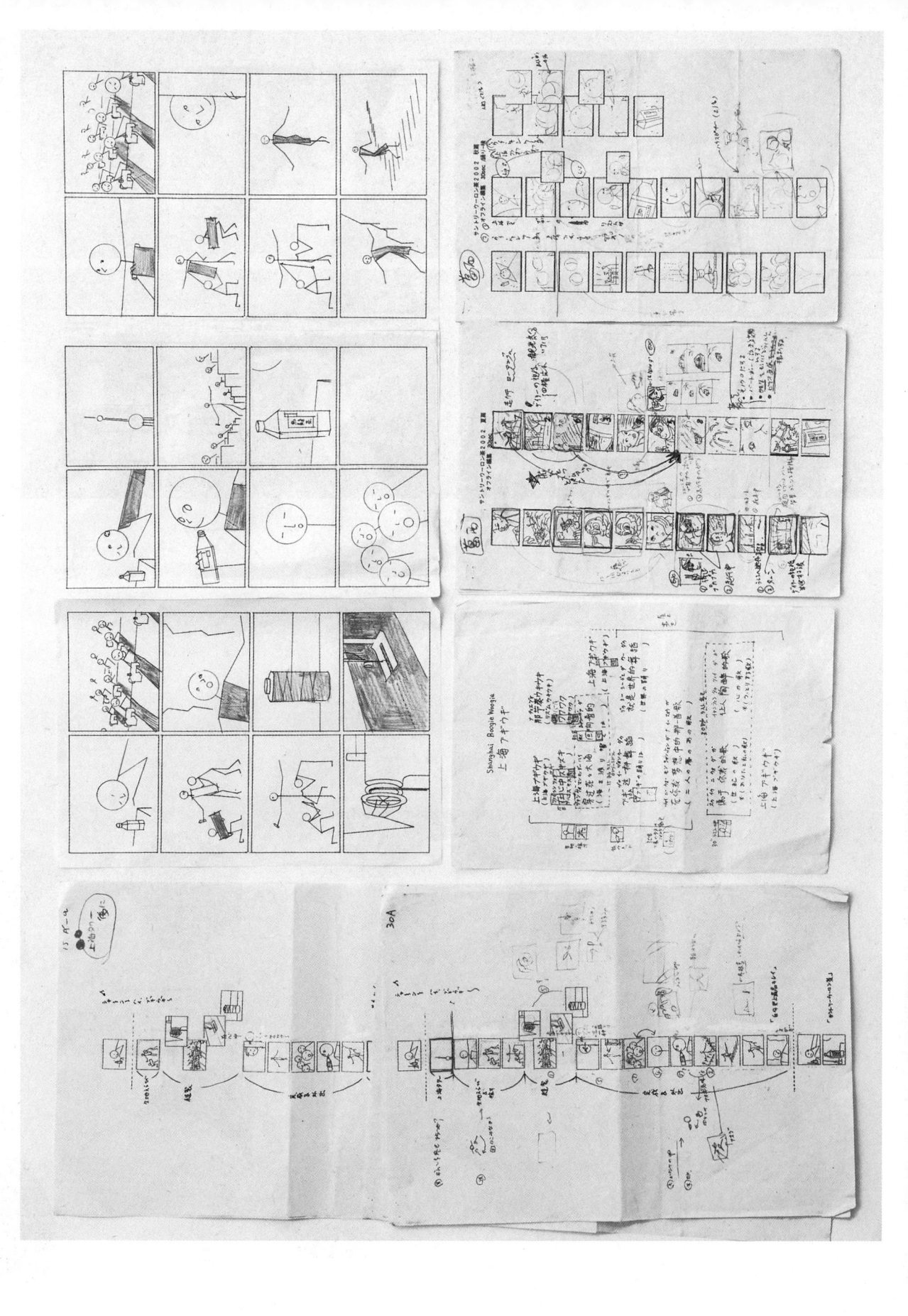

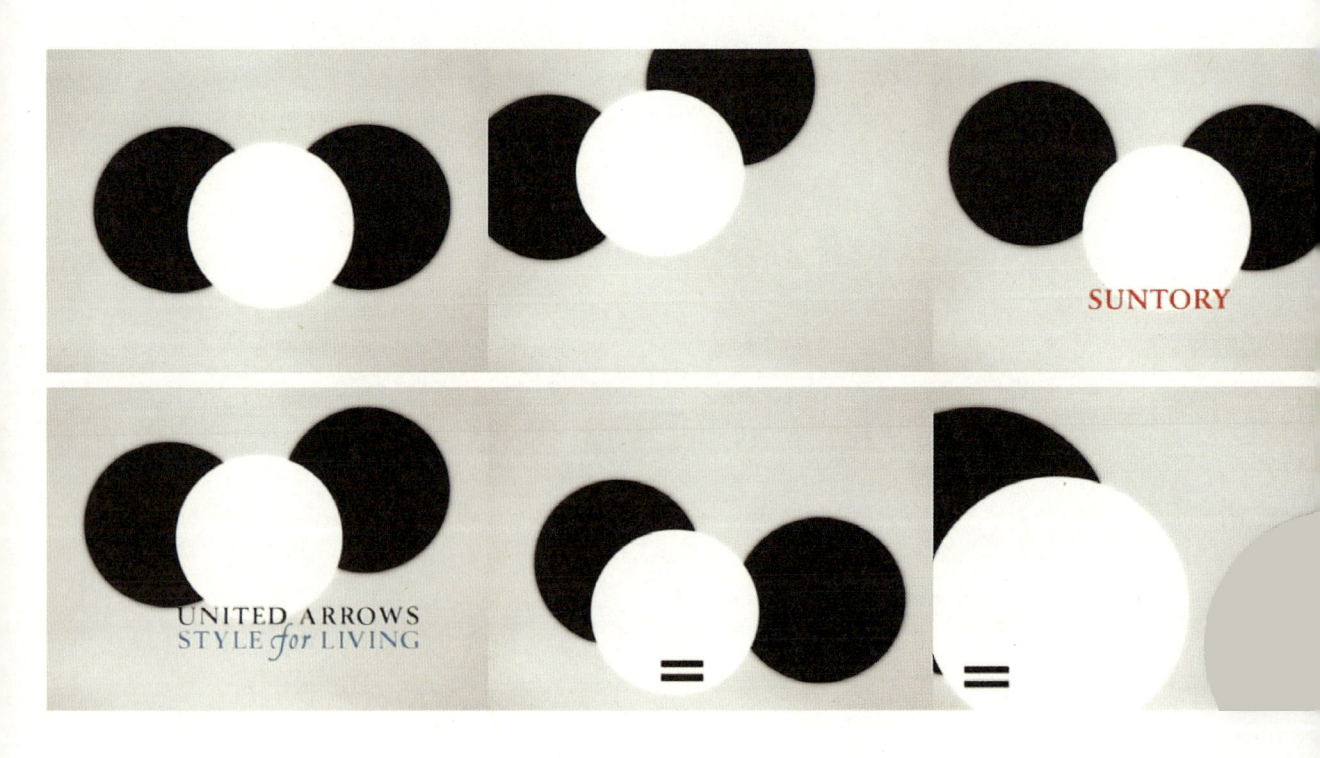

SUNTORY

UNITED ARROWS
STYLE for LIVING

commercial film   Suntory, 2006-2009

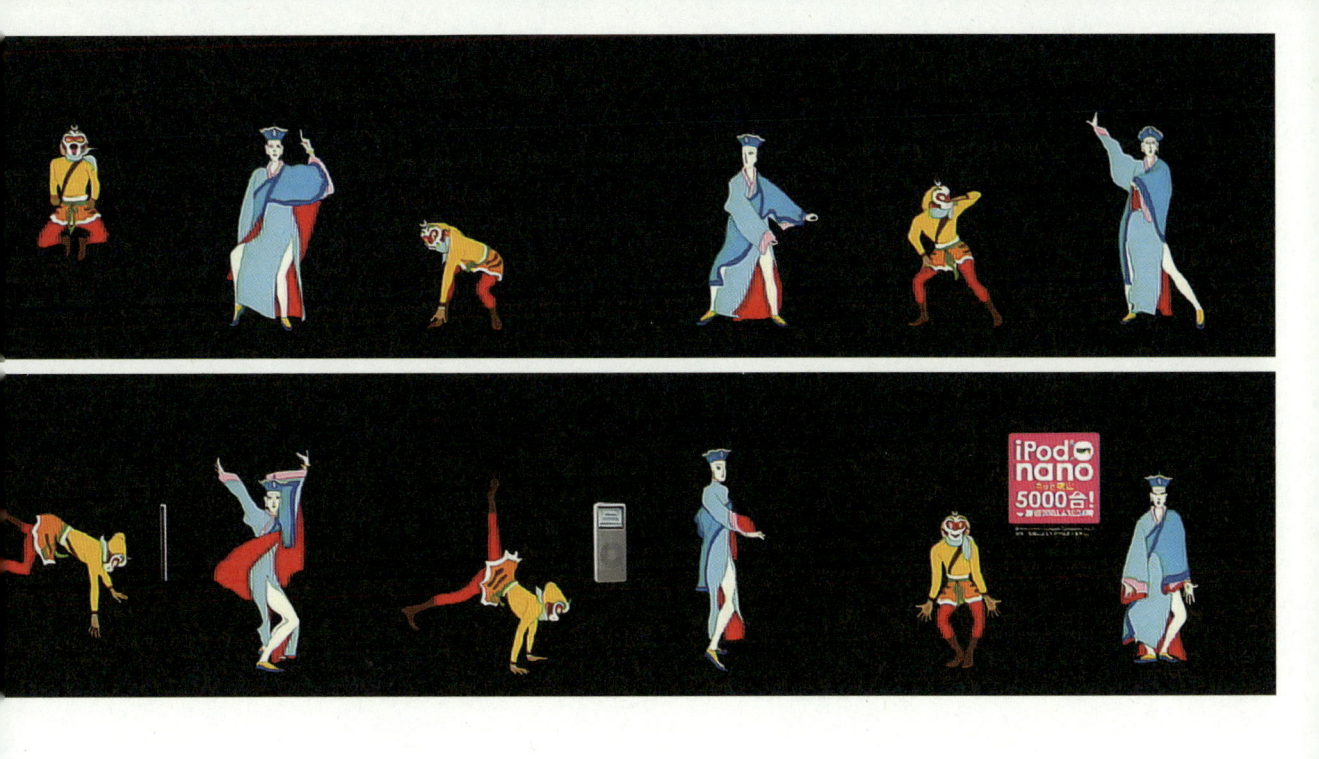

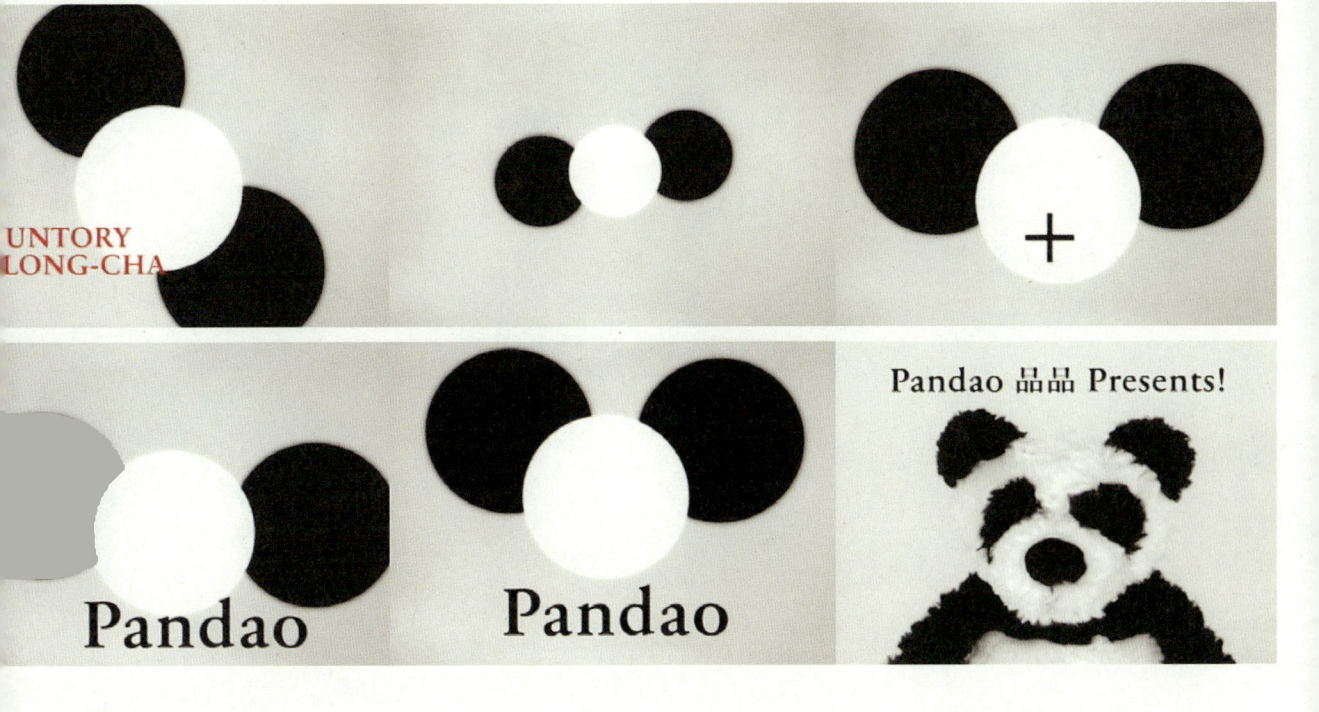

ウーロン茶ポリフェノール
奥さま三十秒大学

ウーロン茶カテキン大学

合体カテキン　　　　　　　ウーロン茶ポリフェノール　　　　ウーロン茶ポリフェノール

commercial film Suntory, 2003·2004   213

これからも、ありがとう

おかげさまで、サントリーウーロン茶が発売20周年を迎えました。

newspaper ad   Suntory, 2001

もっときれいにならなくっ茶

もっときれいにならなくっ茶

poster Suntory, 2000

2000年? うふふふ
喫茶三千年
サントリー
烏龍茶
SUNTORY
推奨此品。美味、健康。
最適於運動後或吃完油膩菜肴後飲用。
福建茶葉進出口公司認定　製造・販売 サントリー株式会社　サントリーフーズ株式会社　http://www.suntory.co.jp/　のんだあとはリサイクル

やがてまぶしき夏休み

newspaper ad　Suntory, 1999

ウーロン茶ですよ

ウーロン茶ですよ

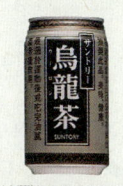

ウーロン茶ですよ

ウーロン茶ですよ

16のときの本

願いは叶うぞ

magazine ad / newspaper ad　Suntory, 1998　221

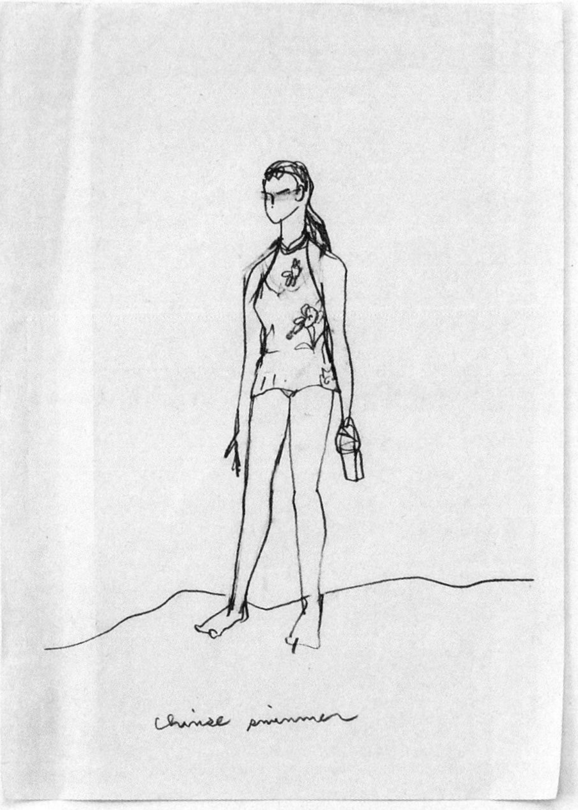

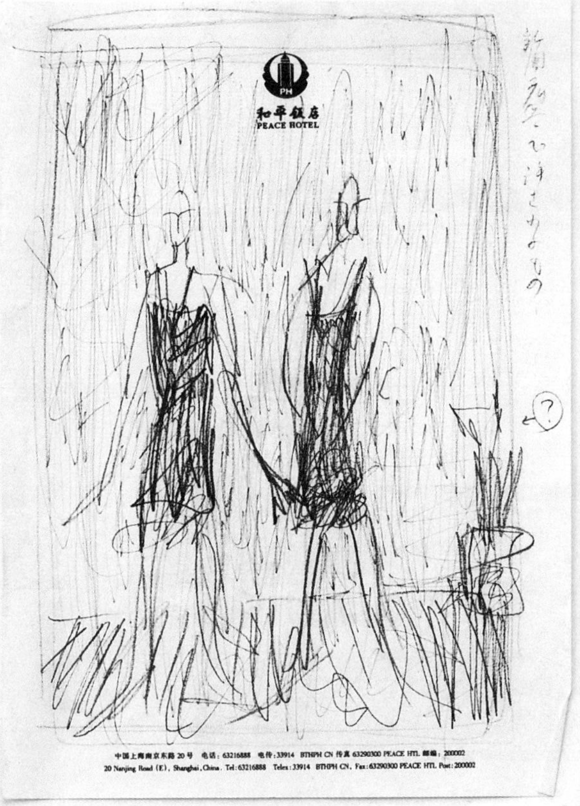

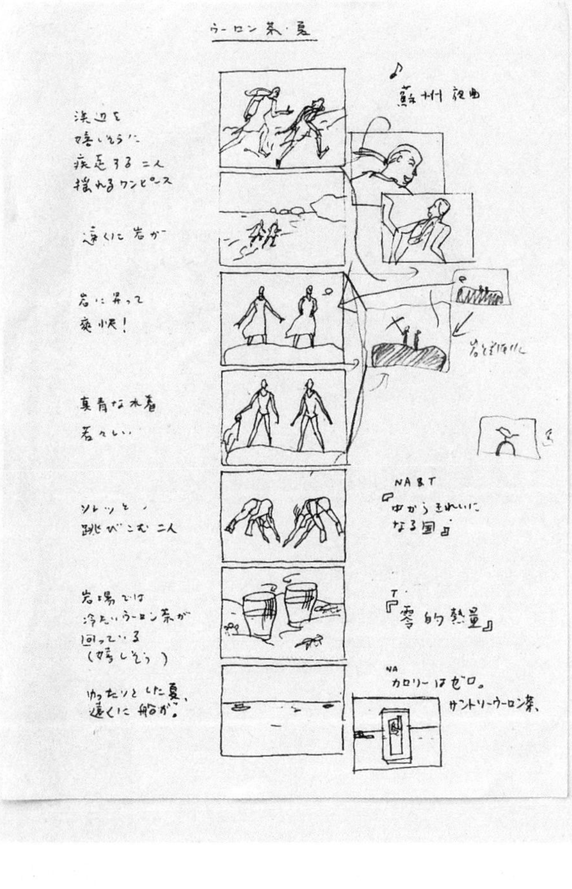

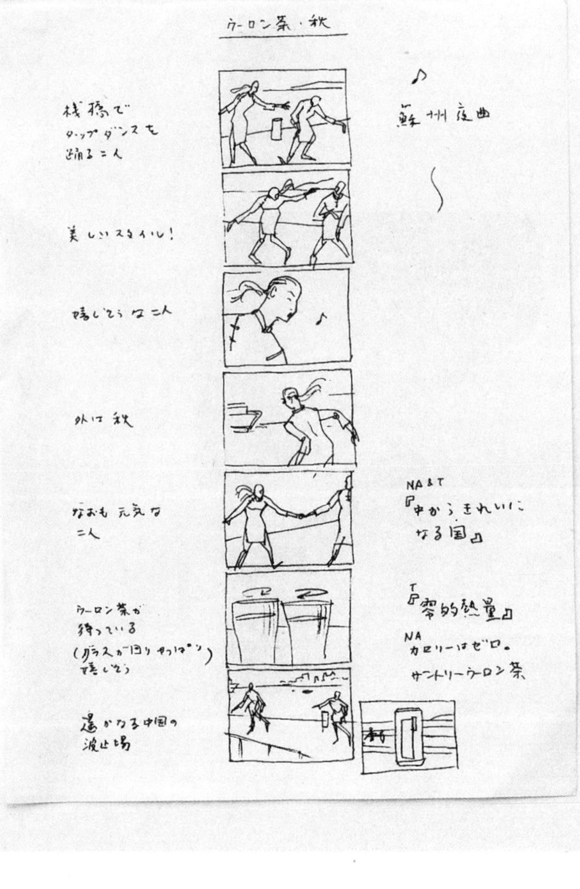

sketch Suntory, 1998·1999

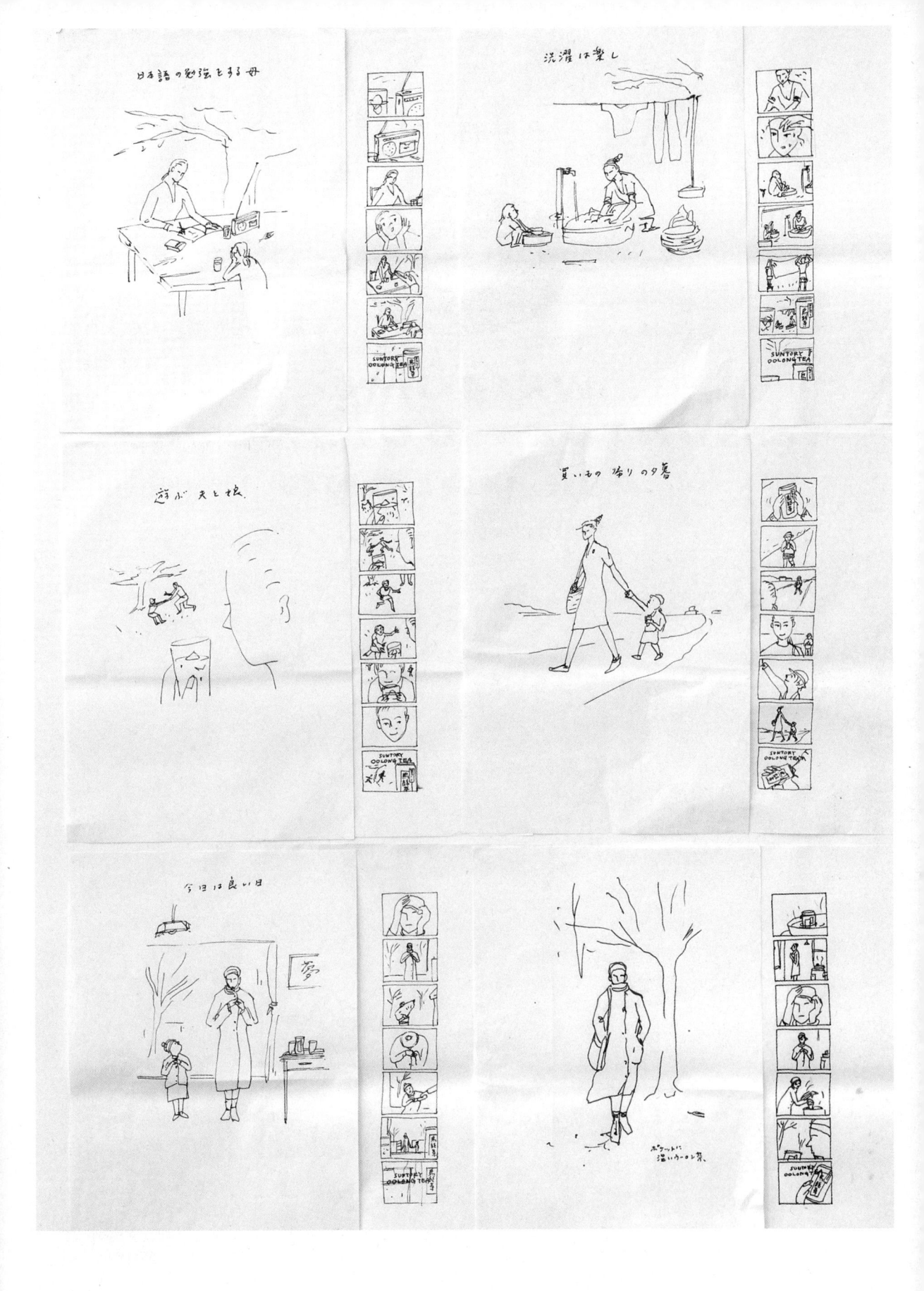

それゆけ私

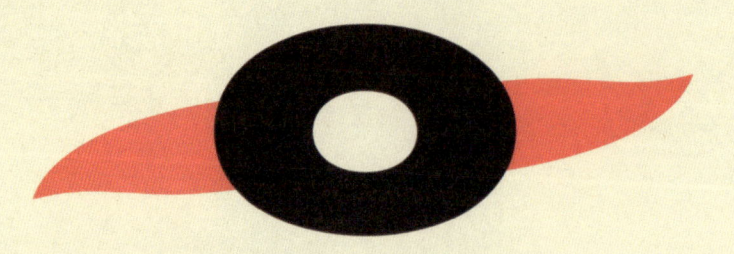

WELCOME to SUNTORY OOLONGCHA AIR OOLONG
EAST & WEST

世界男女

poster / magazine ad / newspaper ad   Suntory, 1997

喫茶するなら

喫茶するなら

poster / magazine ad Suntory, 1996

錦江飯店
JIN JIANG HOTEL
上海市錦江(集團)公司
SHANGHAI JIN JIANG (GROUP)CO
sky high
wind
small bag
air oolong
副操縦士
主人公 新人スチュアーデス
先輩
整備士
ウーロン機
AIR OOLONG
TEA OOLONG
pink stripe
FLAG
pink
black

sketch Suntory, 1996·1997

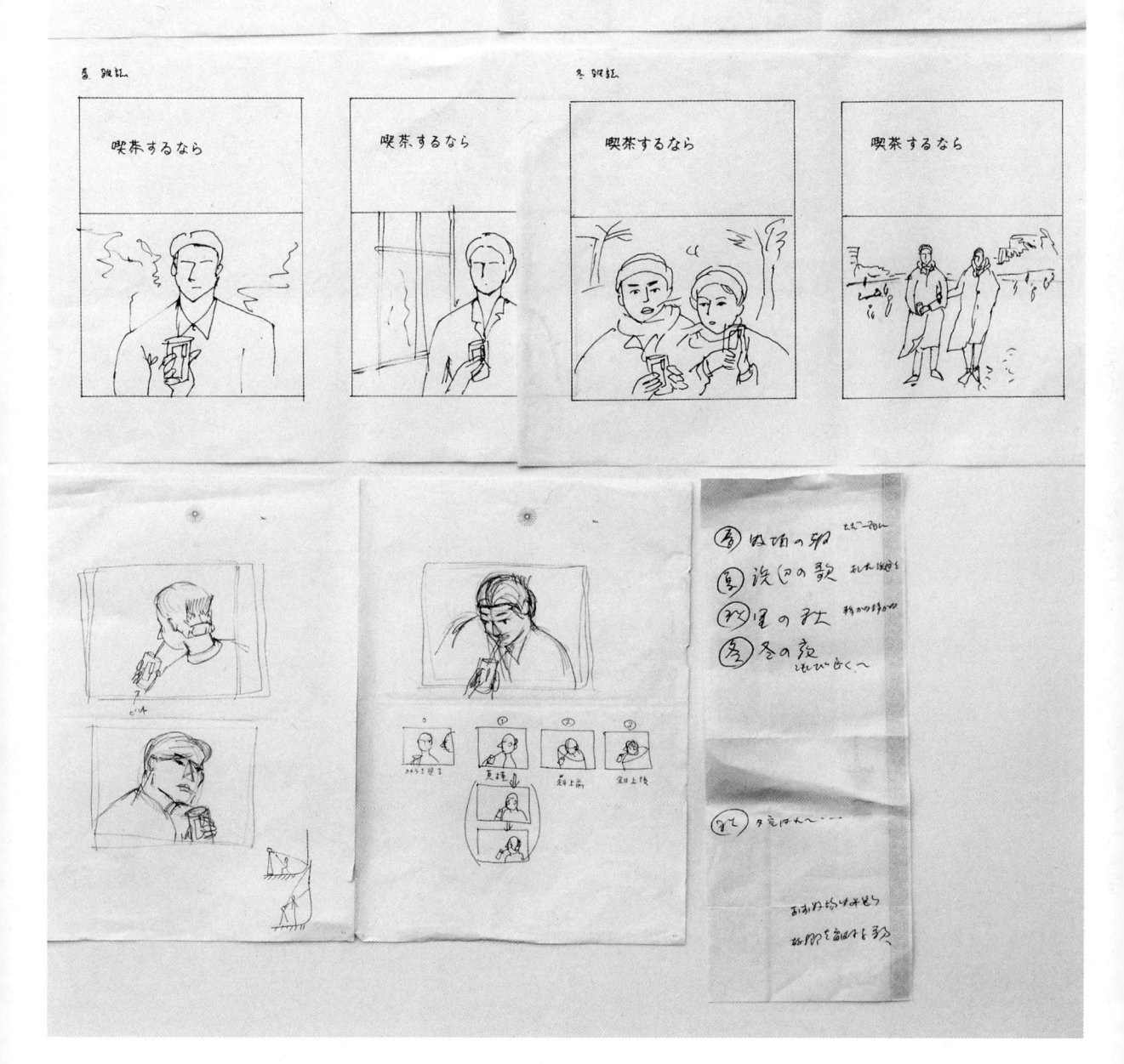

ユーはいいなぁ

ユーはいいなぁ

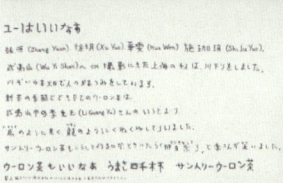

poster / newspaper ad / magazine ad / promotion goods   Suntory, 1995-1996   231

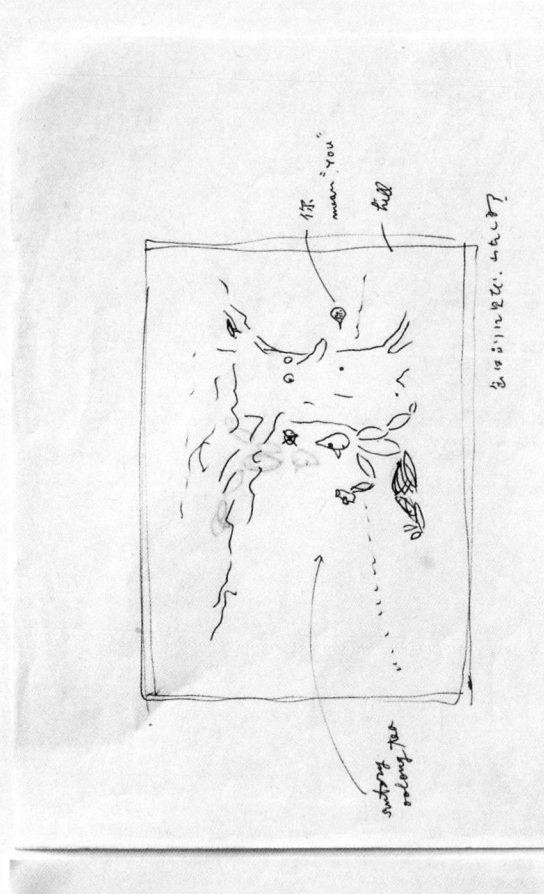

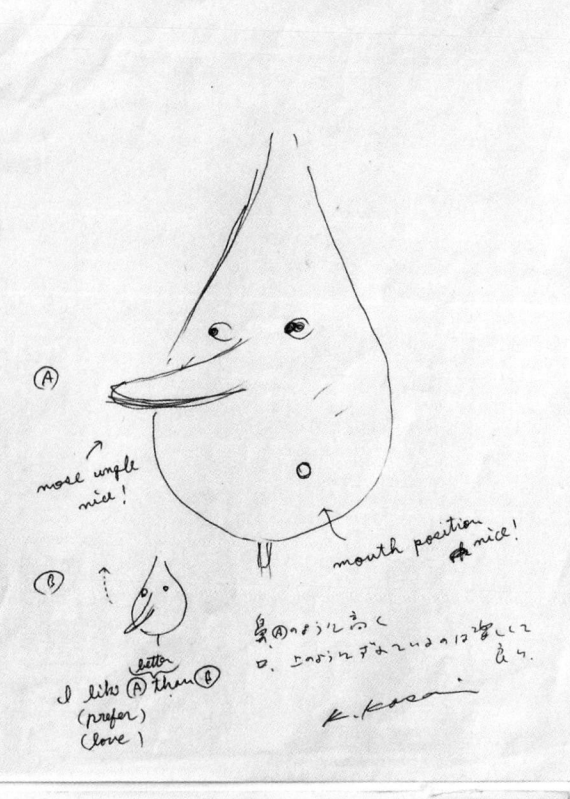

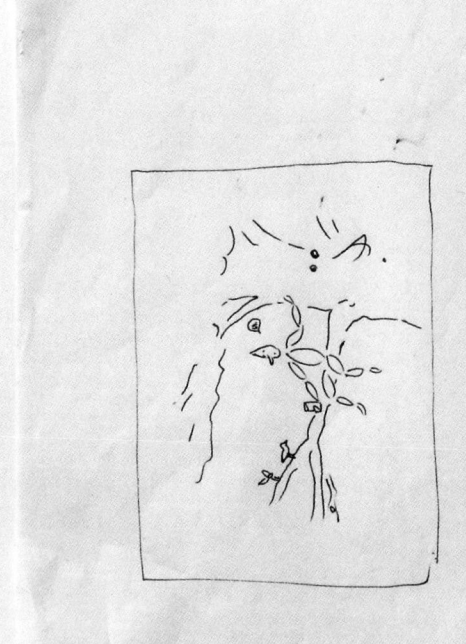

sketch Suntory, 1995

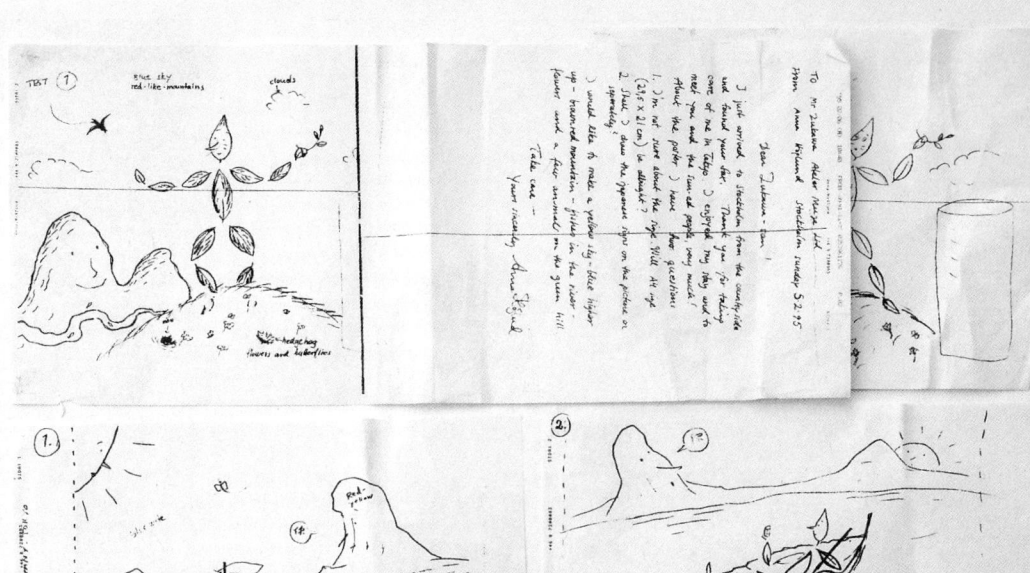

234

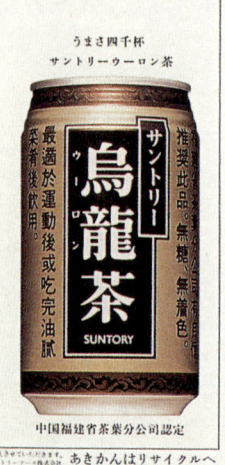

サのつくウーロン茶？ ウフフ

来年が、良い年でありますようにと思います

newspaper ad　Suntory, 1994

サのつくウーロン茶？

ウフフ

うまさ四千杯 サントリーウーロン茶

サのつくウーロン茶？　ウフフ　　　　うまさ四千杯 サントリーウーロン茶

サのつくウーロン茶？ ウフフ

再見！（さよなら！）
中国の卒業式は夏にあります。舞踏学校同級生の王雪飛（Wang Xie Fei）、丁月紅（Ding Yue Hong）、袁琳（Yuan Lin）も卒業して秋にはもう別々です。故郷の遼寧省の歌舞団へ入るのは王雪飛と袁琳。丁月紅は民族舞踊の先生になる勉強。小学生から一緒に寄宿舎生活を送ってきた3人。変わったといえば背が高くなったこと、ウーロン茶がすっかりすきになったこと。背もそうだけど、ウーロン茶も成長でしょ。（中国福建省茶葉分公司認定）

良いお茶の葉をつんで上手にいれましたから。
うまさ四千杯　サントリーウーロン茶

ゆっくり恋をしよう

囍

poster / magazine ad   Suntory, 1993

アーさんもご一緒に

おいしいウーロン茶をいれるには特別なやり方があります。一、上等なお茶の葉をたっぷりつかう。二、さらっと１回だけいれる。これ。サントリー「お茶の葉主義」のいれ方。ぜいたくだけど、これではじめて滑らかでコクのある、サントリーウーロン茶の味わいが生まれるのですね（福建省茶葉分公司認定）。そう、大事なお人のアーさんにおいしいウーロン茶をのんでほしくて、サントリーが特別にしているやり方。

たっぷり茶葉、１回抽出方式
だから、おいしかったのですね。
うまさ四千杯。サントリーウーロン茶

製造・販売　サントリー株式会社　サントリーフーズ株式会社

magazine ad / poster   Suntory, 1992

茶葉至上主義

最香於運動後或吃完油膩

サントリー
烏龍茶
SUNTORY

福建省茶葉分公司認定

永遠要响往　永遠要憧憬

好喝四千杯！三得利的烏龍茶

244

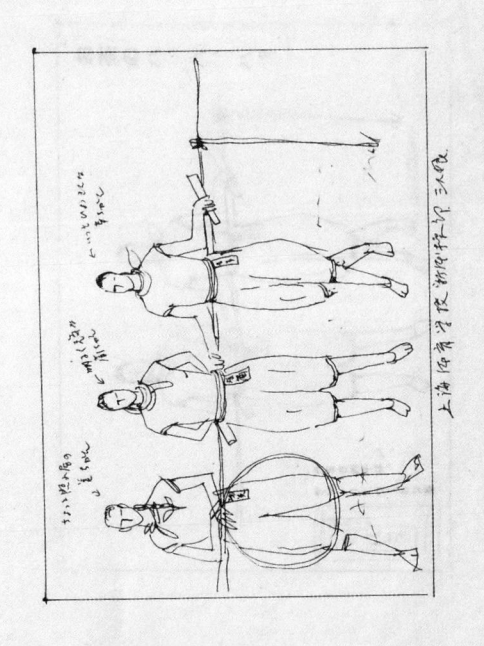

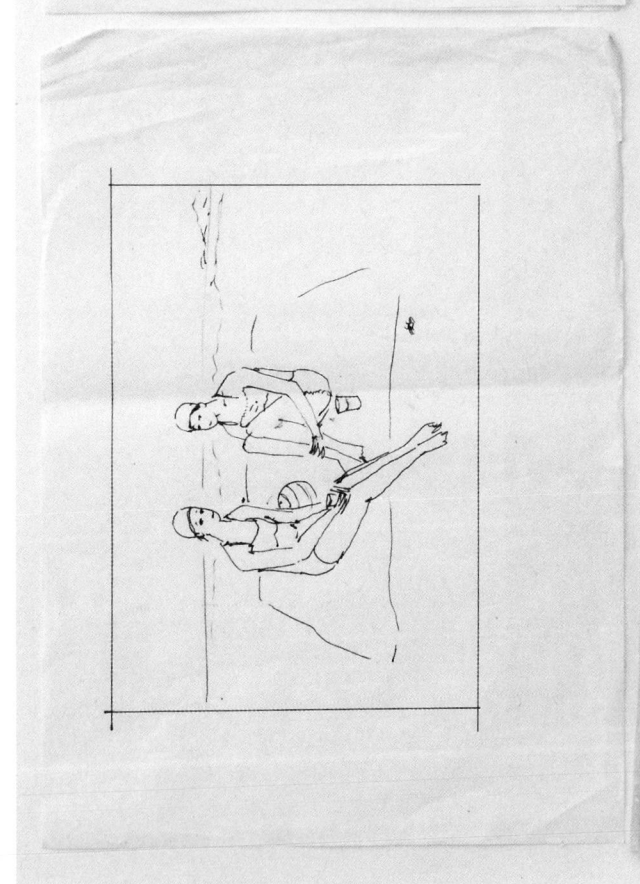

sketch Suntory, 1994·1992

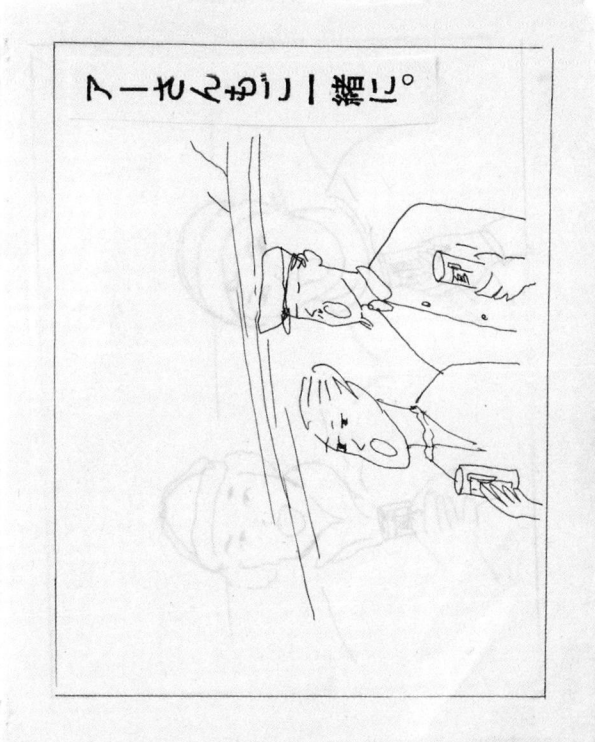

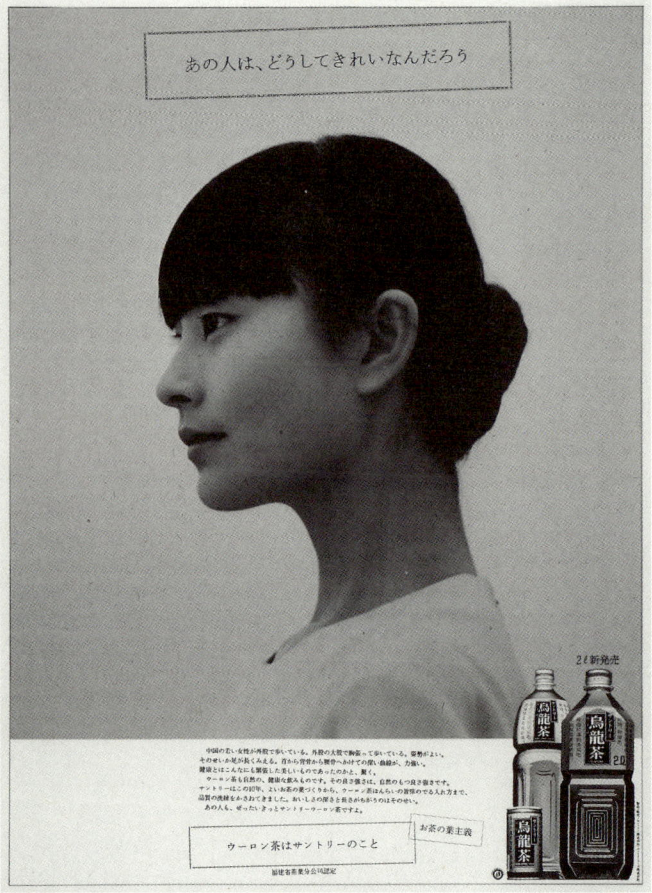
あの人は、どうしてきれいなんだろう
2ℓ新発売
烏龍茶
中国の若い女性が外股で歩いている。外股の大股で胸張って歩いている。姿勢がよい。
そのせいか足が長くみえる。首から背骨から腰骨へかけての深い曲線が、力強い。
健康とはこんなにも緊張した美しいものであったのかと、驚く。
ウーロン茶も自然の、健康な飲みものです。その良さ強さは、自然のもつ良さ強さです。
サントリーはこの10年、よいお茶の葉づくりから、ウーロン茶ほんらいの旨味のでる入れ方まで、
品質の洗練をかさねてきました。おいしさの深さと長さがちがうのはそのせい。
あの人も、ぜったいきっとサントリーウーロン茶ですよ。
ウーロン茶はサントリーのこと
お茶の葉主義
福建省茶葉分公司認定

あの人は、どうしてきれいなんだろう
中国の人々は、蓋つきの広口びんにいれたウーロン茶を自分の仕事場の一一机の上や、クルマのなかや、売り場の
カウンターの下に用意していて、時々蓋をひねって大切そうにのみます。人間はどの時代もお茶とこんな風に親密にやってきたのだなぁ、と。
きれいな空気や、きれいな水のように、おいしいウーロン茶は人の暮らしにとって基本的な大事。
それは時間をゆるやかにし、人をふわっとさせる力がある、と思います。日本にウーロン茶の時代を作ったサントリーは
本場福建省と深く協力し、この10年、ずっとウーロン茶のおいしさのことをやってきました。
だから、のんでものんでも新しい。あの人も、もちろんそれはサントリーウーロン茶にきまっている。
ウーロン茶はサントリーのこと
お茶の葉主義
福建省茶葉分公司認定
サントリー
烏龍茶
OOLONG TEA

newspaper ad / poster　Suntory, 1991

幸福はカラダの奥にある。

未来はカラダの奥にある。

poster / newspaper ad   Suntory, 1990

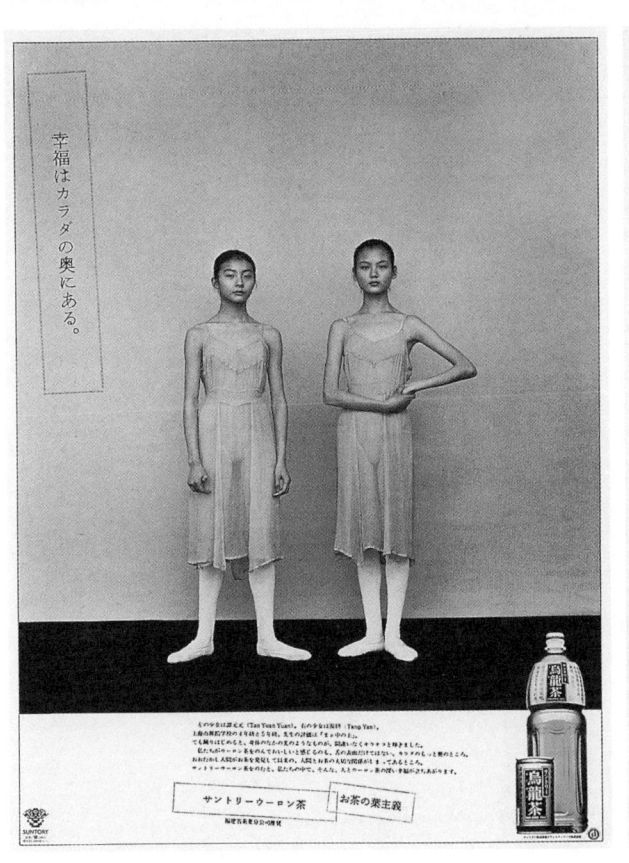

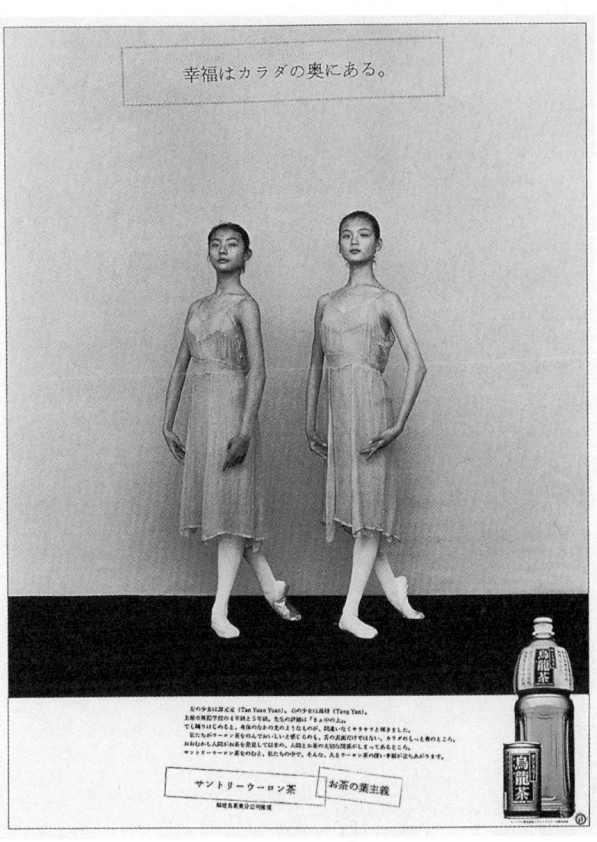

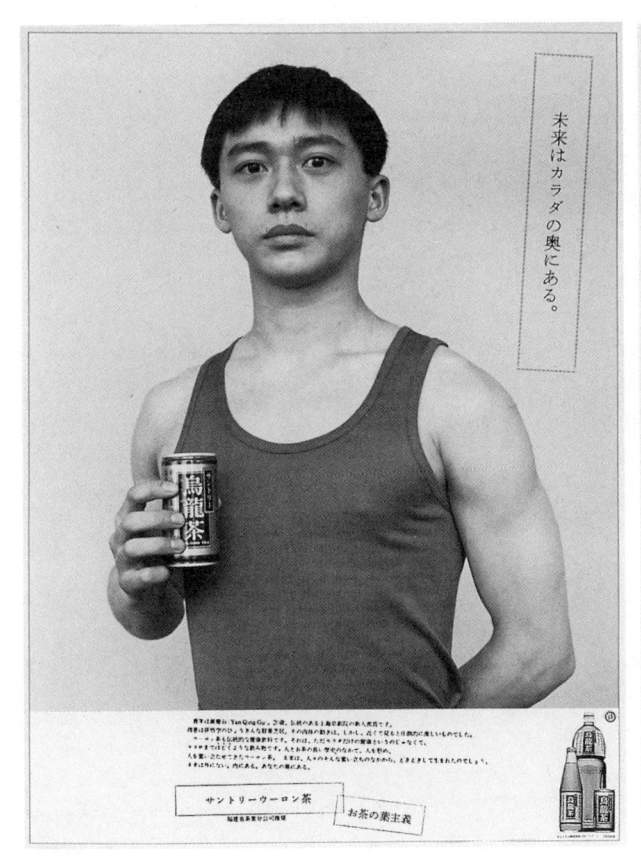

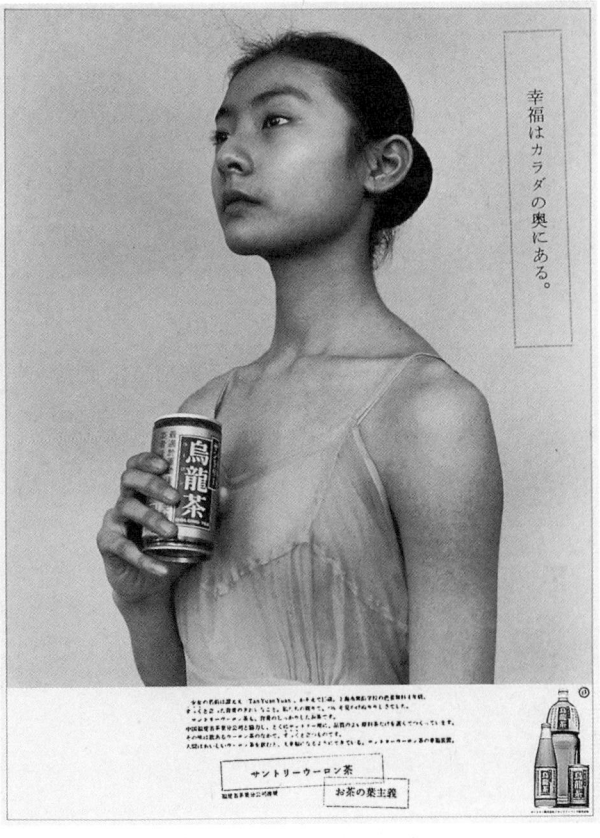

250

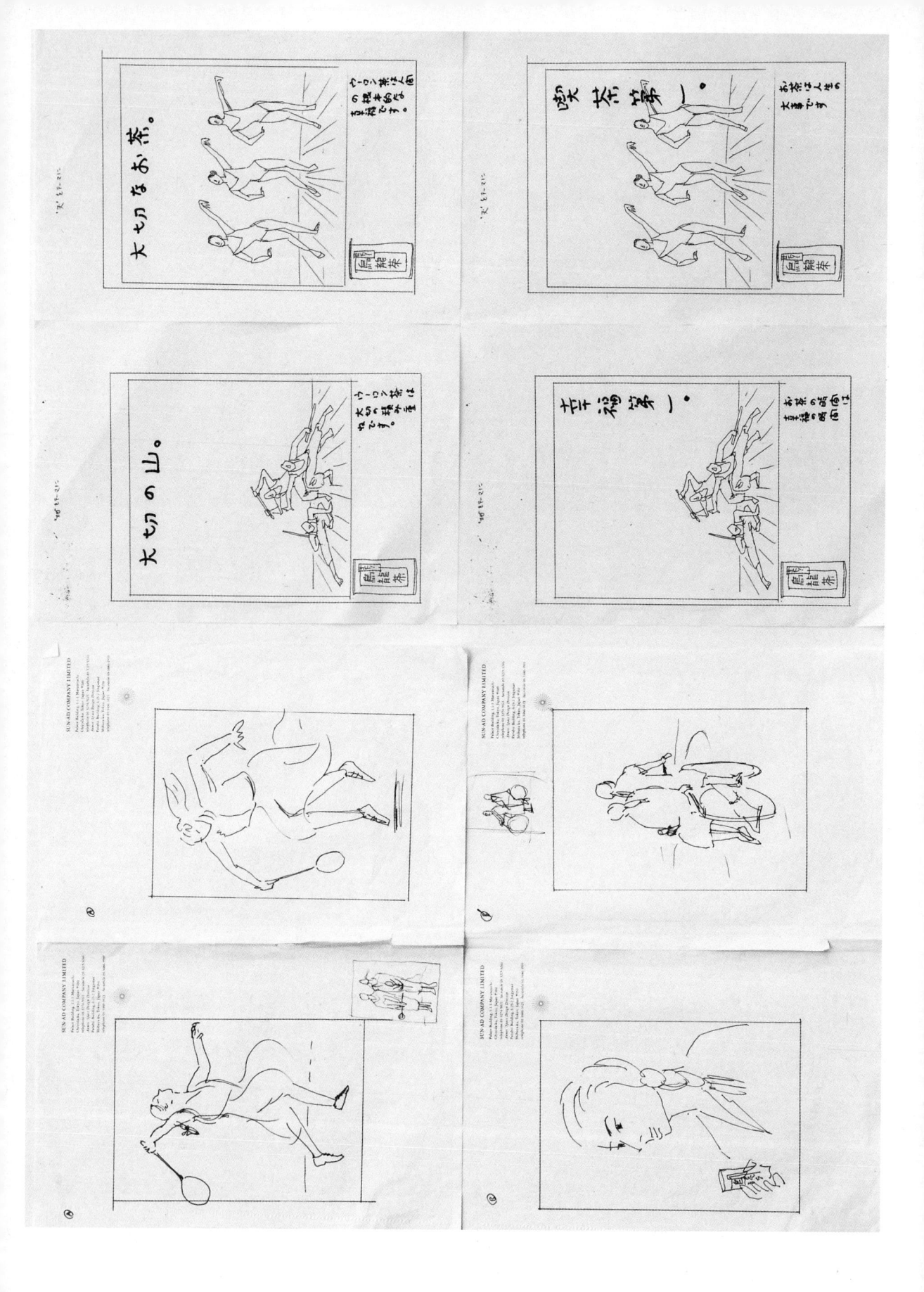

sketch Suntory, 1988–1991

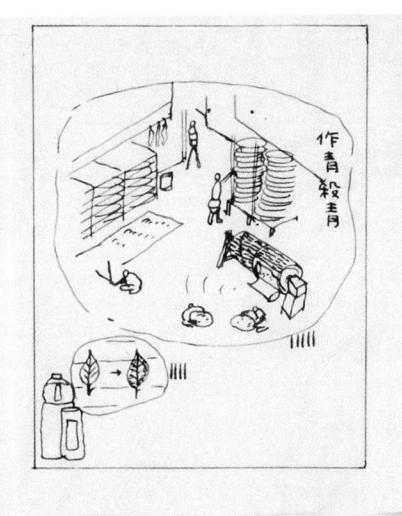

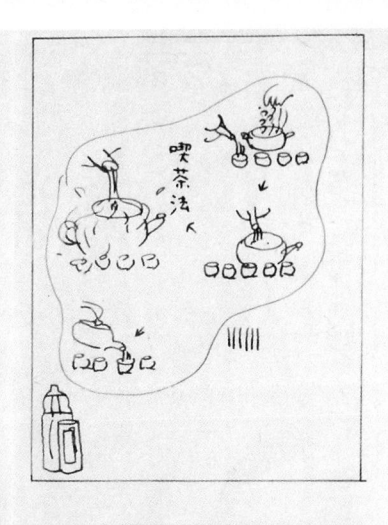

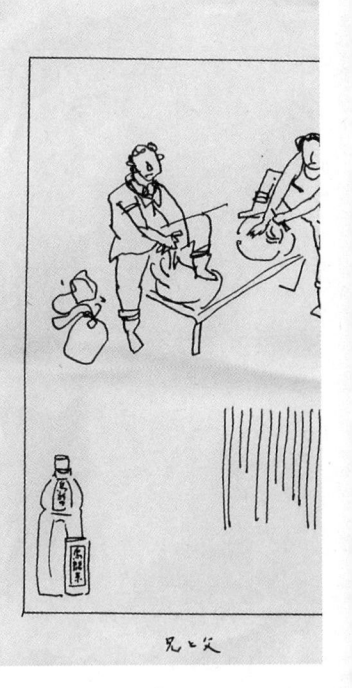

お茶の葉主義

中国の若い人も、おかわりをした、うまさ。

中国福建省の茶畑では、丁度まごろ、お茶摘みが始まっています。茶摘みの娘たちが、時折笑い声をあげたりしながら、手は休むことなくお茶の葉をちぎっせっせと満杯にしていることでしょう。恵まれた自然環境そのままに、農薬は使わず、すべて手で摘んだお茶の葉は、そのあと半発酵というウーロン茶独特の微妙な製法によりウーロン茶になります。サントリーはこの良きウーロン茶葉を、急須でお茶を入れるようなやり方で、ソロソロとさきまぜ、お湯にジワッとひたし、ソロソロとかきまぜ、抽出します。一番煎じのおいしいところだけ使います。これにより福建茶葉のおいしさは、原料のウーロン茶葉そのものの良さに加えて、味と香りが十分開くのです。缶入りのサントリーのウーロン茶は、この丁寧な抽出の仕方。

福建省茶葉分公司推奨◎ウーロン茶はサントリーのこと

ウーロン茶をはじめて経験する中国の若い人にも「こりゃおいしいわ」と大好評。

福建のひと。

（ウーロン茶は人がつくる）

ウーロン茶の国・中国福建省へいくと、いかにもただのおじさんというような人が、何気なく見とれるような手並でウーロン茶をいれてくれたりするから、福建省のウーロン茶はずーいる光景を、街なかや公園でよく見かけます。さすがにウーロン茶の国だな、とフシギに納得してしまう遭遇です。

福建省は、世界で初めてお茶を発見し、お茶の快楽を洗練してきた中国が、最適のウーロン茶の産地として選びとった大地。その気が遠くなるほど長いウーロン茶づくりの歴史が、福建省の人びとの身体の中に血となって流れているようです。

温暖湿潤な気候。お茶にかなった土や水。といった自然風土に加えて、人の中に培ったこの伝統こそが、福建省の強み。頭でなく身体で覚えてしまった技と愛情は、いま茶工場で働く娘さんたちの手仕事ひとつからも、確かに感じとれるものでした。こんな人々に囲まれているから、福建省のウーロン茶はずーっとうまい、のだと思うのです。

〈福建省とサントリー・ウーロン茶〉

サントリーのウーロン茶は、福建省茶葉分公司と協力の上、特にサントリー用に品質のよい原料茶を毎年、キメ細かく選定し、作っています。日本で初めて福建省茶葉分公司推奨をうけた、定評ある良質な本場の味を、心ゆくまで存分にお味わいください。

福建省茶葉分公司推奨◎ウーロン茶はサントリーのこと

福建省安渓の茶工場で働く 陳 婉燕さん

お茶の葉主義

ウーロン茶専門家の李光玉さん（恵安県対外貿易公司）

福建がよろしい。昔からよろしい。

お茶の歴史ははじめ中国に野生する木でした。つまり、世界中のお茶は中国が原産というわけですね。各地にいまでも樹齢何百年、なかには齢千年をこえるという茶の大木が現存するという話です。どうやらから、二千年ほど前には、とくに四川省のあたりではお茶が盛んに飲まれていたらしい。飲器に当然全国の各地でお茶が栽培されるようになりました。そうして中国茶の長い歴史のなかで、本場に茶どころといわれる福建省のお茶は早くから光を抱いていたのだろう。その、お茶を愛した中国人の舌が作り上げた本家本元だけあって中国の人たちがたい、そのあ

そのあと揚子江だいに下り、大きな勢いで中国全土へと拡がっていったといわれます。緑茶から紅茶、烏龍茶、花茶と凝りに凝ってお茶を作り上げた中国人の舌から見て、福建省のお茶は早くから光を抱いていた、イイモノはイイというか。その用も、その陽光も、その空気も、その水も、その人がひとつの気候、温暖にして湿潤。そのけもたりとの烏龍茶、福建省のですから、さまざまな微妙な元素がまさにお茶づくりにピッタリなのでしょう。

けんと自然のままをたいせつにしているよう。発酵を途中でとめる半発酵の技の絶妙、ウーロン茶は福建省のおやりかたで、お湯にじっくりひたし、そろそろと撹拌し、抽出していただきました。その品質に対して、本場福建省茶葉分公司の推奨を、日本で初めていただきました。歴史が磨いたおいしさは、今年も十分魅力ますし、味が十分肌に沁みますし、香り、味が十分しっとりとし、一番煎じにしか使えない。こうすると香り、味が十分しっかり、一番煎じにしたおいしさは、今年もおいしい。サントリーのウーロン茶のおいしさです。

福建省茶葉分公司推奨◎ウーロン茶はサントリーのこと

真面目力でおいしい。

〈お茶の葉は正直です〉

ウーロン茶の国・中国福建省の茶畑という と、何だか地平線に届きそうなほど広い茶畑 の風景を、想像してしまいそうですが、実際 の茶畑は案外小さいのが多い。その主な理由 のひとつに「人力」ということがあります。 福建省では、茶摘みも手入れも、人の手で行 うというわけですね。人に近しい。

この、人に近しい、ということが、茶畑の あり方だけでなく、ウーロン茶をつくる製茶 工程の全体を通じて貫かれている、福建省の 姿勢だといえると思います。摘んだ茶葉を干 して、発酵を待ち、火を入れて……人はその いちいちの工程にきっちりつき合う。お茶に 自分を合わせる。

お茶の葉は正直です。人とのつき合い方が 味にはっきり出ます。福建省のウーロン茶の おいしさは、お茶と人とのそんな生真面目な つき合いのおいしさです。

サントリーのウーロン茶は、福建省茶葉分 公司と協力の上、特にサントリー用に品質の よい原料茶を毎年キメ細かく選定し、作って います。日本で初めて福建省茶葉分公司の推 奨をうけた、定評ある良質な本場の味を、心 ゆくまで存分にお味わいください。

〈福建省はサントリーウーロン茶〉

福建省茶葉分公司推奨◎ウーロン茶はサントリーのこと

お茶の葉主義

お茶の葉主義

サントリーウーロン茶のおいしさは、本場中国福建省の、自然のお茶の葉だけで作った、そんな風土のおいしさです。
サントリーウーロン茶のおいしさは、なかでも良いお茶の葉だけを、一葉一葉手で丹念に摘んだ、そんな人間のおいしさです。

福建省茶葉分公司推奨 ウーロン茶はサントリーのこと

〔茶工場の娘さんの手〕

ウーロン茶の国・中国福建省の茶工場に入ると、沢山の娘さん達がウーロン茶葉の選別にとり組んでいました。茶葉の大きさを揃えたり、茎や異物をとり除いたり。とても一見単純な作業なのに、そんな手つきひとつからも、福建省のウーロン茶づくりといった大きいものが、確かに伝わってきました。福建省の人々とウーロン茶づくりとの深い仲が、見えるようでした。

そう、ウーロン茶づくりは、茶畑で生葉をつむときも、「半発酵」という微妙なハウツーによってウーロン茶に仕あげるときも出来栄えをうけた、定評あるその上質な本場の味を、日本で初めて福建省茶葉分公司の推奨をうけた、定評あるその上質な本場の味を、どうぞこれからもご愛飲ください。

〔日本のウーロン茶の顔〕

サントリーのウーロン茶は、福建省茶葉分公司と協力の上、特にサントリー用に品質のよい原料茶を毎年キメ細かく選定し、作っています。日本で初めて福建省茶葉分公司の推奨をうけた、定評あるその上質な本場の味を、どうぞこれからもご愛飲ください。

◎中国福建省茶葉分公司推奨
ウーロン茶は、サントリーのこと

真剣

お茶の葉主義

福建省茶葉分公司推奨ウーロン茶はサントリーのこと

newspaper ad / poster   Suntory, 1987·1988

ウーロン茶はサントリー、のこと

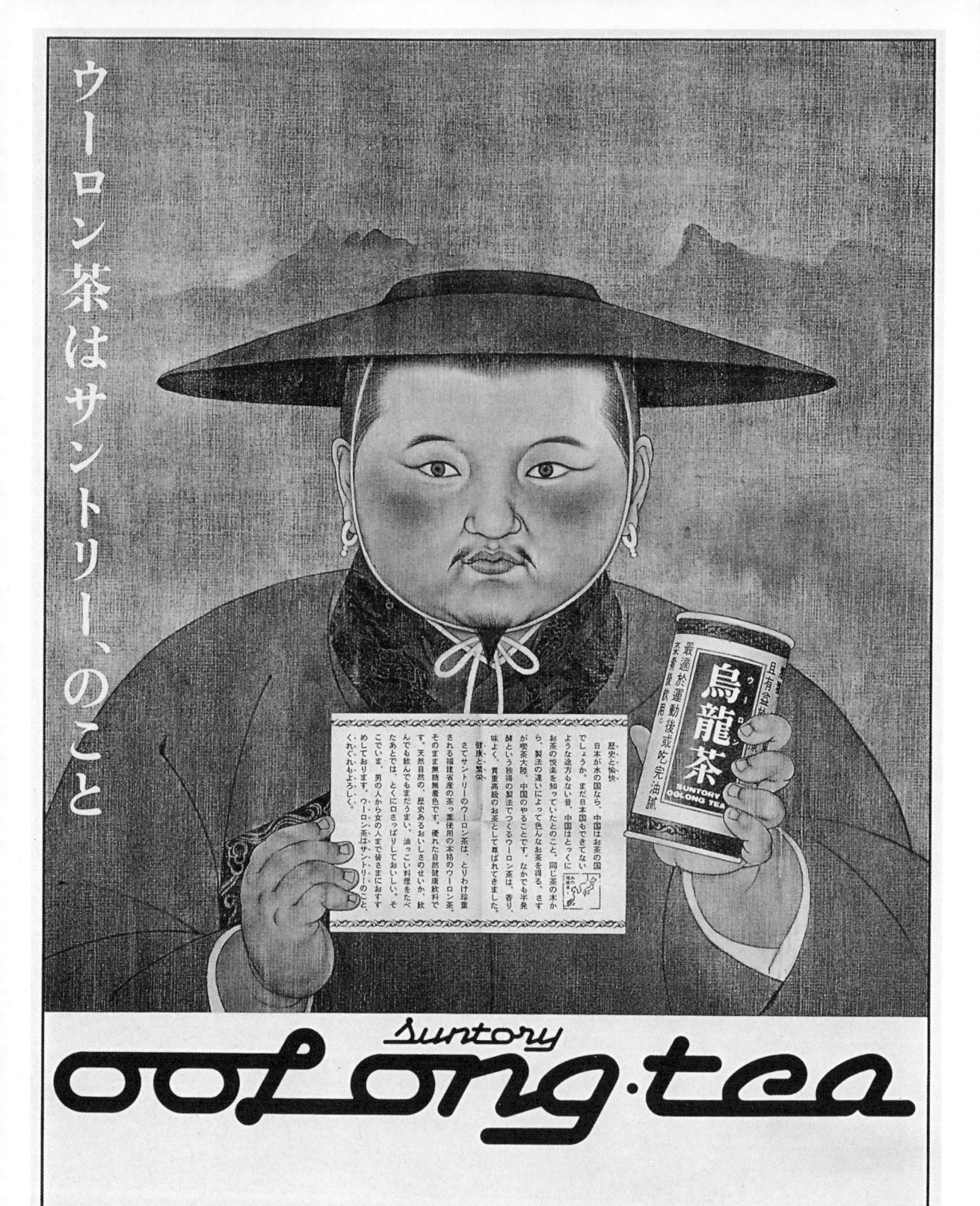

suntory ooLong·tea

大陸の味がする ◇ サントリーのウーロン茶 ◇ 福建省産原料・100円

幸福庭園、ウーロン茶はサントリー

suntory oolong·tea

大陸の味がする◇サントリーのウーロン茶◇福建省産原料・100円と200円

newspaper ad   Suntory, 1983-1984

幸福は小さなウーロン茶の積み重ねなのよ、と母。ただし、サントリーのな、と父。

（笑）

フッケンショウチャ ヨウ ブン コウ シ
福建省茶葉分公司推奨
「ウーロン茶はサントリーに限るのこと」

newspaper ad   Suntory, 1985–1987

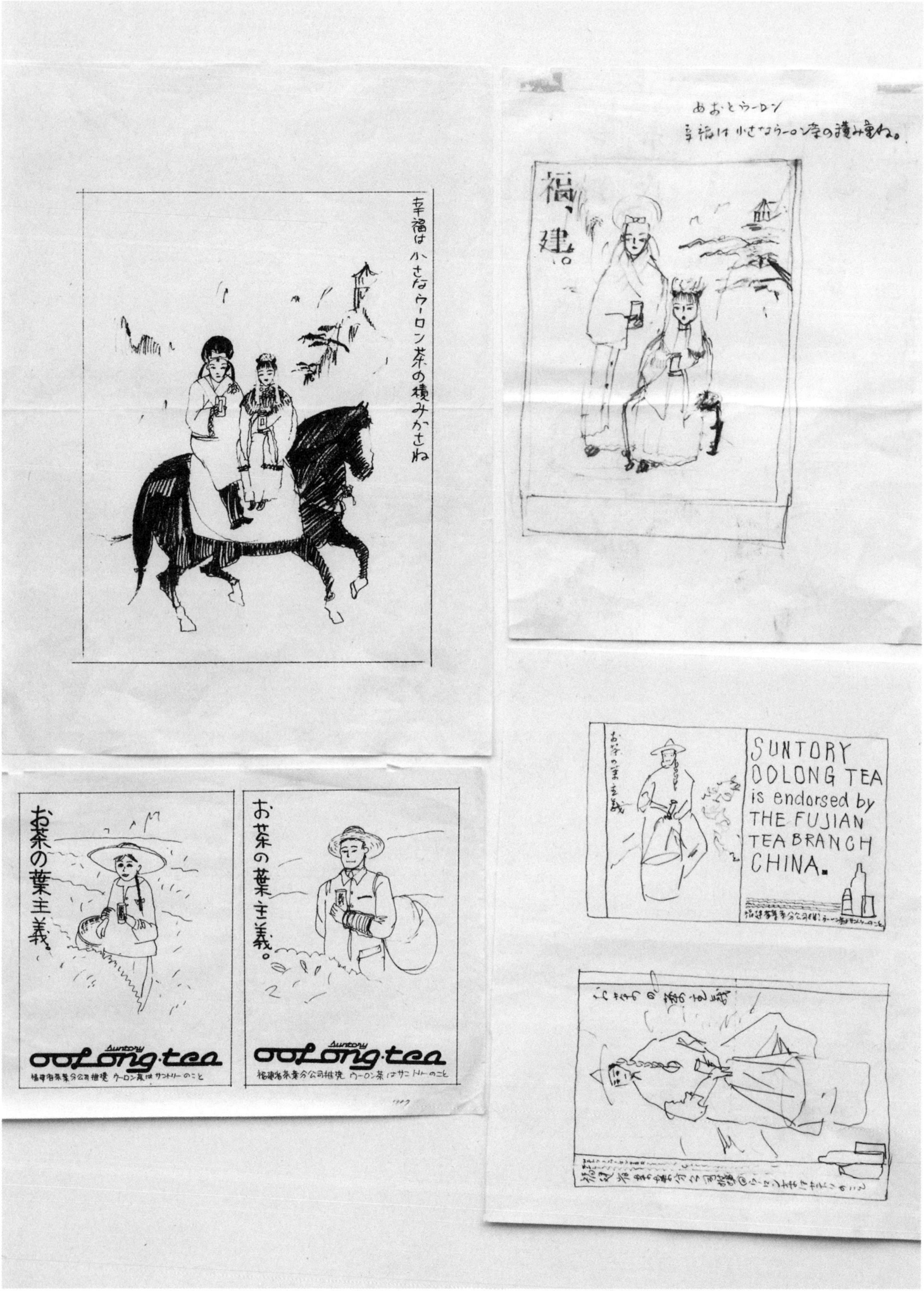
幸福は 小さなウーロン茶の積みかさね
幸福は 小さなウーロン茶の積み重ね。
福、建。
SUNTORY OOLONG TEA is endorsed by THE FUJIAN TEA BRANCH CHINA.
お茶の葉主義。
Suntory
oolong·tea
お茶の葉主義。
Suntory
oolong·tea
福建省茶葉分公司推奨 ウーロン茶はサントリーのこと

sketch Suntory, 1987-1984

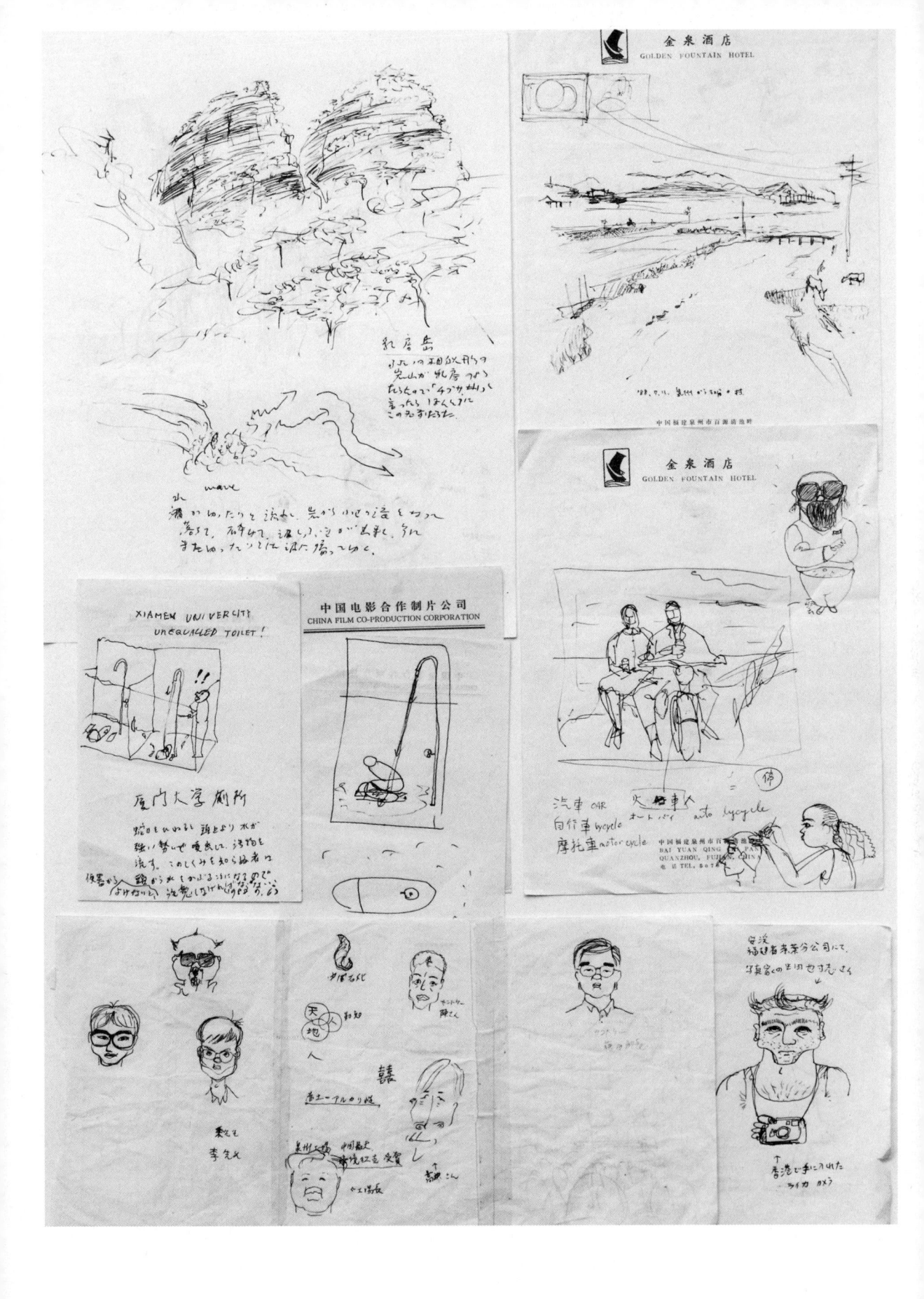

わたしのなかの わたし

UNITED ARROWS LTD.
www.united-arrows.co.jp

© Gianluigi Toccafondo

© Gianluigi Toccafondo

わたしのなかの　わたし

UNITED ARROWS LTD.

www.united-arrows.co.jp

わたしのなかの　わたし

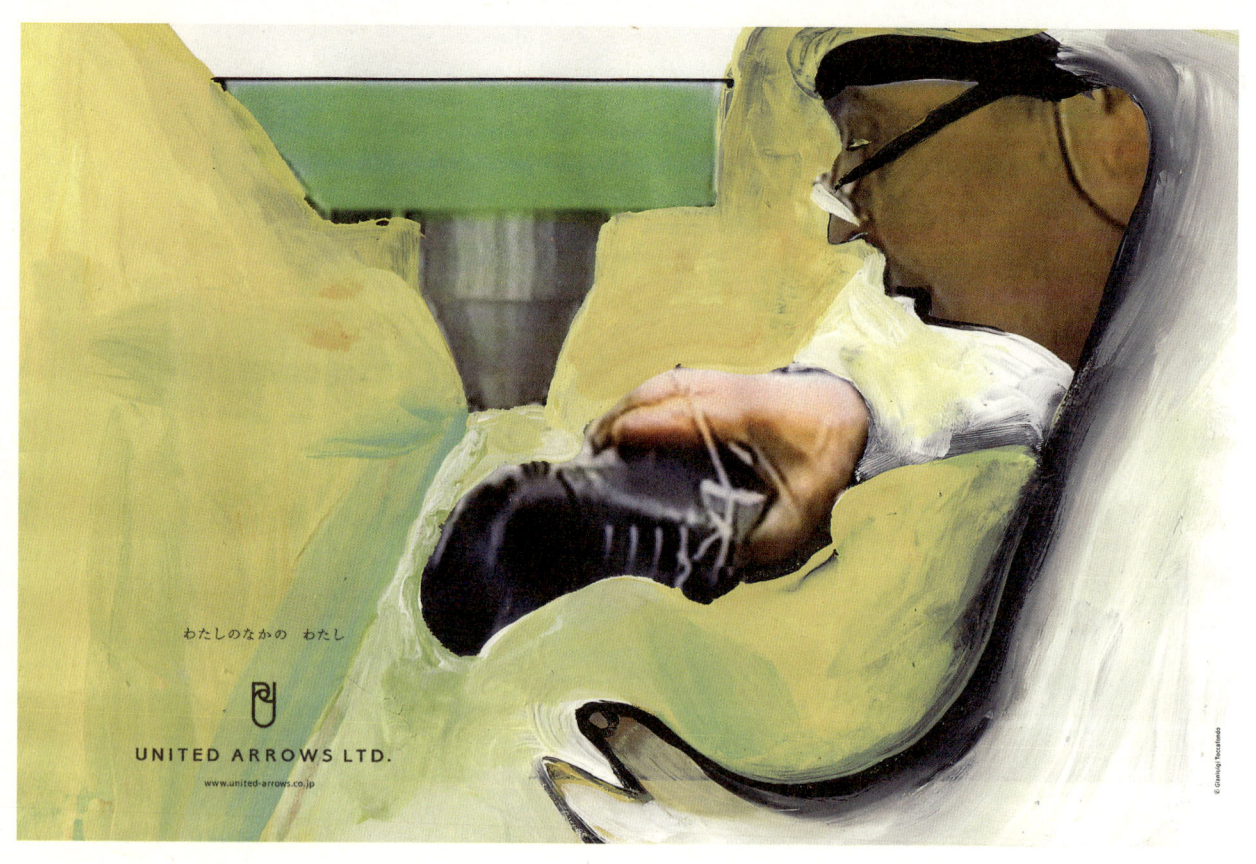

UNITED ARROWS LTD.
www.united-arrows.co.jp

わたしのなかの　わたし

UNITED ARROWS LTD.
www.united-arrows.co.jp

わたしのなかの わたし

UNITED ARROWS LTD.

www.united-arrows.co.jp

© Gianluigi Toccafondo

magazine ad   United Arrows, 2006-2007

© Gianluigi Toccafondo

わたしのなかの　わたし

UNITED ARROWS LTD.
www.united-arrows.co.jp

© Gianluigi Toccafondo

わたしのなかの わたし

UNITED ARROWS LTD.
www.united-arrows.co.jp

わたしのなかの わたし

commercial film United Arrows, 2005 269

IRASSYAIMASE

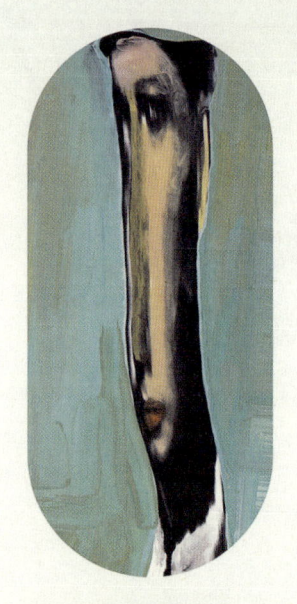

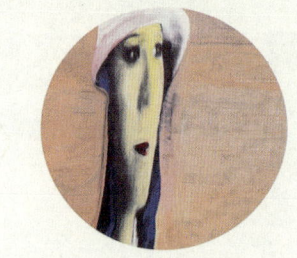

THE WORLD BEST IRASSYAIMASE

UNITED ARROWS

9.1 Renewal Open
HARAJUKU

for MEN
3-28-1 Jingumae Shibuya-ku
Tokyo 150-0001

for WOMEN
2-31-12 Jingumae Shibuya-ku
Tokyo 150-0001

www.united-arrows.co.jp

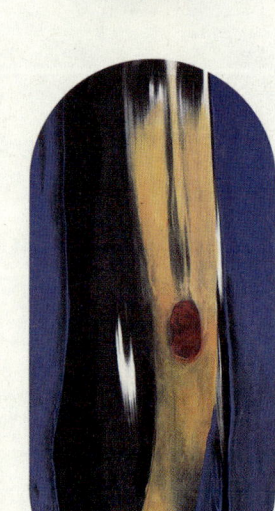

世界で、いちばん、いらっしゃいませ。

IRASSYAIMASE

IRASSYAIMASE

THE WORLD BEST IRASSYAIMASE

世界で、いちばん、いらっしゃいませ。

UNITED ARROWS

9.1 Renewal Open

UNITED ARROWS HARAJUKU
for MEN
3-28-1 Jingumae Shibuya-ku Tokyo
150-0001

UNITED ARROWS HARAJUKU
for WOMEN
2-31-12 Jingumae Shibuya-ku Tokyo
150-0001

原宿本店は、新しくメンズ館に。本店向いに、新しくウィメンズ館。

www.united-arrows.co.jp

IRASSYAIMASE

THE WORLD BEST IRASSYAIMASE

世界で、いちばん、いらっしゃいませ。

UNITED ARROWS

9.1 Renewal Open

UNITED ARROWS HARAJUKU
for MEN
3-28-1 Jingumae Shibuya-ku Tokyo
150-0001

UNITED ARROWS HARAJUKU
for WOMEN
2-31-12 Jingumae Shibuya-ku Tokyo
150-0001

原宿本店は、新しくメンズ館に。本店向いに、新しくウィメンズ館。

www.united-arrows.co.jp

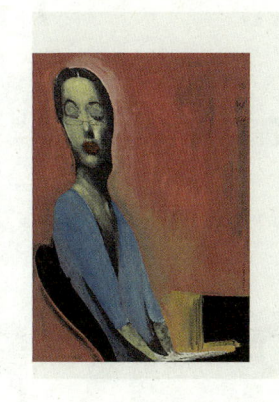

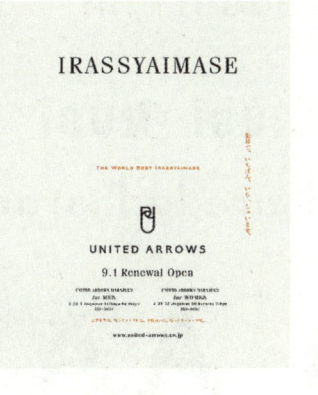

magazine ad   United Arrows, 2003

IRASSYAIMASE Anataga Dareka S Sasotte Turete

Koiha Mitsagasite Singomati Siteiru Dekireb

Sakamiti Hikarino Otiba Utukusi Mati K

Kokoroni hi Utawo Daijina Hitoto G Gojibun

uremo Kokoroni Utawo Daijina Hitoto

Anataga Dareba S Sasotte Turetekuha Do
♥ Negawgawakuha uha Kok Kokoroni ni Utaw

tiwo sagasagasite Singomatii Siteiru Dekireb
Gojibunnoibunno Karadani ini Aiwo Ku

Sakamiti Hikarino (Utukusi Kusi Mati Kokoha
Hitoto G Gojibunn KaradarKaradani ni Aiwo

ITEEDD AAR R
UNITED ARROWS

274

commercial film United Arrows, 2003 275

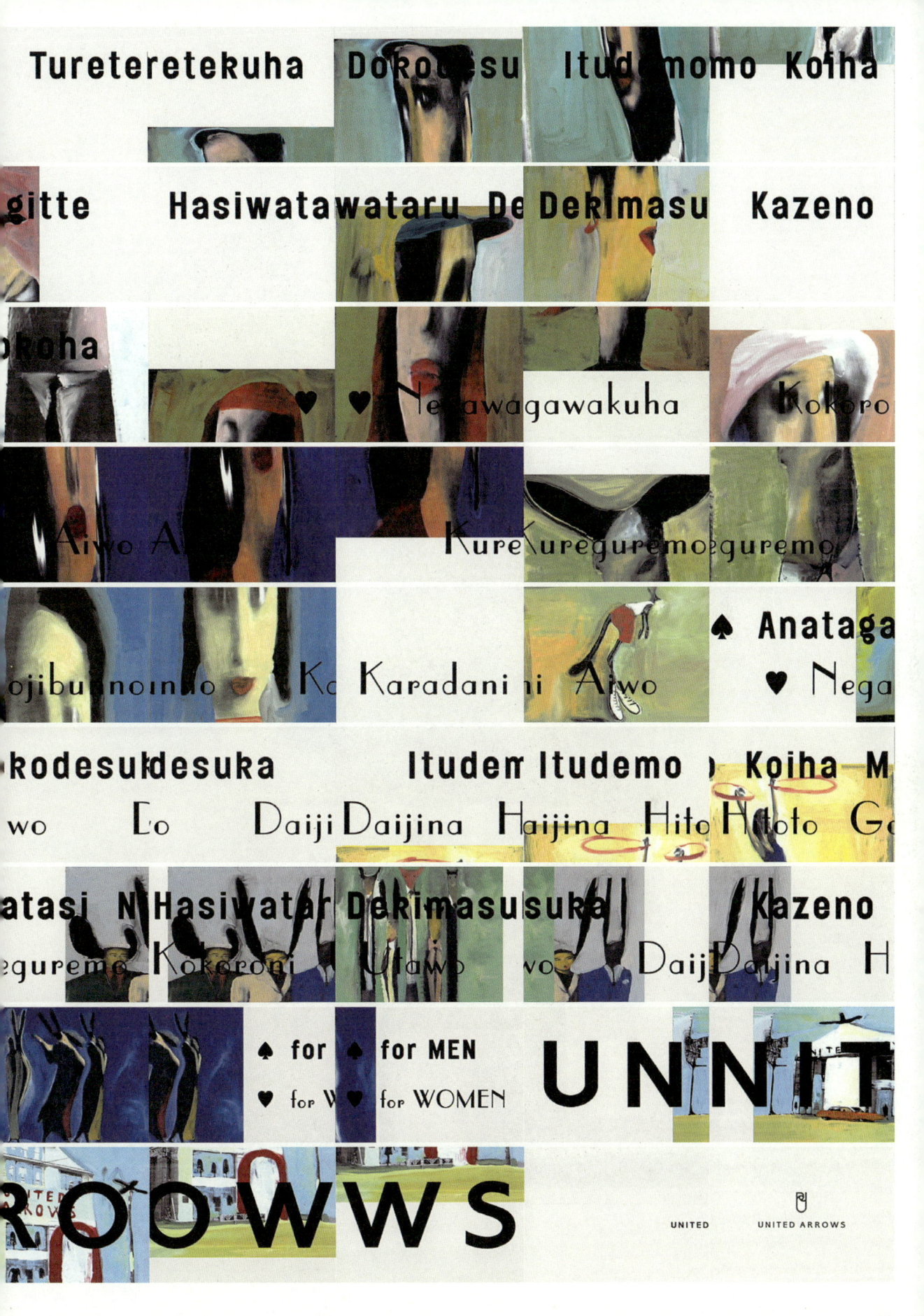

デビュー ダ ブー

本日より株式を店頭公開いたしました。
ユナイテッドアローズといいます。仕事は、
つまり、その、お店ですね、お洋服の。いわ
ゆるブランドもの、とかじゃなくて。ほんと
うにいいもの。きごこちのいいお店って感じ
かな。新しい世代の「老舗」をめざします。

UNITED ARROWS

私たちは。

私たちの名前は、ユナイテッドアローズ。
日本語にすれば、たばねた矢。
自己紹介と東証一部上場のご報告をいたします。

この国で生活して幸福に思うことは
この国の美しい伝統と文化につつまれていること。
そして同時に、世界と風通しよくつながっていること。

私たちは、東京原宿にはじまり、全国各地に
いくつかの形態のファッションのお店を開いています。
日本の心と、世界的な広い視野を大切にして。

世界から見て、敬愛される日本の美の、感受性を。
日本から見て、生活の新しい規範となる、世界性を。
形態は違っても、貫く価値観は同じ、たばねた矢。

このたび、3月3日をもちまして
東京証券取引所市場第一部に上場いたしました。
お客様並びに関係者の皆様に厚く御礼申し上げます。

UNITED ARROWS

united arrows green label relaxing

CHROME HEARTS

Another Edition

THE SOVEREIGN HOUSE

UA LABO

⌘ UNITED ARROWS LTD.

UNITED ARROWS

UNITED ARROWS

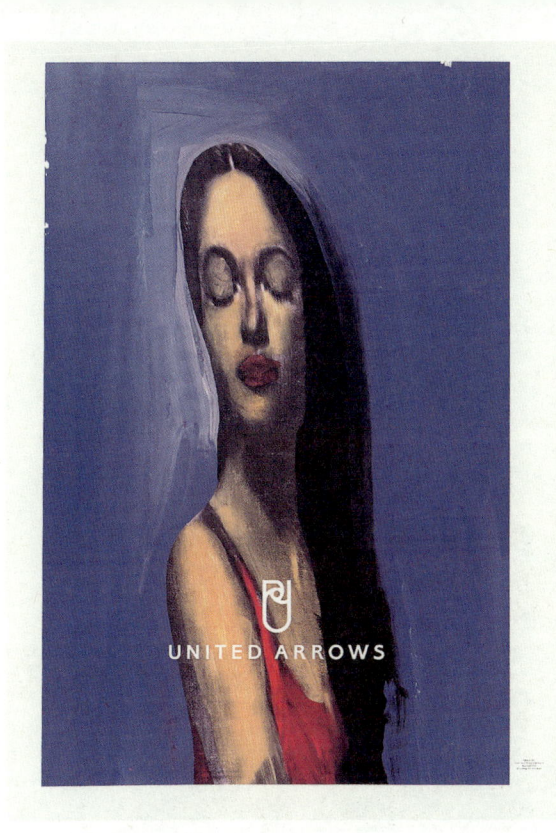

poster   United Arrows, 1997–1999   279

5　　　4　　　3　　　2　　　1

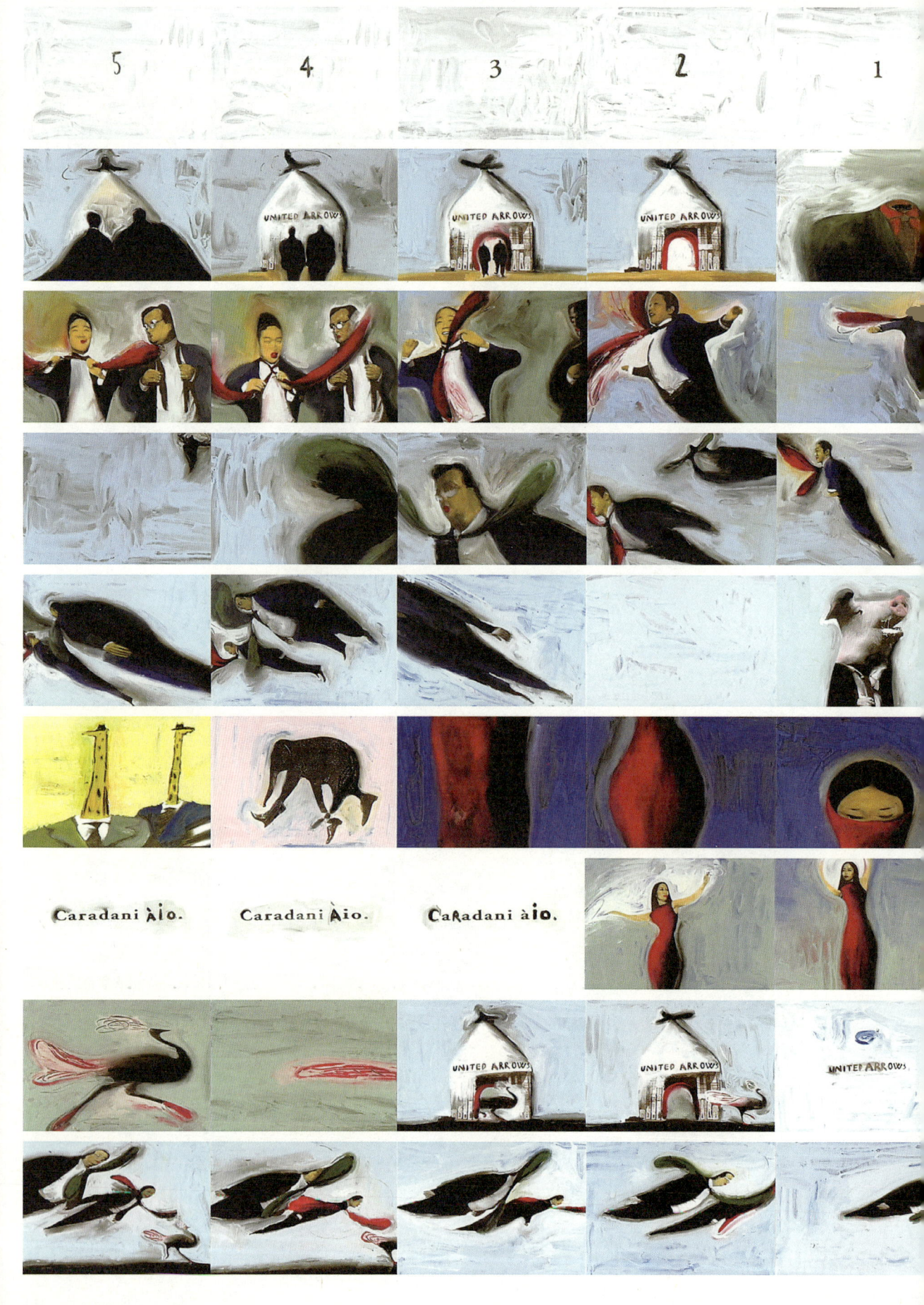

Caradani Àio.　　Caradani Àio.　　Caradani àio.

commercial film   United Arrows, 1999   281

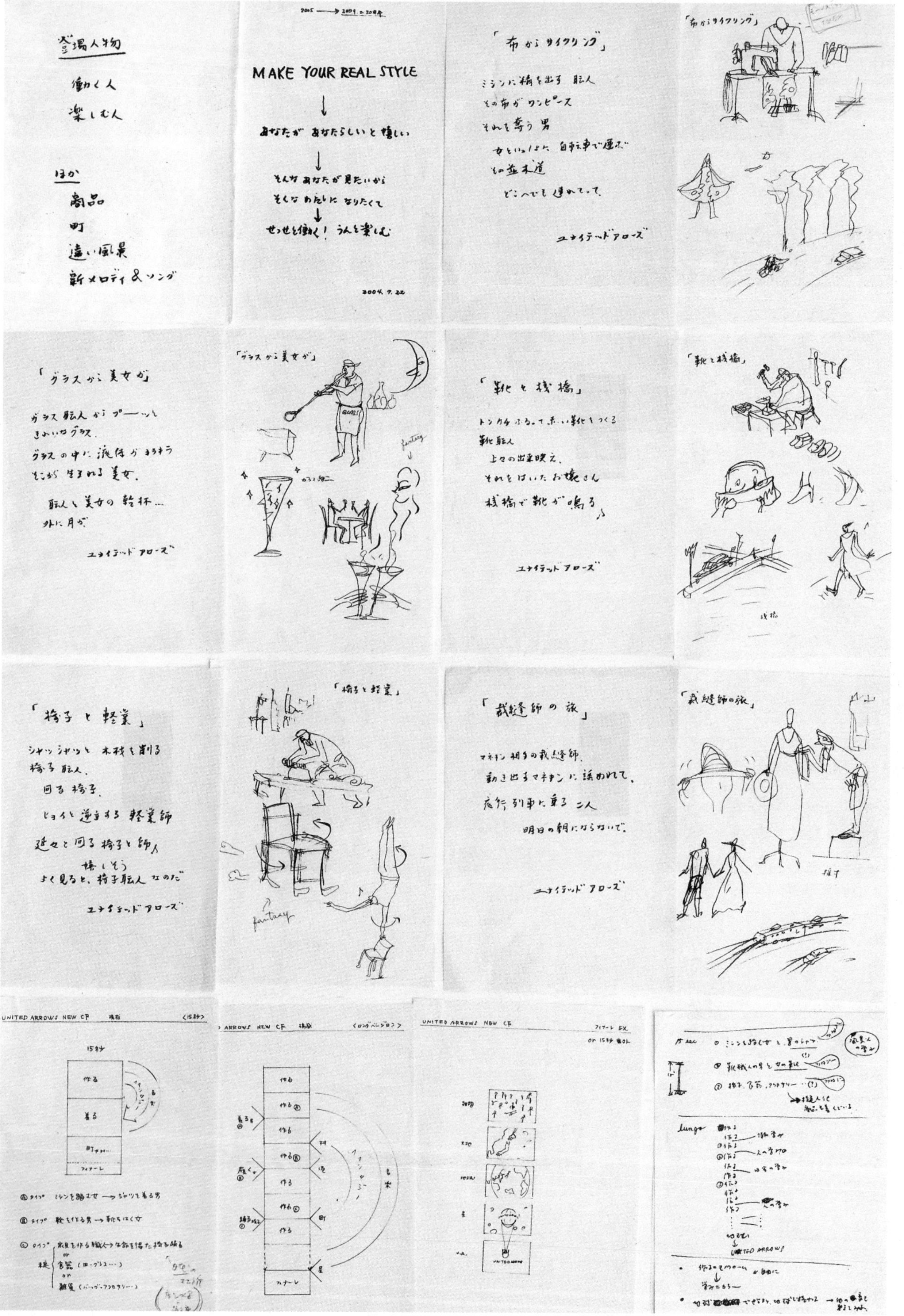

(a) 靴職人

リヤカー(95)に始まり、 1〜23でエンド

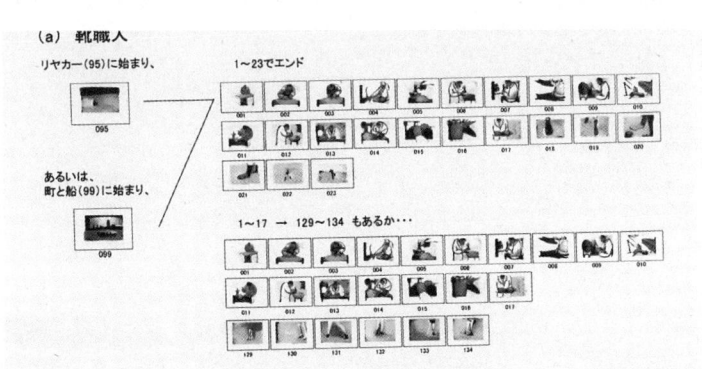

あるいは、
町と船(99)に始まり、 1〜17、129〜134 もあるか…

例えば15秒の場合
(b) ミシンを踏む女

列車(48)に始まり、 27〜46でエンド

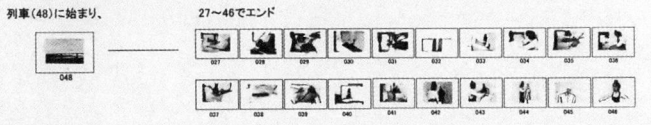

例えば15秒の場合
(c) 家具職人

飛行機(69)に始まり、 49〜68でエンド

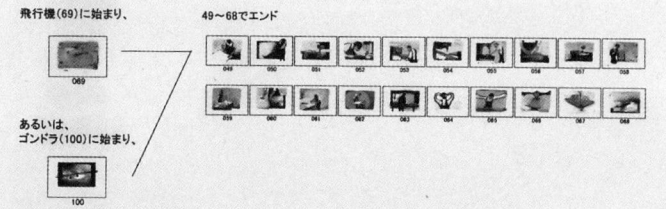

あるいは、
ゴンドラ(100)に始まり、

例えば15秒の場合
(d) ガラス職人

バイク2人乗り(101)に始まり、 70〜85、そして91につながりエンド

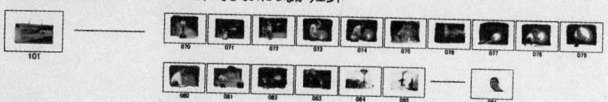

ワタシノ ツクリカタ
わたしの つくりかた
ワタシノ＜ナカノ＜ワタシ
わたしの＜なかの＜わたし
ユナイテッドアローズ
洒落と、伊達。
IMAGE（イメージ）は NATION（国）よりも大きい。
　　（想像力）
　　　　　　　　UNITED ARROWS

self in myself 　　　　　【英】

même en moi-même 　　【仏】

mismo en sí mismo 　　【西】

selbest ins mein selbest 【独】

stesso in io stesso 　　　【伊】

我中的我 　　　　　　　【中】

UNITED ARROWS 2005 MUSIC-MATERIAL

1 : Piano Forte 2005 WALTZ	3:00
2 : Piano Forte 2005 AD-LIB	2:16
3 : BON-BON BAND MIX	1:57
4 : BON-BON BAND RHYTHM	1:55
5 : 1998 BAND RHYTHM	1:36
6 : 1998 BAND GUITAR	1:29
7 : QUINTET	3:23
8 : WHISTLE	2:11
9 : REGGAE	3:39
10 : BLUES BAND #1	2:02
11 : BLUES BAND #2	2:02
12 : BLUES BAND #3	2:02
13 : BLUES BAND #4	2:29

sketch / memo　United Arrows, 2004

ユナイテッドアローズがとどける

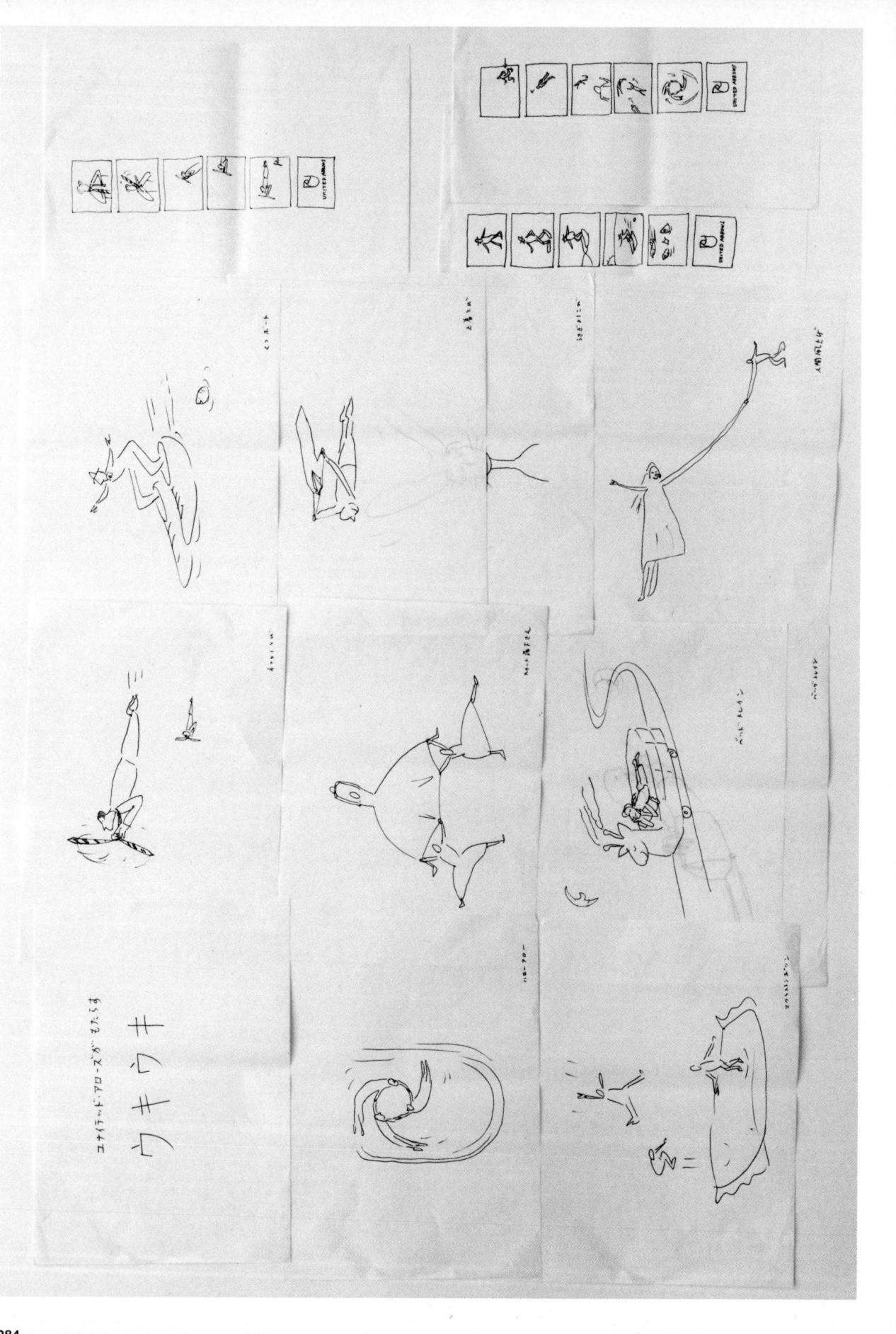

ウキウキ

sketch / memo   United Arrows, 1996·1997

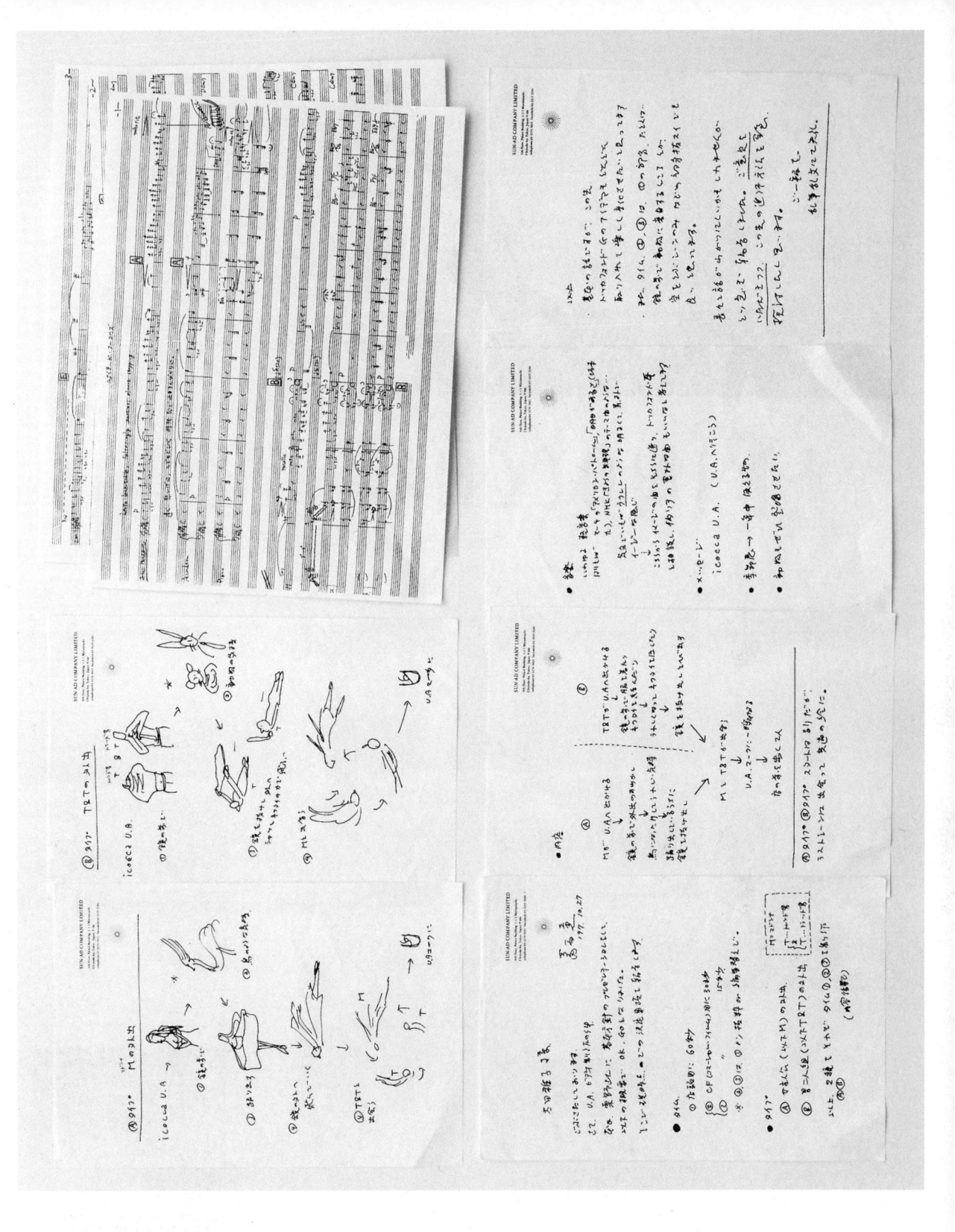

286 exhibition flier / book design   Little More, 2000

poster / book design　Little More, 2004

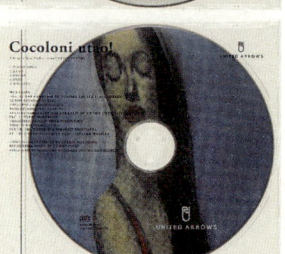

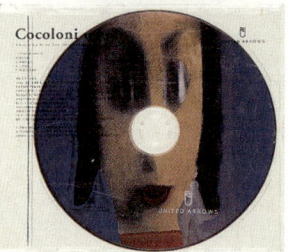

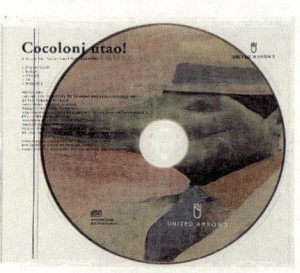

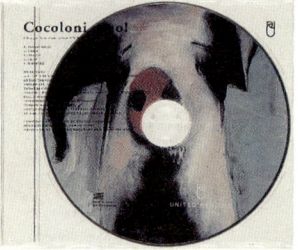

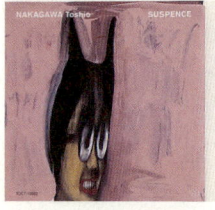

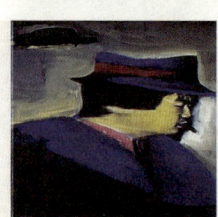

288　　1: CD jacket　United Arrows, 2002　　2: CD jacket　Toshiba EMI, 1999

concert poster Mr.Music, 2005

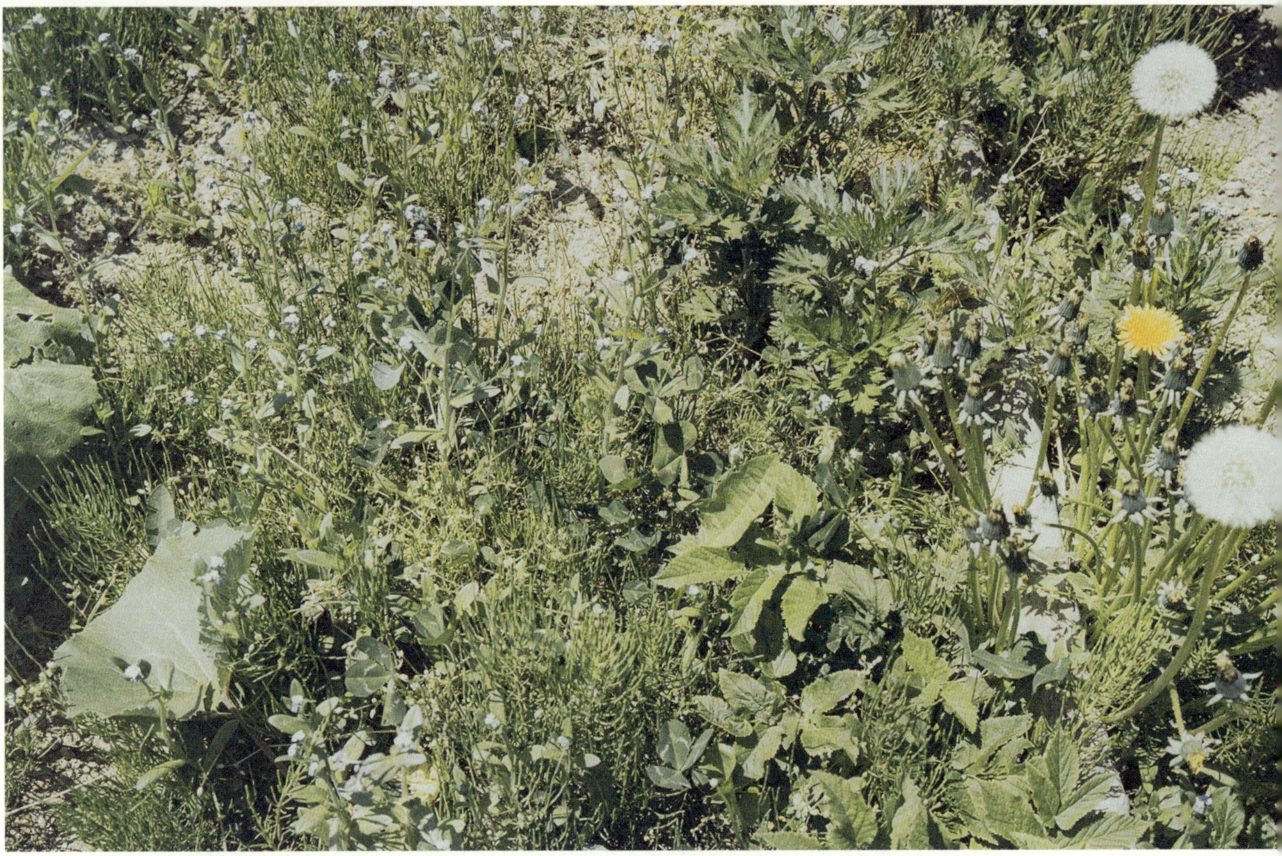

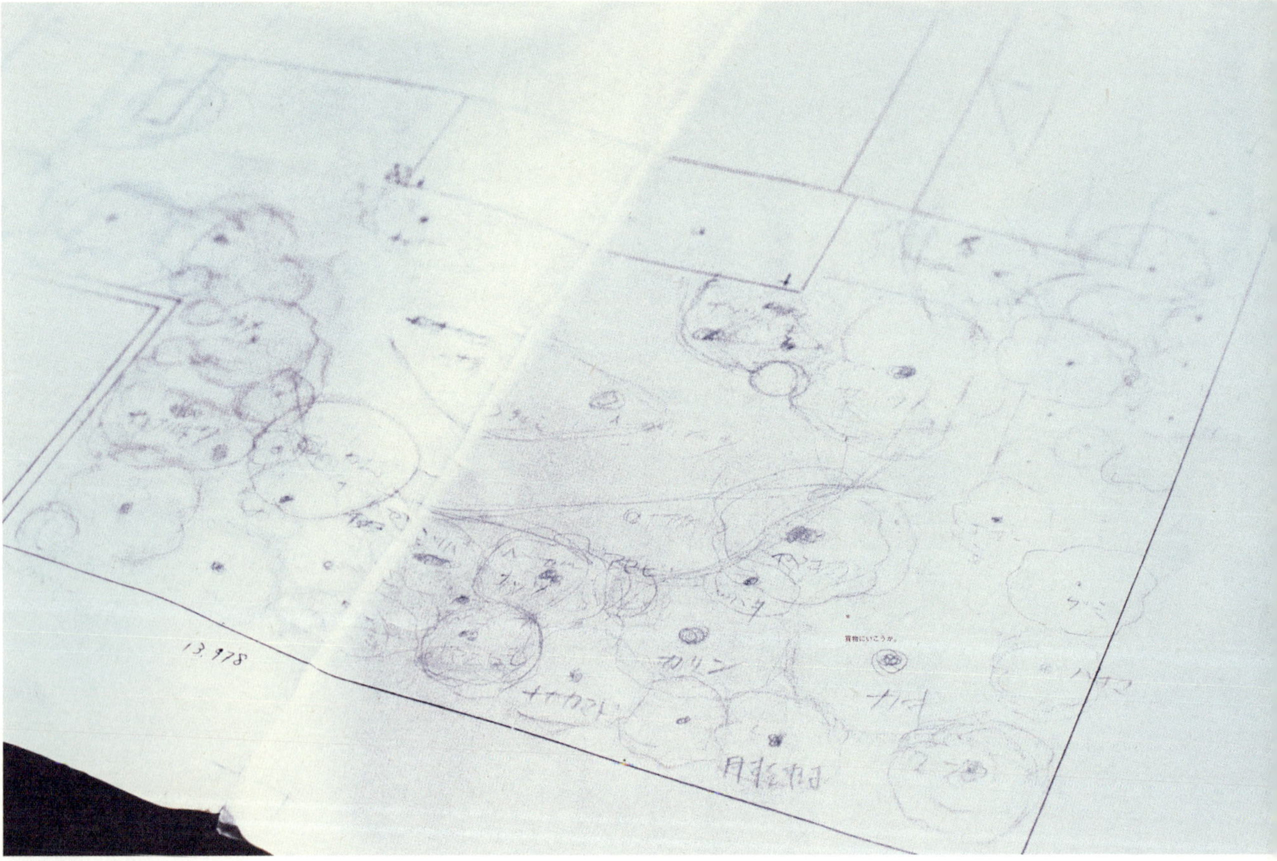
買物にいこうか。
13.978
カリン

newspaper ad United Arrows, 2002 291

グローバルとか
コスモポリタンとか
恥ずかしい。

ただ
アメリカの音楽が好きだし
ヨーロッパの趣味が好きだし
日本のお醤油が好きです。

こどもは
ナポリタンが好き。

ユナイテッドアローズ グリーンレーベル リラクシング 横浜店
ルミネ横浜4Fに2002年3月1日オープンします。
www.united-arrows.co.jp/glr

united arrows
green label relaxing

ちかごろ
思うのですが。

たとえば30才になるとき
20代や10代の自分は
どこに行ってしまったのか？
消えたのか？

消えないでしょう。
それは
30才になった自分が
新たに加わる
そんな感じがする。

ユナイテッドアローズ グリーンレーベル リラクシング 横浜店
ルミネ横浜4Fに2002年3月1日オープンします。
www.united-arrows.co.jp/glr

united arrows
green label relaxing

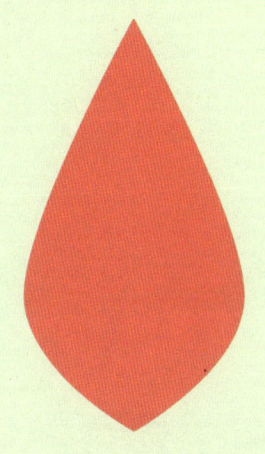

united arrows
green label relaxing

この駅で君と待ち合わせて

携帯電話が発明されて　人間たちは携帯電話の鳴らない　さみしさを発明してしまったんだね　すこしまえメールが発明されて　メールの着信しないさみしさ　を発明したように　用件のない日の　さみしさ　というのではなく　郵便さえ　手紙の届かない　さみしさ　の発明だったかもしれない　むかしがよかった　というのではなく　こうして　この駅で君と待ち合わせていることが　僕は好きだ　それはきっと　変わらない　誰だって　こうして現れるひとを待つことは　現れるひとのいることは　ただむかしなら10分でも　へいきだった　いまは携帯電話のつながらない　20分でも　発明されてしまったから　どうしたのかな　まだ電車のなか　なのだろう　と思いつつ　待っている　たとえ何が発明されたって　もうすぐ　現れる君を待っている　この人ごみのなか君を探す　リアルな時間が　僕は好きだ　ちょっと遅れてちょっと心配して　でも現れる　きっとすぐに駆けてくるその確かさが　手をのばせば　さわれる君の　手をとってあるきだす　あれこれ迷う　君の買いもの　君の気にいるそのシャツも　そのてざわりや　えりのかたち　そういうことの　ひとつひとつが　かけがえのない　消去されないまいにちになる　目の前にある　てざわりのある　時間のひとこまひとこまが　誰だって　ほんとうは　欲しいんだだから　こうして　この駅で（……それにしても　遅いな）

グリーンレーベル　リラクシング　品川店オープン
ユナイテッドアローズから生まれた洋服と雑貨のお店です。
品川駅中央改札口を出てウィング高輪EASTの1Fへ

〒108-0074 港区高輪3-26-20 ウィング高輪 EAST 1F　TEL 03-3441-5226　営業時間 10時〜21時45分

united arrows
green label relaxing

294 poster United Arrows, 2004

きっと彼女はすてきだった

春はあけぼの。夏は夜が好き。とくに月の夜が好き。

かわいいもの。こどもは、ぽっちゃりしているほうがかわいい。
めったにないもの。欠点のない人間。けんかしない家族。

悔やまれるもの。失敗した服。いちばん悔しい。
暑苦しいもの。かたくるしい男の服。多すぎる女の髪。
きれいなもの。素焼きのお皿。あたらしい畳。水のしぶき。

むさくるしいもの。刺繡の裏がわ。ネコの耳のなか。
実家に帰ったとき。両親が元気だと、ほっとする。
恐ろしいもの。夜の雷。近所に泥棒が入ったとき。

ジャケットは、若草色やさくら色、淡い色が好き。
スカートは、プリント地の、軽いのが好き。
服は、やっぱり、品のよいコーディネーションがたいせつ。

今から千年も昔に、こんなエッセイを書いた女性がいる。
清少納言、枕草子。あ、わかるな、その感じ。

グリーンレーベル リラクシング 静岡店が、
本日3月18日、静岡駅ビル パルシェ1Fにオープンします。
ユナイテッドアローズから生まれた、洋服と雑貨のお店です。
〒420-0851　静岡県静岡市黒金町49 パルシェ1F
TEL 054-275-0663　www.united-arrows.co.jp/glr

united arrows
green label relaxing

newspaper ad　United Arrows, 2003　295

book design   The Mainichi Newspapers, 2008

人生を3つの単語で表すとしたら
express a life in three words

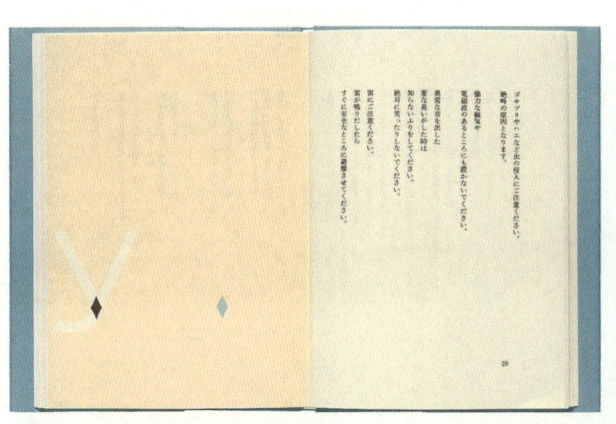

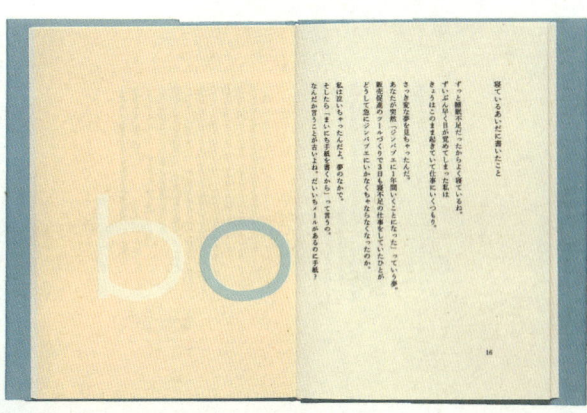

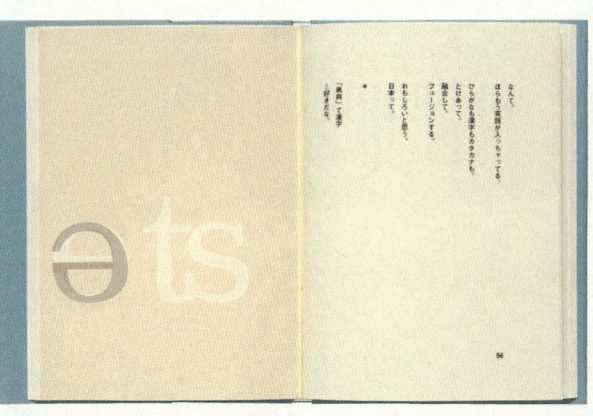

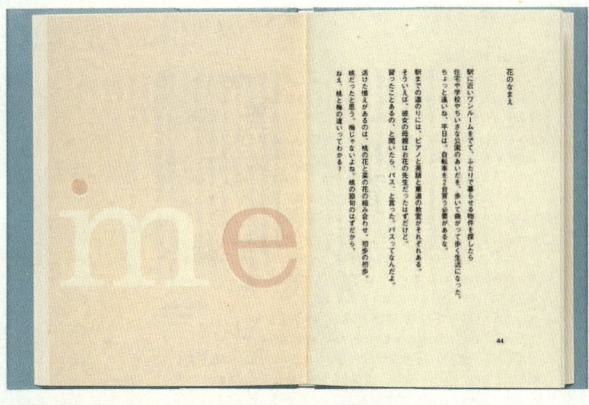

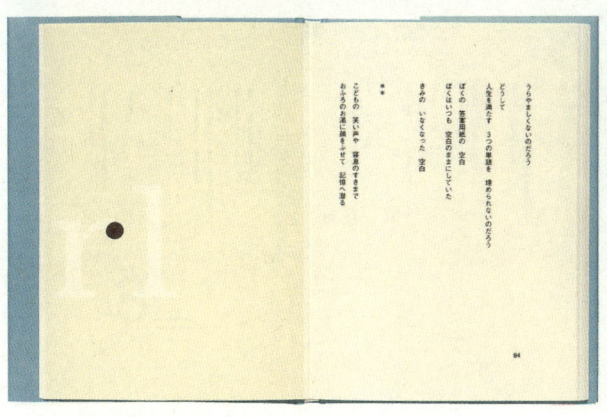

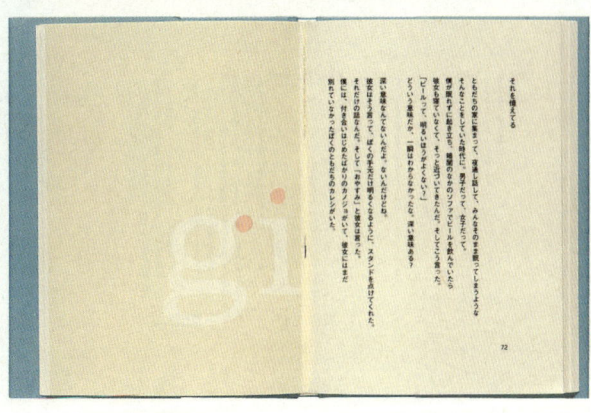

一倉 宏
画 葛西薫

book design　Kodansha, 2003

#01　犬になるとき

川沿いの道へ犬の散歩に来るひとたちは、いつか顔見知りになった。
とはいえ名前も職業も知っているわけでなく
ただおたがいの犬の名を親しく呼びあうくらいの仲であったけれど。
ある休日の夕暮れに、ささやかな事件がおきた。
いつものように犬たちのごきげんをたずねあう立ち話の最中に
シェルティの「リム」をつれた奥さんが、コンタクトレンズを落としたのだった。
私たちは四つん這いになって、ちいさな見つけにくい落としものを探した。
犬たちは飼い主の異常な姿態に、あわてたり、とまどったりした。
コンタクトは見つからなかった。奥さんはなんども、ありがとう
ごめんなさい、もういいです、と言った。冬の陽は沈みかけていた。
ありがとう、ごめんなさい、もういいんです、ほんとうに。
すでに夕闇に入った。もう無理かな、これ以上は、と思ったそのとき
だれかが「いつもこういう光景をみているんだ、犬たちは」と言ったのだ。
みんなが、影の延びた地面や雲の鈍く光る夕空を見渡した。
たしかに、ひとは道に落ちたコンタクトレンズを探すときでもなければ
犬たちと同じ目線でまわりの風景を見ることはないだろう。
私たちは、なるほど、そうですね、と笑いあいながら立ち上がった。
見つからなかったことへの、照れかくしのような慰めのような
そのひとことに、なぜかみんなが救われた気がした、ある日のこと。

グリーンレーベル リラクシングは
ユナイテッド アローズから生まれた洋服と雑貨の新しいお店です。

#02　泣いたオムレツ

いまでも忘れない。
「はじめてのおつかい」を無事クリアして、まだ間もない頃のこと。
その日のおつかいは難題だった。「卵のパック」だった。
それがきわめてデリケートな物体であることを、私は意識しすぎたのかもしれない。
まずいことに私は、緊張すると足がもつれてよくコケる子だった。
卵は、みごとに全壊した。
そのときの気持ちをひとことではいえない。しかられるのはとうぜん覚悟した。
けれど不思議なことに、母は「しかる」のではなく「笑った」のだった。
笑いながら箸で殻を取り除き、オムレツをつくった。
台なしになった卵から、魔法のように美しいオムレツができた。
それから10年ほどたてば、母は朝から晩まで私をしかってばかりになった。
それからまた10年ほどたって、私は独立し、結婚をした。
オムレツを焼くとき、いつも考えることがある。
あのオムレツを見て、大泣きした理由は何だったんだろう。
ただホッとした、というのとも違う。失格、絶望、救い、繋ぎ。
なんだか「人生というもの」が、よくわからなくなって泣いた気もする。
母に、この思い出は話さない。「愛情よ」なんて片付けられるのが
シャクにさわるから、いまはまだ。

グリーンレーベル リラクシングは
ユナイテッドアローズから生まれた、洋服と雑貨の新しいお店です。

#03 きょうも「5963」

娘を保育園に送って国道にもどる右折車線は、いつも長めの信号待ちになる。
この数分間は、ちょっとした空白時間だ。
朝の用事と仕事のはじまりのあいだで、気持ちを着替えている、
つかのま、心が裸になる、そんな感じもある。
いつの頃からか、ぼんやりと周囲のクルマのナンバーを「読む」習慣ができた。
なんだか、「きょうのおみくじ」でも引くように。
なかなかね、そんなにピタッとくる「お告げ」には出会わないものだけど、
せいぜい「8929」を「ヤクニク」と読んで、晩ごはんを焼肉に決めたりとか。
そうそう、信号待ちの列に割り込んできた県外ナンバーが「4207」
その通りに「シツレイナ」やつだったので、笑っちゃったこともあった。
「8251」で、20年も前の「ハツコイ」を思い出したり。
いちばん驚いた偶然は、とっても落ち込んでいたある時のこと。
目の前に「7974」「ナクナヨ」っていうトレーラーが停まっていたのだ。
右側のオレンジ色のランプをウインクさせながら。
こんなのはめったにあるものじゃない。
それでも、なにげなく出会った数字たちがちょっといいきっかけで
自分の心の鏡になることも、あるんじゃないかな、ね。
「3982」「サンキューハニー」なんて、たとえば、ね。

グリーンレーベルリラクシシングは
ユナイテッドアローズから生まれた、洋服と雑貨の新しいお店です。

2
7
8
4

#04 僕の好きな君の夏

温帯のグレーな雨季が終わって、僕たちの好きな季節がやってくる。
「いちばんは夏、だよね。イタリアンも中華も好きだけどいちばんは和食、みたいに。」
僕は君の意見に賛同する。「そうだね、やっぱりね。」
「ねえ、どこに行こうか、ことしは。」君は、そこにある夏を待ちきれない。
「行きたいところがあるんだ、わたし。」僕は、夏の記憶を浮かべている。
ふと思い出した話があったけど、もうきっかけは遅われていた。
半袖の白いブラウスがまぶしい、地下鉄が地下を抜け出たときの空のように。
「なに考えてんのよ、こいつ」ぷいっ、君がふくれる。
「‥‥‥いや、ちょっとね、むかし、ね。」
現代国語の、若いきれいな先生がいてさ、
あるとき授業で「君たちはどんなところで夏を感じるかな?」って言ったわけさ。
そしたらクラスの悪ガキが『おんな』って答えたんだ。」
やや沈黙。
「悪ガキって、誰だかわかってるもんね。」と、君は言う。
ああ、ビールが飲みたいなあ。
「つづきの話をしようよ、この夏の計画の。」
行きたいところへ行こうよ。
君と僕の、大好きなこの夏に。

グリーンレーベル リラクシングは
ユナイテッドアローズから生まれた、洋服と雑貨の新しいお店です。

poster United Arrows, 1999·2000

X M A S

クリスマスは魔法を使います。できるはずのないこと
を人に言わせたり、できるはずのないことをやらせた
り。いつもはちょっと見られない顔を見せてしまう。
どきめきとか、あやしさとか、切なさとか。人の心を
まどわす空気を、あたり一面にばらりと、こういう晩
をひとりかふたり過ごすのは、人間として恥ずかしいなどと
思わせてしまう。そんなクリスマスに、今年もまた、
持てるチカラのすべてで加担してしまった、西武です。

クリスマスの
しわざです。

SEIBU 西武

poster The Seibu Department Store, 1988-1990

poster   The Seibu Department Store, 1987

Photographer, PARCO

exhibition poster Parco, 1993

poster / badge   The Seibu Department Store, 1990

いやはや、こんなに性格の違う兄弟もめずらしい。

ヴァカンスはニッポンの伝統です。

やすい、でっかい、おもしろい、
夏の日本一の市
西武⑳のおトク祭り・7月17日(木)〜30日(水)・池袋店各階=特設会場

SEIBU 西武

池袋
木曜定休・東京981-0111大代表
7月17日(木)は休まず営業

poster / newspaper ad   The Seibu Department Stores, 1986-1987

道楽者で、しっかり者。

冬の日本一の市：西武全店明日開幕！
NIPPON-ICHI-NO-ICHI! IN WINTER 1992

青年よ、どこへ行く。

SEIBU 西武

○創業50周年謝恩○
冬の日本一の市
西武全店 明日開催
ただし、一部店舗は10日(木)より。

西武全店 冬の日本一の市　[池袋店・渋谷店・有楽町西武(子供服は除く)・船橋店・大宮店・所沢店・宇都宮店・筑波店・川崎西武]
〈コート特集〉　○婦人服／ウールショートコート各種(毛混)=10,000円　○子供服／女児ナイロンコート(120〜160cm、表地：ナイロン100%・裏ボア：アクリル100%)=5,000円　○紳士服／コート各種=18,000円
〈セーター特集〉　○婦人服／シルク混・カシミヤ混セーター各種=3,000円　○子供服／女児ハンドニットセーター(100〜150cm、アクリル70%・毛15%・ナイロン15%)=3,900円　○紳士服／フィッシャーマンセーター(毛100%)=5,000円
〈パーツ特集〉　○婦人服／ソフトブラウス(ポリエステル100%)=1,000円　○紳士服／ネクタイ(綿100%)=2,000円／ヴァリエ・ベルト(牛皮)=2,000円／中コールソフトワークシャツ(綿100%・4色)=2,000円
池袋店スペシャルメニュー
〈レディスコートクリアランスセール〉　○フーデットウールコート(毛100%)=29,800円→3階コートセンター　○真鍮付金ボタンハーフコート(毛90%・ナイロン10%)=24,900円→2階トップス&ボトムス
〈レディスセータークリアランスセール〉　○金糸使いアンゴラ混セーター各種=5,000円→3階セーター売場　〈レディスシューズクリアランスセール〉　○スウェード刺繍使いカジュアル=6,800円→2階シューズメッカ
〈レディスバッグクリアランスセール〉　○チェーン付ゴールドキルティングバッグ=8,800円→1階バッグメッカ　〈メンズビジネスウエアクリアランスセール〉　○ライナー付ステンカラーコート各種=25,000円→4階コート売場
……と、まだまだ続く魅惑の行列。山口瞳さんにも来てほしい、この冬のきれいすっきりクリアランスセール。　※表示価格は、消費税抜きの価格です。

「マグノリアたちの朝」ROBERT HARLING: STEEL MAGNOLIAS　訳・演出＝青井陽治　1991年2月6日(水)→26日(火)銀座セゾン劇場　各店チケットセゾンカウンターにて前売券発売中。

newspaper ad　The Seibu Department Stores, 1992·1991　309

福ヶ島

"FUKUGASHIMA"
N!PPON-!CH!-NO-!CH!
IN SUMMER 1989
7·13 thu — 19 wed

いざ勝負、と、勇んで高値退治に出かけた桃太郎が、島に着くと退治はすっかり終っていました。それどころか、そこには桃太郎の想像をはるかに越えた宝ものが、ところ狭しとならんでいましたとさ。というわけで、今年もやってまいりました、おなじみ西武の大バーゲン「夏の日本一の市」。夏になくてはならぬもの。夏をおもしろおかしくしてくれるものが、ズラリとそろったこの島で、あなたもバカンス前の、ひと仕事を。

池袋店の日本一の市

(1階)シューズ館サマークリアランス (2階・子供服フロア)パブスーパーバザール (3階)パーティ=365クリアランス ○ラフィルマ/ソフトコンシャスドレス(ポリエステル100%)=19,000円 (2階・婦人服フロア)DCクリアランス ○バスコ/タックパンツ(綿100%)=8,500円 (4階・紳士服フロア)○U251/ソフトシャツ(半袖、ポリエステル45%・綿30%・麻25%)=3,000円 (8階・宝飾フロア)○Ptダイヤプチネックレス(1.0ct-T1)=288,000円 (7階・家電フロア)○シャープ/インバータエアコン(8~10畳用)=164,000円 (8階・メガネフロア)○レイバン/サングラス=11,200円 (10階・西武スポーツ・池袋)○ログキャビンキット(クラフトマンモデル)=6,980,000円

渋谷店の日本一の市 —シブヤサマーレッドバザール—

(A館1階)サマーパンプスバザール (A館2階)レディスウエアパーツバザール (A館3階~5階)レディスベターカジュアルバザール (A館4階)レディスインポートデザイナーズブランドバザール (A館5階)ランジェリー&ナイティバザール (A館8階)夏のきものバザール (A館7階)大粒ダイヤスペシャルバザール (B館地下1階)メンズヤングカジュアルウエアバザール (B館1階)メンズキャラクターブランドバザール (B館2階)メンズインポートデザイナーズブランドバザール (B館3階)メンズスーツバザール (B館4階)マタニティ&ベビーブティックバザール (シード各階)シードファッションバザール

有楽町西武の日本一の市 —東京・有楽町バザール—

(A館1階)ベストンバザール ○半袖ストライプシャツ(綿100%)=3,500円 (A館1階)ザ・マーケットバザール ○キュロットスカート(麻100%)=5,000円 (A館3階)クラブメッドバザール ○綿ショートパンツ(綿100%)=5,800円 (A館3階・U251レディス)Uザマーバザール ○デニムキャミソールタイプワンピース(綿100%)=15,000円 (A館4階・ハイスタイリング)セッチーノバザール ○ジャケット(麻100%)=42,800円 (A館5階)ザ・マーケットバザール ○コットンパンツ(綿100%)=4,000円 (A館5階)SEED by デザイナーズバザール ○シングルスーツ(綿100%)=34,800円 (A館5階・インターナショナルカジュアル)キャサリン・ハムネットバザール ○ブラウス(綿100%)=8,500円

※表示価格は、消費税込の価格です。

お待たせ、夏の高値退治
夏の日本一の市
会期=7月13日(木)→19日(水)
会場=各店特設会場

SEIBU 西武

newspaper ad   The Seibu Department Stores, 1989·1990

SEIBU
西武
日本一の座を、しばらく譲りませう。桃太郎
池袋店の日本一の市
〈ミニスカート大市〉 2階―婦人服売場 ○ミニタイトスカート(毛95%・ナイロン5%)―4,800円 〈コート大市〉 3階―婦人服売場、4階―紳士服売場 ○婦人ショートコート(毛90%・ナイロン10%)―17,800円 ○紳士ウールコート(毛100%)―25,000円 〈カシミヤ大市〉 3階―婦人服売場、4階―紳士服売場 ○婦人カシミヤセーター(毛100%)―13,000円 ○紳士カシミヤセーター(毛100%、50枚限り)―19,800円 〈ホワイトセール〉 5階―ハウスリネン ○テーブルクロス各種1,000円より 〈AV大市〉 9階―AVフロア ○4ヘッドビデオ―49,800円 〈輸入食品大市〉 食品館各階 ○カティサーク(750ml)―2,490円 ○アラスカ産大キングサーモン(一切)―300円
渋谷店の日本一の市 ウインター・レッド・バサール
〈レディスファッション〉 ○ゲルラン/ジャケット(毛100%)―19,800円 A館2階―エプリディ ○メダ/パンプス(キッド)―13,000円 A館1階―婦人靴売場 〈メンズファッション〉 ○Mr.ジュンコ/ワイシャツ(綿100%)―4,800円 B館3階―ワイシャツ売場 ○ミッソーニ/ネクタイ(絹100%)―3,500円 B館3階―ネクタイ売場 〈シードファッション〉 ○キャサリン・ハムネット/レディスニット(毛100%)―16,000円 シード2階―ジ・エキスプレス ○コム・サ・デ・モード/スーツ(毛100%)―26,500円 シード8階―シードbyコム・サ・デ・モード 〈ロフトグッズ〉 ○電子手帳(PA-6000、リフィールサイズ、漢字入力可能)―9,500円 ロフト4階―コンピュータ・フォーラム
有楽町西武の日本一の市 東京有楽町バサール
〈レディス・ザ・マーケットクリアランス〉 A館1階―ザ・マーケット ○コーデュロイカラーパンツ(綿100%)―5,800円 ○スポーティブルゾン(毛90%・ナイロン10%)―10,000円 〈レディス ハイスタンダードクリアランス〉 A館5階―ハイスタンダード ○VOILA-F/ジャケット(毛90%・ナイロン10%)―23,000円 ○VOILA-T/ニットプルオーバー(毛100%)―9,500円 ○アビアント/ジャケット(毛100%)―29,800円 ○セダクティフ/ニットジャケット(毛100%)―19,200円 〈メンズ U-251 クリアランス〉 A館4階―U-251 メンズ ○U-251/ソフトシャツ(綿100%)―3,800円 ○U-251/ソフトタイ(絹100%)―2,500円
NIHON-ICHI-NO-ICHI 西武 西友 力をあわせて高値退治 1・15・FRI → 20・WED
日本一の市
会期=1月15日(金曜)㊗→20日(水曜) 渋谷店は19日(火曜)まで 会場=池袋店、渋谷店、有楽町西武各階特設会場 船橋店、大宮店、八王子店、所沢店も同時開催。
池袋店03(981)0111大代表/渋谷店03(462)0111大代表/有楽町西武03(286)0111大代表/船橋店0474(25)0111大代表/大宮店0486(42)0111大代表/八王子店0426(48)0111総合案内/所沢店0429(27)0111大代表
西友全店同時開催。お近くの西友へ。

newspaper ad   The Seibu Department Stores, 1988

このような設定にします。
地層断面図
氷の湖 中に魚がいたりして。
体火山があったりして。
北欧を思わせる雪山。
トナカイがいたりして

36cm
太さ直径1cm
水色の泥絵の具的カベと床
120cm
氷の湖 中に魚がいたりして

クリスマスの思い出
SEIBU
西武

ちゃんとサンタクロース。
SEIBU
西武

君が知らないクリスマス。
SEIBU
西武

その手を握れ。クリスマス
SEIBU
西武

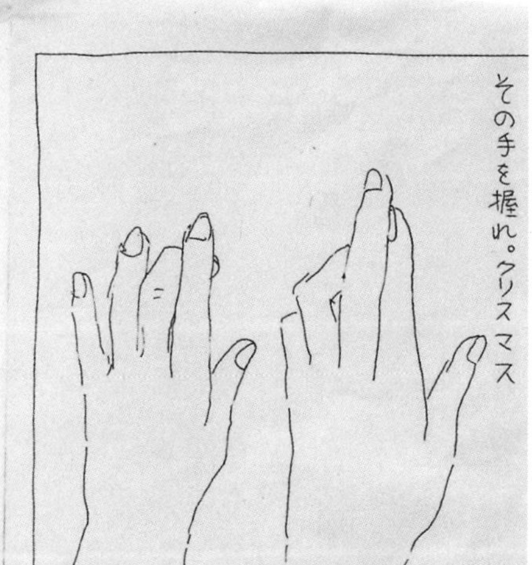
その手を握れ。クリスマス
SEIBU

sketch   The Seibu Department Stores, 1987–1989

西武オールステート生命は、
4月1日から、セゾン生命です。

SAISON
セゾン生命

ならんで
生きたい。

poster Saison Life Insurance, 1990–1992

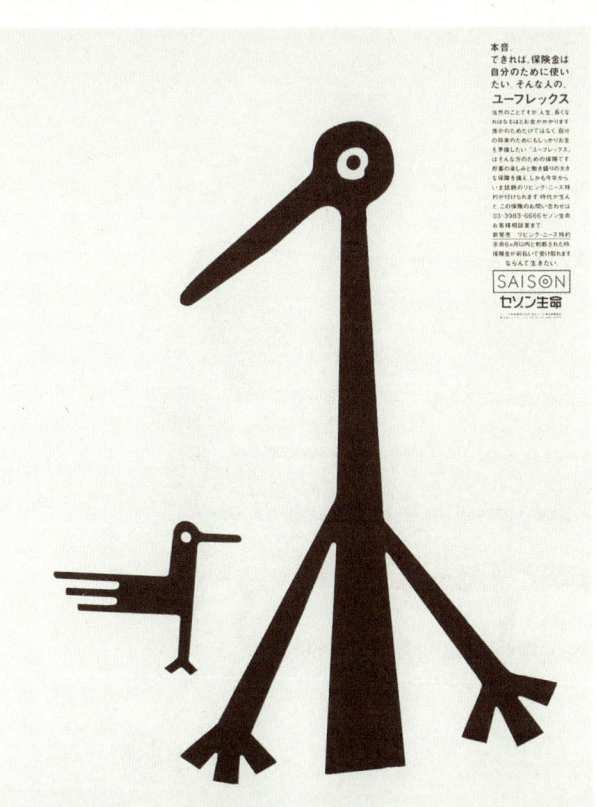

気がつくと、いつも誰かが座ってる。

疲れて帰って来たら、いちばん初めに座る場所。ニューアンドリュー。人がいて・暮らしがあって・家具がある。new Andrew

ケンカして、買った。

新婚アパートから大邸宅まで、スペースを選ばないアラバマ。人がいて・暮らしがあって・家具がある。Nabama

magazine ad / poster　Maruni Wood Industry, 1984·1986

おしりだって、洗ってほしい。

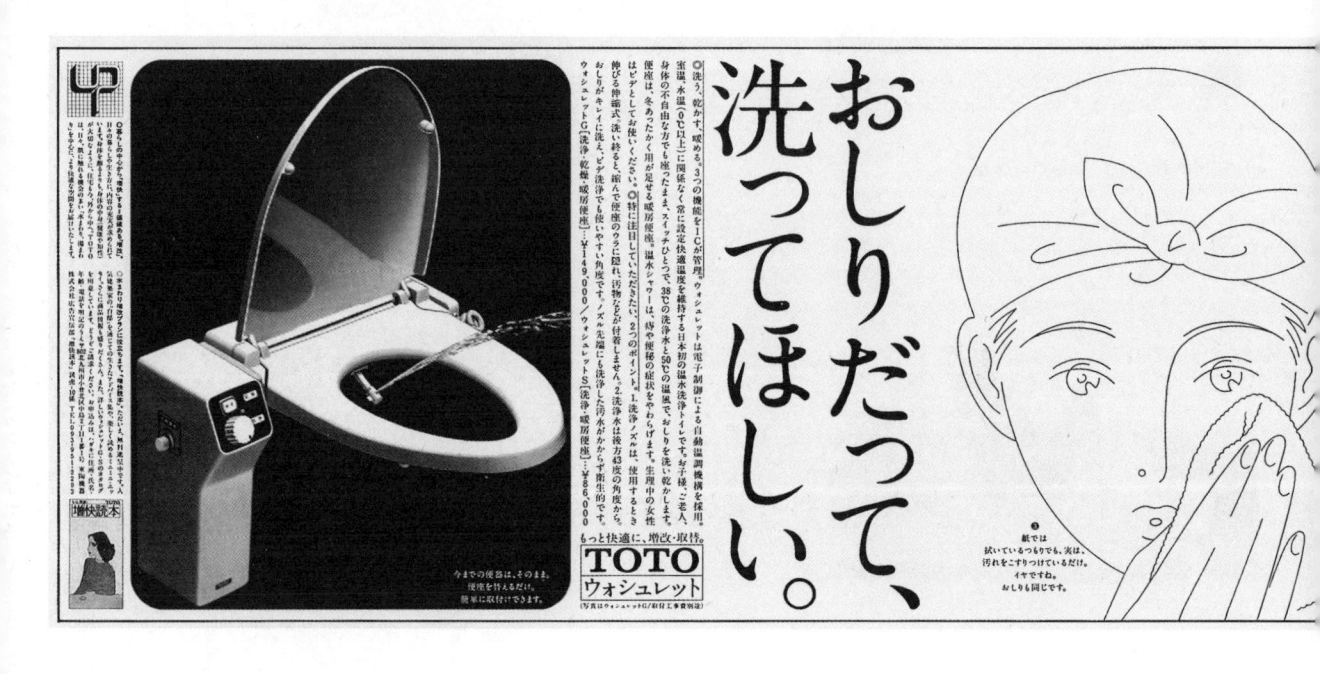

○洗う、乾かす、暖める。3つの機能をICが管理。ウォシュレットは電子制御による自動温調機構を採用。室温、水温（0℃以上）に関係なく常に設定快適温度を維持する日本初の温水洗浄トイレです。お子様、ご老人、身体の不自由な方でも座ったまま、スイッチひとつで38℃の洗浄水で50℃の温風で、おしりを洗い乾かします。○特に注目していただきたい、2つのポイント。1．洗浄ノズルは、使用するときだけ伸びる伸縮式。2．洗浄ノズルは、編んだ便座のウラに隠れ、小便のときもトイレタンクから汚れが付着しません。○特殊便座、温水シャワーは、痔や便秘の症状をやわらげ、生理中の女性はピタッとお使いいただけます。そして、洗い終ると、便座をキレイに洗い流した結論です。ウォシュレットG 43℃の角度つき理由は、おしりをラクに洗いやすい角度だからです。
ウォシュレットG（洗浄・乾燥・暖房便座）￥149,000／ウォシュレットS（洗浄・暖房便座）￥86,000

もっと快適に、増改・取替
TOTO ウォシュレット
（写真はウォシュレットG／取付工事費別途）

③ 何度か拭くと、ホラ、紙はキレイなまま。でも、手のシワには汚れがいっぱい付いている。イヤですね。おしりも同じです。

おしりだって、洗ってほしい。

○洗う、乾かす、暖める。3つの機能をICが管理。ウォシュレットは電子制御による自動温調機構を採用。室温、水温（0℃以上）に関係なく常に設定快適温度を維持する日本初の温水洗浄トイレです。お子様、ご老人、身体の不自由な方でも座ったまま、スイッチひとつで38℃の洗浄水で50℃の温風で、おしりを洗い乾かします。○特に注目していただきたい、2つのポイント。1．洗浄ノズルは、使用するときだけ伸びる伸縮式。2．特殊便座、温水シャワーは、痔や便秘の症状をやわらげ、生理中の女性はピタッとお使いいただけます。そして、便座のウラに隠れ、汚物をシャワー洗浄水は遠方45度の角度から、おしりをキレイに洗い流す。ビデ洗浄でも使いやすい角度です。
ウォシュレットG（洗浄・乾燥・ビデ洗浄・暖房便座）￥149,000／ウォシュレットS（洗浄・暖房便座）￥86,000

今までの便器は、そのまま。便座を替えるだけ。簡単に取付できます。

もっと快適に、増改・取替
TOTO ウォシュレット
（写真はウォシュレットG／取付工事費別途）

③ 紙では拭いているつもりでも、実は、汚れをこすりつけているだけ。イヤですね。おしりも同じです。

newspaper ad　TOTO, 1983

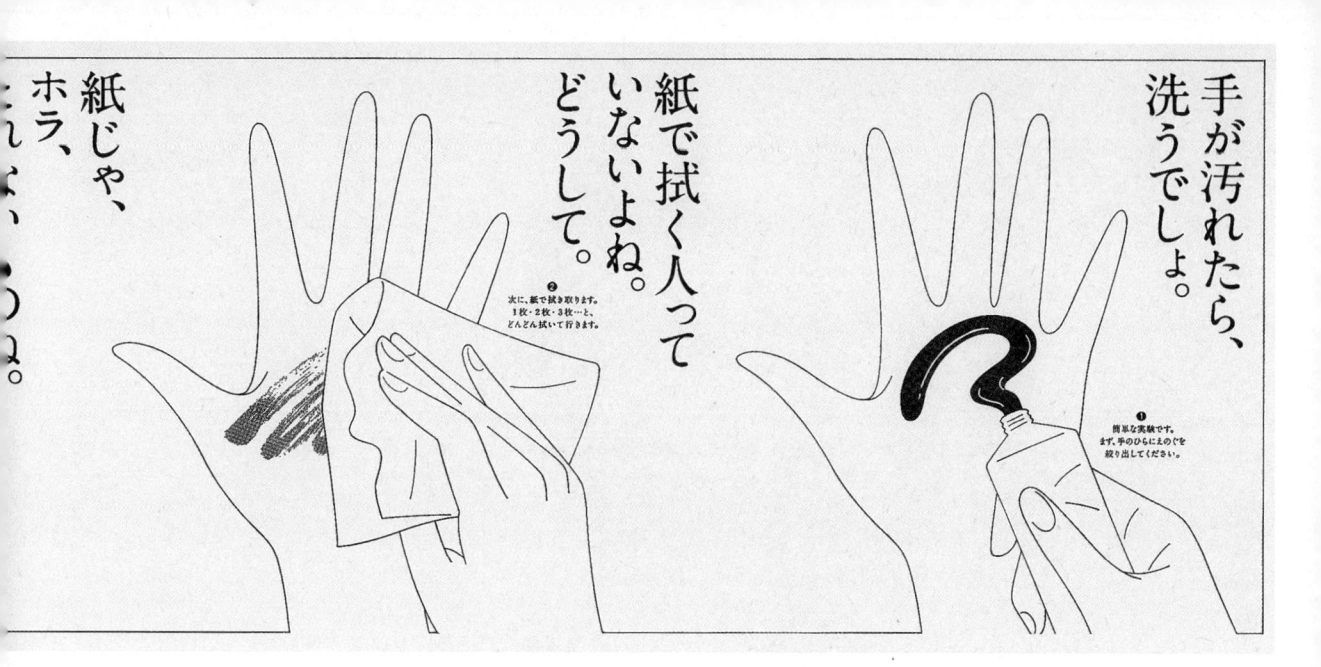

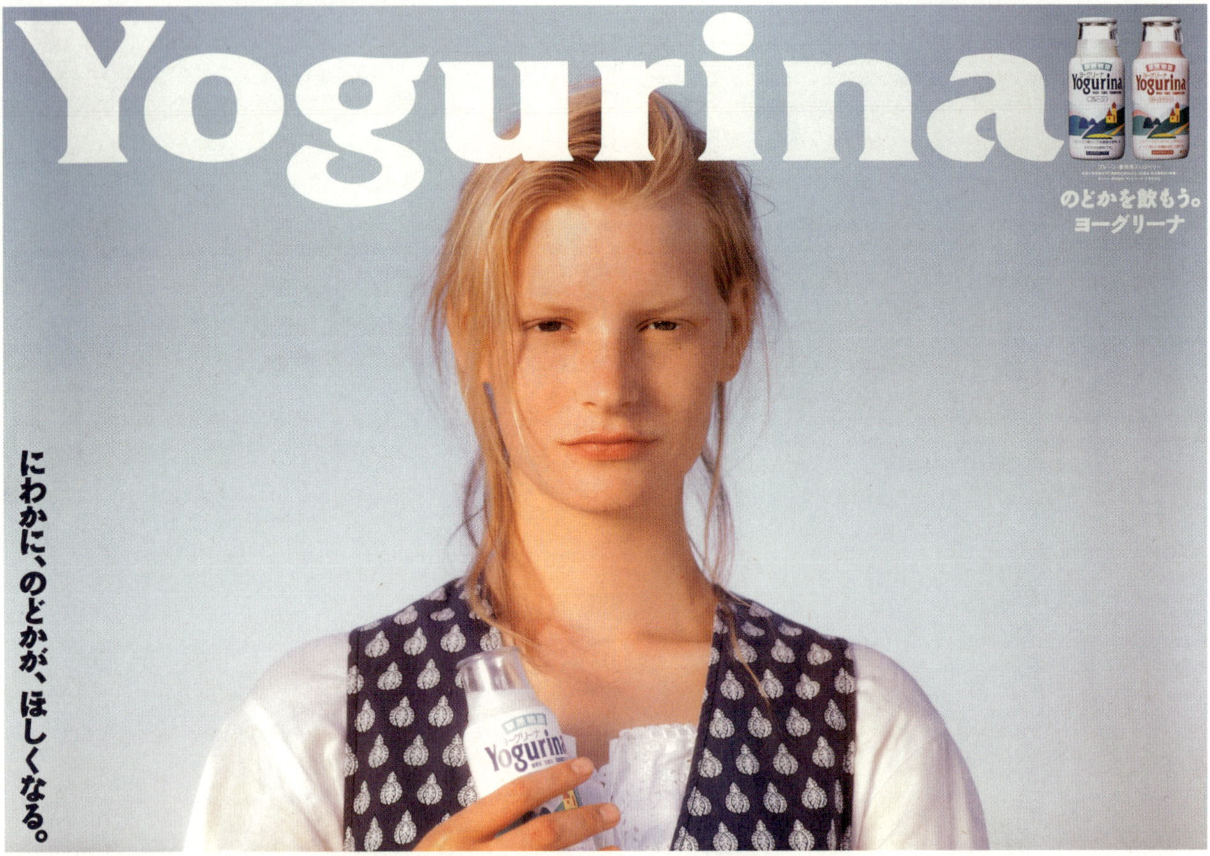

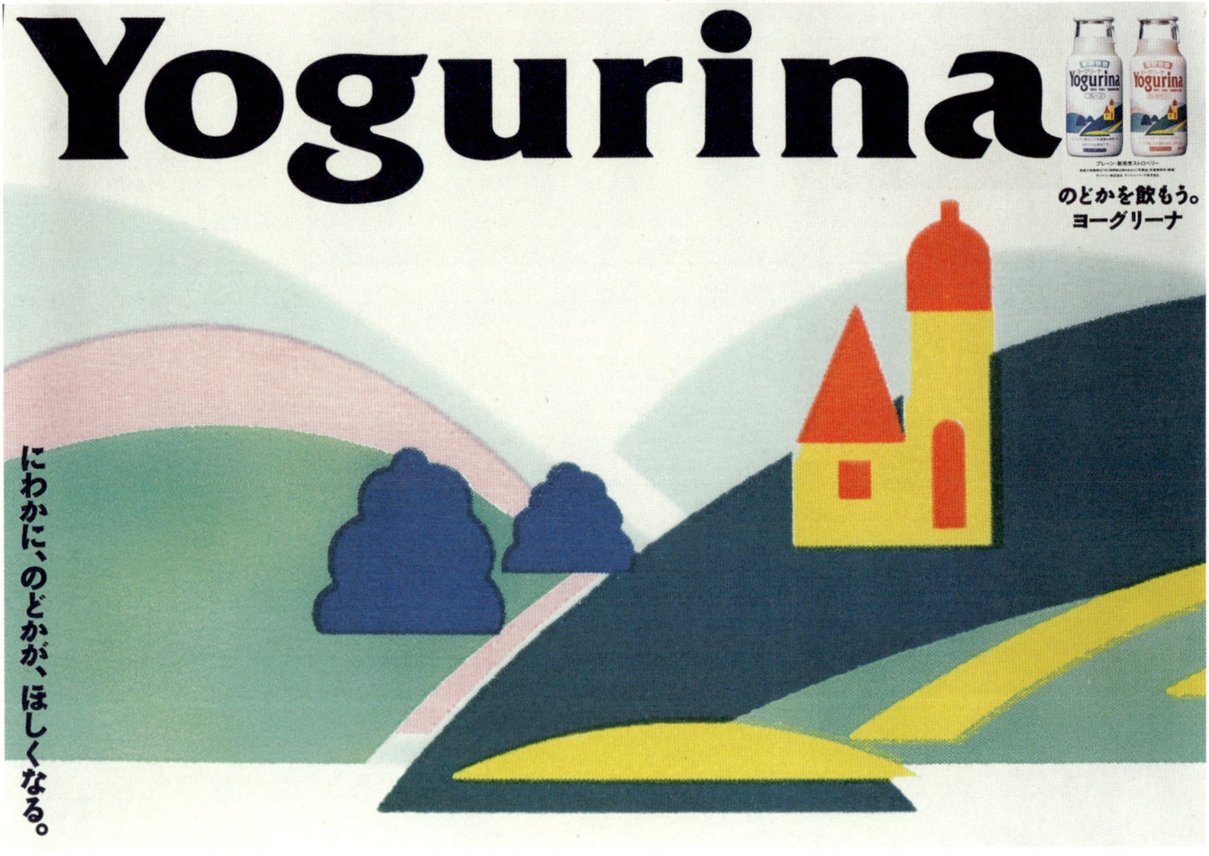

 poster Suntory, 1989

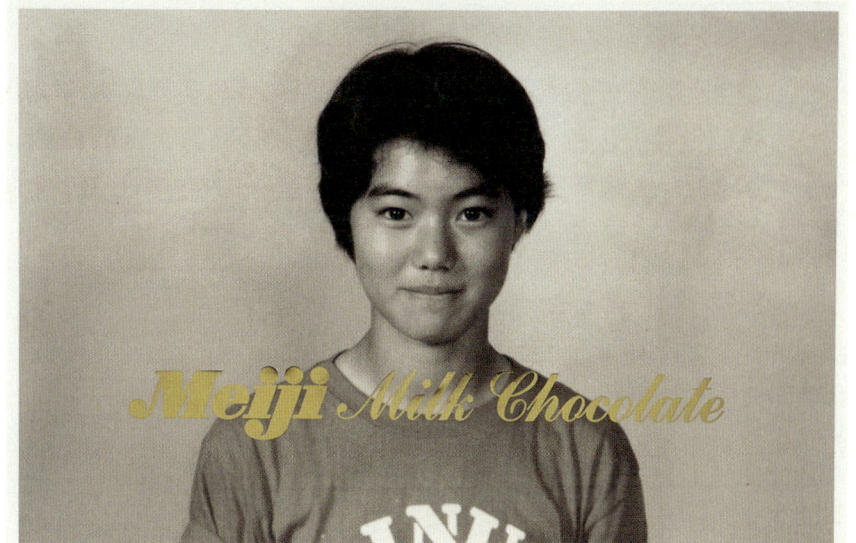

かじっていたのは、夢でした。今井美樹

おいしくなった明治ミルクチョコレート

人生には、チョコレートをかじる時間がいる。

poster　Meiji Seika Kaisha, 1995

SHIRT PANTS KNITCAP JACKET PULLOVER SKIRT MUFFLER ONE-PIECE T-SHIRT TURTLE PANTS COAT SCARF SWEATER GLOVES VEST CARDIGAN & *ESUMI*

RENOWN

nextEye

TURQUOISE GREEN MAJOLICA BLUE LIGHT SKY GREY
DARK NAVY BLUE IVORY WHITE COLONIAL YELLOW
TERRACOTTA PUMPKIN ORANGE RED PEPPER & *ESUMI*

RENOWN

next@ye

夏は好きだけど、皮脂はキライ。

SHISEIDO

テカリも乾きも、ミストで爽快。タフィ シーバムリフレッシャー

大敵は、皮脂や汗で、肌からうるおいも奪われてゆく。化粧の持ちやのりも悪い。
化粧直しの回数だって増える。そんな夏から、肌を解放するのがコレ。
テカリもカサつきも、このミストで、もう、軽くない。
・片手でひと吹きするだけで肌に均一に広がるミスト状化粧水。
・テカリと乾きを抑えるダブルワークカプセル（保湿成分）配合。
・うるおいを肌に届けるイタリア天然冷鉱水配合。
・パラベンフリー（防腐剤）・無香料・無着色・弱酸性。

48g 1,200円／120g 2,500円

TAPHY

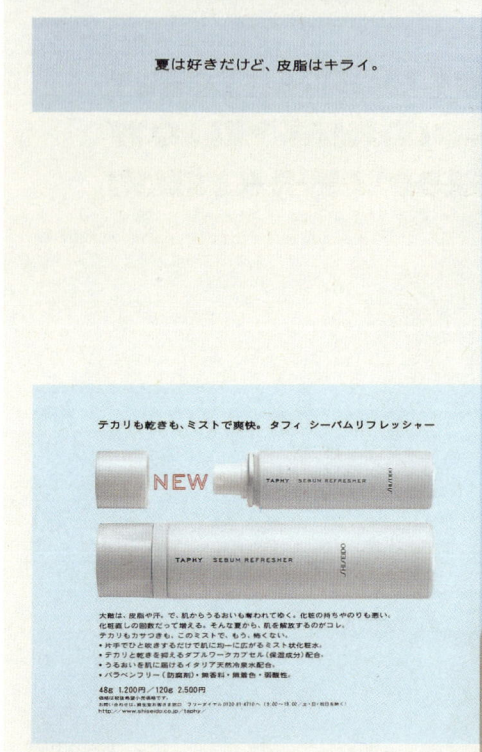

私たち、フクザツに乾いてる。

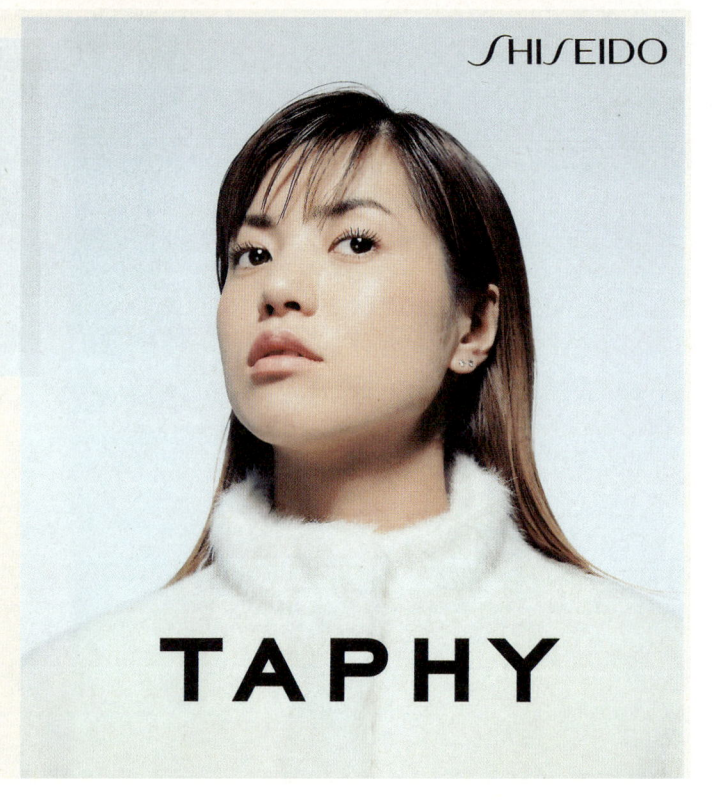

SHISEIDO

カサつきゾーン、テカリゾーン、同時にケア。

ソトは寒い、寒いとカサつく。部屋は暖かい、暖かいとテカル。
冬の肌には、乾燥とベタつきが同時に起こりうる。
モイストバランシングは、カサつく部分はうるおいで満たし
テカル部分はノンオイリー処方でサラサラに保つ、うるおいバランス機能。
フクザツな肌にも、きれいを与えてくれる心強い乳液。
みずみずしいままの肌がつづいてる。
・カサついた角質層をうるおいで満たす。イタリア天然冷鉱水配合。
・テカリを抑えサラサラ快適な肌に保つ。ノンオイリー処方。
・肌の水分量と皮脂量のバランスを保つ、モイストバランス機能。

タフィ　モイストバランシング　100ml 3,200円

TAPHY

magazine ad   The Japan Society for Hosiery, 1993

PROFILE
IMAI MIKI / A PLACE IN THE SUN TOUR ●SPECIAL FILM 4.21 RELEASE
COLOR 96min. STEREO VHS FLVF-8507 ¥5,900 tax incl.

A PLACE IN THE SUN IMAI MIKI
December 1994 LIVE

IMAI MIKI / A PLACE IN THE SUN *LIVE*
●NEW LIVE ALBUM 4.5 RELEASE
CD FLCF-3557 ¥3,000 tax incl.

FOR LIFE

PROFILE
IMAI MIKI / A PLACE IN THE SUN TOUR

PROFILE
IMAI MIKI / A PLACE IN THE SUN TOUR ⊙SPECIAL FILM 4.21 RELEASE
COLOR 96min. STEREO VHS FLVF-8507 ¥5,900 tax incl.

今井美樹／ア・プレイス・イン・ザ・サン ライブ   FOR LIFE

IMAI MIKI / A PLACE IN THE SUN LIVE   FOR LIFE

IMAI MIKI / A PLACE IN THE SUN *LIVE*
⊙NEW LIVE ALBUM 4.5 RELEASE
CD FLCF-3557 ¥3,000 tax incl.

poster   For Life Records, 1994

330 record jacket Crown Record, 1979

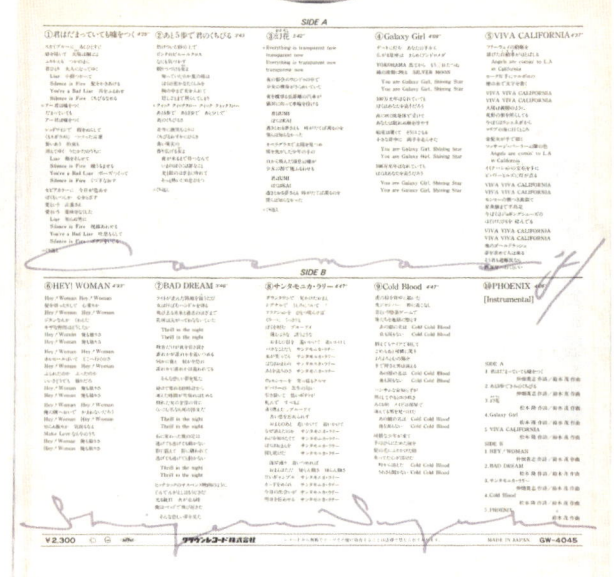

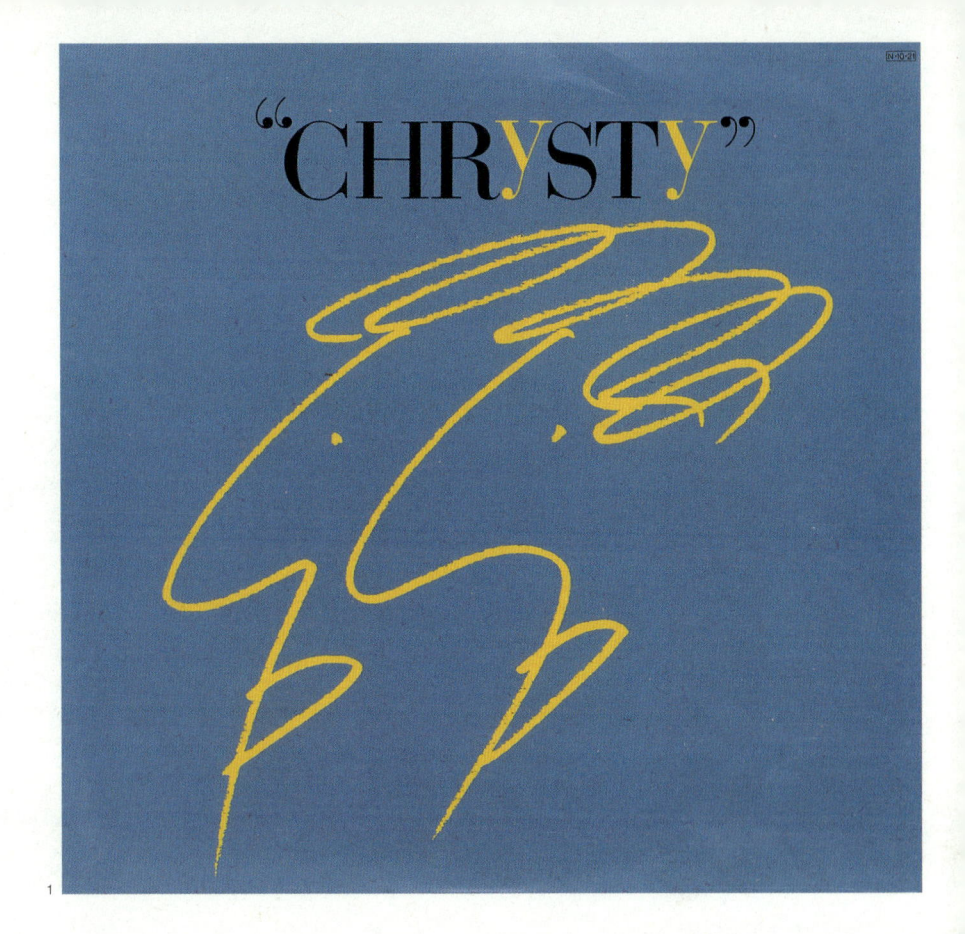

1: record jacket   Sony, 1984   2: poster   Victor · JVC, 1985

アタマのキレイなひと。
フラウ。

FRaU
9月24日(火)創刊

アタマのキレイなひと。
フラウ。

FRaU
9月24日(火)創刊

アタマのキレイなひと。
フラウ。

poster　Kodansha, 1991

国際スポーツフェア'85春 4・27→5・6

WORLD SPORTS FAIR '85

poster Fuji Television Networks, 1985

Cima, Cima.

poster Nissan, 1996

CIMA in IRELAND
music by Los Indios Tabajaras

Dublin

Dingle

Killarney

commercial film　Nissan, 1996

Lupin?

「ルパンが、なぜ、エクシヴを狙ったかって？」

Lupin?

「ルパンが、なぜ、エクシヴを狙ったかって？」

Exiv!
2EV75
CORONA
SUPER FOOTWORK 新Exiv誕生

Exiv!
2EV75
CORONA
SUPER FOOTWORK 新Exiv誕生

Lupin?

LEuxpiivn!?

「ルパンが、なぜ、エクシヴを狙ったかって？」SUPER FOOTWORK 新 Exiv 誕生

TOYOTA

LRuIGpHiTn?

LREIupAinLY?

Lupin's Profile

Lupin's Looks

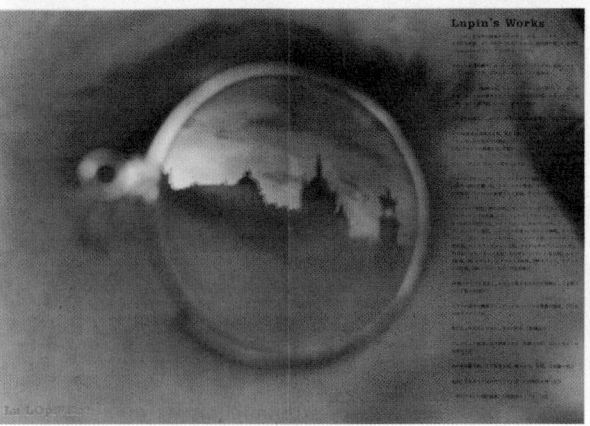

Lupin's Works

Lupin's Trick

Lu LOpT?

GULuIpLinTY?

brochure Toyota, 1994

フリーマン・ダイソン教授の話は、SF作家でも未来学者でもなく、プリンストンの物理学教授である。「銀河系の島々を生命で満たす」可能性について考えている彼は、決まってみんな、ウェットスーツに似たような服を着ていたものだけれども。ダイソン教授に会って感じたのは、何と遥かな眼差しをしている人なのだろう、ということだった。

ダイソン教授の話は「生命体としての人類にとって最も重要なもの」というところから始まった。「それは多様性なのです」と教授はいう。「言葉や文化、個人の価値観の均一化が進むとすれば、それは人類の危機となるでしょう」

そうなのだ。みんなと同じウェットスーツを着ていないからといって、レストランから追い出されるような未来を、私たちは望んでいない。

「しかし、この地球上の限られたスペースで人々が暮らす以上、均一化は避けられない傾向なのかも知れません」と、ダイソン教授は心配する。

「人類の子供たちは、いつか選択する機会を持つでしょう」ダイソン教授の瞳は、遠い彼方を見つめ始めた。

ひとつの選択は「いまはまだ死んでいる宇宙に出て、そこを生命のある世界に変えること」。そして、もうひとつの道は「この惑星に残って、生命を守り続けること」。

選ぶ自由は、21世紀の子供たちに与えられる。いまはまだ、本当の意味での宇宙時代には至っていないのだ。私たちの宇宙船はまだ、よちよち歩きのベビー靴に過ぎない。

新しくできた高速道路のインターを降りた時、かつて窮屈に思えた故郷が、とても愛らしくチャーミングに見えた。

子供たちが家を出て一人前となるように、いつか、宇宙に出て暮らす日も来るだろう。

その時、人類は、大人になるのかも知れない。

もうすぐ、未来がやってくる。

驚くような新しい考え方も、次の世代には常識となるでしょう。先見性こそ、私たちの仕事です。

NTTデータ通信株式会社

地球が自転をして、太陽の光の当たらない影の側に入ること。ここでは、太陽光を反射した月と、遠い星たちからの光しか届かないこと。教育に熱心な親でも、答えるのはここまでだろう。しかし、宇宙物理を専門とする学者が答えるなら、さらにこんな説明が加わる。「宇宙にある億兆の星の光で、夜空全体が輝いてしまわないのはなぜか」この設問はオルバースのパラドックスと呼ばれ、宇宙について、ある重要なことを語るものだ。

夜空が暗いための十分な条件は、ひとつしかない。星たちが無限の過去から光っているのではなく、ある有限の時間から光りはじめたということ。まだ光が宇宙を満たすほどの、時間がたっていないということだ。宇宙にも経歴があることを知った子供たちは、次にこんな質問をするだろう。

「じゃあ、宇宙はいつ、どうやってできたの?」

とりあえず、いまの宇宙がいつできたかは答えることができる。いまの宇宙時代をたどると、150億年ほど前に、ある一点の爆発から始まったことになる。ビッグバンだ。しかし、どうしてビッグバンが起きたのかを、残念ながら物理学は説明できない。宇宙の全質量を一点に凝縮するとなれば、「無限大」を相手にすることになり、どんな科学法則も破綻をきたしてしまうのだ。ここに、現代の宇宙物理学者を悩ます大問題がある。

ビッグバンがこのような「特異点」であることを論証したのが、若き日のホーキング教授だった。

「私たちの感じる時間は一方向にしか進まず、空間とも別のものですが、宇宙における時間とは、本来空間と区別のないものかもしれないのです。虚数(2乗すると負になる数)で測った虚時間というものを考えると、空間との区別はまったくなくなるのです」

虚時間で考えると、宇宙はどう見えるのですか。

「特異点はなくなり、ビッグバン以前についても考えられるようになります。いまわかっていることを言うと、虚時間のもとでは、宇宙には始まりも終わりもないことになります。宇宙の空間も時間も、地球の表面のように、大きさは有限でも境界も果てもない、連続したものと考えられるのです」

宇宙の無限性と時間の永遠性に王手をかける、これは新しい理論かもしれないのだ。

最後の質問です。私たち人間は、できれば宇宙のすべてについて知りたい、と思っています。それは可能でしょうか。「きっと、できるよ」それが、教授の答だった。

もうすぐ、未来がやってくる。

驚くような新しい考え方も、次の世代には常識となるでしょう。先見性こそ、私たちの仕事です。

NTTデータ通信株式会社

「人類は、まだ、よちよち歩きのベビーなんだよ」
と微笑むダイソン教授の、視線の彼方にあるもの。

ひさしぶりに故郷の家に帰り、昔の書棚がそのまま残されているのに気がついた。古い百科辞典が埃をかぶっていた。1963年の発刊だった。頁を繰ってみれば、こんな文章に出くわす。「月旅行という人類永年の夢が実現するのも、そう遠い未来ではないだろう」確かに、遠い未来ではなかった。その年入学した小学生は、卒業する年に夢が現実となるのを目撃している。「21世紀の暮らし」というタイトルで、衣食住、通信、交通の発達を予測した解説書も見

宇宙は、どこから来て、どこへ行くのか。
人間が知りたい、その答を、
S・W・ホーキング教授は追いかけている。

poster　NTT Data Communications Systems, 1990

地球のご近所しか知らない私たちに「宇宙の地図」をはじめて見せてくれたのは、M・ゲラー教授、あなたです。

広大な暗黒の砂漠が終わり、ようやく銀河が見えてきた。何億光年の彼方まで行く宇宙の旅は、たぶんこのように描写できるだろう。これは、つい最近発見されたことなのだ。宇宙には、銀河のない巨大な空洞が存在する。この空洞を包むようにして、銀河はつらなっている。信じられますか？ 宇宙は、どこにも銀河が散りばめられているのかと思ったら、たくさんの大きな穴があいている、というのだから。

この大規模な構造は、「宇宙の地図」をつくる研究によって発見された。ハーバード・スミソニアン天体物理学センター教授、マーガレット・ゲラー博士と、その共同研究者、ジョン・ハクラ博士の業績である。

「宇宙の地図」といっても、私たちが見なれている星図とは、まるで訳が違う。星図に描かれているのは私たちの銀河系内、いわばご町内の星ばかり。しかも、平らな見取り図だ。ゲラー教授らの作成したのは、本当の意味での宇宙の地図、銀河のひとつひとつを点として、三次元空間に配したのである。私たちの地球なんて、その点（銀河）の、そのまた内部の点に過ぎない。そういう縮尺の地図なのだ。

教授の宇宙地図は、どのくらいの範囲まで完成したのですか。
「宇宙全体の大きさと比べたら、約10万分の1という範囲です。地球に対してロードアイランド州ぐらいの広さでしょう」
地球儀の中の島取県、というところだ。数千の銀河を調べて、まだほんの一地域、そのくらい宇宙は広い。
「そんな小さな地図の中にも、いままで見えなかった宇宙の驚くべき姿があらわれていました。それが、宇宙の泡構造です。銀河は、あたかも石鹸の泡の上にのっているように配置されているのです」
銀河が泡のようにつらなり、暗黒の空洞を持つ。銀河はなぜばらばらに散らず、泡になったのか。ゲラー教授の発見は、宇宙生成論をも書きかえさせる衝撃性を持っていた。
「宇宙の地図をつくる仕事は、始まったばかりです。これからも、宇宙の秘められたストーリーを明らかにしてゆくでしょう」

20世紀末、科学史上最も大きなスケール（大規模構造）の発見が、女性科学者によってなされた。ゲラー教授のもとには、世界各地から感動を伝える手紙が寄せられている。教授はそれを、いたずらっぽく「ファンレター」と呼んだ。
私たちは教授のつくった、ある短い映画を見せていただいた。『宇宙の中の泡』というタイトルの後、数億光年の教授のスケールの宇宙が、ゆっくりと回転していた。巨大な泡構造を、1分足らずのその映画を見てから、私たちはすっかりゲラー教授のファンになっていた。

驚くような新しい考え方も、次の世代には常識となるでしょう。先見性こそ、私たちの仕事です。

NTTデータ通信株式会社

未来のドアが、そこにある。

NTT DaTa
NTTデータ通信株式会社

R・スペリー博士からのメッセージは、「人類よ、頭脳に、自信と責任をもて」と、いっている気がする。

昔、失恋をして落ち込んだ時、自分にこういい聞かせてみた。

「すべては小さな脳の中の現象じゃないか。悲しい悲しいと、脳細胞の刺激がぐるぐる廻っているだけさ。それは分子の働きなんだ。分子のやることに意味なんかあるか。ただの物理現象だよ」

一所懸命そう考えようと思っても、やっぱり、目からは水の分子がこぼれた。

人間も、つきつめれば分子・物質の反応によって活動している。このような化学・物理学的な見方が、人間と生命に対する理解を大いに深めたのは事実だ。そのために、からだの中の悪い化学反応とは、薬で戦えるようになった。金属のメスの物理的な作用が、どれほど多くの人の命を救っただろう。

しかし、物質レベルからのアプローチだけでは、人間の全体をつかむことはむずかしいという考え方も、生まれてきている。古い唯心論ではなく、新しい科学の中から。

右脳・左脳のもつ特質の話は、いまや多くの人がご存知だろう。ロジャー・スペリー博士は、その発見の功績により、1981年ノーベル生理学・医学賞を受賞した大脳生理学者である。博士からのメッセージは、意識についての新しい考え方から、この世界と人類について見つめ直すべきだ、というものだ。物質的な力、つまり分子や原子の働きからは、私たちの脳のモデルは描ききれない。それは部分のレベルであって、全体的なレベルから部分のレベルをコントロールする意識というものを考えなければならない、と博士は強調する。

私たちは、物理・化学的な力が自分のからだを活動させていると考えながら、一方で、意識が自分の行動を決めるとも感じています。

「いままでの科学は、部分のレベルの見方に片寄り過ぎていた。部分と全体とは、つねに相互関係をもつものでありながら、私たちの新しい考え方から、この世界と人類について、原子の物理学だけでなく、人間の批判的な価値観によっても影響を受けるのです」

意識や価値観について語るとなると、哲学などの人文学に近づいてきますね。あるいは宗教にも。

「新しい意識の考え方は、それぞれに矛盾しない世界観の中で統合してゆけると思います。また、それが望ましいことだと、私は思う」

博士のいまのお考えから、21世紀への希望をお聞かせください。

「私たちは、21世紀を守る目的で、科学に目を向けなければならない。この世界を保持し、より高め、破壊することなく、長期的に生命圏を進化させるようなガイドラインをつくること。意識とは、そのためにある創造の感覚なのだから」

失恋をして「世界の終わりだ」と思った青年も、やがて結婚をし、子供が生まれることになる。やがてまた、その子供も生まれるだろう。そう考えると、博士からのメッセージを受け取ったこの自分の意識も、もうちょっとしっかりしなくてはいけない、と思ったのだった。

未来のドアが、そこにある。

驚くような新しい考え方も、次の世代には常識となるでしょう。先見性こそ、私たちの仕事です。

NTTデータ通信株式会社

NTT DATA
NTTデータ通信株式会社

MARGARET J. GELLER

ILYA PRIGOGINE [イリヤ・プリゴジン] 熱力学者 ノーベル化学賞受賞

方丈記「ゆく川の流れ」と、イリヤ・プリゴジン博士「時間の矢」との、似て非なる時間観について。

子供の頃、夏休みの終り数日を明るい気持ちで過ごしたことは、ついになかった。残された宿題の数々、書き忘れられた絵日記の日々。親に叱られるまでもなく、いつも心の中でこう呟いたものだ。「ああ、最初からやり直せたらなあ。こんどこそちゃんとやるのになあ」けれど、過去は取戻せない。時間は巻戻すことができない。人生のところどころで、私たちは幾度となくそのことを思い知らされる。

ゆく川の流れは絶えずして、しかももとの水にあらず。方丈記冒頭の有名な一節は、日本人の時間観を代表するものだろう。物理学でいう「時間の矢」とその「不可逆性」は、私たちの感傷を誘う。時の流れを嘆くため息は、多くの文学作品の中に聴くことができる。あるいは、現代の歌謡曲、TVドラマの中にも。時を戻せるなら――あの日に帰れるなら――時間はいつも、不本意な方向にばかり流れてゆくかのようだ。

エントロピーという物理学用語が、世間に広く流布したこともあった。お湯と水を混ぜればぬるま湯となるように、(その逆は起きない)自然現象の無秩序・混沌へと進む傾向を説明する概念だが、何やら怪しげな終末論的響きをもって語られていたように記憶する。エントロピーとは、宇宙を死へと急がせるデーモンの別名でもあるかのごとく。

最先端の科学は、もっと、希望の話をしてくれる。イリヤ・プリゴジン博士に聞いてみよう。宇宙が混沌へ向かうばかりなら、生命現象のような精緻な秩序がなぜ生まれたのかを説明できない。たとえ一個体としての生命がいずれ消え、無秩序と化すとしても、私たちは、宇宙の進化の矢印なのだ。「私たちは、宇宙の進化に参加しているのです」プリゴジン博士は、無秩序・混沌状態から秩序への転移が起こる「散逸構造」を理論化し、ノーベル化学賞を受けた。散逸構造理論では、時間の矢の不可逆性が、むしろ秩序形成の鍵となることが明らかにされている。

「20世紀の科学は、時間を再発見しています」と博士はいう。「時間は、時計の中にあるものではなく、私たちの中にあるものです」それは、宇宙の進化の過程として、私たちの中にある。たとえ一個体としての生命がいずれ消え、無秩序と化すとしても、私たちは、宇宙の進化の矢印なのだ。「私たちは、宇宙の進化に参加しているのです」

物理学といえば、世界を機械のように述べるものとばかり思っていたけれど、プリゴジン博士の時間観には、「参加」という言葉の使われているのが嬉しい。これは、私たち人類を優しく励ます世界観だと思った。博士と話していると、何だか、大きな暖かい手で、肩をポンと叩かれたような気がしたのだった。

されば、人類諸君、良き進化を。

もうすぐ、未来がやってくる。

驚くような新しい考え方も、次の世代には常識となるでしょう。先見性こそ、私たちの仕事です。

NTTデータ通信株式会社

NTT DaTa
NTTデータ通信株式会社

DAVID J. GROSS
[デビッド・J・グロス]
理論物理学者

D・グロス先生。「超ひも理論」が完成したら、いちばん喜ぶのはアインシュタイン博士かもしれませんね。

小さなグローブと科学図鑑。この二つが、アメリカと日本の少年たちに共通の宝物だったと思う。むかし背番号3に憧れた少年たちが、いまのプロ野球のスター選手として活躍しているように、かつてアインシュタイン博士に憧れた少年たちが、いま、物理学界の最前線に立っている。

野球選手の夢が三冠王になることだとすれば、物理学者の夢は、二つの大きなタイトル、一般相対性理論と量子力学を一つにまとめることなのだ。それが、アインシュタインのやり残した仕事だった。宇宙の星々の間の重力から、素粒子に係わる小さな力までを統一できたなら、それはこの世界のすべてを貫く究極の理論、すなわち万物の理論と呼んでもいい。いままでにいくつもの試みがなされたが、最終的にはどれも満足のゆくものではなかった。21世紀への宿題になるのだろうと誰もが思いはじめた頃、突如として大きな可能性が開かれたのだった。それが、超ひも理論だ。

宇宙の万物は、ごくごく小さな、振動するひもからできている。そう考えると、すべてを矛盾なく説明する数学的可能性が見えてきたのだ。デビッド・グロス先生は、かつてアインシュタイン博士もいたプリンストンで、超ひも理論を強力に推進している物理学者だ。

まず、超ひもについて、どんな姿を思い浮かべたらよいでしょう。「ひものスケールは、10のマイナス33乗センチという小ささです。ひもを原子の大きさにまで拡大した時、原子は太陽系の大きさになってしまいます。そして、10の次元を持っていると考えられます」この世界は、3次元プラス時間、じゃなかったのですか。「余分な次元は、私たちの気づかないレベルで巻き取られている、と考えてください。ストローは一本の線に見えますが、近づけば円状の別の次元から成る、というように」私たちは、物質は原子から、原子は素粒子から成る、と学びました。「超ひも理論は、バイオリンの弦にとるとわかりやすいでしょう。超ひもも、その振動差によって異なった素粒子を生み出すのです」色々な音階を表現します。ひもも、ひもなのですね。「そればかりではありません。超ひも理論は、あらゆる力と物質、そして空間と時間とを統合するものなのです」

先生の少年時代について尋ねたら、「科学の本が好きだった。アインシュタインが私のヒーローだった」と、口もとがほころんだ。タイムマシンで少年時代の先生に会い、「アインシュタイン博士の残した問題を解決するための新理論を、君が書くことになるんだよ」と話しかけたら、デビッド少年は、いったいどんな顔をするのだろうか。

未来のドアが、そこにある。

驚くような新しい考え方も、次の世代には常識となるでしょう。先見性こそ、私たちの仕事です。

NTTデータ通信株式会社

NTT DATA
NTTデータ通信株式会社

350 brochure NTT Data Communications Systems, 1991

何十億年の、ちょうどその時、
何十億キロの、ちょうどそこに、私たちが、いるということ。

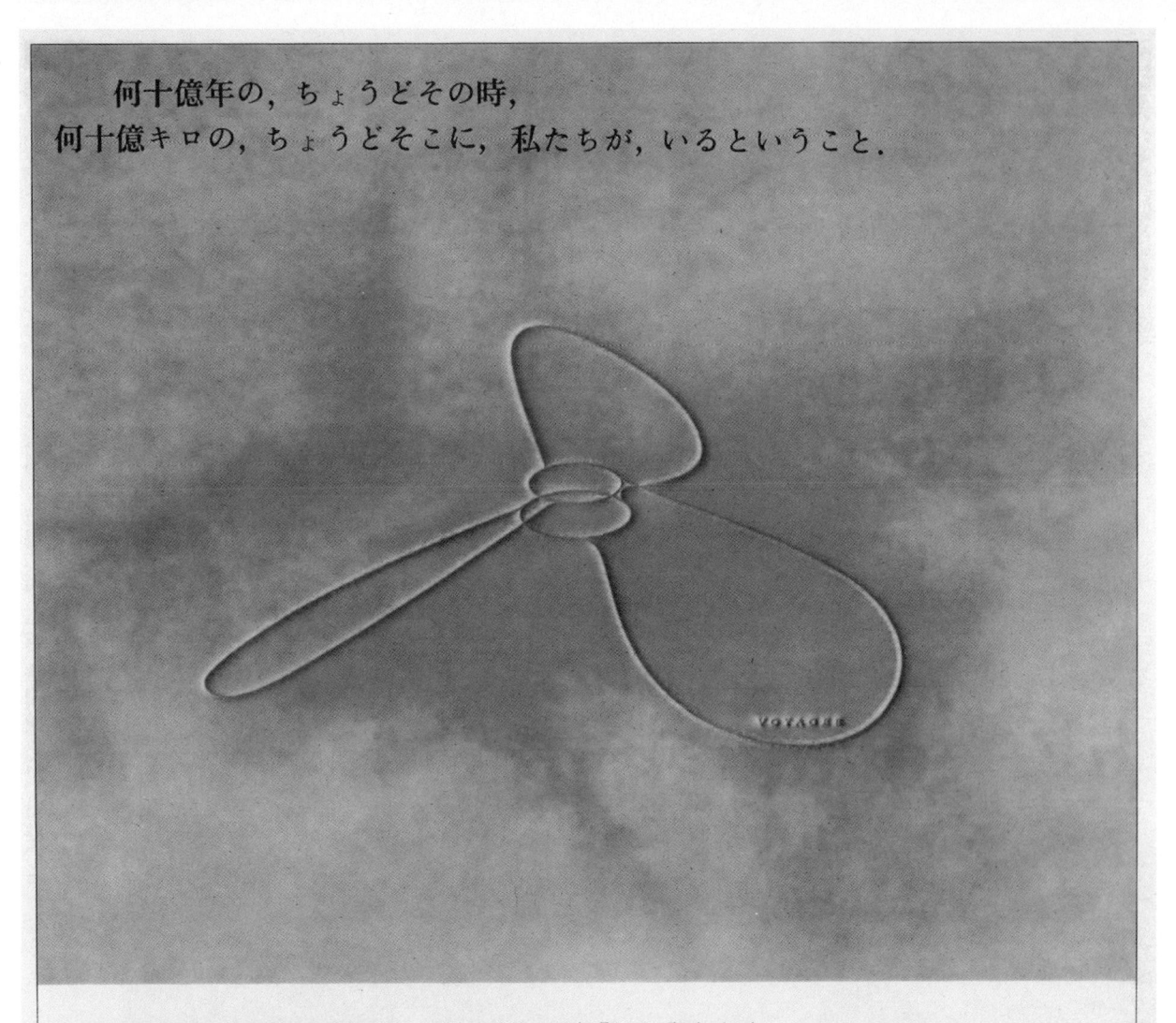

　私たちが生きているいま、人間の小さな尺度で言えば、20世紀の後半。初めて地球を見たのも、月に立ったのも、
太陽系を振り返って見たのも、この半世紀のことだった。遠い子孫からすれば、記念碑的な体験をした先祖たち、ということになるだろう。
そしてさらに、太陽系からその外へと、航跡は引かれようとしている。惑星探査機ボイジャー、最も遠くまで行った私たちの探検心、人類の分身。

　無人の探査機ボイジャーが最後にしたのは、きわめて人間的な仕事だった。
一度だけ振り返って、太陽系の家族写真を撮ること。私たちの星は、小さな小さな青い光の粒に写った。

　14年間、ボイジャー計画のスタッフであった女性科学者は、こう述べている。
「私たちの子供たちは、地球が宇宙の中心にあるのではなく、数ある星の中の、ひとつの美しい惑星であると理解しながら成長してゆくでしょう」
そしてまた、ある科学者は、太陽系の家族写真の意味について、こう語る。
「地球がどれほど小さく、どれほど脆く、そして生命の星であるために、いかに微妙なバランスの位置にあるかを示してくれるが故に、重要なのです」
闇の中の青い光の粒は、奇跡のように、そこにある。私たちの星が、生命を乗せた小さな船だと気づいたのも、つい最近のことだった。
ほんとうの地動説は、たぶん、いまから始まる。

　未来のドアが、そこにある。

　驚くような新しい考え方も、次の世代には常識となるでしょう。先見性こそ、私たちの仕事です。
NTTデータ通信株式会社

2月15日（土）夜10時より、TBS系全国ネットにて、NTT DATAスペシャル『宇宙からの贈りもの―航海者〈ボイジャー〉たち』を放映いたします。

newspaper ad　　NTT Data Communications Systems, 1992

Fabrice Langlade
painter 1964 Reims France

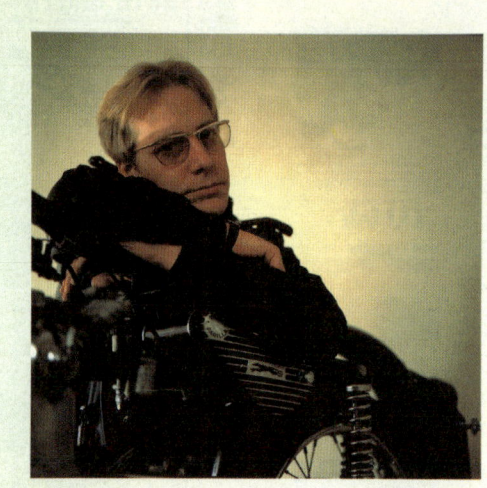

Joel M. Burkard
Team Chesterfield
born in Washington Illinois, 1952

Steve Gamblin
journalist
born in Christchurch New Zealand, 1950

Iraida Icaza
photographer 1952 Panama

magazine ad   Hakusan, 1986

SONY

聴こえてくるのは、いのちです。

VOI

poster Sony, 1987

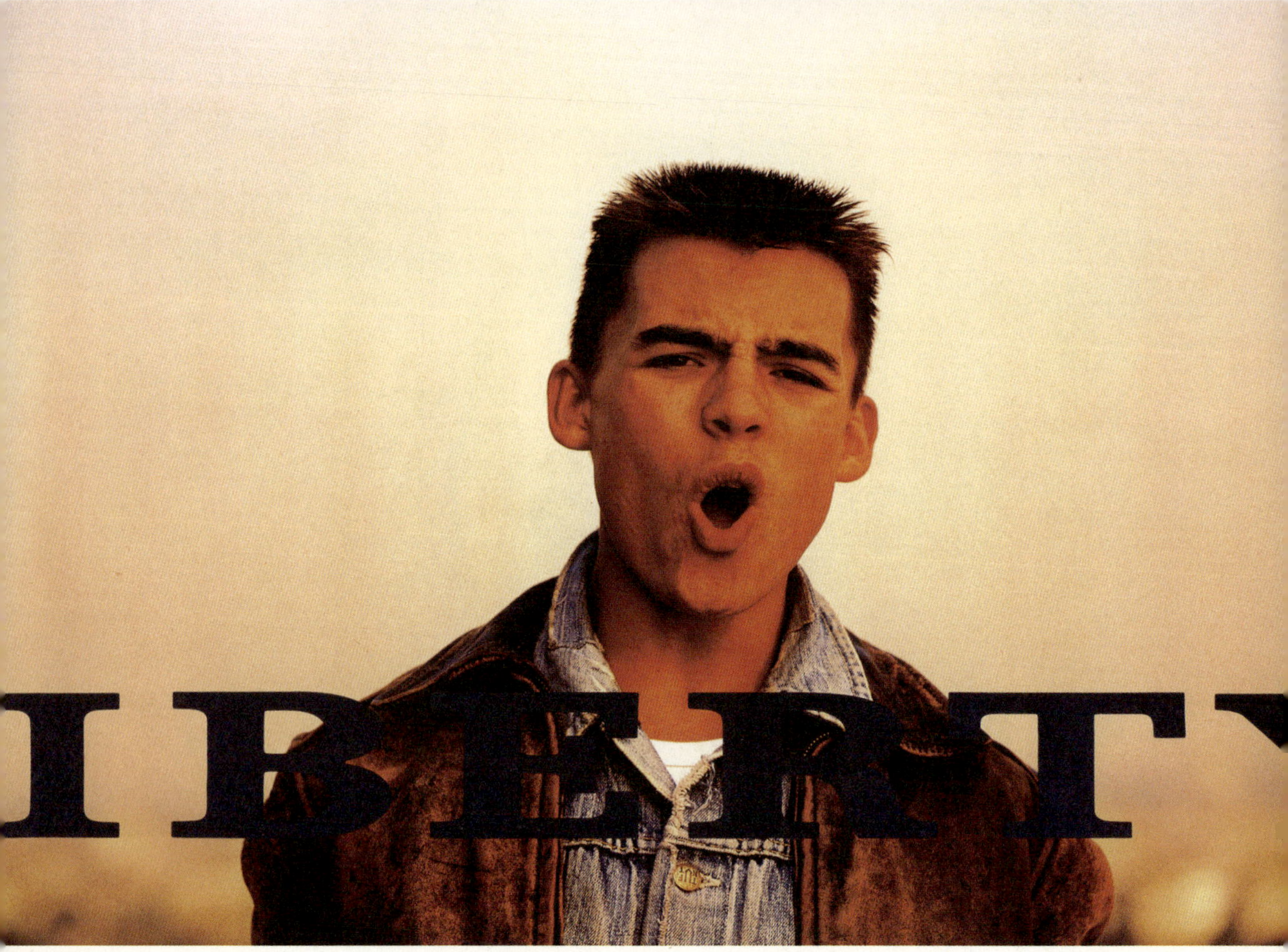
IBERTY

SONY
すべてはCDのために。リバティCD
いま、いちばん原音に近いところにあるCDの音。その音をあますところなく鳴らしきるために、音質最重視設計を徹底させたリバティCD。
新登場
LIBERTY,CD
DIGITAL
COMPONENT
SYSTEM

SONY

VOICE
聴こえてくるのは、いのちです。

SONY

VOICE
聴こえてくるのは、いのちです。

poster Sony, 1987

君の前で歌いたい。

手にとるような、音。デジタル・コンポ、リバティ。

Liberty CD

僕の前で聴いてくれ。

手にとるような、音。デジタル・コンポ、リバティ。

Liberty CD

poster Sony, 1984

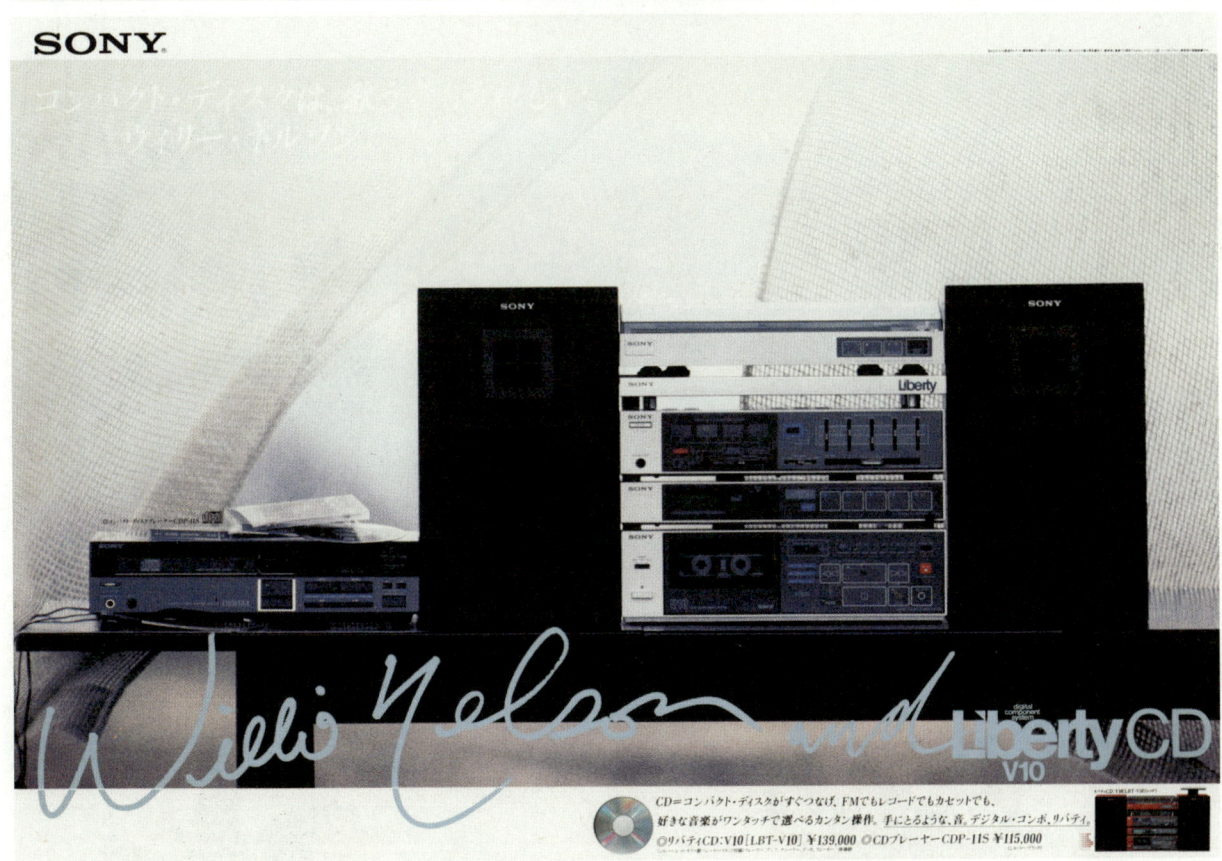

poster Sony, 1983·1981

magazine ad   Sony, 1983

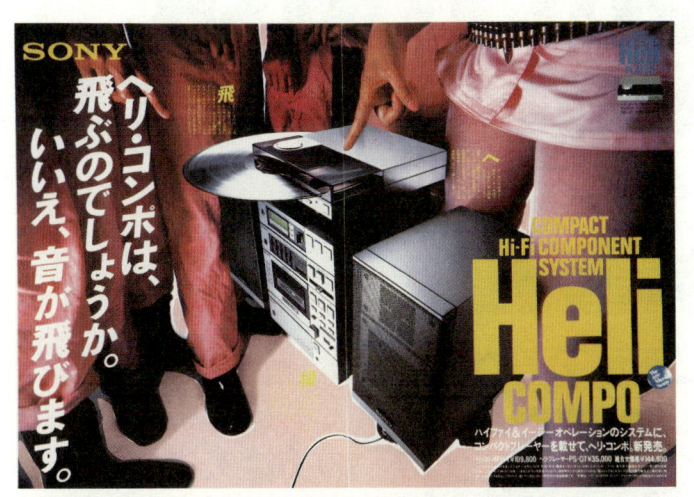

SONY
I drink light music in the evening.
恋をするかわりに聴いた。
個人のリバティ
stereo component system
Liberty

SONY
I eat a favorite song in the morning.
本を読むかわりに聴いた。
FRESH MINT
Super-Whitening Toothpaste and
個人のリバティ
stereo component system
Liberty

brochure Sony, 1981

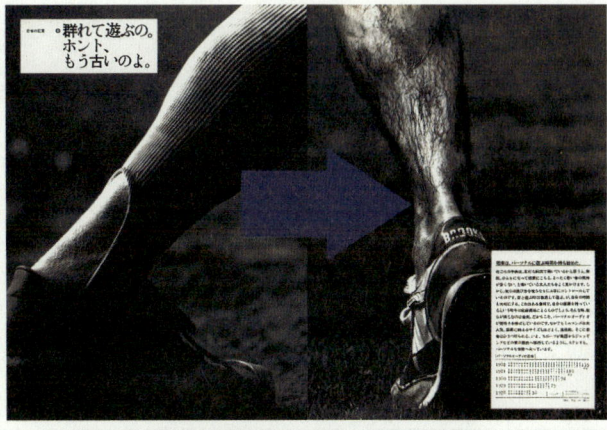

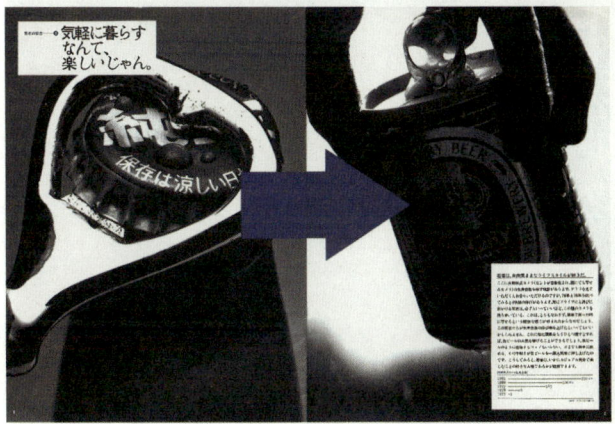

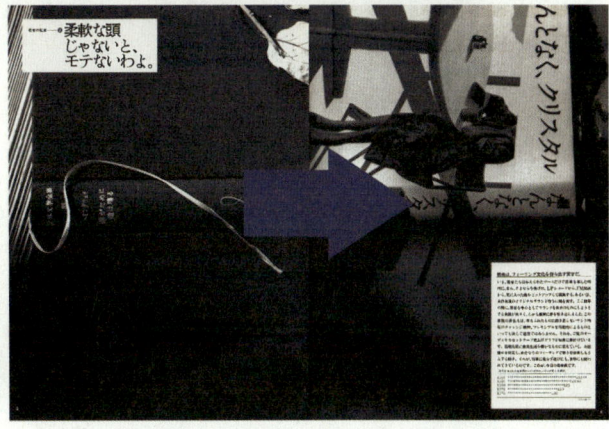

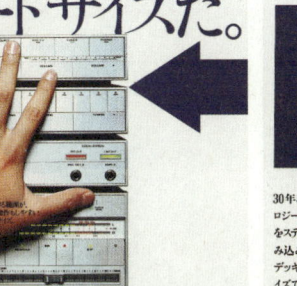

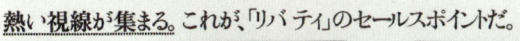

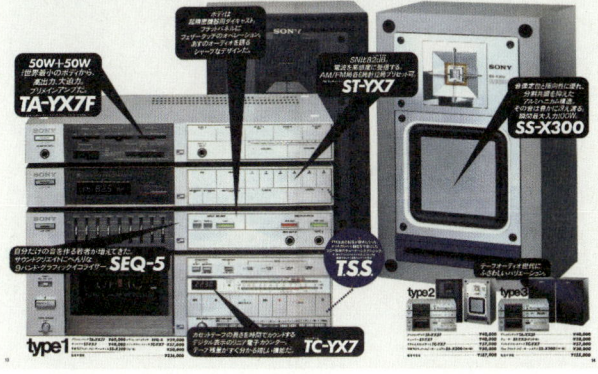

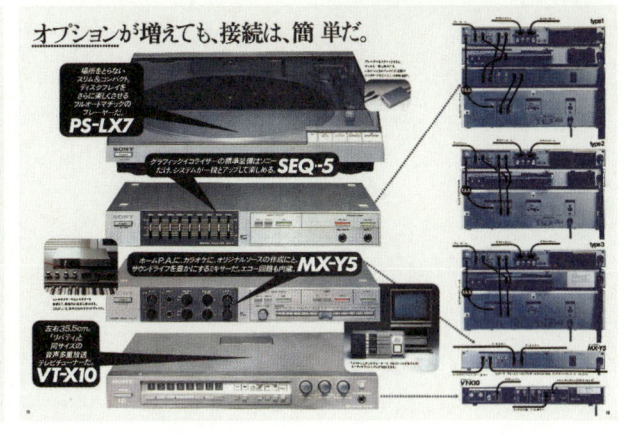

366 poster Sony, 1985

poster　Sony, 1983

SONY
黄色い歓声の
黄色って、どんな
黄色だろう。
超微粒子だから、
心の色まで見えるのです。
心の色まで残せるのです。
磁性体のひと粒ひと粒に感動がある。新開発の超微粒子磁性粉で、原色から微妙な中間色まで、鮮明な画像を再現します。音質も向上。臨場感あふれるHi-Fiサウンドが得られます。ビデオ機器を知りつくしたソニーだから、高性能で高品質。信頼性が違います。○あらゆるモードで美しい画像がたのしめる○独自の高精度カセットハーフだから安定した画像が得られる ○最初の美しさをいつまでも再現できる○量感豊かな音でステレオ録画も思いのまま○すべてのベータ方式ビデオで使用可能○整理しやすい文庫本サイズ
新シリーズでお届けします。
ソニービデオテープ。
ダイナミクロン
Dynamicron L-750N
Dynamicron L-830UX
小さなカセット、鮮明な画像。ビデオはベータ方式。

SONY
真っ赤な情熱の
真っ赤って、どんな
真っ赤だろう。
超微粒子だから、
心の色まで見えるのです。
心の色まで残せるのです。
磁性体のひと粒ひと粒に感動がある。新開発の超微粒子磁性粉で、原色から微妙な中間色まで、鮮明な画像を再現します。音質も向上。臨場感あふれるHi-Fiサウンドが得られます。ビデオ機器を知りつくしたソニーだから、高性能で高品質。信頼性が違います。○あらゆるモードで美しい画像がたのしめる○独自の高精度カセットハーフだから安定した画像が得られる ○最初の美しさをいつまでも再現できる○量感豊かな音でステレオ録画も思いのまま○すべてのベータ方式ビデオで使用可能○整理しやすい文庫本サイズ
新シリーズでお届けします。
ソニービデオテープ。
ダイナミクロン
Dynamicron L-750N
Dynamicron L-830UX
小さなカセット、鮮明な画像。ビデオはベータ方式。

newspaper ad / magazine ad　Sony, 1983

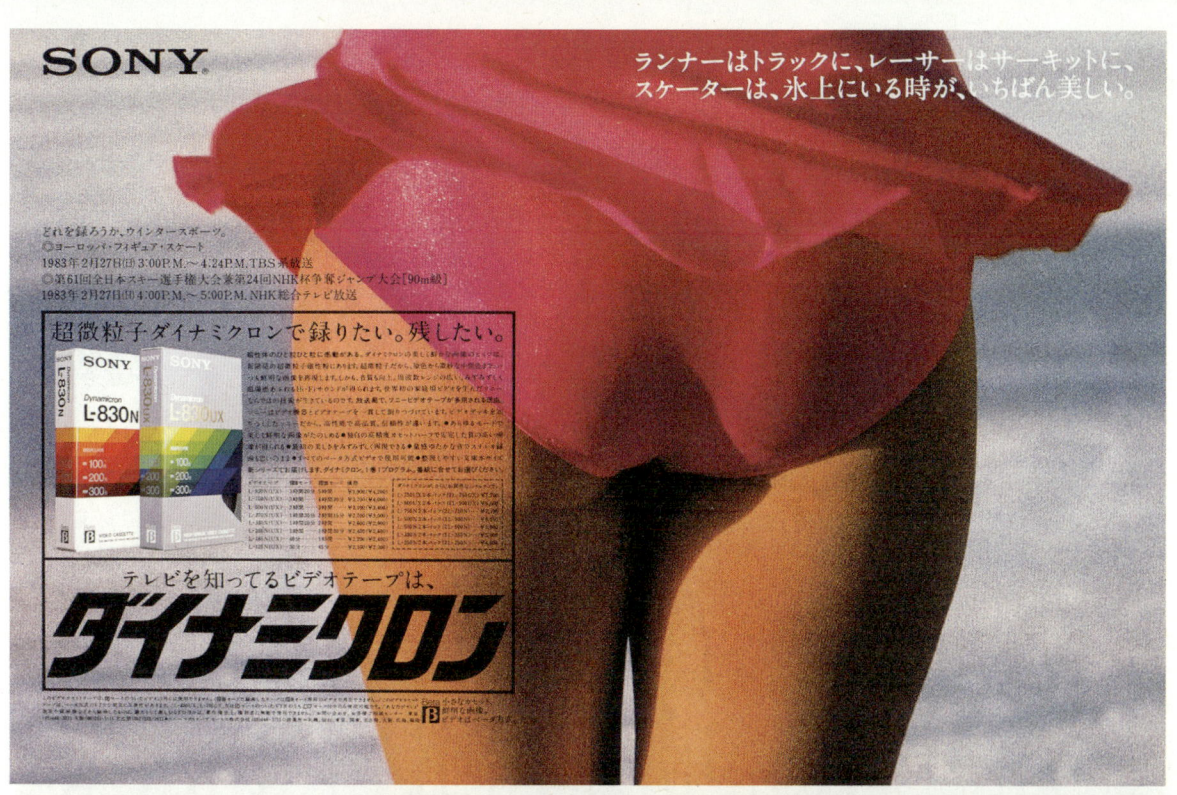

He is WALKMAN PROFESSIONAL.

REVERSE

オートリバースというのなら、ここまでやらないと、ね。ウォークマン。

ロス地区だけで、40数局のFMステーションが聴ける。

ソニーだから、デザインだけで選んでも間違いはありません。プリズム、新発売。

372　calendar　Sony, 1979

magazine ad Sony, 1983

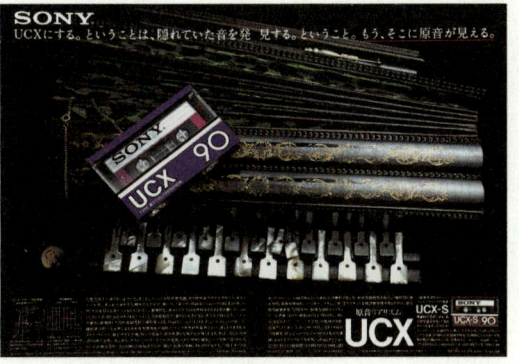

全7段

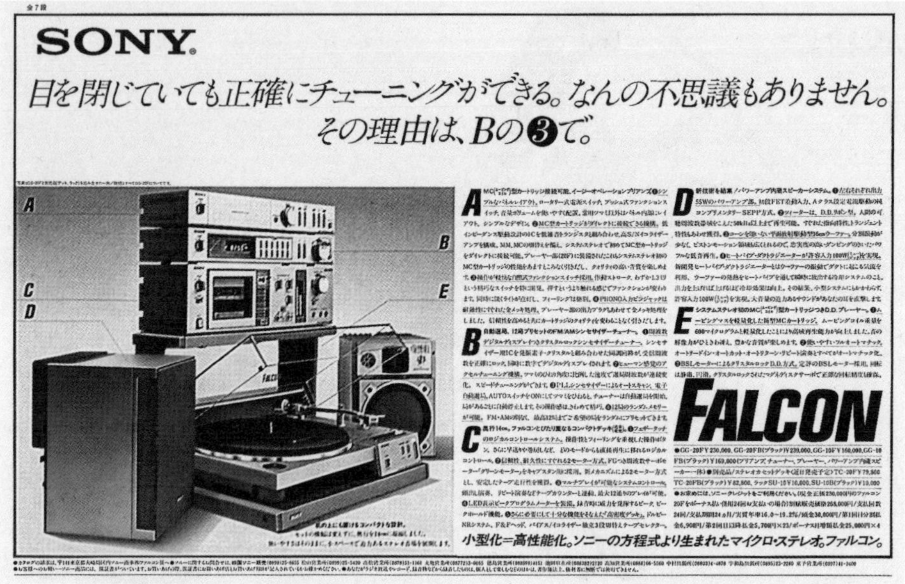
SONY
目を閉じていても正確にチューニングができる。なんの不思議もありません。
その理由は、Bの❸で。
A
B
C
D
E
FALCON
小型化＝高性能化。ソニーの方程式より生まれたマイクロ・ステレオ。ファルコン。

全7段

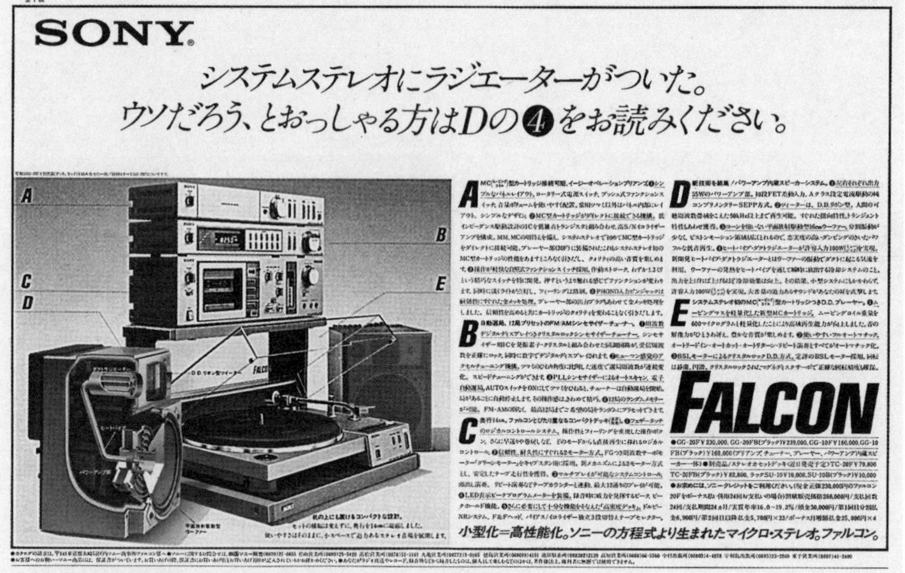
SONY
システムステレオにラジエーターがついた。
ウソだろう、とおっしゃる方はDの❹をお読みください。
A
B
C
D
E
FALCON
小型化＝高性能化。ソニーの方程式より生まれたマイクロ・ステレオ。ファルコン。

全7段

SONY
システムステレオ初の出来事、お知らせします。
Aの❷とEの❶をご覧ください。
A
B
C
D
E
FALCON
小型化＝高性能化。ソニーの方程式より生まれたマイクロ・ステレオ。ファルコン。

newspaper ad　Sony, 1979

SONY

逃げ足の速いニュースを鮮明につかまえることができた。
世界中の放送局から歓迎された、ニュースを肩で録るソニー・ベータカム。

VTR部 2分の1インチ・ベータカセットHG-20を使用。テープ速度11.86cm/秒、相対速度6.9m/秒。

バッテリーケース

単一指向性マイクロホン

ビューファインダー

レンズ部

BETACAM

SONY

VTR一体型カメラ BVW-3
ENGのみならず、電子野外制作・EFP(Electronic Field Production)にも使用されている高画質機。

カメラ部
VTR部と容易に分離可能。用途に応じて単管または3管のカメラを組みあわせることができる。写真のカメラ部は、3管式BVP-3。

VTR一体型カメラ BVW-2 "NEWSMAKER"
家庭用"ベータムービー"とほぼ同じ大きさの、小型・軽量機。

ニュース取材用機器は、小型・軽量が、絶対必要条件です。ビデオによる電子ニュース取材・ENG(Electronic News Gathering)は、いまや世界の放送局で常識になったといえるでしょう。録ったら、すぐ見られるビデオ特有の機能である即時性が、ニュース取材にうってつけだった訳です。そしてENGが一般的になるにつれて、機動性を重視する取材用機器には、一層の小型・軽量化が望まれました。それに応えて誕生したのがソニーのVTR一体型カメラ・ベータカムです。家庭用ベータカセットと同一サイズのテープを利用するVTRと、ハイバンド・サチコンやMFサチコンなどの小型・高画質撮像管を使ったカメラを組みあわせ、小型・軽量のVTR一体型カメラという、まったく新しいかたちをつくりだしたのです。それまでカメラとVTRは別々で、取材にふたりの人間を必要としていたENGにとって、革命的なできごとでした。ちなみに世界の放送局で広く使われ活躍しているベータカム(BVW-1)の重量は、約8キログラム。新製品BVW-2 "NEWSMAKER"にいたっては、わずか4.1キログラム!ひとりで楽々と持ち運べ、めまぐるしく動きまわるニュースに密着して、新鮮、鮮明に収録ができるようになったのです。

(新) BVW-2 "NEWSMAKER"

録ったテープから、即、放送できる高画質。新鮮さがニュースの生命とすれば、新鮮さを保つのは画質です。だからベータカムには、ソニーが最初に実用化した「コンポーネント記録/時分割・時間圧縮記録」方式を採用。その結果、家庭用と同じ2分の1インチベータカセットを使いながら、現在用いられている放送局用VTRに遜色ない高画質を実現。この新方式により、編集やダビングを行なっても高い画質が保たれます。色ムラが少なく、色の切れがなく、しかも色あざやかになりました。日本をはじめ、アメリカ、カナダ、オーストラリア、西独などの主要放送局が続々とベータカムを採用しているのも、小型・軽量であることに加え、収録したテープからすぐに放送できる高い画質が認められたからです。ことし六月、欧州放送連盟(EBU)は、ソニーの「ベータカム方式」をENG用ビデオシステムに推奨し、その真価を公式に裏づけました。

(編集) 据置型VTR BVW-40

ベータカムは、収録から送出までの「ENGトータルシステム」。いま、世界の放送局でベータカムが歓迎されているひとつの理由に、トータルシステムとしての高い完成度があります。すなわちVTR一体型カメラ・ベータカムで収録された情報は、フィールド用ポータブルプレーヤーを介して、マイクロウェーブで放送局に送られ、編集用VTRで必要なカットを選択される——というシステムです。しかも近い将来、今春発表された「ベータカート」が加われば、送出も自動化されることになります。「ベータカート」は、40巻のベータカセットを予め指定したメニューに従って、順次自動再生するマルチカセット・プログラムオンエアシステム。人手いらずでニュースやCMを自動送出できるのです。さらにこのベータカムシステムの大きな特長は、ベータカム誕生以前から実用に供されているソニーの4分の3インチ、1インチ放送局用VTR機器と、インターフェイスが可能である点。ベータカムは、既存システムの一部として入りこみ、システムを活性化し、さらに発展したシステムを構築できるのです。家庭用2分の1インチVTRベータマックスで培われた高密度化技術を母体にベータカムは、信頼性高い放送用システムに成長。収録の機動化、編集の高画質化、送出の自動化を実現したのです。

(活用) ベータカートシステム

COMPACT INNOVATION
小さくして、高密度にする。それは、いつもソニーの仕事です。

放送技術は、いまやビデオ技術です。ソニー。

SONY

世界初公開。全身、ウォークマン。

200を超える精密部品。これに乾電池を加えても、
ウェイトは、わずか280g。サイズはカセットケースよりも、0.5mm背が低い。
全部品、全重量。これが服を脱いだウォークマンです。

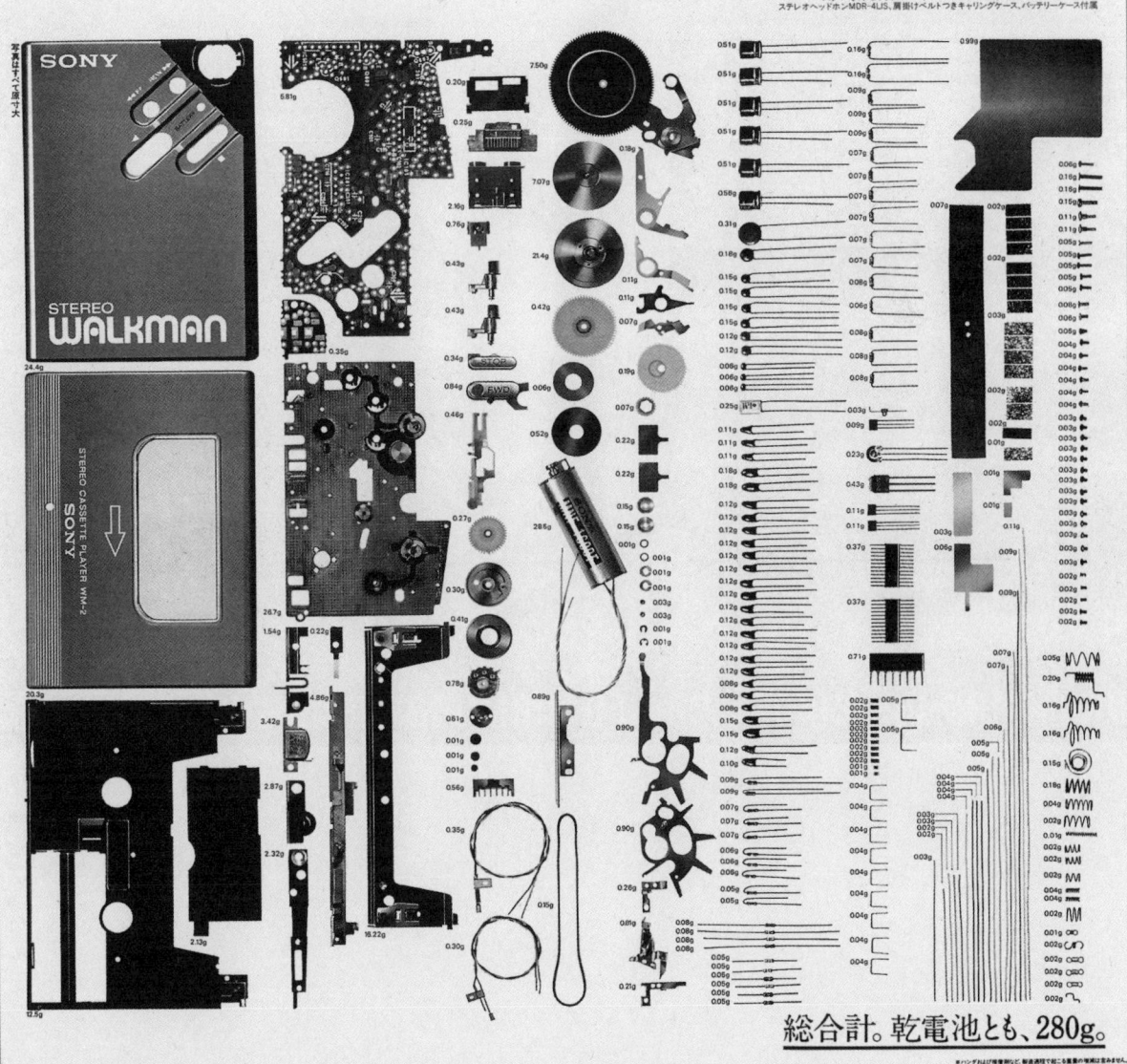

WALKING STEREO with HEADPHONES
WALKMAN

ステレオカセットプレーヤーWM-2 ¥32,000
ステレオヘッドホンMDR-4L5、肩掛けベルトつきキャリングケース、バッテリーケース付属

総合計。乾電池とも、280g。

378　poster　Sony, 1982

stereo component system
Liberty

H·AIR

THE digital hi-fi component system
SESSION CD

SPORTS
N·U·D·E

compact hi-fi component system
HELiPLAYER

ear
RECEIVER

PRiSM
Computer Aided Design
Trinitron
Color

W·EAR
CLEAR & POWERFUL

cassette bank 10

CALL
Sony Shop

watchman

FD Trinitron
WEGA

logotype   Sony, 1980–1997   379

SONY
4.8gの健全娯楽。耳をヌ・ー・ドにする。
SONY STEREO EAR-RECEIVER
N·U·D·E
世界最軽量:4.8g●側圧:0●音圧感度:108dB/mW。
ウォークマンに使ってほしい。高性能ステレオ・イヤーレシーバー、ソニーのヌ・ー・ド●新発売

SONY
4.8gの健全娯楽。耳をヌ・ー・ドにする。
SONY STEREO EAR-RECEIVER
N·U·D·E
世界最軽量:4.8g●側圧:0●音圧感度:108dB/mW。
ウォークマンに使ってほしい。高性能ステレオ・イヤーレシーバー、ソニーのヌ・ー・ド●新発売

SONY
ソニーのヌ・ー・ドにしてから、音楽とは、つまり、裸のお付き合いなのである。
N·U·D·E
SONY STEREO EAR-RECEIVER

SONY
ソニーのヌ・ー・ドにしてから、音楽とは、つまり、裸のお付き合いなのである。
N·U·D·E
SONY STEREO EAR-RECEIVER

poster / calendar   Sony, 1983

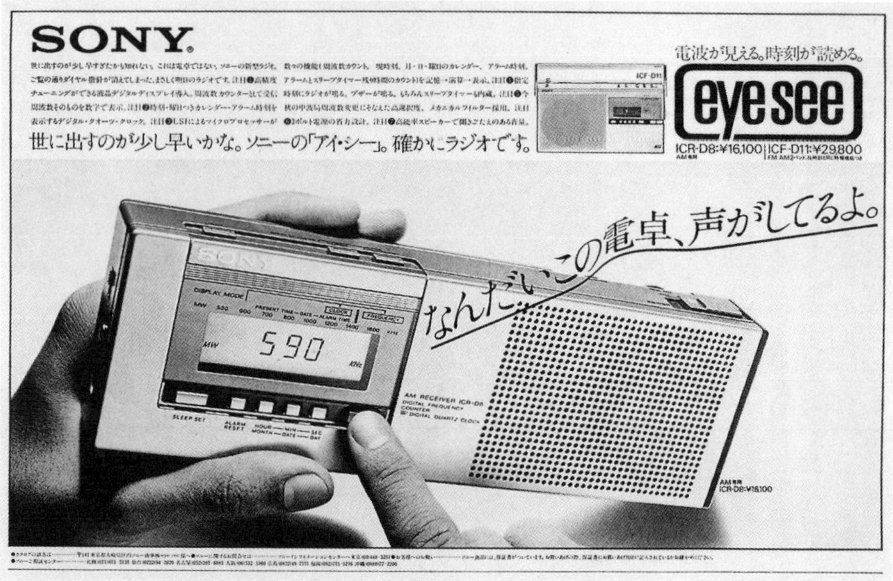
SONY
世に出すのが少し早すぎたかも知れない。これは電卓ではない、ソニーの新型ラジオ。ご覧の通りダイヤル指針が消えてしまった。まさしく明日のラジオです。注目❶高精度チューニングができる液晶デジタルディスプレイ導入。周波数カウンターとして受信周波数そのものを数字で表示。注目❷時刻・曜日つきカレンダー・アラーム時刻を表示するデジタル・クオーツ・クロック。注目❸LSIによるマイクロプロセッサーが数々の機能（周波数カウント、現時刻、月・日・曜日のカレンダー、アラーム時刻、アラームとスリープタイマー残り時間のカウント）を記憶→演算→表示。注目❹指定時刻にラジオが鳴る。ブザーが鳴る。もちろんスリープタイマーも内蔵。注目❺今秋の中波局周波数変更にそなえた高選択度。メカニカルフィルター採用。注目❻3ボルト電源の省力設計。注目❼高能率スピーカーで聞きごたえのある音量。
世に出すのが少し早いかな。ソニーの「アイ・シー」。確かにラジオです。
電波が見える。時刻が読める。
eye see
ICR-D8:¥16,100 AM専用
ICF-D11:¥29,800
なんだい、この電卓、声がしてるよ。
AM専用 ICR-D8:¥16,100

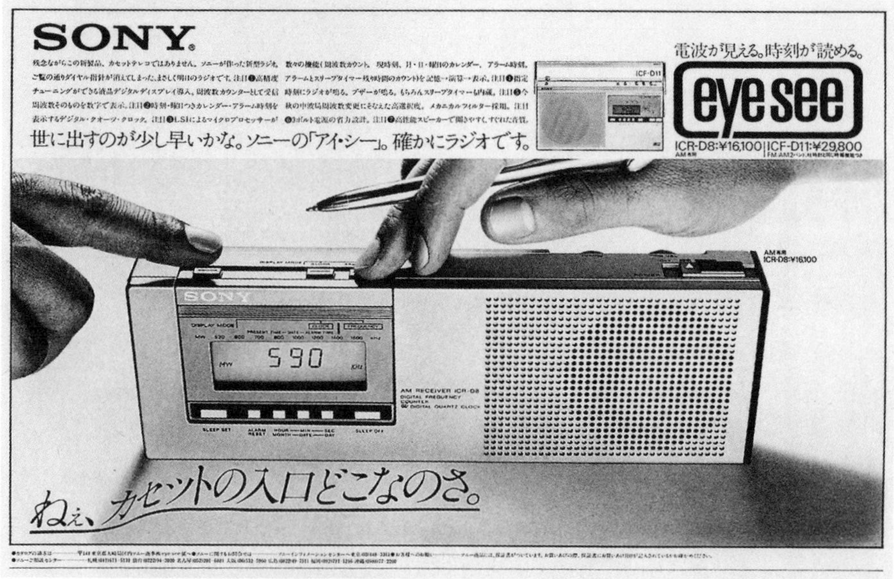
SONY
残念ながらこの新製品、カセットテレコではありません。ソニーが作った新型ラジオ。ご覧の通りダイヤル指針が消えてしまった。まさしく明日のラジオです。注目❶高精度チューニングができる液晶デジタルディスプレイ導入。周波数カウンターとして受信周波数そのものを数字で表示。注目❷時刻・曜日つきカレンダー・アラーム時刻を表示するデジタル・クオーツ・クロック。注目❸LSIによるマイクロプロセッサーが数々の機能（周波数カウント、現時刻、月・日・曜日のカレンダー、アラーム時刻、アラームとスリープタイマー残り時間のカウント）を記憶→演算→表示。注目❹指定時刻にラジオが鳴る。ブザーが鳴る。もちろんスリープタイマーも内蔵。注目❺今秋の中波局周波数変更にそなえた高選択度。メカニカルフィルター採用。注目❻3ボルト電源の省力設計。注目❼高性能スピーカーで聞きやすく、すぐれた音質。
世に出すのが少し早いかな。ソニーの「アイ・シー」。確かにラジオです。
電波が見える。時刻が読める。
eye see
ICR-D8:¥16,100 AM専用
ICF-D11:¥29,800
AM専用 ICR-D8:¥16,100
ねぇ、カセットの入口どこなのさ。

SONY
デジタルクロックであるのは、この新製品のほんの一部に過ぎない。正体はラジオだ。ご覧の通りダイヤル指針が消えてしまった。まさしく明日のラジオです。注目❶高精度チューニングができる液晶デジタルディスプレイ導入。周波数カウンターとして受信周波数そのものを数字で表示。注目❷時刻・曜日つきカレンダー・アラーム時刻を表示するデジタル・クオーツ・クロック。注目❸LSIによるマイクロプロセッサーが数々の機能（周波数カウント、現時刻、月・日・曜日のカレンダー、アラーム時刻、アラームとスリープタイマー残り時間のカウント）を記憶→演算→表示。注目❹指定時刻にラジオが鳴る。ブザーが鳴る。もちろんスリープタイマーも内蔵。注目❺今秋の中波局周波数変更にそなえた高選択度。メカニカルフィルター採用。注目❻3ボルト電源の省力設計。注目❼高性能スピーカーで聞きやすく、すぐれた音質。
世に出すのが少し早いかな。ソニーの「アイ・シー」。確かにラジオです。
電波が見える。時刻が読める。
eye see
ICR-D8:¥16,100 AM専用
ICF-D11:¥29,800
AM専用 ICR-D8:¥16,100
ずいぶんスマートだね、このデジタルクロック。

newspaper ad　Sony, 1978・1980

SONY

彼のヘアーは55グラム。

ヘビーリスナーの頭は軽いほうがいい。

重いヘッドホンは嫌うはずだ。そこで〈考えた〉可能な限り軽くしようとなった。〈いいことだから〉緻密な企画と、妥協のない設計と、厳格な検討があってソニーならではの技術力を導入。〈作ってしまった〉その名もH・AIR。メガネ程度の55g、聴き疲れしないオープンエアタイプ。ユニットのダイヤフラムと鼓膜の間の距離と体積を極限まで小さくし、サウンドの伝導率を高めた。ぜひ一度、体験していただきたい。その鋭くシンプルなボディからは想像もつかないサウンドが、あなたの頭の中を満たします。写真のヘッドホンはH・AIR＝MDR-7 ¥11,000。

考えて、いいことだったら、作ってしまう。◎例：ヘアー

●夢を語ることはいい。理想を語ることもいい。さらに、それをカタチにできればもっといい。まず作ること。そして厳しく審査して、合格品だけを世に出します。

newspaper ad　Sony, 1980

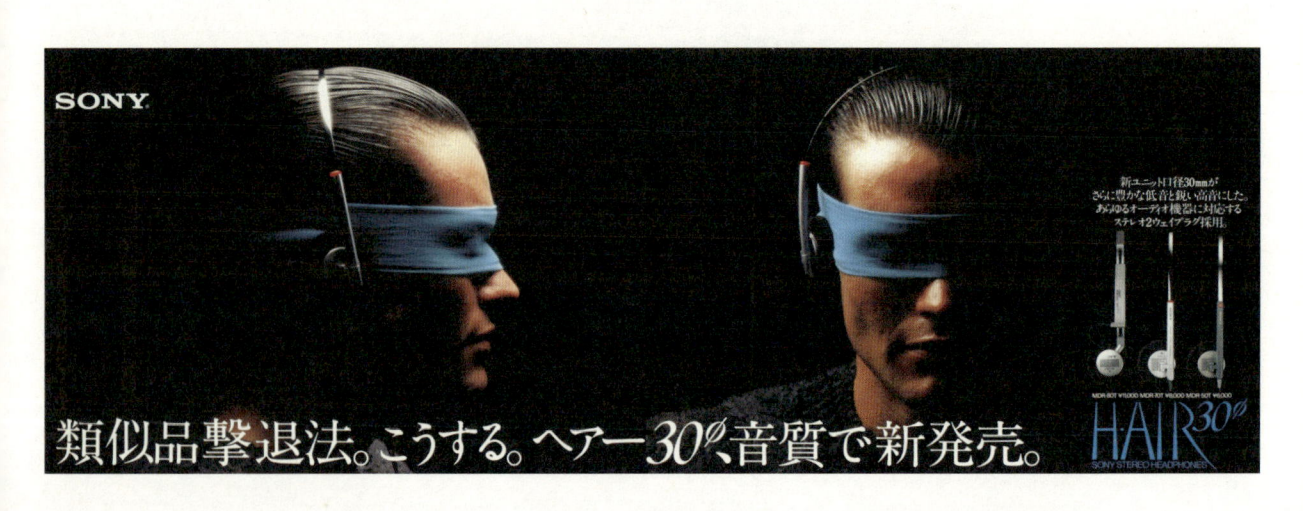

SONY

ほんとに今まで重かった。軽いヘッドホン「ヘアー」。世界同時発売。

ここまで鼓膜に近づいた
ソニーのヘッドホン。

H·AIR
SONY MICRO DYNAMIC RECEIVER

SONY

類似品撃退法。こうする。ヘアー30φ音質で新発売。

HAIR 30φ
SONY STEREO HEADPHONES

poster Sony, 1979–1981

SONY

ILLUSTRATION・AKIRA YOKOYAMA

男たちの心

スカイトーク
Skyt

…していた。1931年7月。シトロエン探検隊。難攻ヒマラヤを越える。

ラジオを聴きつつ発信・受信ができるトランシーバー《スカイトーク》。高感度トランシーバーとAMラジオがドッキング。オートスキャン機能が「CB信号」をサーチ。ラジオ受信中にトランシーバーが「割込み受信。即交信が可能。まさに"ラジオの中から友が呼ぶ"○500mW、8チャンネルトランシーバーとAMラジオが結合○オートスキャン機能装備○LED(発光ダイオード)デジタル周波数カウンター搭載○妨害電波に対して万全の防備。強いデュアルコンバージョン方式○大きさ:幅276×高さ219×奥行82mm○重さ:3.42kg(乾電池含む)○電源:乾電池(単1×8)、電灯線(別売AC-12使用)、カーバッテリー(別売DCC-6使用)。○ICB-R5￥49,800

冒険王になろう｜ソニーのトランシーバー

SONY

男たちは少年のように笑った。1910年10月。山田式飛行船、東京大崎・目黒間、

ILLUSTRATION: HARUO TAKINO

ROG
ラジャー

飛行。

送信出力100mW・1チャンネル。スリムで軽量。高感度・高選択度。パーソナルなトランシーバー〈ラジャー〉。●送信出力100mW。2台1組のツインシ・トランシーバー。レジャー、業務通信の手軽なサブ機に最適。スリムなデザイン、奥行2.2cm、軽量200g、片手操作も可能。●LED(発光ダイオード)送信インジケーターつき。●明瞭な交信が楽しめるANL回路内蔵。●使用周波数：27.040MHz、27.080MHz、27.112MHz、27.144MHzのうち1波に固定。●中間周波増幅回路に選択度特性のすぐれたセラミックフィルターを使用した、高感度・高選択度設計。●9段全長105cmのステンレス製ロッドアンテナ。●送信に、受信に、十分な音量の3.8cm口径スピーカーを採用。●イヤホンジャックつき。●大きさ：幅50×高さ162×奥行22mm。●重さ：200g(乾電池含む)。●電源：乾電池9V(006P型乾電池1個、2台分付属)。●ICB-180￥19,800[2台1組]

冒険王になろう ソニーのトランシーバー

poster Sony, 1979

SONY

男たちは神の存在を知った。1915年10月。シャクルトン、南極ウエッデル海に船を

ILLUSTRATION : NORIYOSHI ORAI

リトル・ジョン
Little Jo

·8ch

〈IC＋FET〉高感度・防滴タイプ。遠距離に強い高性能機。500mW、8チャンネル・トランシーバー〈リトルジョン〉。○8チャンネルタイプ…①26.968MHz ②26.976MHz ③27.040MHz ④27.080MHz ⑤27.088MHz ⑥27.112MHz ⑦27.120MHz ⑧27.144MHzのマルチチャンネル・トランシーバー。○チャンネルの位置に関係なくワンタッチでチャンネル1に切り替え可能。メモリーチャンネル装備。○電波の入口、高周波増幅回路にFET採用。微弱な電波も逃がさない。○ロッドアンテナは0°、90°、120°、150°、180°で自動ロックできる角度可変型。○高感度、高選択度設計。○耳あたりの良いスピーカーパッド○ANL回路、スケルチ回路○大型メーター装備○大きさ：幅73×高さ270×奥行78.5mm○重さ：1.1kg（乾電池含む）○電源：乾電池（単3×8）、電灯線（別売AC-12使用）、カーバッテリー（別売DCC-6使用）。○ICB-680￥36,800

冒険王になろう｜ソニーのトランシーバー

poster Sony, 1979

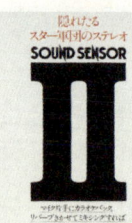

今日、母さんは「さゆり」になった。　　今日、父さんは「有名人」になった。

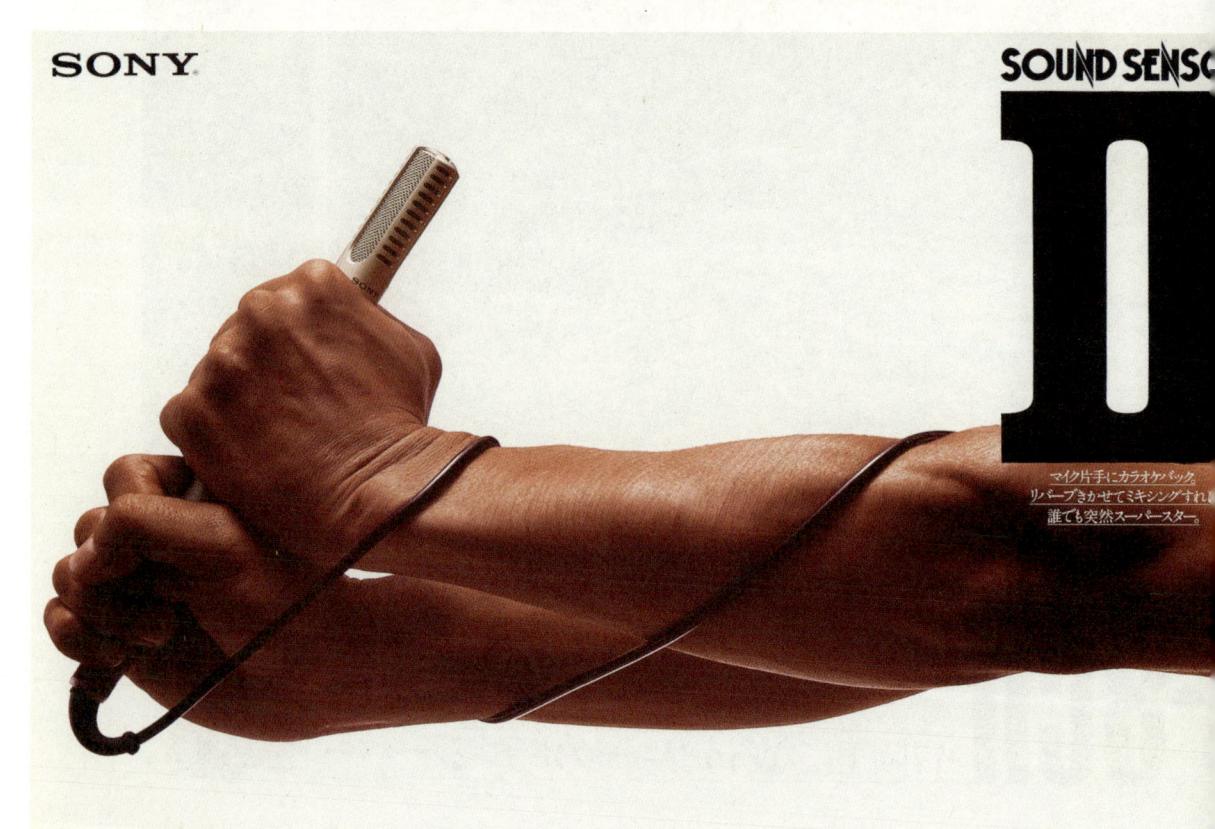

どんな大スターだって、みんな始めはアマチュアだった。

日、姉さんは「ひろみ」になった。　　今日、弟は「ヒデキ」になった。

隠れたるスター軍団のステレオ、サウンドセンサーⅡ。出ました。

SONY
SOUND SENSOR 747
●クリスタルロックサーボ スロットレスD.D.フルオートプレーヤー 注目1 薄型BSL(ブラシ・アンド・スロットレス)モーター。極めて振動のない滑らかな回転を約束。注目2 マグネディスクサーボ方式の採用。BSLモーターとあいまって、ワウフラッター0.03%wrms、SN比70dB(DIN-B)と高性能を発揮。注目3 クリスタルロック方式。正確で安定した水晶発振により、サーボ回路を位相ロック。その他、このプレーヤーについて語りたい注目点は、数限りがない。
●35W+35Wのハイパワー、プリメインアンプ 余裕充分の大出力。35W+35W(20Hz~20,000Hz、8Ω)ひずみ率も0.08%以下と見事な数値。小出力からフルパワーまで、実にナチュラルな音をキープします。期待を超える装備も魅力です。
●大型パッシブラジエーター採用の2wayスピーカーシステム 単に、迫力がある、などとは言いたくない。微妙なニュアンスが、触れるように伝わる。キリッと締まった低音を再生するカーボコン・ウーファー。音にも圧力がある
れる重低音を再生する24×26cmの大型パッシブラジエーター。清澄な高音を再生する、チタン採用のバランス
トゥイーター。加えて、インライン配置のユニットや低ひずみ率磁気回路の採用など、まさにソニーの血統が生き
●感度鋭敏FM・AMチューナー チューナーの要、IF段に群遅延特性の優れたユニフェーズフィルターを採用
た高選択度と低ひずみ率を両立。実用感度1.8μV(IHF)。FM電波を鋭くつかむ。操作性の良さもソニーならで
(耳をふさぐと•見えなくなる•と、言ったら•みんな笑いやがった

SONY
SOUND SENSOR 747
SONY
血統が音に出ます。ソニーのサウンドセ
A-747
河野は飛行機でパリへ行った。田中は新幹線で京都へ行った。俺は気ままに座ぶとんの上。サウンドセンサーで舞い上がっ

poster Sony, 1977

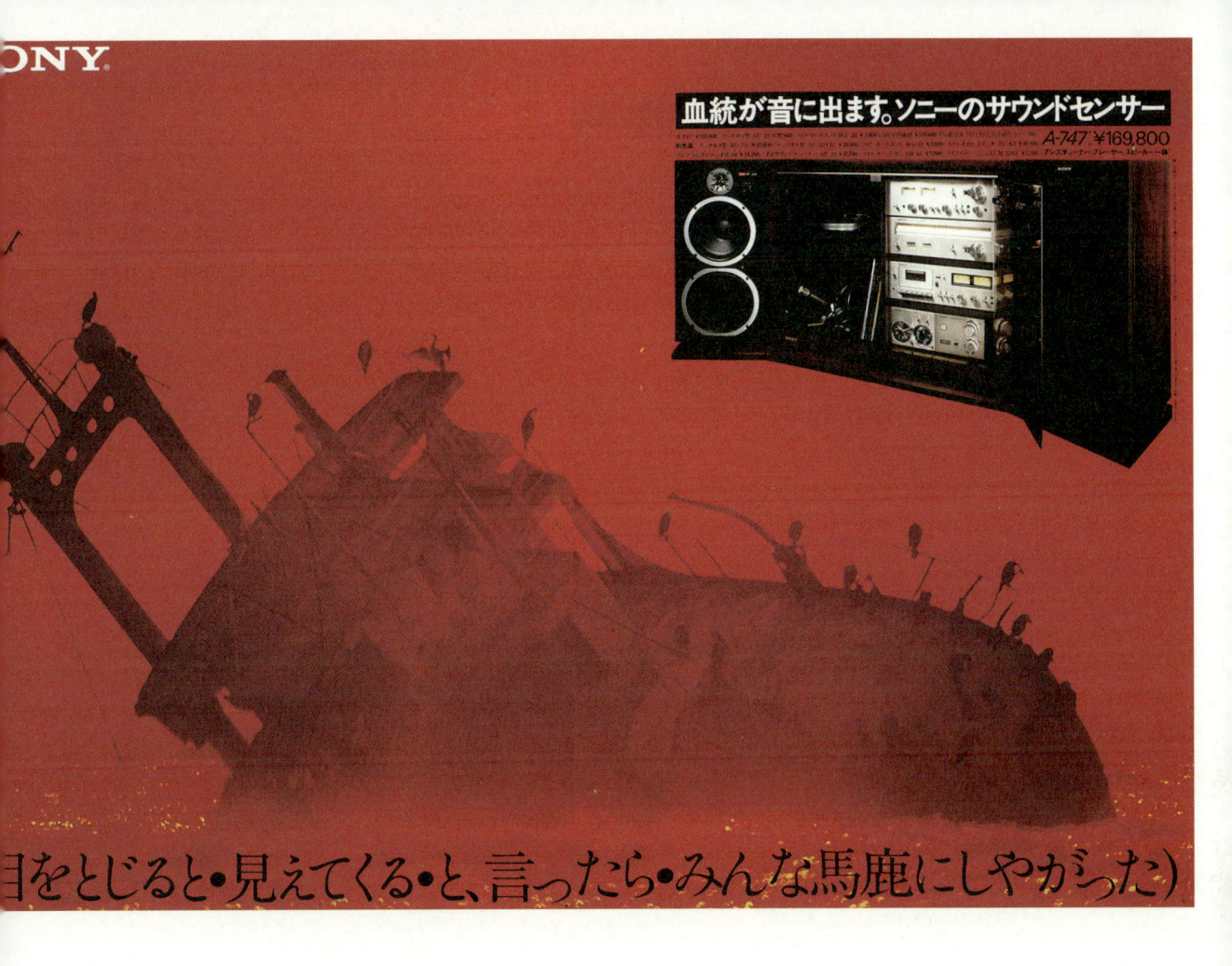

R

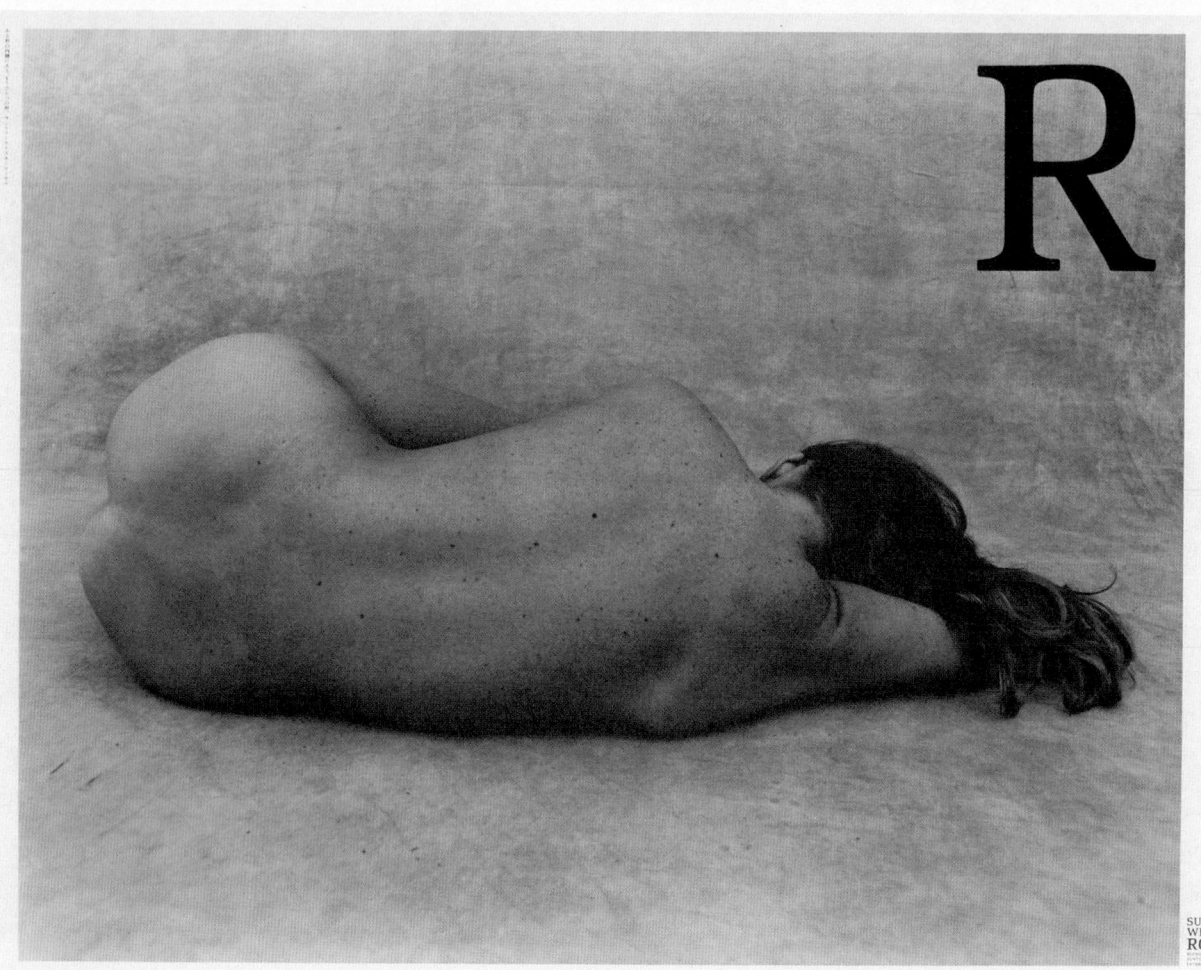

SUNTORY
WHISKY
ROYAL

poster Suntory, 1988

おめでたいお正月　高橋義孝

おめでたい初春の酒盛りである。
声の主は、A新聞社の女性記者、B女史である。もうかなり酔っている。
「先生？」
「私が横綱の土俵入りをやります」
「でもあなた、ほんとに裸になるんですか」
「もちろんです。太刀持は先生、露払いは誰それさん」
八畳二間をぶち抜いた座敷の向側には六畳の間がある。そこで仕度部屋に
うちにはふんどしはない。そうだ、二つ折にして締めている博多の角帯がある。
込みになる。幸か不幸か一座に、相撲の締込みの締め方をよく知っている者がいた。その人を一重にすれば立派な締
太刀持と云っても刀はないので帯をしめて出て来した。いよいよ土俵入りである。露払いが蓙それ君を先頭に太
刀持の私が出て、それからB女史の横綱の登場である。化粧廻しは昔酒屋から貰った古い前掛けである。私と露払
いの某君は猿股の前にハンケチをたらした。拍子木はない。ずいぶん間抜けた土俵入りになってしまった。
しかし一座のお客様は、この妙妙な土俵入りに大満足であった。こんなこともおめでたいお正月でなければ起
り得ないことであろう。
また別の年の新春の賀宴では、客のひとりが御祝儀に謡をうたってくれた。流儀は宝生流である。従って相当
に力が入る。ところが、その人はうたい続ってブーッとおならをしてしまった。げにや『春宵一発、値千金』の
おならであった。さあみんな、悦ぶまいことかゲラゲラ笑いがとまらない。同じおならでも、お正月のおならは
値打ちがある。何しろおめでたいお正月である。そしておめでたいお正月を一所懸命になって支えているのはお
酒である。
さて、おめでたいとは何か。これは必ずしも容易に答えられる問いではない。しかし私には一説がある。
おめでたいとは「深い安堵感」である。去年もそうであったように、一昨年もそうであったように、今年もま
た無事に正月がやって来た。ああよかったという安堵感である。すべては移ろい流れ過ぎる。その無常迅速の世
の中で同じことが再び起るということは、何と云ってもありがたい。おめでたいとは流転の世における不動のも
のにめぐり会えた安堵感である。
しかし、素裸の女性の土俵入りや初春の一発は、やはりおめでたいのであろうか。まあ、やぼなことは云わず
にとにかく一杯飲むことにする。

一粒の麦、
一滴の水、
ひたむきな意志。
サントリーウイスキー

Suntory Whisky
"ROYAL"

newspaper ad　Suntory, 1986・1985

'SUNTORY CLASSIC SPECIAL'
BAYERISCHE STAATSOPER
NATIONALTHEATER MÜNCHEN

JULIA VARADY

'SUNTORY CLASSIC SPECIAL'
BAYERISCHE STAATSOPER
NATIONALTHEATER MÜNCHEN

LUCIA POPP

'SUNTORY CLASSIC SPECIAL'
BAYERISCHE STAATSOPER
NATIONALTHEATER MÜNCHEN

BERND WEIKL

poster Suntory, 1989

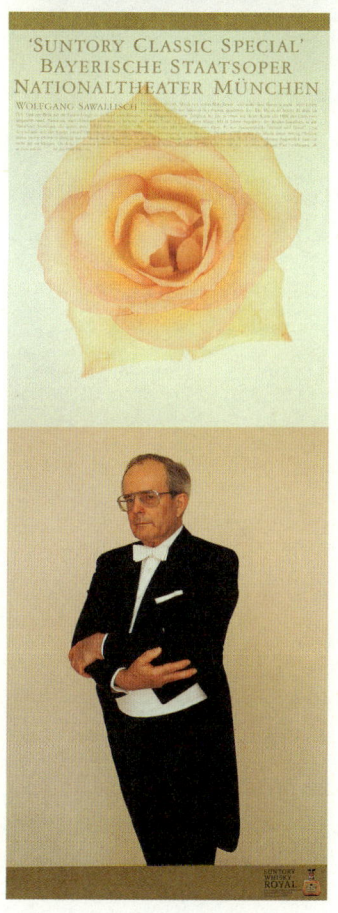

ピストルもレディも、
ウイスキーもジョークも好きだよ。
理由なんて考えたことはない。

海図、天球儀、地球儀、羅針盤。ピアノ、ハープ、ギター、オルガン、ボンゴ、アフリカの太鼓。あみだくさまの仏像、ほていさまの置物。うらないに使う大きなガラス玉。フィンガーダンスの人形、パンダのぬいぐるみ、ピーターラビットのぬいぐるみ、アルマジロの置物。カウボーイハットをかぶせられた昔の帆船の船首につけられたお守りの女神。テンガロンハットのコレクション、パイプのコレクション、ピストルとライフルと日本刀のコレクション。カメラ、ワープロ、少々のポルノビデオ、こわれたままのビデオデスク。自分で描いた油絵、奥さまの描いた油絵。彼のラッキーシンボルのエレファントの無数の置物やぬいぐるみ。駒のひとつひとつが具象的な大きなチェス、ビリヤード、ウイスキーグラス、そしてプール、そしてバー、タバコ。
ミスター・リー・ヴァン・クリーフの家の中には、子供と男のほしいものがぜんぶある。

三匹のペキニーズがいる。そのうちの一匹は盲目である。その盲目のペキニーズは、ミスター・リーのそばを離れない。床に鼻を押しつけるようにして彼の匂いの後を追う。
ミスター・リーの奥さまはクラシックピアニストだった。スペインに住んでいたとき、ロケでやってきた彼と会った。そのとき、彼女には彼の姿しか見えなかったと言う。ほかに彼の友人もたくさんいたのに。昔は美人だったらしく、いまはちょっと太ってマリア様みたいにやさしげな女性である。ふたり並んでいると、どこかダダッコと母である。なんとなく、なつかしい風景だ。

あの、「夕陽のガンマン」の黒づくめのすごい殺し屋にふんした写真の大きなパネルを見せながら、ミスター・リーはグラス片手に照れてしまう。
ジョン・ウエインもとっているゴールデン・ブーツ賞というウエスタン映画の役者のみに、あたえられる賞がある。ミスター・リーもそれを獲得している。けれど、そのトロフィーも照れくさそうに隠すように置いてある。
「わがままで、寂しがり屋で、赤ちゃんみたいなひとよ。いばれないの。ウイスキーと、ほんとうはすごくレディが好きなのよ」
そう言って彼女が笑う。
「そっちで何を話してるんだ？」バーのカウンターの中から彼が大きな声で言う。

映画の悪役には、ウイスキーがよく似合うけれど。
本当のワルには、この酒は似合わないのかも知れない。まっとうすぎる。
ミスター・リーにそんなことを感じた。

My Old Friend
Suntory Old

ミスター・リー・ヴァン・クリーフの いちばんの親友はヘンリー・フォンダだった。

ロスアンゼルスからフリーウェイ一〇一にのって約三十分、エンシノのあたりまで来ると街は緑が深くなる。エンシノからターザーナに入ると、さらに樹木の丈は高くなり、街は丘と森のあいだにはいりこんだように広がっている。ターザナでフリーウェイをおり、十メートルほどユーカリの並木道を走る。両側の家々の生垣にはサンザシの白い花が盛りをつけ始め、ユーカリは綿毛のような花をつけ、両側の家々の生垣にはサンザシの白い花が盛りひかりがまぶしい。夏になっていた。

ミスター・リー・ヴァン・クリーフの家は森の中にウェスタンふうに違っている。玄関先にはレンガが敷きつめてある。そのレンガの上に小さなとかげが一匹、体をあたためていたが、やがて歩いてゼラニウムの花の影に消える。

「トカゲを見たかい？」
ビリヤード台の向うの西部劇に出てくるみたいなカウンターバーから、ミスター・リーがニヤリと話しかけてくる。広ーい応接間というより男の遊び場みたいな部屋。床は真紅の毛足の深いじゅったんである。
「トカゲが好きだよ。飼ってるんだ。ほら、キミの足元にもいるよ。ウァァ、ハハ、ハハ、ウソだ、ウソだ」
彼は悪役ばかりやってきた。いまは初老である。悪役で青春をすごし、男盛りをこえ、いまは初老である。アクターの体をつくるために、彼は若い頃農場で働いた。激しい一日が終ると、乾草の山に寄りかかり、みんなでウイスキーを飲むこともあった。飲むと体の中を青春がかけめぐる。みんなで笑う。大きな夕日が沈む。
「あのときの進歩中も、いい年になったわけだ」
いちばんの親友は、ヘンリー・フォンダだった。彼とは初めて出た映画で共演した。彼とだけは、何でも打ちあけることができた。気むずかしい男だったが、よく気があった。ミスター・リーは子供がいたずらを考えるように悪役づくりをするのかい。
ヘンリー・フォンダがからかって言う。
アクターは永遠にボーイだろう、とミスター・リーがすこしむきになる。まあまあ、おまえさんに哲学は似合わないよ。そういった夜を、思い出すことがある。
「あいつがいなくなって寂しいよ」
ミスター・リーが、瞬時、遠くをみつめてつぶやく。それからこっちを向いてエヤリとしながら言う。そろそろ飲む時間だぜ。

My old Friend
Suntory Old

サントリーオールドウイスキー

素材の恵みのビールです。

私の母親は、服を買うとき、よく、袖のあたりをつまんでみていた。気に入ると、ニッコリして、「これは、ものがいいわ」といった。「ものがいい物は、やっぱりいいのよ。ひとがいいんが、やっぱりいい人なの」単純だけど、深いおことば。それは、いえるね。素材を感じるって、人間でいえば、人柄を感じることかもしれない。

さて、新しいこのビール。ひとことでいえば、麦とホップの素材感をくっきり出した。100％麦芽とホップ。それだけじゃなくて、それぞれ1種類の麦芽とホップだけでつくった。シンプレにしたぶん、素材の持ち味がひき立ってくる。マイルドな味わいを生むピルスナー麦芽と、香りの華やかなアロマホップ。素材からして、いい性格をしてるんです。ビールのうまさが、素顔でここにある。こくのある味わいと、さわやかな飲みごこちが、両立してる。着やすい服のように飲みやすく、人柄のいい人のように、何度飲んでも味わい深い。これはきっと、ビールの好きなんが、とても好きになるビールだな。

ピルスナー麦芽100％・アロマホップ100％　新発売 サントリー生ビール「モルツ」

うまいんだな、
これが。

　ビールって、瞬間でわかると思う。「グイッ」でわかると思う。
そのたびに うまいビールが、ほんとうに うまいビールだと思う。
　モルツは、オールモルトの生ビールだ。麦芽100％。コメ、トウモロコ
シなどの副原料を使っていない。ふつうのビールが副原料を使う
のは、べつに麦芽をケチっているわけではなくて、そうした方が飲みくち
がスムーズになるという積極的な理由のためだ。モルツの最大の特長
は、麦芽100％で、飲みくち、ノドごしの爽快さを実現したこと。豊かな味
わいがあって、しかも飲みあきない、透明感がある。マイルドな味わ
いを生むピルスナー麦芽100％、香りの華やかな アロマホップ100％。
それぞれ1種類の麦芽とホップだけでつくった。素材の持ち
味も、クリーンな生ビールにして引き立てた。
　で、それは、やっぱり「グイッ」とやって、わかっていただけるものだと思う。
いよいよ、大瓶・中瓶が登場することになった。缶も瓶も、お値段は
ふつうのビールと同じでいて、何かが明らかに違うことを、「グイッ
グイッ」と確かめていただきたいと思う。

オールモルト生ビール「モルツ」□瓶発売。
633ml大瓶310円／500ml中瓶265円／500mlロング缶285円／350mlレギュラー缶215円

ALBAN BERG QUARTETT

モルツは、あきらかに、すこしちがう。

私の叔父に、大のクラシック音楽好きがいる。ある時、家に遊びにゆくと、叔父が「好きな曲をかけてあげよう」と言う。中学生だった私は、内心あせった。仕方がないので、教科書で暗記した協奏曲の名前を答えた。叔父はうれしそうに、レコードを選んだ。だが、その1枚で終わらせなかった。演奏者のちがう同じ曲が、何枚も何枚も、ターンテーブルにのせられた。そのちがいに私は驚いた。クラシックに退屈以外の何かを感じたのは、それがはじまりだった。いまでは、叔父とビールをよく飲む。モルツというこのビール、飲みくらべて感じることが、とても多いビールだ。麦芽とホップ、この二つの主題が、くっきりと胸に響く。モルツは、麦芽100%。それもピルスナー麦芽と呼ばれる種類だけ、ホップも、アロマホップだけを100%使用してつくられている。ビールの好きな人なら、好きな人ほど、この贅沢なハーモニーを愛でるだろう。まったくそれでいて、値段はふつうのビールと同じなのだけれど。叔父はモルツはCMも好きだと言う。ジャズの名曲「ス・ワンダフル」を演奏しているのは、「ウィーンの生んだ現代最高の弦楽四重奏団」アルバン・ベルク カルテットなのだ。
麦芽のゆかしい味がする。麦芽100%生ビール「モルツ」

newspaper ad Suntory, 1987·1986

SUNTORY
WHISKY
ROYAL
BLENDED & BOTTLED BY
SUNTORY LIMITED
ESTABLISHED 1899
サントリーウイスキーローヤル 5,000円
価格は標準的な小売価格
輸入・販売サントリー株式会社
未成年の飲酒は法律で禁じられています。

「アインシュタイン以後の、ある夜の発見。」

縦と横と高さのほかに、もうひとつの方向への広がりがあるという。それが『四次元』だという。もうひとつとは時間の軸、時間の前後が同時に見える世界というのだから、はてさて、これはいったいどういうことなのか。真夜中にひとり、ウイスキーのグラスを手に、部屋を見渡しながら考える。抜けるような秋の空の下、地平線の見える丘の上、遠い過去と未来と、どのように横たわって見えるのか──こんな不思議な、快い気分に漂ったのは、ウイスキーのせいである。ふと私は、この液体に凝縮された長い歳月について考える。時間は見えないが、香っている。グラスの中のウイスキーには、縦と横と高さのほかに、もうひとつの深さがあった。サントリーウイスキーローヤル。遙かな遙かな時間の深さがあった。

「手巻き式腕時計のように。」

「古い消印の手紙のように。」

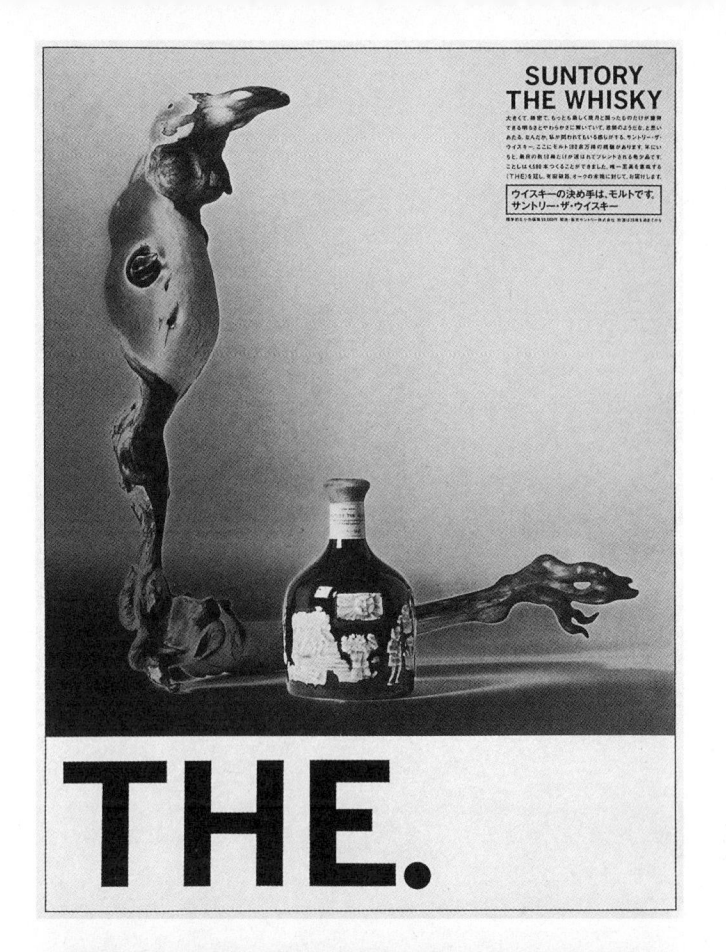

newspaper ad Suntory, 1985-1988

ウイスキーをグラスに注ぐ時、密やかに、体の中でひらく耳がある。とくとくとくという音を聞いているふたつの耳とは別のその耳が、心の隅の、遠い記憶のひだにひそむ様々な音を、響きを、聴き逃がすまいと身がまえる。それはある時、海の響きであり、あるいはサーカス小屋の囁きであり…。グラスに揺れる液体を嚙みしめると、眠っていたものが花ひらく。ウイスキーには、人を夢の入口に立たせる愉しさのようなものがある。それは、36・6のモルトの夢を集め、ひとつの時代に相当するほどの時間を封じ込めた「響」だからなのか。ともあれこんなことは、他の飲みものには起こらない。

わたしの国には、
ほんとうによいウイスキーがあります。
SUNTORY WHISKY 「響」

ウイスキーは、聴くものである。

750ml 10,000円
価格は希望小売価格（消費税込み）
製造・販売 サントリー株式会社
飲酒は20歳を過ぎてから

山崎顔。響顔。

男というものは結構うるさいもんです。こだわりが多いんです。そういう男に贈るなら、
やはりウイスキーでしょうが、どんなウイスキーがよろしいか、となると思案のいるところ。
こういう場合は相手の方のお顔を思い浮かべます。なにも足さない、なにも引かない「山崎」は、
ウイスキーの生一本とでもいうべきピュアモルト。まっすぐで、どちらかといえば頑固者の
風貌をしている。選りすぐりのモルトを集めてブレンドした「響」は、華やかな味わい。どこから
見ても円満で、まことに悠々とした人格者の相である。山崎顔、響顔。さて、あの人はどちらだろう。
[ウイスキーのふるさと山崎から。サントリーピュアモルトウイスキー山崎 750ml ¥7,500
36のモルトが生んだハーモニー。サントリーウイスキー響 750ml ¥10,000

あの人に、ウイスキーを贈りたい。

飲酒は20歳を過ぎてから

きてごらん。
Come here.

オールド&ペリエは、ニューウェーブである。フランス産出の天然炭酸水ペリエで割るので、あるいはそれらしくヌーベルヴァーグと呼ぶべきかも知れない。実のところ、オールド&ペリエを酒場で注文するのは、まだすこし恥かしい気がする。ニューウェーブだからである。先進的な、高感度人間と思われてしまうからである。そこを耐えて一度トライしてみると、爽快な飲み口の虜になる。人に勧めたくなる。そうして、新しい波が広がってゆく。

Old and Perrier

日本ノ洋酒、
サントリーオールドを
ペリエで割って。

newspaper ad trial works Suntory, 1986

㊊の日。

どうしてこうも、酒を飲む時間は、楽しいのだろうか。神は、酒のために夜を創造なさったと感謝する時もあります。
楽しい時間にブレーキをかける勇気、まあ、たいていの方が不得意としています。どうせタクシーで帰るんだから、もう一軒行こう
となり、翌朝はフトンの中で頭をかかえている。傷ついたライオンは、ただじっと回復を待つ他ありません。
こういう日は、当然、必然、酒は「や」の日をむかえます。体の命令にしたがいます。
もう少し意識的な「や」の日を英語ではドライ・デイ。日本語では休肝日といいます。タフで知られる肝臓も休息の日は必要で、
週に一度か二度は休ませてあげたいものです。休日を文字通り「や」の日に制定している方が多いようです。
月曜の夜の酒がおいしいのは、そのせいかも知れません。
ご同輩、酒はいいものです。長くつきあいたいものです。時には「や」の日もお忘れなく。

酒は、なによりも、適量です。
サントリー

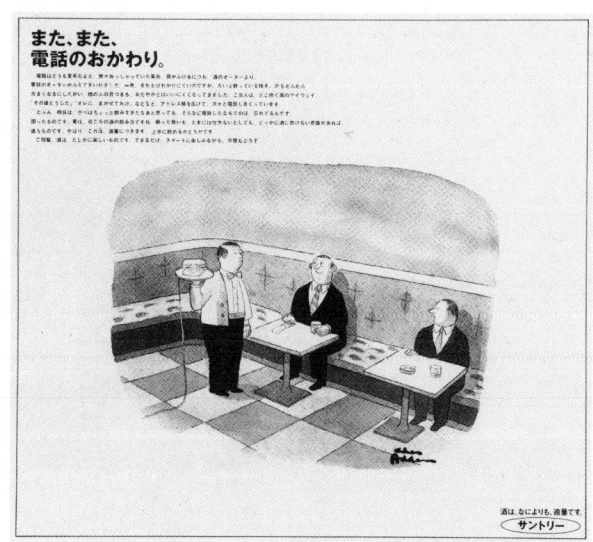

「今度、ゆっくり、飲もうか」

また、また、電話のおかわり。

昨日も、今日も、明日も、忘年会。

円高だ、株だ、地価だ、なにやら、例年になく騒々しい一年でした。そのせいか、どうか、忘年会も好調なスタートを切ったようです。すでに、12月の夜のスケジュールが満杯の方も、いらっしゃる。内ポケットから取りだした手帳も、カドがすり切れ、最後のおツトメに忙しい。学生時代の友人と再会する夕べ、会社の部の忘年会、ゴルフ仲間との一泊コンペ、取引き先との忘年会も多い。

となれば、いかに酒量をコントロールするかです。まず、食事を楽しむ。第一ラウンドは、食主酒従型が理想です。第二ラウンドは、会話や芸を楽しむ。ノドの乾きをうるおす酒になりますね。ペースはゆっくり、時々、水を補給する、帰るタイミングも肝心です。酒を抜ける日は抜く、睡眠も十分とる。適量は難しいのですが、あまりオーバーしないよう心がけたいものです。

ご同輩、楽しい忘年会をお過しください。そして、よい年をお迎えください。

酒は、なによりも、適量です。

サントリー

一杯ぐらい、いいじゃない。

酒は、なによりも、適量です。
サントリー

男のシンデレラ・タイム。

酒は、なによりも、適量です。
サントリー

MODERATION BOOK

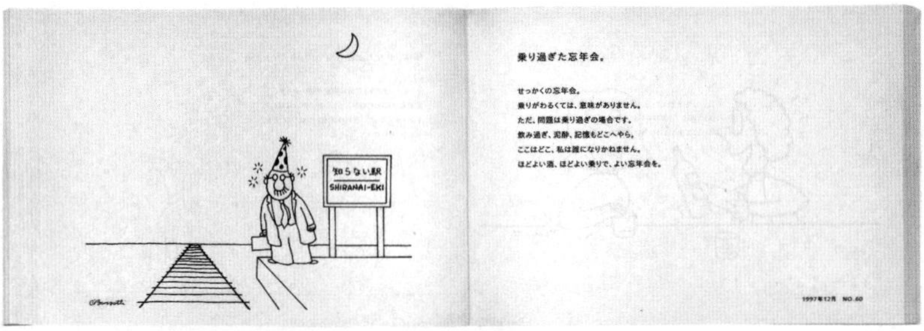

サントリー適正飲酒キャンペーン NO.1〜100

418　book design　Suntory, 1999

commercial film Suntory, 1999

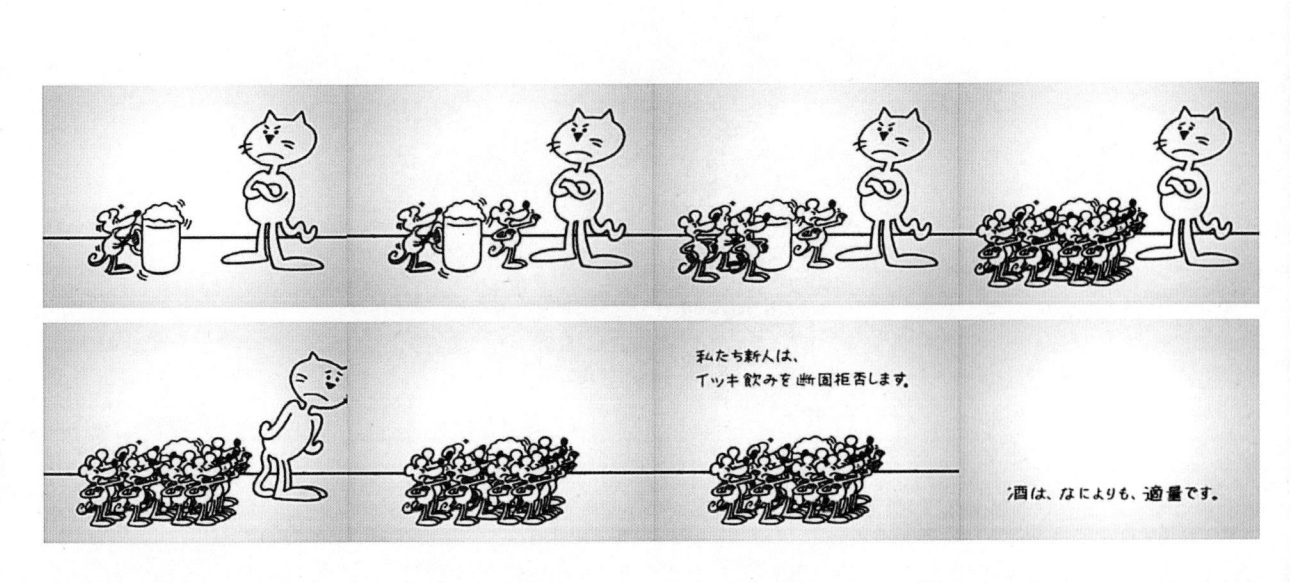

ウイスキーが、お好きでしょ　SUNTORY WHISKY の贈りもの

poster　Suntory, 1990

422　post card　Suntory, 1987

poster Suntory, 1987

幸福な
ウイスキー。

サントリーウイスキーの贈りもの

幸福な
ウイスキー。

サントリーウイスキーの贈りもの

さしあげたのは、時間です。
あなたが愛する、この1本のボトルが
空白になるまでに、あなたは誰と会い、どんな
会話をあたため、何度笑顔になってくれるでしょうか。
いい時間をすごしてください。
長い長い、時間の川を流れてきたウイスキーが、
いま、あなたの海にそそぎこむ。
サントリーウイスキーの贈りもの

さしあげたのは、時間です。
あなたが愛する、この1本のボトルが空白になるまでに、あなたは
誰と会い、どんな会話をあたため、何度笑顔になってくれるでしょうか。
いい時間をすごしてください。長い長い、時間の川を流れてきたウイスキーが、
いま、あなたの海にそそぎこむ。
サントリーウイスキーの贈りもの

冬のラブレター。SUNTORY WHISKY

新発売 モルトもグレーンも熟成12年以上
クレスト12年 750ml **¥5,000**

新発売 ギフトにうれしいクイーンサイズ
ローヤル クイーンサイズ 1000ml **¥5,000**

価格は消費税込みです。

贈りもの

飲酒は20歳を過ぎてから。

poster　Suntory, 1989

冬のラブレター。SUNTORY WHISKY

新発売 モルトもグレーンも熟成12年以上
クレスト12年 750ml ¥5,000

新発売 ギフトにうれしいクイーンサイズ
ローヤル クイーンサイズ1000ml ¥5,000

価格は消費税込みです。

贈りもの

飲酒は20歳を過ぎてから

Ⓑ
292

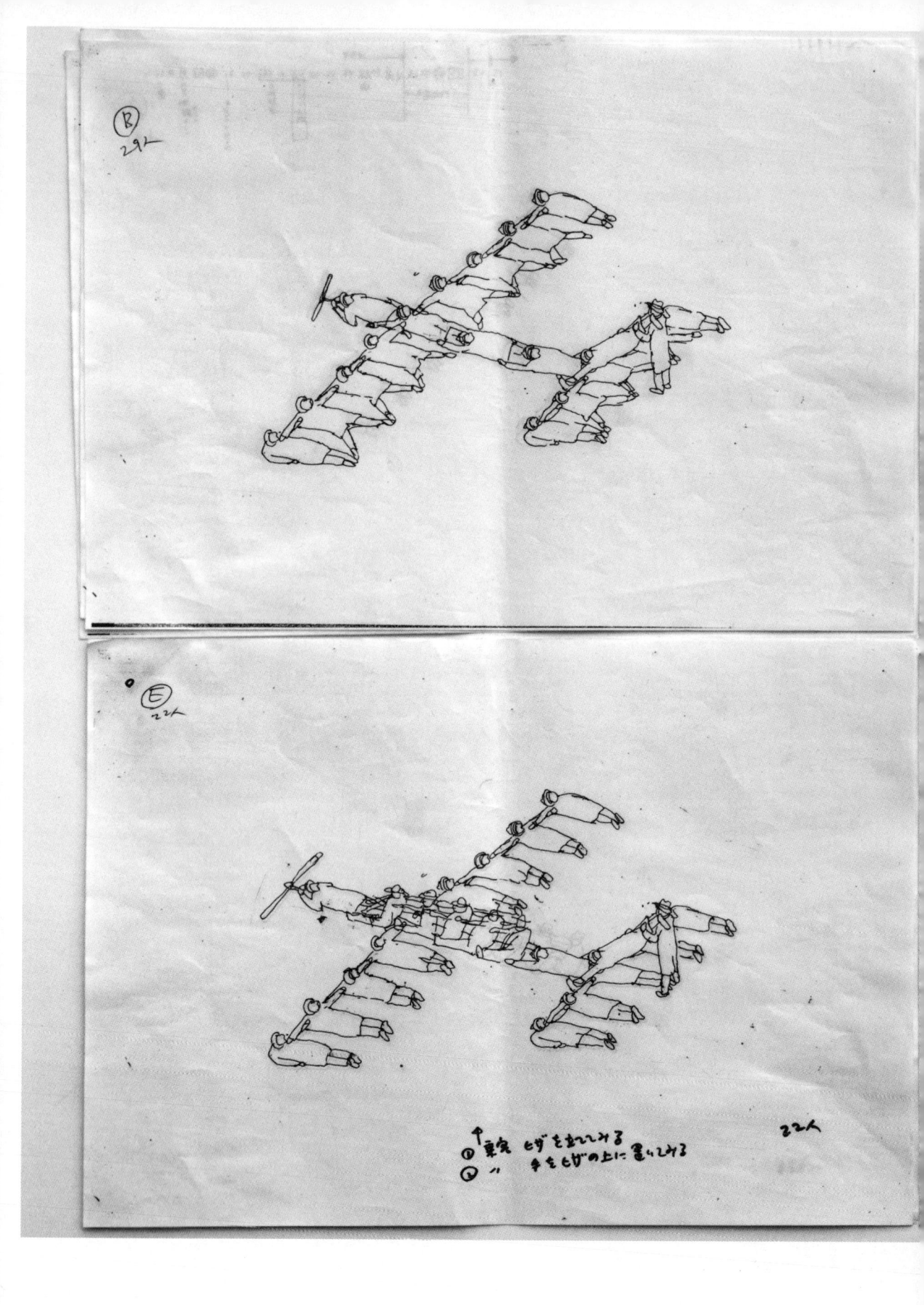

Ⓔ
22人

① 足先 ヒザをおってみる
② 〃 手をヒザの上に置いてみる

22人

sketch   Suntory, 1989

夏の愛。SUNTORY WHISKYの贈りもの

夏の愛。SUNTORY WHISKYの贈りもの

poster Suntory, 1989

右副翼

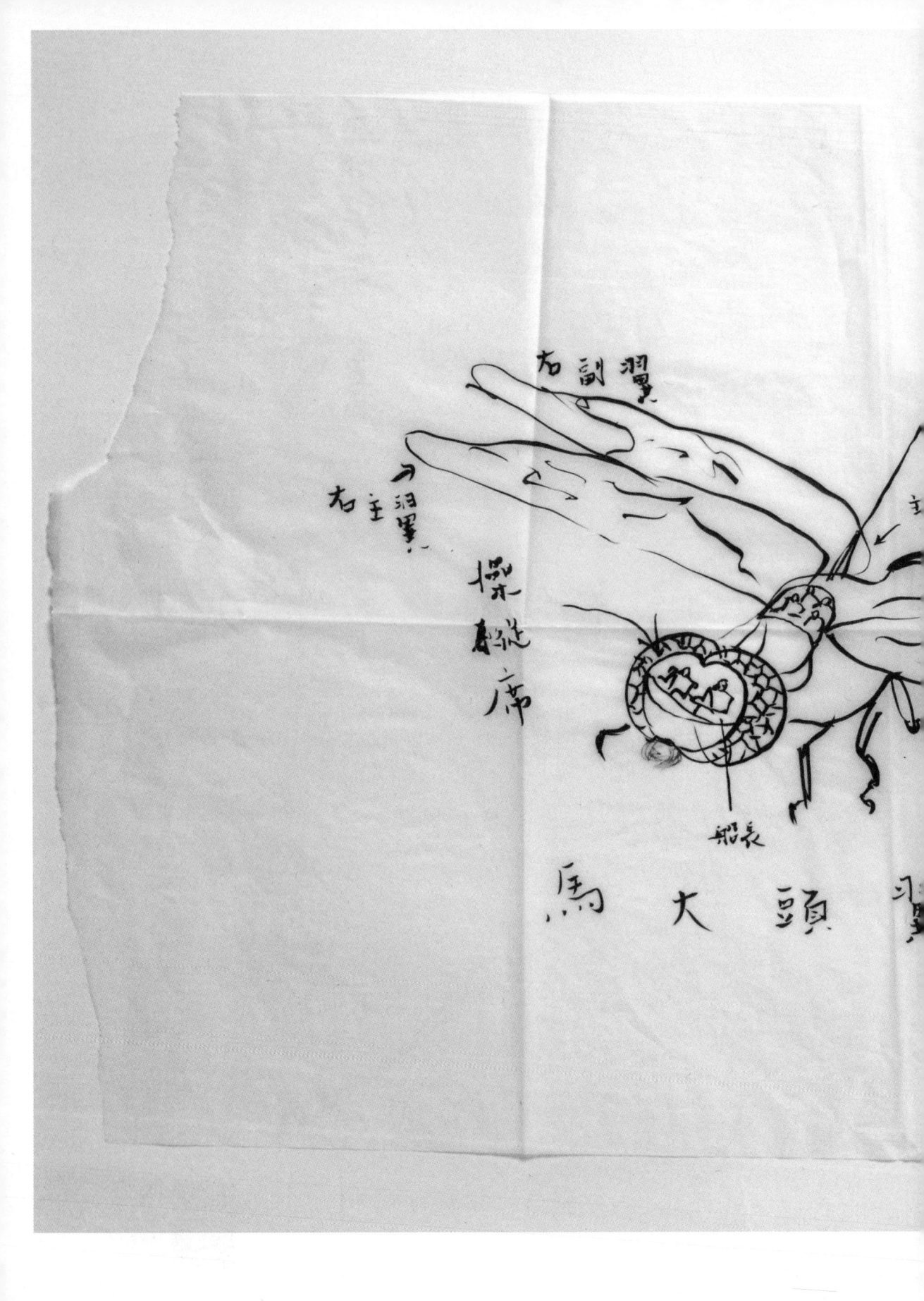

右主羽翼

操縱席

船長

馬 大 頭

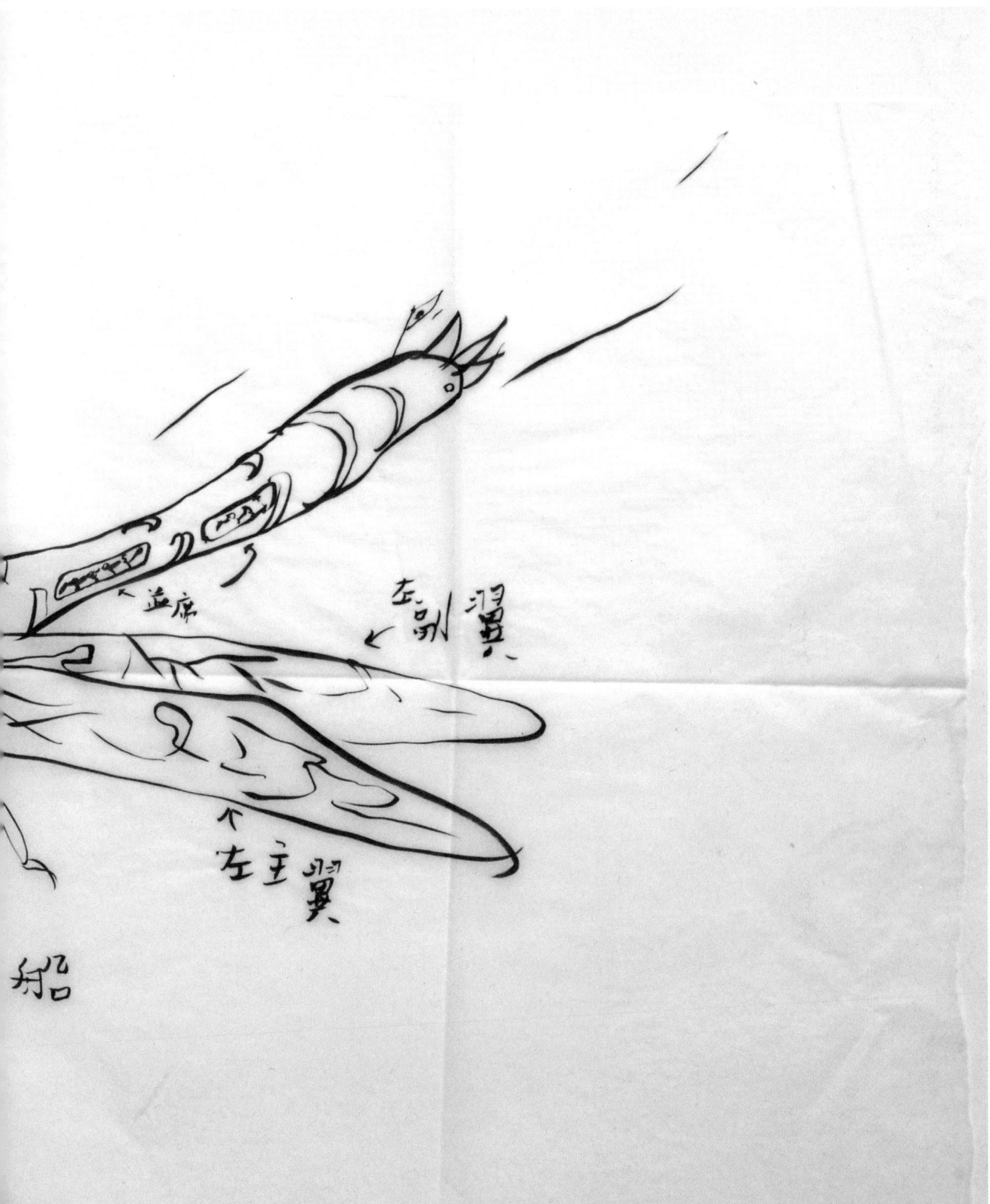
左副翼
左主翼
船

ウイスキーをありがとう

サントリーローヤルの贈りもの

お歳暮は、サントリー。

アイラブユー

poster Suntory, 1983

お歳暮は、サントリー。

アイラブユー

poster Suntory, 1983

poster / newspaper ad   Suntory, 1982

poster　Suntory, 1984

いいヒトと、べタべタしながら。樹氷。

僕は君じゃない。だから、此處へおいで。

magazine ad   Suntory, 1979

氷ノ国ノ人。

magazine ad / poster   Suntory, 1981-1982

poster Suntory, 1978

magazine ad　Suntory, 1979

人生仮免許 　作家　山口 瞳

二十歳の諸君！　今日から酒が飲めるようになったと思ったら大間違いだ。諸君は、今日から酒を飲むことについて、勉強する資格を得ただけなのだ。仮免許なのだ。最初に、陰気な酒飲みになるなと言っておく。酒は心の憂さを払うなんて、とんでもない話だ。悩みがあれば、自分で克服せよ。悲しき酒になるな。次に、酒を飲むことは分を知ることだと思いなさい。そうすれば、失敗がない。第三に、酒のうえの約束を守れと言いたい。諸君は、いつでも、試されているのだ。ところで、かく言う私自身であるが、実は、いまだに、仮免許が、とれないのだ。諸君！　この人生、大変なんだ。

成人おめでとう
サントリーオールド

新入社員諸君！ゴメンナサイ　作家　山口 瞳

滅茶苦茶に仕事の出来る上司がいた。僕がプランを提出すると、いつでも木っ端微塵に粉砕された。某日、その男に応接室に呼びだされた。「昨日の君の意見ね、家へ帰って検討したら、君の考えのほうが正しかった。次の会議で訂正するよ」。僕は彼を尊敬しないではいられなかった。何よりも気持が良かった。新入社員諸君！　自分が間違っていると思ったら、すぐに訂正したまえ。ゴメンナサイと言える人間になりたまえ。遅刻や酒の上の失敗なんかで悩むのは損だ。「でも」「だけど」「だって」。言訳は見苦しい。新入社員諸君！　入社第一日だっていうのに、御説教したりして、ゴメンナサイ。

入社おめでとう
サントリーオールド

あわてず、おそれず　作家　山口 瞳

新入社員諸君！　きみたちの心配のひとつは、上司や取引先との酒の席でのことではあるまいか。私も、若い人たちの、酒の上の失敗を数多く見てきた。私は、よく、こう言ったものである。あわてず、おそれず、だよ、これは、上手（専門棋士）と将棋を指すときの心得として有名な言葉である。緊張する、固くなることはない。常に沈着冷静、普通に振舞えばいいのである。時には上司の誘いを断るぐらいの勇気も必要である。それが、酒の席以外、仕事のことでも有効ではないか。この言葉は、諸君！　正々堂々の陣を敷こうではないか。では、乾盃！

入社おめでとう
サントリーオールド

大人の世界　作家　山口 瞳

二十歳が近づくにつれて子供たちは寡黙になってくる。親を無視して自室に閉じこもり、あるいは外出したままでいる。成人式かも押し黙ったまま。お駄目だ。今日から大人たちの世界に仲間入りするんだ。仲間とは何か。大人に顔をあわせたら、大きな声で、「お早うございます」と言い給え。（それだけで結構だ）紳士淑女諸君！　まず、朝起きて、父と母に顔をあわせたら、大きな声で、「お早うございます」と言い給え。これが社交界は挨拶から始る。会話のない社交界なんてものは存在しない。両親に向って、ハッキリと自分の意見が言えること、仲間を信頼すること、それだと自分は仲間を打ち明けられる相手ということだ。紳士淑女諸君！　それじゃあ駄目だ。今日からあ大人たちの世界に仲間入りするんだ。仲間とは何か。

成人おめでとう
サントリーオールド

品性が良くなければ…　作家　山口 瞳

松竹の映画監督の小津安二郎のプロデューサーの藤本真澄が東宝の「サネズミ君、人間は少しくらい、品行は悪くてもよいが、品性は良くなければいけないよ」。僕は酒を飲むときのエチケットはこれに尽きると思っている。酒を飲むのは修行であり、戦場だと思っていた。そうして、僕は真剣に酒を飲み、品性を良くしようと思ってコチコチになり緊張していたので、酒場では失敗ばかりしていた。野放図になってもいけない。緊張しすぎてもいけない。酒呑みの出発点に立った若者諸君！　酒だけを考えてみても、この人生大変なんだ。

成人おめでとう
サントリーオールド

尊敬はしません　作家 山口 瞳

若者たち諸君！　老人を尊敬せよ、とは言わない。労れとは決して言わない。老人連中だって、勝手なことをやって、齢を取ってきたんだ。しかし、老人には、生きてゆくための道具が必要だということを考えて貰いたい。老眼鏡、イレ歯、補聴器、ステッキ、禿隠しの帽子…。これは相当に鬱陶しいことなんだ。だから、僕は、敬老の日に、親類の老人たちに、女には赤玉スイートワイン、男にはサントリーオールドを贈っている。二十年、続けている。気は心である。とても喜ばれるが、贈るほうも愉快なんだ。『サタデー・ナイト・フィーバー』を観るよりも、ずっとずっと愉快なんだ。諸君！　この人生、大変なんだ。いい、いい、この人生、大変なんだ。

あしたは敬老の日
サントリーオールド

絵：和田誠

青年よ、思いきって行け！　作家 山口 瞳

此の世で好ましいもののひとつが「礼儀正しい青年」だ。反対に、青二才、嘴の黄色い奴、甘ったれは大嫌いだ。「このくらいの若者だからこのくらいは許されていい」なんて思っていたら大間違いだ。……こう書いてきて、僕なんか、顰蹙たるものがある。成人式を迎えた諸君！　酒が飲める。そこで、僕は、諸君に「酒の上の失敗を怖れるな」と言いたい。思いきって行け！　ガンガン行け！　先輩は馬鹿じゃない。諸君の若さを理解してくれるはずである。ただし、それは、その根底に、礼儀正しさと謙虚さがある限りにおいては、という話になる。

成人おめでとう
サントリーオールド

細心かつ大胆　作家 山口 瞳

僕は、博奕や勝負事の好きな少年だった。だから、会社員になったとき、博奕で学んだ智慧を仕事に生かせないかと考えたものだ。博奕の要諦は細心かつ大胆ということに尽きるのである。小心と果断と言う。僕の会社員生活は主に小心で通してきたが、サントリーのTVCFに浪曲を使うなど、時に重役室を震撼させることもやった。新入社員諸君！　細心と大胆とは矛盾する。この世は矛盾に満ちているのを知ることが社会人となる第一歩だ。新入社員諸君！　会社は小心であり、細心でなければならぬ。しかし、博奕をするなとも言いたい。そうして、更に言う。あんまり博奕をやってはいけないよ。

入社おめでとう
サントリーオールド

正直貧乏　作家 山口 瞳

どんなに勉強しても試験の成績が悪いことがある。正直に真面目に働いても貧乏している人がいる。この人生には残酷な一面がある。しかし、僕は、この人生、血も涙もないとばかりは思っていない。正直にマジメにやっていれば何か良いことがあると信じている。第一、そうするよりほかに手立てがないじゃないか。そうするよりほかに美味い酒を飲む方法がないじゃないか。結果が悪くてもクヨクヨするな！　成人式を迎えた諸君に「正直貧乏」という言葉を僕は贈る。「正直貧乏、横着栄耀」という言葉があるそうだ。

成人おめでとう
サントリーオールド

新入社員諸君！　作家 山口 瞳

私の経験で言えば、忠誠心や愛社精神を振り廻す男にロクな社員はいなかった。乱暴なようだけれど、まず会社主義を捨てろと言いたい。あいつはいつ会社をやめるのかとハラハラさせられるような男がいい。結局は大きな仕事をしたものである。それから、学校を出たら勉強は終りだと考える社員も駄目だ。社会こそ本当の学問の場なのである。会社主義から自由主義へ、学校主義から社会主義へ！　私が言いたいのはそれだ。もうひとつ。世の中には「一宿一飯の恩義」というものがある。三年間だけは黙って働け！　やり直しが利くという若さの権利を行使するのは、義理を返してからにしてもらいたい。

入社おめでとう
サントリーオールド

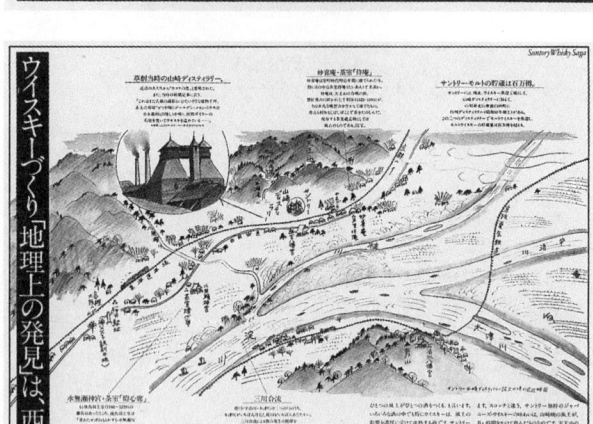

Suntory Whisky Saga

ウイスキーは
処女作に向かって成熟する。

サントリーウイスキーが、はじめて世に出たのは、昭和四年四月一日のことです。「サントリー白札」720㎖、一本四円五拾銭が、それです。大麦のもろみを単式蒸溜器（ポットスチル）で二回蒸溜し、蒸溜液をホワイトオーク製の樽に詰めて寝かせ、ブレンドし、さらに後熟させ……というウイスキーづくりの手順を一つ一つ丁寧に踏んでつくりあげた日本最初の本格ウイスキーです。いや、単に日本だけではなく、スコットランド以外の国でつくりあげた最初のウイスキーが、これです。この白札、発売当時の売れ行きは必ずしもかんばしくありませんでした。なにしろ万事初めてのことなので、不慣れな点もあったのでしょう。しかし、この一瓶は、創始者・鳥井信治郎の志の発現でした。そこには、将来にわたるサントリーウイスキーのすべてが込められていたと言っても過言ではありません。昭和十二年発売の「12年ものサントリー角瓶」、太平洋戦争後に発売されたオールド、ローヤル、リザーブ、エクセレンス、インペリアル、ザ・ウイスキーに至る一連のサントリーウイスキーの系譜はすべて白札を源流として、それを洗練させ、円熟させてきたものです。白札は常に、「あるべきウイスキー」とは何かと問いかける不変の対象でもありました。「作家は処女作に向かって成熟する」という言葉があるそうです。けだし、処女作には、未完成で荒削りではあるが、作家自身のすべての資質と志が未来への可能性を秘めて躍動していることの謂いなのでしょう。ウイスキーもまた同様です。サントリーのウイスキーは、白札に始まり、白札に還るのです。

日本のウイスキー第1号
サントリー白札

日本のウイスキー
サントリーオールド

ウイスキーづくり「地理上の発見」は、西暦一九二三年。

クェルカス・アルバ
Quercus Alba

日本のウイスキー
サントリーオールド

日本のウイスキー
サントリーオールド

今日の疲れを1センチでほぐす。

約1センチメートル、いつものグラスにリザーブを注ぐ。と、豊かな芳香が立ち昇る。それが、一日の終りを告げるしるしです。このサインを身体はよく知っていて、すぐさま反応する。ビジネスの緊張が解け、リラックス。グラスを傾けて、ゆるゆると味わう。一杯目の液体が消えるころ、少し表情が柔和になったような気がするのです。ややあって、もう1センチ注ぐ。そして、また、ゆるゆると味わって、グラスが空になる。さらにリラックス。いいもんだと、もう1センチ注ぐ。ゆるゆると味わい、また1センチ。どうも、こうなると、きりがない。とっておきのリザーブ。うまいから、口あたりがスムースだからと言って、メートルをあげすぎないように。心地良いお酒を、どうぞ。

責任ある人々の心をほぐす　サントリーリザーブ　3,000円

戦士の休息。しばしリザーブ。

熱いうちに打て、か。しばしリザーブ。

newspaper ad　Suntory, 1979

一本のシャトーリオン：ルールを破って飲んでみる

ワインという酒、長く西欧で育っただけに洗練された飲みものとなりました。その代り飲み方のルールもまたうるさい。その代表が「肉に赤、魚に白」という例の大原則。日本でもワインはフランス料理という、巧緻を極めた食べものと切っても切れない間柄であったため、このルール、金科玉条のように守られる傾きがあるようです。けれどこの種の約束事は、いわば時に試された経験の賜物。西ヨーロッパの風土や料理と共にあってこそ生まれてきたのです。となれば、日本で生まれたシャトーリオンに、日本独自の飲み方やルールが「あっても許されるはず」。その手始めがこの「ルール破り」。だいたい材料や調理法にしても、日本にあって外国にないものは無数にありませんか？　すき焼き、天ぷら、おでん、刺身、白和え…。今旬のさまざまな食事中を楽しみながらワインを飲み、日本のワインのルールを発見していく。これはひとつの文化の創造に他なりません。そこで必要なのは健全な食欲と断固たる好奇心。どうです今夜「魚に赤」か「肉に白」のシャトーリオンを添えて、あなただけの味覚の宇宙へさ迷い出てはいかがでしょうか

シャトーリオン赤（写真の品）・白……各1,500円
シャトーリオンスペシャル赤・白……各2,000円
ヴィンテージ入りシャトーリオン1973赤・白……各3,500円
ヴィンテージ入りシャトーリオン1972赤……3,500円

日本を代表する高級ワイン
サントリーワイン シャトーリオン

一本のシャトーリオン：この広告を添えて贈ってみる

一本のシャトーリオン：翔んで、果物と飲んでみる

newspaper ad Suntory, 1976·1977

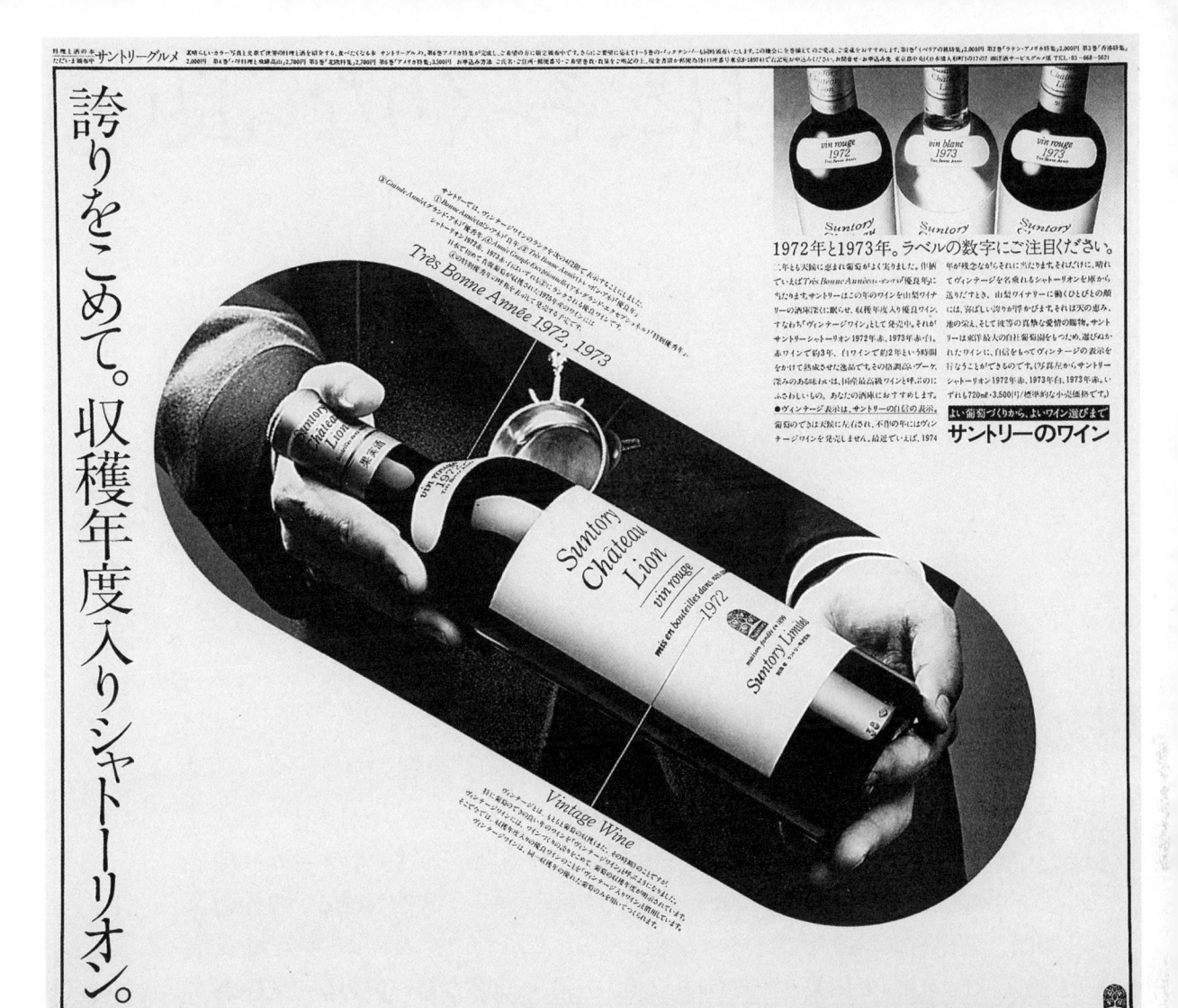

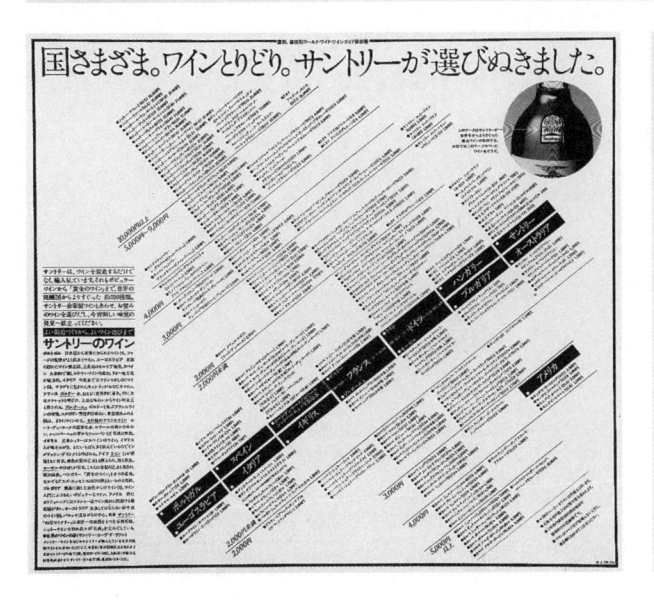

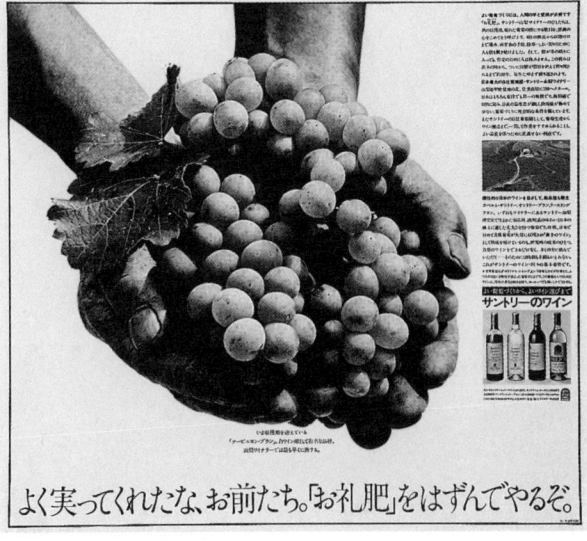

おてんとさまに、そっくりなら良い。

CHECK1 光に当ててキラリと光るぐらい、表面につやのあるものが良い。(ワックスにご注意)

CHECK2 指でツンと押せば、ピンと押しかえすほど、皮にハリがあれば良い。

CHECK3 ナイフを入れると、まるで待っていたように、ピシッと切れるものが良い。

CHECK4 皮を少しとって、指でつぶしたとき、フレッシュな香りがすれば良い。

食べるなら………… 色・つや・香り・弾力と、いろいろチェックが必要ですが、飲むならば……………カンタン。ただひと言「サントリーグレープフルーツエード」。これなら、中味、品質、いつも変わらぬおいしさのグレープフルーツが味わえる。開栓のその瞬間、果樹園からもぎたての、みずみずしい香り、すがすがしい味がよみがえります。果汁20%。甘さを押えて1ℓ瓶。グラス6杯。200円(30円別)。サントリー果汁20%**グレープフルーツエード**

くだもの屋さんが、買ったとさ。

豊かな果汁ゆえに、くだものの界の王様と呼ばれるグレープフルーツ。その果実から、すがすがしい味と、みずみずしい香りを、すっかりいただいたサントリーのグレープフルーツエード。この一瓶に、王様の持ち味のすべてが入っているわけですね。これは、たまらないっしかも暑さ厳しき折、冷蔵庫から出してすぐ楽しめる。おいしいものに弱いのは、みな同じですね。果汁20%。甘さを押えて1ℓ瓶。グラス6杯。200円(サントリー)**グレープフルーツエード**

おいしいものほど、公平に分けないと、コワイ。

グレープフルーツが1個しかなくて、これを公平に3人で分けるのは、ちょいとむっかしい。その点、サントリーのグレープフルーツエードは、ありがたい。大きめのグレープフルーツ約2個分の果汁が、みずみずしく入っていて、1本1ℓ。だから、グラスで6杯。これならグラスへ注ぎつつ、注文通りの分量に分けられる。包丁持って、思案することもありません。果汁20%。甘さを押えて1ℓ瓶。グラス6杯。200円(サントリー)**グレープフルーツエード**

newspaper ad　Suntory, 1980-1982

●ほんとうの空のある南の国で、太陽の恵みをふんだんにうけた●もぎたての、ぷりぷり太ったオレンジを手のひらいっぱい13コ●ギュッと絞ってジュースにしました。グラス3杯の収穫。

●で、そのジュースを新鮮なままハンディなボックスにパックできたら……と●わたしたちは考えました。Can? Can't?●そして、いま見ん事、「完全密封」というユニークな方法で、

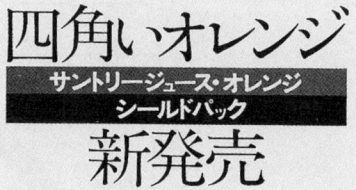

●おいしさを、みずみずしさを閉じこめることに成功しました。●それが、これサントリージュース・オレンジシールドパック。

100%天然果汁
オレンジのみずみずしさを完全密封
空気をシャットアウトした真空充てん
容器の革命、シールドパック
常温保存で新鮮さがいつまでもかわりません

四角いオレンジ
サントリージュース・オレンジ
シールドパック
新発売

500ml入り・170円

newspaper ad Suntory, 1974

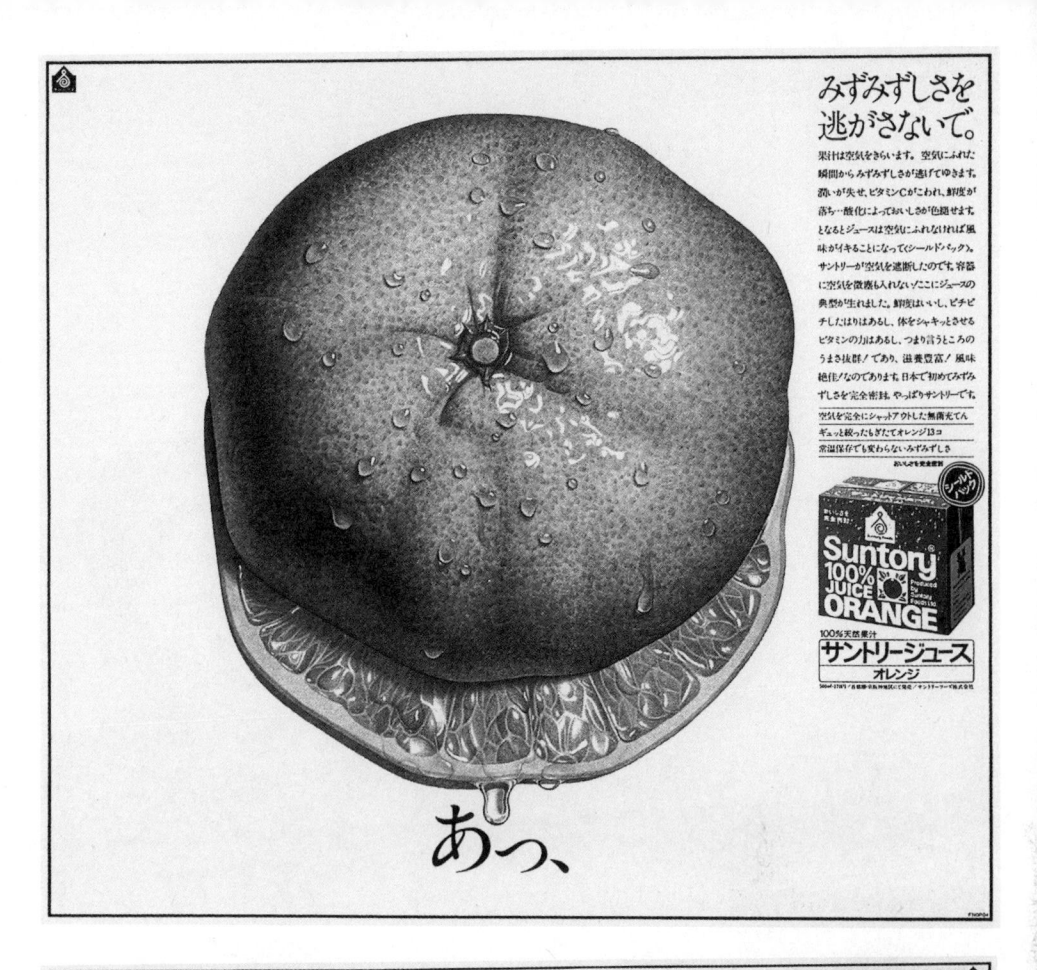

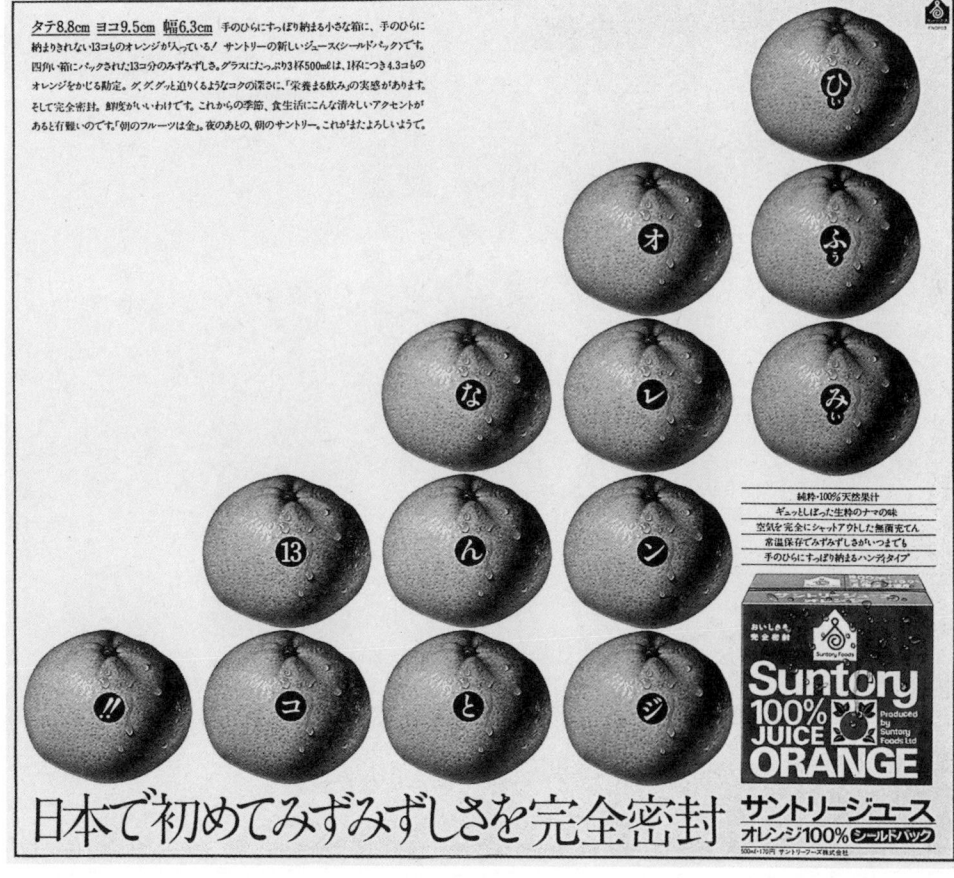

Suntory

ご父兄の皆さまへ

夏がやって来ました。夏は、この日本の空の下で生きている人々平等に訪れるものですが、いちばん喜び、待ちわびているのは子供たち。待ちわびているこの言葉の響きを聞いただけで僕らの血はパッと熱くなります。入道雲のようにもくもくと動き出すように、まるで入道雲のように気持ちがあふれ、光と風とたわむれて豊饒な時間が子供たちをひとまわり大きく成長させてくれる。ひとつぶどりと遊ぶことも、少年期や少女期を経験した立派なお父さん、お母さん、お子さんやお孫さんに、一度、少年期や少女期を遊ばせてあげてください。みずみずしくおいしいサントリーもご用意して。
● 夏がたらふく染み込んだ汗を流したおなかには、爽やかで果粒たっぷりのサントリー果粒、押さえたグレープフルーツエード、50％果汁のオレンジ50などなど、冷たい仲間たちです。

夏は、たらふく教えてくれる。

いっぱい読んで、いっぱい遊んで、冷たい一杯、サントリー。

newspaper ad　Suntory, 1976

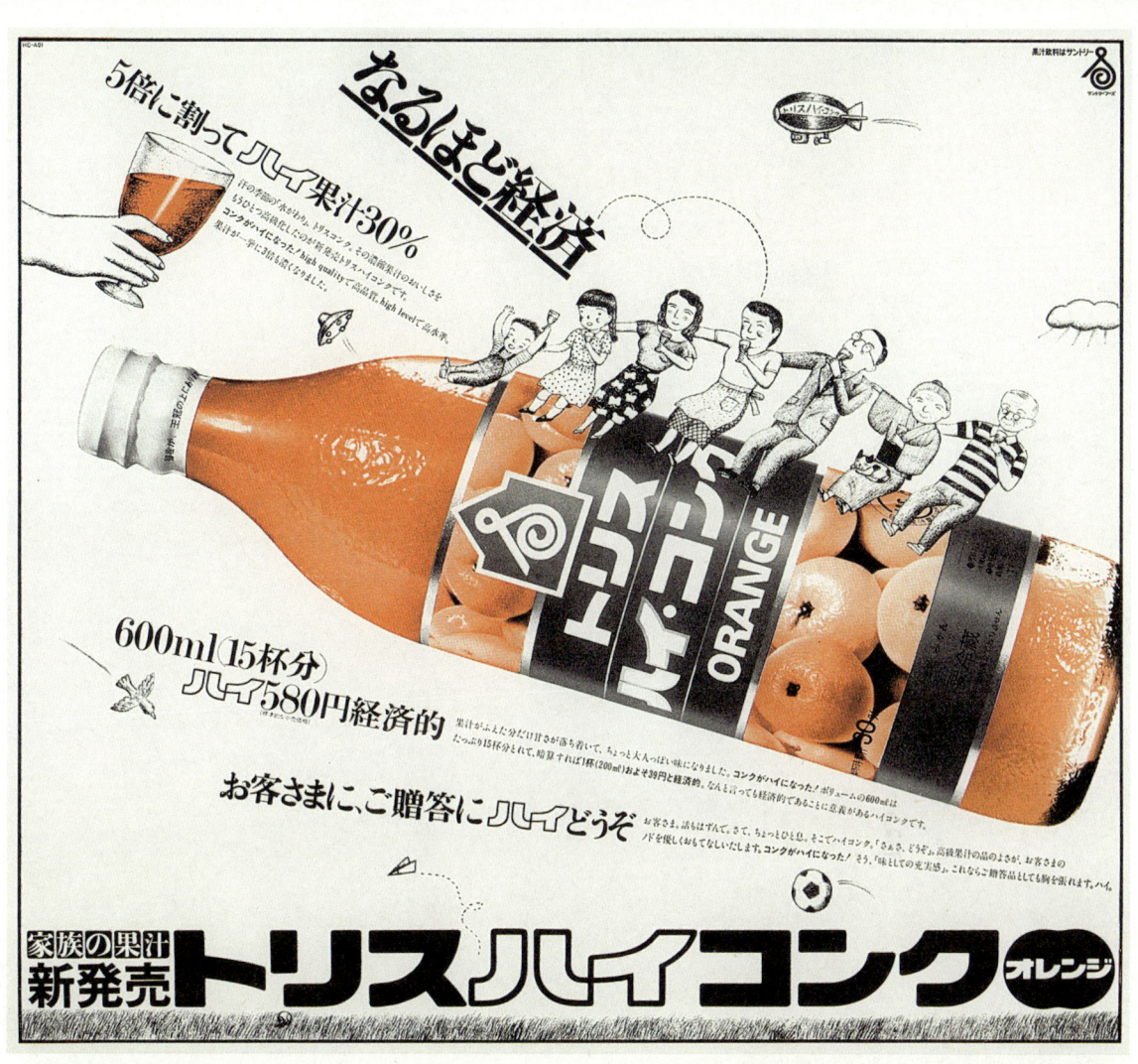

「春。オレンジゴブレットがついてます。」
1ケースに1コ

サントリー 果汁50% オレンジ50 シングルサイズ 200ml・60円 新発売
ダブルサイズ 400ml・100円 標準中味価格（瓶保証金10円別）

newspaper ad　Suntory, 1974·1976

464　poster　Suntory, 1977

1ℓ瓶、150円(杯保証金30円別)です。おトクな6杯分です。いま、いちばん新しいサイダーです。新発売です。

新発売 **サントリーレモン**

poster Suntory, 1979

magazine ad   Suntory, 1974

poster Suntory, 1974

poster Suntory Museum of Art, 1973

poster Suntory, 1974

バーボン物語

バーボンの褐色は、ジャマイカの炎の色。

バーボンを貯蔵するとき、酒樽の内側を炭化するほど焦がしたものを使う製法は、今やバーボン・ファンには常識だが、その由来には、実に面白いエピソードがあった。西インド諸島の一つ、ジャマイカの、あるラム工場が、あるとき大変な火事に見舞われた。貯蔵中の樽という樽は焦げ、ラム酒は流れ出し、壊滅的な被害を受けた。時がたちたまたま焼け残った一つの樽を開けたとき、そのラム酒の中に、輝くばかりの褐色の光沢を発見したのだ。この方法が、バーボンづくりにも採り入れられた。I.W.ハーパーの、あのたぐいまれなゴールデンブラウンの色沢も、ジャマイカのこの「偶然の発見」がもたらしたものなのだ。I.W.ハーパーはこの製法をもとにバーボンウイスキーを磨きあげ今ではアメリカ人の咲と心に「これぞバーボン！」と言われるまでに至った。今宵も世界の大都市で愛飲されるI.W.ハーパー……。その褐色の液体には実はジャマイカのあの火事の炎が、今も燃えているのではないだろうか。

都会派バーボンの傑作
I.W. HARPER
輸入販売 サントリー株式会社

バーボン物語

インディアンやコヨーテの来襲も恐れなかったムーン・シャイナー(月下の密造者)たち。

アメリカが合衆国として独立すると、初代大統領ジョージ・ワシントンは、財政基礎を固めるためウイスキー製造業者に、きわめて厳しい重税を課した。いきなり重税を課されては、ウイスキー造りの男たちは、おさまらない。遂に、ペンシルバニア西部で暴動が起こり、軍隊が繰り出され…治安は乱れた。男たちは西へ西へと進み(後にケンタッキー・バーボン郡に辿りつくのだが)収税吏の目のとどかない山奥にこもり、自らが望むウイスキー造りに励んだ。彼等は、密造酒というあからさまな言葉をさけ、ムーン・シャイン(月光)という浮き世ばなれした、美しい名前をつけた。この密造者たちは、ムーン・シャイナーと呼ばれた。インディアンやコヨーテをものともせず、月明りをたよりにバーボン造りに励んだ姿は、バーボン・ドリンカーの心に、一つのロマンティックな物語を残した。今宵も、世界の大都市で愛飲されるI.W.ハーパー。その一杯の小さなグラスの中にも、変化に富んだアメリカの歴史の一コマが、うかがえるようだ。

都会派バーボンの傑作
I.W. HARPER
輸入販売 サントリー株式会社

トロンボーンとバグパイプほど違う、WhiskeyとWhisky。

WhiskeyとWhiskyは、似て非なるもの。例えて言えば、アメリカの底抜けに陽気なディキシーランドジャズとスコットランドのバグパイプ音楽ほどの違いがあります。スコッチはWhiskyと綴り、バーボンはWhiskeyと綴ります。バーボンとジャズ……。ともにアメリカが生んだ世界に誇るもの。ジャズは、ディキシーの時代からブルースの時代、スイングの時代、さらにモダンの時代へ…と、めまぐるしい変化を見せてきました。しかし、I.W.ハーパーは、いつの時代にも「これぞバーボン！」と賞讃され、つねに、数多くの愛飲家に飲みつがれてきました。おそらく、ルイ・アームストロング、ビリー・ホリデー、ベニー・グッドマン、ジョン・コルトレーン……一世を風靡したサウンドアーティスト達も、このゴールデンブラウンの輝きに、心をいやしたにちがいありません。I.W.ハーパーの艶やかな香りが、ニューヨークで、シカゴで、ニューオリンズで、今宵もまた、スイングすることでしょう。そして、あなたの街々でも……。

都会派バーボンの傑作
I.W. HARPER
輸入販売 サントリー株式会社

newspaper ad　Suntory, 1976·1977

newspaper ad　Suntory, 1972·1973

newspaper ad Suntory, 1974

Atoh Lemon
Atoh Lime

SUNTORY PUB
THE GLASSHOPPER
A

Suntory Sommelier School
サントリーソムリエスクール

SUNTORY PUB
GLASSHOPPER

サントリー
ポップ

The Glasshopper
B

heart warming days

TOKYO KAIKAN
MOTHER GOOSE

毎週毎週1000名さま
ボールボールプレゼント
締切迫る!
8月4日まで

サントリーワイン
デリカ

西友ファミリークレジット

mark / logotype including study 1969–1983

明治製菓

淑女たちの聖域(エスケット)には立ち入らない。美味しいものも我慢するさ・なに、世界平和の為さね◉明治のビスケット

明治製菓

愛とビスケット。
そしてお喋り。
大切なものは
沢山はないわ。
召しませ青春
明治のビスケット

competition entry　Mainichi Advertisement Design Competition, 1974

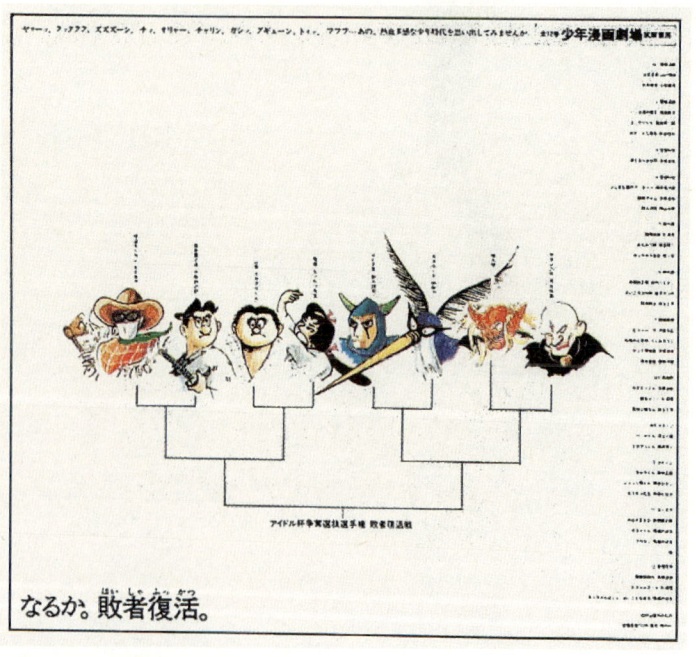

478　competition entry　Asahi Advertising Award, 1·2: 1971　3: 1970

poster / brochure works at Ohtani Design, 1972-1971

SAINT LAURENT
PATOU
NINA RICCI
CARDIN
LAROCHE
MADELEINE DE RAUCH
LANVIN
DIOR
GIVENCHY
FERAUD
SCHERRER
GRES
VENET
BALMAIN
ANDRE COURREGES
knowledge set
ニューカラービデオテープ30分
'72 PRINTEMPS
VIDEO
HAUTE COUTURE
Á LA MODE
ナレッジセット ビデオオートクチュール・アラモード '72春夏編
無断収録を禁ず
●企画・制作 株式会社 知識産業研究所 ●機器協力 松下電器産業株式会社・ビデオ事業部 ●取扱 銀座三越

あなたのテレビに新しい生命を与える21世紀のパーソナルメディア・ナレッジセット
knowledge set
100セット限定頒布
VIDEO
HAUTE COUTURE
Á LA MODE
パリの新作発表会に あなたの特別席をリザーブしてみませんか
ナレッジセット
ビデオオートクチュール・アラモード

より豊かなティータイムを設計する●ビデオ〈ラブリー・パスタイムサービス〉
VIDEO LOVELY PASTIME SERVICE
ビデオ映示中

VIDEO TOTALDISPLAY INFORMATION SYSTEM
V.TIS
顧客と商品ディスプレイ対決のドラマを再演
《ビデオ=トータルディスプレイ・インフォメーション・システム》

●住発で悔いのない家選び・・・・・・・・
●ご案内物件の一例（9号車の場合）
町田ネオポリス
所在地 神奈川県相模原市渕野辺嵐の内下1207外
交通 新原町田駅900m（バス10分）
地目 宅地
建ぺい率 6割
土地 114.46m²〜262.50m²
私道負担無
施設 都市ガス、上下水道、完全舗装
残区画 36区画
価格 399.4万〜882.8万
金田ハイツ
所在地 神奈川県厚木市金田字宮畑184外
交通 本厚木駅（バス金田神社1分）
土地 102.74m²〜114.77m²
建物 47.93m²〜54.31m²
私道負担無
施設 Pガス、集中汚水処理、完全舗装、水洗トイレ
残区画 24区画
価格 498万〜562万
玉川学園団地
所在地 東京都町田市玉川学園1-4340
交通 玉川学園前駅800m（歩10分）
地目 宅地
建ぺい率 8種4割
土地 103.04m²〜265.81m²
私道負担有
施設 都市ガス、上下水道、全面舗装（ガス、水道負担金5万）
残区画 18区画
価格 448.7万〜945.5万
相模原第3期
所在地 神奈川県相模原市渕野辺相模原108−16
交通 相模原駅（バス16分）
土地 102.97m²〜131.37m²
建物 52.06m²〜56.19m²
私道負担有
施設 公営水道、PL個別
残区画 15区画
価格 511.1万〜584.1万
資料請求券 住新6.11
土止め・擁壁・建具
ゆるゆる
ザーザー
とい・雨はけ
ムンムン
間取り・窓取り・方位
盛土・道路
ずぶずぶ
見えない欠点も 今ならチェックできます！
排水口・排水溝
ジャブジャブ
犬走り・雨おち
ピチャピチャ
じめじめ
壁・畳・押入
屋根・天井
ポターン
見学会員募集中！
まい週まい週 東京全沿線の家、土地、マンションをくまなくご案内しているのは住発分譲バスだけ。車内で知識講座を聴きながら、230の優良分譲会社から厳選された最新情報を4カ所以上実地でご覧になれます。しかも 斡旋料不要の直売価格です。
住発分譲バス
参加費300円（昼食代）・集合本社前（水道橋駅西口）・出発午前10時
6/13日・20日・27日・7/4日・11日
●お申込みは土曜日までに 263-0411代表
●横浜営業所 045-431-5963
●浜松町営業所 435-6011
あなたの家づくりを完全管理
住発株式会社
●住発パンフレットセンター本社2階・ご利用時間＝午前9時〜午後6時
家づくり計画にかかせない豊富な総合情報をご自由にご利用ください。
晴海ハウジングショー出展中・7月31日まで

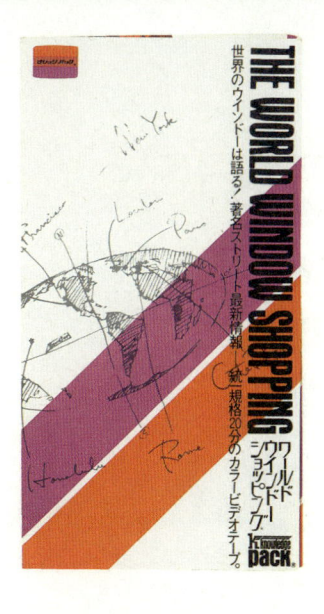

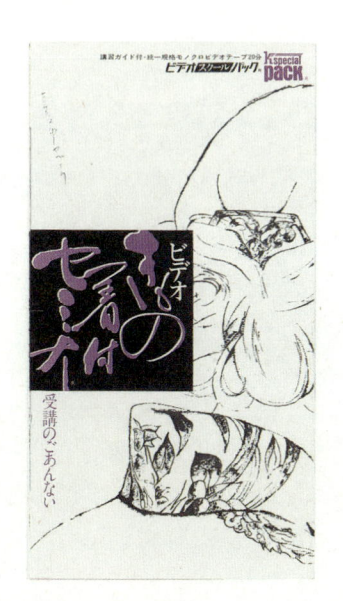

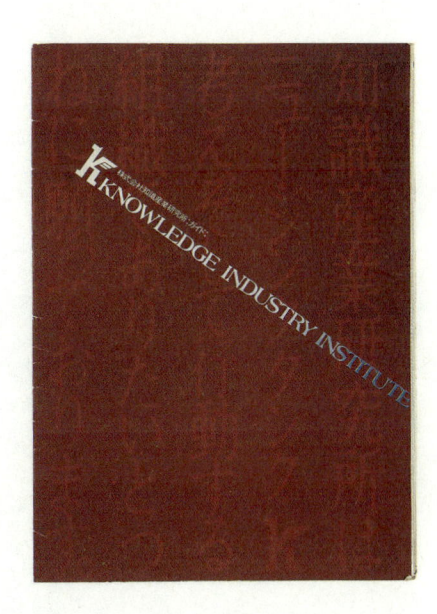

brochure / DM / newspaper ad etc.   works at Ohtani Design, 1969–1972

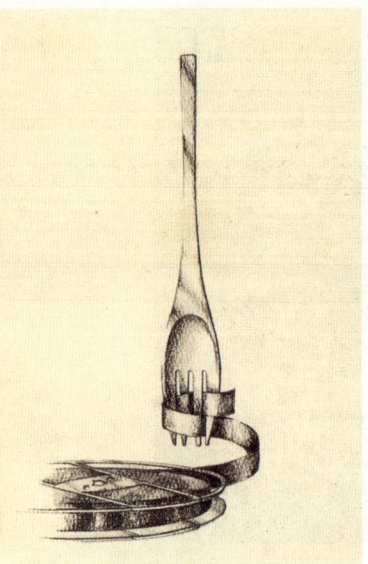

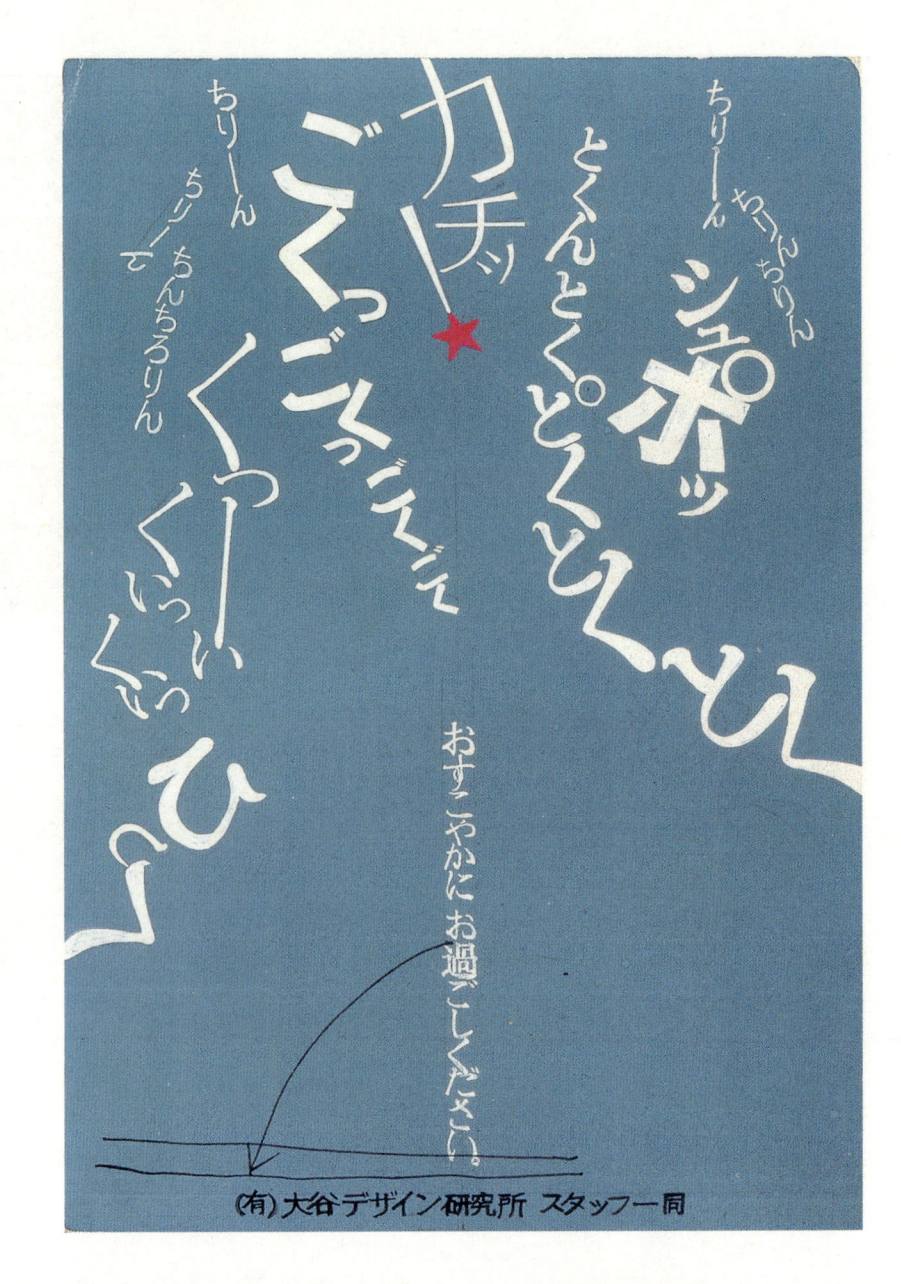

ちりーんちりりん
シュポッ
とくんとくどくとく。
カチッ★
ごくっごくっごくっ
ちりーん
ちりーんちんちろりん
で
くーっくぅぃくぅぃくぅ
ひ〜

おすこやかにお過ごしください。

(有)大谷デザイン研究所 スタッフ一同

study / brochure etc.   works at Ohtani Design, 1970–1972   483

映光家具
お待たせ致しました。日本一の安さを誇
本日
12/5
映光家具〈前橋店〉
売場面積
2,500㎡ の大型店
EIKŌ KA
●ドレッサー ホワイト
〈開店記念価格〉
15,200円
●ご婚礼四点セット（マホガニ·天然杢·内総桐·巾105cm）
〈開店記念価格〉
128,000円
ER
映光ローテリア
近代店舗・住宅の設計·施工
お気軽にご相談下さい。
加盟
日本インテリアチェーン
〈ニック〉
70店
映光家具は〈ニック〉加盟店です
営業時間:朝9時→夜7時
■全国優良メーカーと直
映光
■前橋店 ▶前橋市西片貝
■桐生店 ▶桐生市仲町
■佐野店 ▶佐野市相
■本 社 ▶東京都荒川区

flier　work at Bunka Printing, 1969

486

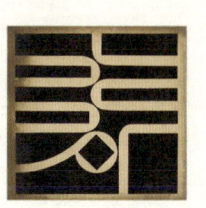

flier / title design / brochure etc.　works at Bunka Printing, 1968·1969

ABC化粧品

ABC重工

lettering practice, 1968–1970

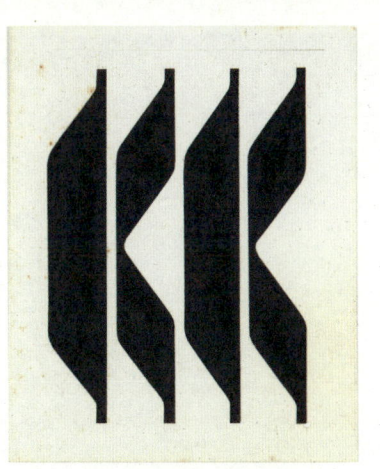

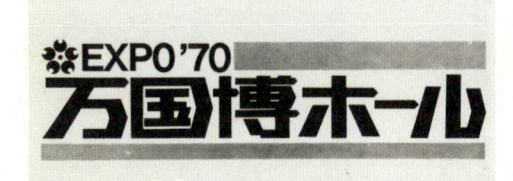

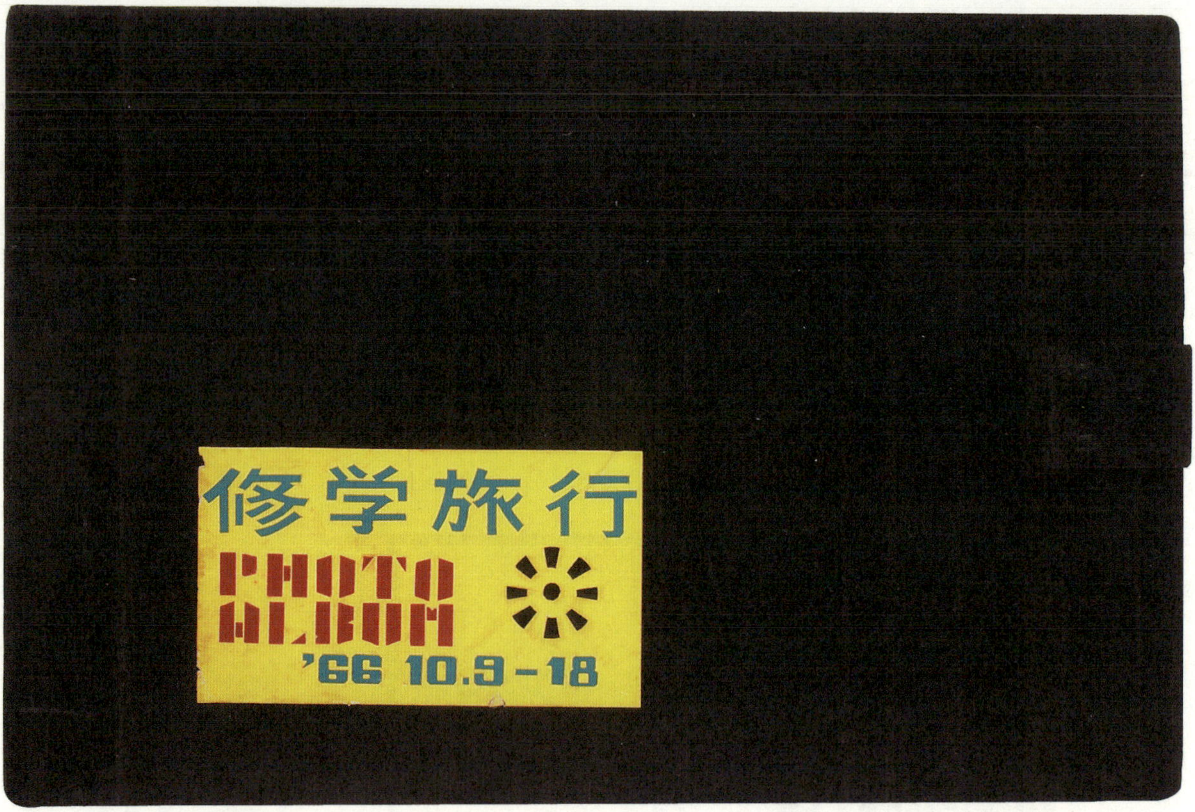
修学旅行
PHOTO
ALBUM
'66 10.9－18

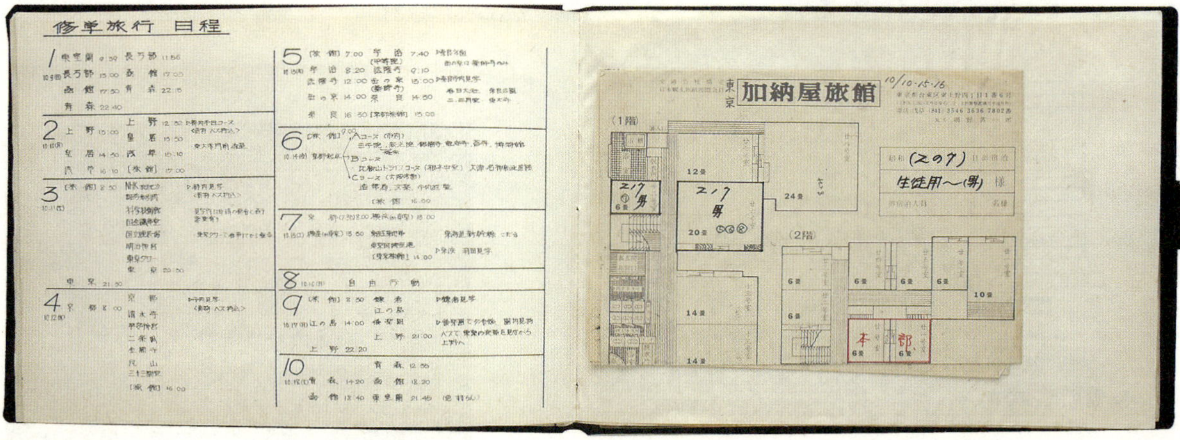
修学旅行 日程
加納屋旅館
東京
(1階)
(2階)
本部

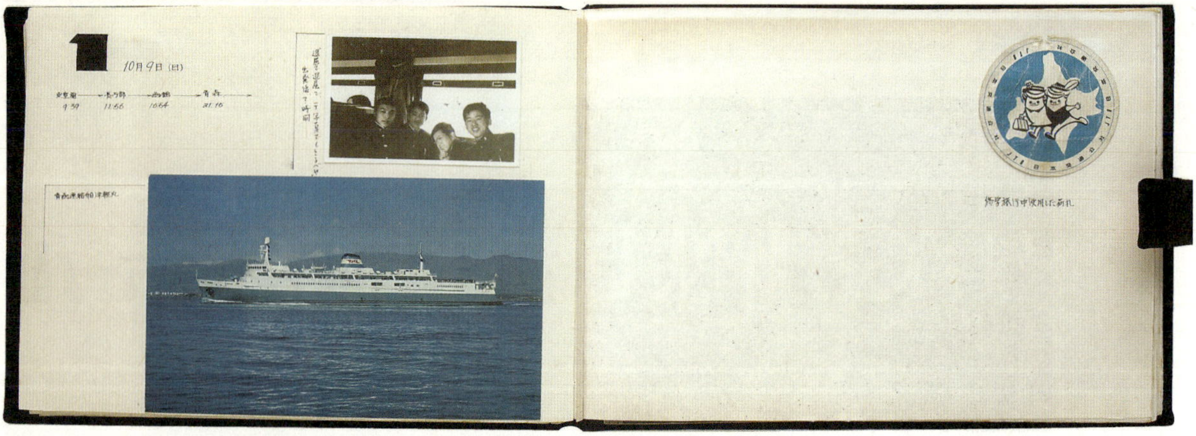
10月9日(日)

handmade photo album, 1966

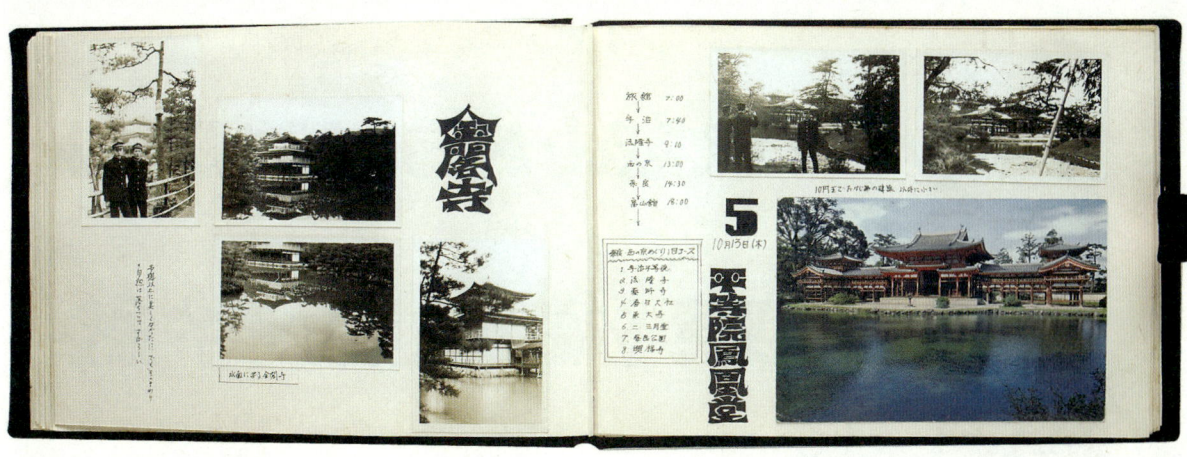

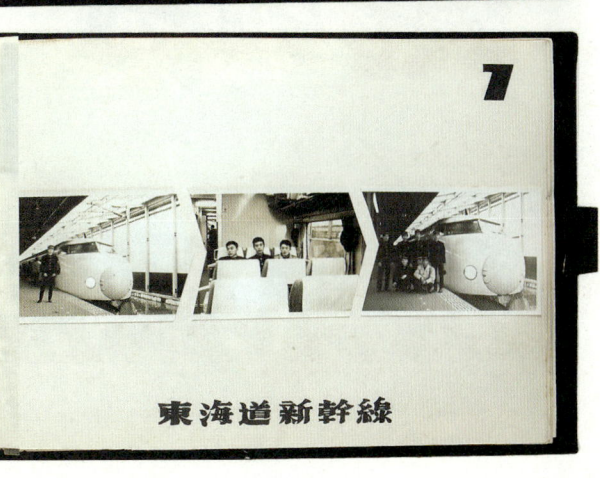

比叡山ドライブコース

東海道新幹線

平等院鳳凰堂

代々木綜合体育館

東京タワー

江の島

清水寺

平安神宮

二條城

NHK
放送センター

薬師寺

東京国際空港

492　lettering for handmade photo album, 1966

high school graduation writings design, 1968

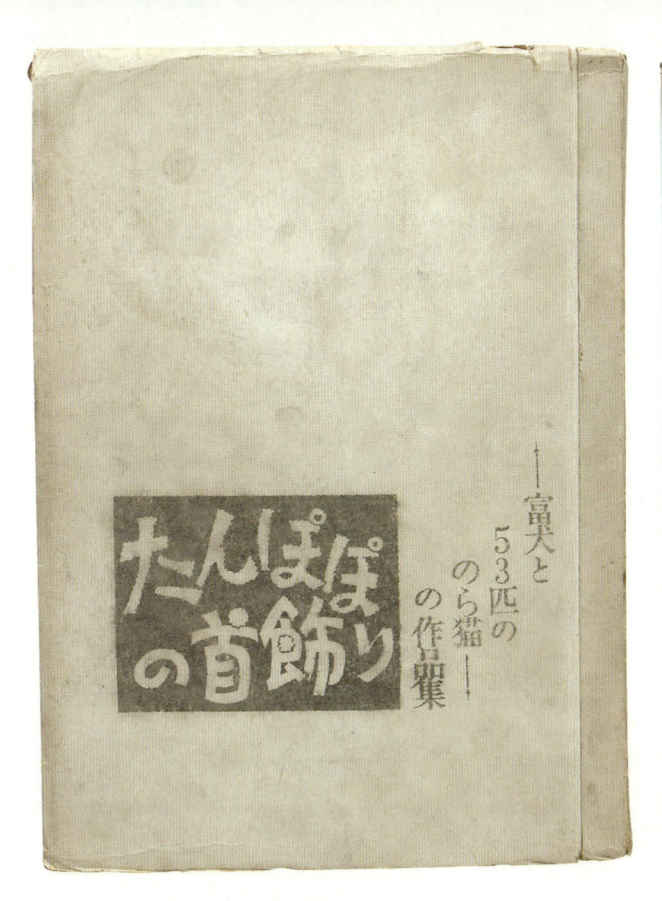

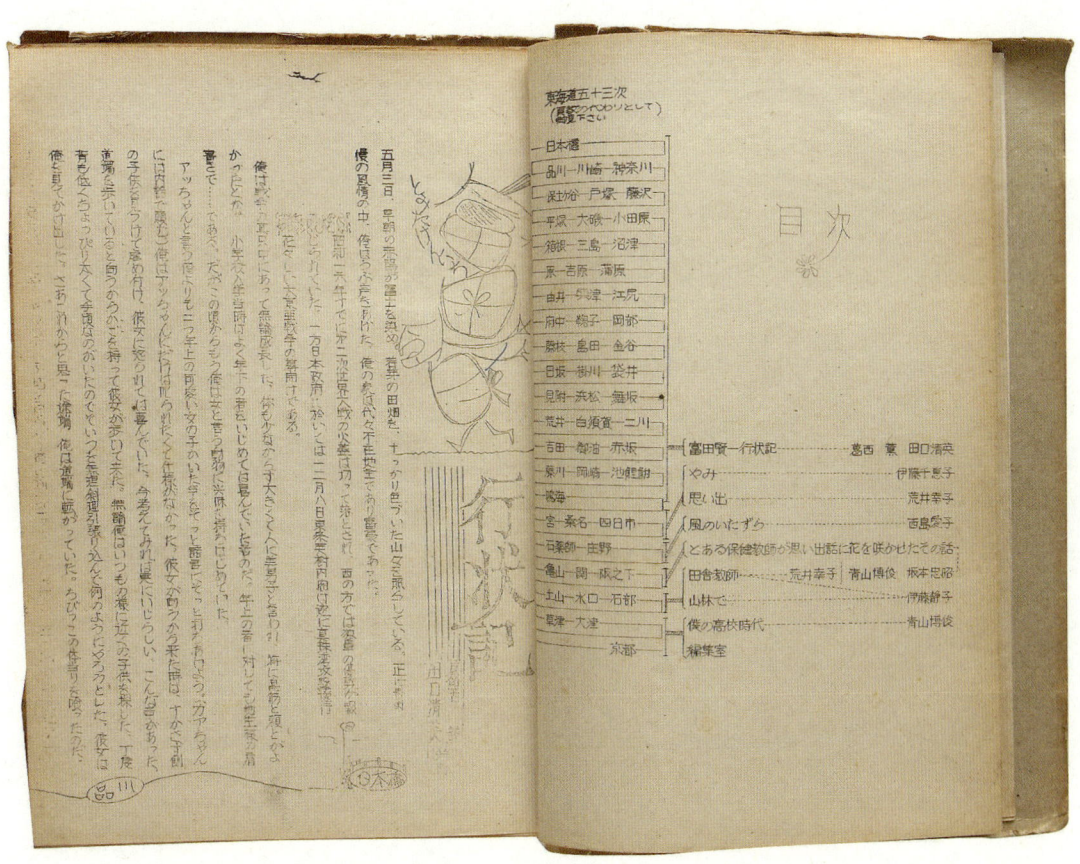

凡例			explanatory notes
AD	アートディレクター		Art Director
CD	クリエイティブディレクター		Creative Director
FD	フィルムディレクター		Film Director
D	デザイナー		Designer
C	コピーライター		Copywriter
A	アーティスト / アートワーク		Artist / Art Work
I	イラストレーター		Illustrator
An	アニメーター		Animator
T	タイプデザイナー		Type Designer
Ph	フォトグラファー		Photographer
Ca	ムービーカメラマン		Cameraman
St	スタイリスト		Stylist
HM	ヘアメイク		Hair Make
Li	照明		Lighting Director
Mix	ミキサー		Sound Mixer
M	音楽ディレクター		Music Director
Pl	プランナー		Planner
Pr	プロデューサー		Producer
Co	コーディネーター		Coordinator
Ed	編集者		Editor
Cl	クライアント		Client
Pub	出版社		Publisher
建築			Architect
空間デザイン			Spatial Designer
格言監修			Supervisor of Wisdom
企画（出版企画）			Publishing Planner
書			Calligrapher
著者			Author
脚本			Scriptwriter

staff list

CI、サイン、空間計画など
CI, sign, spatial plan, etc.

006-008
六本木　サイン計画　2009
AD	葛西薫	Kaoru Kasai
D		Kazuaki Takai
Ph	上原勇	Isamu Uehara
Pl/Pr	服部彩子	Ayako Hattori
CI	六本木商店街振興組合	
		Ractive Roppongi

009
六本木　新CIマニュアル　2009
AD	葛西薫	Kaoru Kasai
D	高井和昭	Kazuaki Takai
	前村達也	Tatsuya Maemura
Pl/Pr	服部彩子	Ayako Hattori
CI	六本木商店街振興組合	
		Ractive Roppongi

010·011
とらや東京ミッドタウン店　空間計画　2007
CD/AD	葛西薫	Kaoru Kasai
AD/D	安藤基広	Motohiro Ando
	徳田祐子	Yuko Tokuda
建築	内藤廣	Hiroshi Naito
	美濃部順一郎（暖簾）	Junichiro Minobe (shop curtain)
Ph	藤本毅	Takeshi Fujimoto
Pl	服部彩子	Ayako Hattori
Pr	坂東美和子	Miwako Bando
CI	虎屋	Toraya

012
とらや　パッケージ　2005-2007
CD/AD	葛西薫	Kaoru Kasai
D/I	白井陽平	Yohei Shirai
A	志村ふくみ（栗蒸羊羹）	Fukumi Shimura
書	古郡達郎	Tatsuro Furugori
Pl	服部彩子	Ayako Hattori
Pr	坂東美和子	Miwako Bando
CI	虎屋	Toraya

013
とらや　パッケージ　2007・2008
CD/AD	葛西薫	Kaoru Kasai
AD/D	中本陽子（上）	Yoko Nakamoto (above)
D	引地摩里子（下）	Mariko Hikichi (below)
A	栗本一洋	Ichiyo Matsumoto
書	古郡達郎	Tatsuro Furugori
Pl	服部彩子	Ayako Hattori
Pr	坂東美和子	Miwako Bando
CI	虎屋	Toraya

014·015
とらや工房　CI / サイン / 空間計画　2007
CD/AD	葛西薫	Kaoru Kasai
D	高井薫	Kaoru Takai
	引地摩里子	Mariko Hikichi
	徳田祐子	Yuko Tokuda
C	李和淑	Lee Hwa Suk
建築	内藤廣	Hiroshi Naito
書	古郡達郎	Tatsuro Furugori
Ph	上原勇	Isamu Uehara
Pl	服部彩子	Ayako Hattori
Pr	坂東美和子	Miwako Bando
CI	虎玄	Kogen

016
TORAYA CAFÉ　CI / サイン計画　2003
CD/AD	葛西薫	Kaoru Kasai
D	石井洋二	Yoji Ishii
	池田泰幸	Yasuyuki Ikeda
T	木之内厚司	Koji Kinouchi
建築	武松幸治	Yukiharu Takematsu
Ph	上原勇	Isamu Uehara
Pr	坂東美和子	Miwako Bando
CI	虎玄	Kogen

017
TORAYA CAFÉ　パッケージ　2003-2005
CD/AD	葛西薫	Kaoru Kasai
D	石井洋二	Yoji Ishii
	池田泰幸	Yasuyuki Ikeda
	宮崎史	Fumi Miyazaki
	櫻井亮太郎	Ryotaro Sakurai
Pr	坂東美和子	Miwako Bando
CI	虎玄	Kogen

018·019
TORANOMON TOWERS　CI / サイン計画　2006
AD	葛西薫	Kaoru Kasai
CD	安東孝一	Koichi Ando
D	櫻井亮太郎	Ryotaro Sakurai
建築	北кто夫	Norio Kita (Kajima Design)
Ph	上田義彦（018・019上左）	Yoshihiko Ueda (018, 019 above left)
	阿野太一（019上右・下）	Taichi Ano (019 above right, below)
	上原勇（019中右）	Isamu Uehara (019 middle right)
Pr	吉藤克哉	Katsuya Yoshifuji
	服部彩子	Ayako Hattori
CI	鹿島建設	Kajima

020·021
『構成—TORANOMON TOWERS』
ブックデザイン　2007
企画	安東孝一	Koichi Ando
AD	葛西薫	Kaoru Kasai
D	櫻井亮太郎	Ryotaro Sakurai
Ph	上田義彦	Yoshihiko Ueda
Pub	赤々舎	Akaaka Art Publishing

022
創立25周年記念出品
『Omnium rerum principia parva sunt.』
ポスター　2004
AD	葛西薫	Kaoru Kasai
D	引地摩里子	Mariko Hikichi
CI	マナスクリーン	Mana Screen

023-029
東京都立つばさ総合高等学校
ウォールグラフィック / プラン / リスト　2002
AD	葛西薫	Kaoru Kasai
CD	安東孝一	Koichi Ando
D	池田泰幸	Yasuyuki Ikeda
	石井洋二	Yoji Ishii
	引地摩里子	Mariko Hikichi
格言監修	古居利康	Toshiyasu Furui
Ph	青山紘一	Koichi Aoyama
	上原勇	Isamu Uehara
Pr	藤田隆	Takashi Fujita
CI	東京都	Tokyo Metropolitan Government

030-033
サントリー　サイン計画
サントリー　ワールドヘッドクォーターズ (030)　2005
サントリー　大阪本社 (031・032)　2004
サントリー　山崎蒸溜所 (033)　2007
サントリーCI制作委員会リーダー
CD/AD	葛西薫	Kaoru Kasai
	サントリーCI制作委員会	CI Committee, Suntory
D	サントリーデザイン部	Design Dept., Suntory
	サン・アド制作本部	Creative Dept., Sun-ad
	アドギアOOH事業部	OOH Dept., Ad-gear
CI	サントリー	Suntory

034·035
サントリー　新CIマニュアル　2005
サントリーCI制作委員会リーダー
	葛西薫	Kaoru Kasai
CD/AD	サントリーCI制作委員会	CI Committee, Suntory
D	水口洋二	Yoji Minakuchi
	カール・ルースフォールド	Karl Leuthold
	牛島志津子	Shizuko Ushijima
	サントリーデザイン部	Design Dept., Suntory
	サン・アド制作本部	Creative Dept., Sun-ad
CI	サントリー	Suntory

036·037
サントリー「響」銀座四丁目広告塔　2000
CD/AD	葛西薫	Kaoru Kasai
D	石井洋二	Yoji Ishii
	池田泰幸	Yasuyuki Ikeda
CG	田中悟空	Goku Tanaka
書	荻野丹雪	Tansetsu Ogino
Ph	青山紘一	Koichi Aoyama
Pr	正村秀隆	Hidetaka Shomura
CI	サントリー	Suntory

038·039
サントリー「響」銀座四丁目広告塔
グラフィック・プログラム　1999
CD/AD	葛西薫	Kaoru Kasai
D	石井洋二	Yoji Ishii
	大島慶一郎	Keiichiro Oshima
CI	サントリー	Suntory

美術館、ギャラリー、展覧会出品作品など
museum, gallery, exhibits, etc.

040·041
「ガレとジャポニスム」展
ポスター / チケット / 空間デザイン　2008
AD	葛西薫	Kaoru Kasai
CD	米嶋剛	Takeshi Yoneshima
	土её ルリ子	Ruriko Tsuchida
D	安藤基広	Motohiro Ando
空間デザイン		
	西野晃	Akira Nishino
	平田和佳子	Wakako Hirata
Ph	上原勇	Isamu Uehara
Pr	脇達也	Tatsuya Waki
CI	サントリー美術館	Suntory Museum of Art

042·043
アンドーギャラリー展覧会
ポスター / DM / カタログ　2008
AD	葛西薫	Kaoru Kasai
D	引地摩里子	Mariko Hikichi
	坪田隆浩	Takahiro Tsubota
A	舟越桂（ポスター）	Katsura Funakoshi (poster)
Pr	服部彩子	Ayako Hattori
CI	アンドーギャラリー	Ando Gallery

044
フィリップ・ワイズベッカー展「recollections」
ポスター　2009
AD	葛西薫	Kaoru Kasai
D	宮崎史	Fumi Miyazaki
A	フィリップ・ワイズベッカー	Philippe Weisbecker
CI	クリエイションギャラリーG8	Creation Gallery G8

045
「葛西薫1968」展　ポスター　2007
AD/T	葛西薫	Kaoru Kasai
D	今村浩	Hiroshi Imamura
Pl/Pr	服部彩子	Ayako Hattori
CI	クリエイションギャラリーG8	Creation Gallery G8
	ガーディアン・ガーデン	Guardian Garden

046
「仲條服部八丁目心中」展　ポスター　2009
AD　　葛西薫　　　　Kaoru Kasai
D　　 坪田隆浩　　　Takahiro Tsubota
C　　 仲條正義　　　Masayoshi Nakajo
　　　服部一成　　　Kazunari Hattori
　　　葛西薫　　　　Kaoru Kasai
Ph　　若木信吾（仲條）
　　　　　　　　　　Shingo Wakagi
　　　山下ともこ（服部）
　　　　　　　　　　Tomoko Yamashita
CI　　クリエイションギャラリー G8
　　　　　　　　　　Creation Gallery G8

047
「鋤田正義写真展 シャッターの向こう側」
フライヤー　2006
AD　　葛西薫　　　　Kaoru Kasai
D　　 引地摩里子　　Mariko Hikichi
Ph　　鋤田正義　　　Masayoshi Sukita
CI　　クリエイションギャラリー G8
　　　　　　　　　　Creation Gallery G8
　　　ガーディアン・ガーデン
　　　　　　　　　　Guardian Garden

048
「SEVEN」展出品　ポスター　2005
AD/A　葛西薫　　　　Kaoru Kasai
D　　 引地摩里子　　Mariko Hikichi
CI　　香港アートセンター
　　　　　　　　　　Hong Kong Arts Centre

049
1:「ハイデルベルグ・フォーラム21」
フライヤー / スケッチ　2006
AD/A　葛西薫　　　　Kaoru Kasai
CD　　北川一成　　　Issay Kitagawa
CI　　ハイデルベルグ
　　　　　　　　　　Heidelberg

2: 習作　2005
AD/A　葛西薫　　　　Kaoru Kasai
CI　　香港アートセンター
　　　　　　　　　　Hong Kong Arts Centre

050・051
『Graphic』掲載作品　2003
AD/A　葛西薫　　　　Kaoru Kasai
企画　安東孝一　　　Koichi Ando
Pub　 六耀社　　　　Rikuyosha

052・053
竹尾ペーパーショー出品　「紙インク、猫豚男女」　2005
AD/A　葛西薫　　　　Kaoru Kasai
D　　 引地摩里子　　Mariko Hikichi
CI　　竹尾　　　　　Takeo

054
習作　1991

055
『AERO 0』 ブックデザイン　2007
AD/A　葛西薫　　　　Kaoru Kasai
D　　 今村浩　　　　Hiroshi Imamura
CI　　東京タイプディレクターズクラブ
　　　　　　　　　　Tokyo Type Directors Club

056・057
『AERO 0』 ブックデザイン　2007
AD/A　葛西薫　　　　Kaoru Kasai
D　　 今村浩　　　　Hiroshi Imamura
CI　　東京タイプディレクターズクラブ
　　　　　　　　　　Tokyo Type Directors Club

058・059
個展「AERO」 出品作品　1992
A　　 葛西薫　　　　Kaoru Kasai
Ph　　上田義彦　　　Yoshihiko Ueda
CI　　ギンザ・グラフィック・ギャラリー
　　　　　　　　　　Ginza Graphic Gallery

060・061
1: 図録『AERO』　1992
AD/D/A 葛西薫　　　 Kaoru Kasai
　　　自主制作　　　Private Publication

2: DM　1992
AD/D 葛西薫　　　　Kaoru Kasai

CI　　ギンザ・グラフィック・ギャラリー
　　　　　　　　　　Ginza Graphic Gallery

062–065
図録『AERO』　1992
AD/D/A 葛西薫　　　 Kaoru Kasai
　　　自主制作　　　Private Publication

066
創立20周年記念展出品「n m」 ポスター　1999
AD/A　葛西薫　　　　Kaoru Kasai
D　　 青葉淑美　　　Yoshimi Aoba
Ph　　上原勇　　　　Isamu Uehara
CI　　マナスクリーン
　　　　　　　　　　Mana Screen

067
「LIFE」展出品　ポスター　1994
AD/D/A 葛西薫　　　 Kaoru Kasai
CI　　日本デザインコミッティー
　　　　　　　　　　Japan Design Committee

068
「デザインの風」展出品　ポスター　2001
AD　　葛西薫　　　　Kaoru Kasai
D　　 戸田かおり　　Kaori Toda
Ph　　上原勇　　　　Isamu Uehara
CI　　東京藝術大学
　　　　　　　　　　Tokyo University of the Arts
　　　読売新聞東京本社
　　　　　　　　　　The Yomiuri Shimbun

069
上:「文字からのイマジネーション展」 出品
ポスター　1993
AD/D　葛西薫　　　　Kaoru Kasai
CI　　モリサワ　　　Morisawa

下: カレンダー　1993
AD/D　葛西薫　　　　Kaoru Kasai
CI　　トートー　　　TOTO

070・071
地球温暖化防止京都会議　「UNFCCC-COP3-Kyoto」
ポスター / 習作　1997
AD/D/A 葛西薫　　　 Kaoru Kasai
CI　　地球温暖化防止京都会議支援実行委員会
　　　　　　　　　　Support Committee for
　　　　　　　　　　UNFCCC-COP3-Kyoto

072
第4回東京TDC展　ポスター　1992
AD/D　葛西薫　　　　Kaoru Kasai
D　　 吉瀬浩司　　　Hiroshi Kichise
CD　　浅葉克己　　　Katsumi Asaba
C　　 眞木準　　　　Jun Maki
CI　　ギンザ・グラフィック・ギャラリー
　　　　　　　　　　Ginza Graphic Gallery

073
「IMAGE MIRROR "EMAKI"」展 出品作品　1990
「Panta rhei.（万物は流転する）」
AD/D　葛西薫　　　　Kaoru Kasai
CI　　大洋印刷　　　Taiyo Printing

074
設立20周年記念「FREEDOM '90」展出品
ポスター　1990
AD/D/A 葛西薫　　　 Kaoru Kasai
CI　　アムネスティ・インターナショナル日本
　　　　　　　　　　Amnesty International Japan

075
個展「AERO」 ポスター　1992
AD/D/A 葛西薫　　　 Kaoru Kasai
CI　　ギンザ・グラフィック・ギャラリー
　　　　　　　　　　Ginza Graphic Gallery

076・077
「カナガワビエンナーレ国際児童絵画コンクール」
スケッチ / ポスター　1997-1999
AD/I　葛西薫　　　　Kaoru Kasai
D　　 青葉淑美　　　Yoshimi Aoba
Pr　　伊比由理恵　　Yurie Ibi
CI　　神奈川県　　　Kanagawa Prefectural
　　　　　　　　　　Government

078
「第9回 日本グラフィック展」 ポスター　1988

AD/D　葛西薫　　　　Kaoru Kasai
A　　 白井淳　　　　Jun Shirai
CI　　パルコ　　　　Parco

079
「THEドラえもん展」
フライヤー / カタログ / ポスター　2002
AD　　葛西薫　　　　Kaoru Kasai
D　　 池田泰幸　　　Yasuyuki Ikeda
　　　鈴木紀江　　　Norie Suzuki
　　　藤村君之　　　Kimiyuki Fujimura
A　　 森野和馬　　　Kazuma Morino
PI　　服部彩子　　　Ayako Hattori
Pr　　藤森益弘　　　Masahiro Fujimori
CI　　サントリーミュージアム［天保山］
　　　　　　　　　　Suntory Museum

080
「アジアへの眼 外国人の浮世絵師たち」展
ポスター　1996
AD/D　葛西薫　　　　Kaoru Kasai
A　　 ポール・ジャクレー
　　　　　　　　　　Paul Jacoulet
CI　　横浜美術館　　Yokohama Museum of Art

081
1:「ポール・ジャクレー展」 ポスター　2003
AD　　葛西薫　　　　Kaoru Kasai
D　　 西川哲生　　　Tetsuo Nishikawa
A　　 ポール・ジャクレー
　　　　　　　　　　Paul Jacoulet
T/Pr　伊比由理恵　　Yurie Ibi
CI　　横浜美術館　　Yokohama Museum of Art

2:「Bakumatsu, Meiji NO YOKOHAMA TEN」
ポスター　2000
AD　　葛西薫　　　　Kaoru Kasai
D　　 池田泰幸　　　Yasuyuki Ikeda
A　　 伝五姓田芳柳
　　　　　　　　　　Attributed to Horyu Goseda
Pr　　伊比由理恵　　Yurie Ibi
CI　　横浜美術館　　Yokohama Museum of Art

3:「ターナー」展 ポスター　1997
AD/D　葛西薫　　　　Kaoru Kasai
A　　 ターナー　　　J.M.W. Turner
CI　　横浜美術館　　Yokohama Museum of Art

4:「山口薫展」 ポスター　2003
AD　　葛西薫　　　　Kaoru Kasai
CD　　牧野伊三夫　　Isao Makino
D　　 宮崎史　　　　Fumi Miyazaki
A　　 山口薫　　　　Kaoru Yamaguchi
CI　　東京ステーションギャラリー
　　　　　　　　　　Tokyo Station Gallery

082
「グラフィック写楽67人展
時代を超越した伝説の浮世絵師
東洲斎写楽二百年記念」出品　ポスター　1995
AD/D　葛西薫　　　　Kaoru Kasai
CI　　毎日新聞社　　The Mainichi Newspapers

083
「恩地孝四郎 色と形の詩人」展 ポスター　1994
AD/D　葛西薫　　　　Kaoru Kasai
A　　 恩地孝四郎　　Koshiro Onchi
CI　　横浜美術館　　Yokohama Museum of Art

084
「現代の［白と黒］」展
ポスター / フライヤー / カタログ / チケット　1986
AD/D　葛西薫　　　　Kaoru Kasai
Ph　　上田義彦　　　Yoshihiko Ueda
CI　　埼玉県立近代美術館
　　　　　　　　　　The Museum of Modern Art,
　　　　　　　　　　Saitama

085
「地・間・余白」展
ポスター / チケット / フライヤー / カタログ　1989
AD/D　葛西薫　　　　Kaoru Kasai
CI　　埼玉県立近代美術館
　　　　　　　　　　The Musum of Modern Art,
　　　　　　　　　　Saitama

086
「現代のセルフポートレート」展
ポスター/カタログ 1985
AD/D　葛西薫　　　Kaoru Kasai
A　　　ジョナサン・ボロフスキー
　　　　　　　　　　Jonathan Borofsky
CI　　　埼玉県立近代美術館
　　　　　　　　　　The Museum of Modern Art,
　　　　　　　　　　Saitama

087
日本文化デザイン会議 '84札幌
「交流から創造へ［インター思考の時代］」
ポスター 1984
AD/D　葛西薫　　　Kaoru Kasai
CI　　　日本文化デザイン会議
　　　　　　　　　　Japan Inter-Design Forum

演劇、映画
theater, cinema

088
小池博史演出　パパ・タラフマラ
舞台「トウキョウ⇔ブエノスアイレス書簡」
ポスター 2007
AD/I　葛西薫　　　Kaoru Kasai
D　　　引地摩子　　Mariko Hikichi
C　　　安藤隆　　　Takashi Ando
Pr　　　伊比由理恵　Yurie Ibi
CI　　　サイ　　　　Sai

089
小池博史演出　パパ・タラフマラ
舞台「僕の青空」ポスター 2006
AD　　 葛西薫　　　Kaoru Kasai
D/I　　堀内恭司　　Kyoji Horiuchi
D　　　引地摩里子　Mariko Hikichi
C　　　安藤隆　　　Takashi Ando
Pr　　　伊比由理恵　Yurie Ibi
CI　　　サイ　　　　Sai

090
小池博史演出　パパ・タラフマラ
舞台「birds on board」ポスター 2002
AD　　 葛西薫　　　Kaoru Kasai
D　　　池田泰幸　　Yasuyuki Ikeda
HM/I　高野雅子　　Masako Takano
C　　　安藤隆　　　Takashi Ando
Ph　　　上原勇　　　Isamu Uehara
Pr　　　伊比由理恵　Yurie Ibi
CI　　　サイ　　　　Sai

091
小池博史演出　パパ・タラフマラ
舞台「ガリバー＆スウィフト 作家 ジョナサン・スウィフトの猫・料理法」ポスター 2008
AD　　 葛西薫　　　Kaoru Kasai
D　　　引地摩里子　Mariko Hikichi
　　　　高井和昭　　Kazuaki Takai
C　　　安藤隆　　　Takashi Ando
Ph　　　小池博史　　Hiroshi Koike
Pr　　　伊比由理恵　Yurie Ibi
CI　　　サイ　　　　Sai

092・093
小池博史演出　パパ・タラフマラ
舞台「百年の孤独　HEART of GOLD」
ポスター/習作 2005
AD/I　葛西薫　　　Kaoru Kasai
D　　　引地摩里子　Mariko Hikichi
C/I　　安藤隆　　　Takashi Ando
Pr　　　伊比由理恵　Yurie Ibi
CI　　　サイ　　　　Sai

094
小池博史演出　パパ・タラフマラ
舞台「島」ポスター 1997
AD　　 葛西薫　　　Kaoru Kasai
D　　　川原真由美　Mayumi Kawahara
Ph　　　青山紘一　　Koichi Aoyama

Pr　　　伊比由理恵　Yurie Ibi
CI　　　サイ　　　　Sai

095
上: 小池博史演出　パパ・タラフマラ
舞台「島〜 ISLAND」フライヤー 2001
AD　　 葛西薫　　　Kaoru Kasai
D　　　池田泰幸　　Yasuyuki Ikeda
C　　　安藤隆　　　Takashi Ando
Pr　　　伊比由理恵　Yurie Ibi
CI　　　サイ　　　　Sai

下: 小池博史演出　パパ・タラフマラ 舞台「島」
CDジャケット 1997
AD/A　葛西薫　　　Kaoru Kasai
D　　　川原真由美　Mayumi Kawahara
C　　　安藤隆　　　Takashi Ando
Pr　　　伊比由理恵　Yurie Ibi
CI　　　Sai　　　　Sai

096
小池博史演出　パパ・タラフマラ
舞台「WD」ポスター/CDジャケット 2001
AD　　 葛西薫　　　Kaoru Kasai
D　　　池田泰幸　　Yasuyuki Ikeda
C　　　安藤隆　　　Takashi Ando
Pr　　　伊比由理恵　Yurie Ibi
CI　　　サイ　　　　Sai

097
1: 小池博史演出　パパ・タラフマラ
舞台「青/ao」ポスター 2001
AD　　 葛西薫　　　Kaoru Kasai
D　　　池田泰幸　　Yasuyuki Ikeda
C　　　安藤隆　　　Takashi Ando
Pr　　　伊比由理恵　Yurie Ibi
CI　　　サイ　　　　Sai

2: 小林麻美［湿度］日本武道館コンサート
ポスター 1988
AD/D　葛西薫　　　Kaoru Kasai
Ph　　　操上和美　　Kazumi Kurigami
CI　　　フジテレビ　Fuji Television Network

098・099
岩松了演出　タ・マニネ
舞台「ワニを素手でつかまえる方法」
ポスター/フライヤー/プログラム 2004
AD　　 葛西薫　　　Kaoru Kasai
D　　　宮崎史　　　Fumi Miyazaki
T/Pr　伊比由理恵　Yurie Ibi
C　　　安藤隆　　　Takashi Ando
Ph　　　小山裕良　　Hiroyoshi Koyama
　　　　深谷昌平　　Shohei Fukaya
Pr　　　岸良真奈美　Manami Kishira
CI　　　パグポイント・ジャパン
　　　　　　　　　　Pug Point-Japan

100・101
岩松了演出　タ・マニネ　舞台「悪戯」
ポスター/プログラム/フライヤー 2000
AD　　 葛西薫　　　Kaoru Kasai
D　　　池田泰幸　　Yasuyuki Ikeda
C　　　安藤隆　　　Takashi Ando
Ph　　　小野寺幸浩（宣伝写真）
　　　　　　　　　　Koji Onodera (advertising photo)
　　　　uga（記録写真）
　　　　　　　　　　uga (documentary photo)
Pr　　　岸良真奈美　Manami Kishira
CI　　　パグポイント・ジャパン
　　　　　　　　　　Pug Point-Japan

102-105
岩松了演出　タ・マニネ　舞台「浮雲」
ポスター/フライヤー/プログラム 1995
AD　　 葛西薫　　　Kaoru Kasai
D　　　小塚重信　　Shigenobu Kozuka
C　　　安藤隆　　　Takashi Ando
Ph　　　代官山有賀写真館（人物）
　　　　　　　　　　Daikanyama Ariga Photo Shop
　　　　　　　　　　(person)
　　　　鋤田正義（雲）

　　　　　　　　　　Masayoshi Sukita (cloud)
St　　　下田真知子　Machiko Shimoda
HM　　高野雅子　　Masako Takano
Pr　　　岸良真奈美　Kishira Manami
CI　　　パグポイント・ジャパン
　　　　　　　　　　Pug Point-Japan

106・107
岩松了演出　舞台「夏ホテル」
ポスター/ドローイング 2001
AD/I　葛西薫　　　Kaoru Kasai
D　　　池田泰幸　　Yasuyuki Ikeda
Pr　　　岸良真奈美　Manami Kishira
CI　　　パルコ　　　Parco
　　　　松竹パフォーマンス
　　　　　　　　　　Shochiku Performance

108
パパ・タラフマラ/タ・マニネ　スケッチ 1997-2007

109
パパ・タラフマラ 習作 2007

110・111
覚和歌子・谷川俊太郎 監督　写真映画「ヤーチャイカ」
ポスター/CDジャケット/チケット/DM/
フライヤー/プログラム 2008
著者/脚本　覚和歌子　Wakako Kaku
脚本　　　谷川俊太郎　Shuntaro Tanikawa
AD　　 葛西薫　　　Kaoru Kasai
D　　　白井陽平　　Yohei Shirai
　　　　高井和昭　　Kazuaki Takai
Ph　　　首藤幹夫　　Mikio Shuto
I　　　　華鼓　　　　Hanako
Pr　　　常木宏之　　Hiroyuki Tsuneki
CI　　　パグポイント・ジャパン
　　　　　　　　　　Pug Point-Japan

112・113
是枝裕和監督　映画「歩いても 歩いても」
ポスター 2008
AD　　 葛西薫　　　Kaoru Kasai
D　　　安藤基広　　Motohiro Ando
C　　　是枝裕和　　Hirokazu Koreeda
Ph　　　新津保建秀　Kenshu Shintsubo
I　　　　吉實恵　　　Megumi Yoshizane
Pr　　　岸良真奈美　Manami Kishira
CI　　　エンジンフイルム
　　　　　　　　　　Engine Film

114・115
是枝裕和監督　映画「歩いても 歩いても」
プログラム 2008
AD　　 葛西薫　　　Kaoru Kasai
D　　　安藤基広　　Motohiro Ando
Ph　　　新津保建秀　Kenshu Shintsubo
I　　　　吉實恵　　　Megumi Yoshizane
Pr　　　岸良真奈美　Manami Kishira
CI　　　シネカノン　Cine Quanon

116・117
是枝裕和監督　映画「花よりもなほ」プログラム 2006
AD　　 葛西薫　　　Kaoru Kasai
D　　　引地摩里子　Mariko Hikichi
　　　　中村純子　　Junko Nakamura
C　　　古居利康　　Toshiyasu Furui
Ph　　　鋤田正義　　Masayoshi Sukita
Pr　　　岸良真奈美　Manami Kishira
CI　　　「花よりもなほ」フィルムパートナーズ
　　　　　　　　　　"Hana yorimo naho"
　　　　　　　　　　Film Partners

118-120
是枝裕和監督　映画「誰も知らない」ポスター 2004
AD　　 葛西薫　　　Kaoru Kasai
D　　　宮崎史　　　Fumi Miyazaki
C　　　一倉宏　　　Hiroshi Ichikura
Ph　　　川内倫子　　Rinko Kawauchi
Pr　　　岸良真奈美　Manami Kishira
CI　　　テレビマンユニオン
　　　　　　　　　　TV Man Union
　　　　シネカノン　Cine Quanon

121
是枝裕和監督　映画「誰も知らない」
撮影記録書籍『あの頃のこと』ブックデザイン　2004
AD　葛西薫　　　　Kaoru Kasai
D　　宮崎史　　　　Fumi Miyazaki
Ph　川内倫子　　　Rinko Kawauchi
Pr　　岸良真奈美　Manami Kishira
Pub　ソニー・マガジンズ
　　　　　　　　　　Sony Magazines

122
是枝裕和監督　映画「DISTANCE」ポスター　2001
AD　葛西薫　　　　Kaoru Kasai
D　　野田凪　　　　Nagi Noda
Ph　若木信吾　　　Shingo Wakagi
Pr　　岸良真奈美　Manami Kishira
Cl　テレビマンユニオン
　　　　　　　　　　TV Man Union

123
是枝裕和監督　映画撮影記録書籍『DISTANCE』
ブックデザイン　2001
著者　是枝裕和　　Hirokazu Koreeda
　　　若木信吾（Ph）
　　　　　　　　　　Shingo Wakagi
AD　葛西薫　　　　Kaoru Kasai
D　　池田泰幸　　　Yasuyuki Ikeda
Pr　　岸良真奈美　Manami Kishira
Pub　スイッチ・パブリッシング
　　　　　　　　　　Switch Publishing

124
是枝裕和監督　映画「ワンダフルライフ」
ポスター　1998
AD　葛西薫　　　　Kaoru Kasai
D　　岡本学　　　　Manabu Okamoto
　　　野田凪　　　　Nagi Noda
Ph　鋤田正義　　　Masayoshi Sukita
Pr　　岸良真奈美　Manami Kishira
Cl　テレビマンユニオン
　　　　　　　　　　TV Man Union
　　　エンジンフイルム
　　　　　　　　　　Engine Film

125
『映画ワンダフルライフ　その登場人物と撮影現場の記録』
ブックデザイン　1999
著者　是枝裕和　　Hirokazu Koreeda
　　　鋤田正義（Ph）
　　　　　　　　　　Masayoshi Sukita
AD　葛西薫　　　　Kaoru Kasai
D　　岡本学　　　　Manabu Okamoto
　　　野田凪　　　　Nagi Noda
Pr　　岸良真奈美　Manami Kishira
Pub　光琳社出版　　Korinsha Publishing

126・127
是枝裕和監督　映画「幻の光」
ポスター／フライヤー／プログラム　1995
AD　葛西薫　　　　Kaoru Kasai
D　　青葉淑美　　　Yoshimi Aoba
Ph　藤井保　　　　Tamotsu Fujii
St　北村道子　　　Michiko Kitamura
Pr　　岸良真奈美　Manami Kishira
Cl　テレビマンユニオン
　　　　　　　　　　TV Man Union
　　　シネマライズ　Cinema Rise

128–129
相米慎二監督　映画「風花」
ポスター／プログラム　2001
AD/I　葛西薫　　　Kaoru Kasai
D　　池田泰幸　　　Yasuyuki Ikeda
　　　相良治美　　　Harumi Sagara
Ph　町田博　　　　Hiroshi Machida
Pr　　岸良真奈美　Manami Kishira
Cl　シネカノン　　Cine Quanon

130
1・2：長尾直樹監督映画「さゞなみ」
ポスター／プログラム　2002
AD　葛西薫　　　　Kaoru Kasai
D　　池田泰幸　　　Yasuyuki Ikeda
　　　引地摩里子　Mariko Hikichi
C　　大友美有紀　Miyuki Otomo
Ph　藤井保　　　　Tamotsu Fujii
St　下田真知子　Machiko Shimoda
Pr　　吉藤克哉　　Katsuya Yoshifuji
Cl　さゞなみ製作委員会
　　　　　　　　　"Sazanami" Production Committee

3：鴨下信一演出　舞台「南果歩 一人芝居 幻の光」
ポスター　2002
AD/D　葛西薫　　　Kaoru Kasai
Ph　藤井保　　　　Tamotsu Fujii
Pr　　伊比由理恵　Yurie Ibi
Cl　メジャーリーグ
　　　　　　　　　　Major League

4：高橋忠和監督　映画「日本の自転車泥棒」
ポスター　2006
AD　葛西薫　　　　Kaoru Kasai
D　　安藤基広　　　Motohiro Ando
T　　木之内厚司　Koji Kinouchi
Ph　半田也寸志　Yasushi Handa
Pr　　守屋その子　Sonoko Moriya
Cl　パグポイント・ジャパン
　　　　　　　　　　Pug Point-Japan

131
パトリス・ルコント監督　映画「橋の上の娘」
ポスター　1999
AD　葛西薫　　　　Kaoru Kasai
D　　青葉淑美　　　Yoshimi Aoba
Pr　　伊比由理恵　Yurie Ibi
Cl　シネマパリジャン
　　　　　　　　　　Cinema Parisien

装幀、ブックデザイン
Cover Design, Book Design

132・133
『蛇にピアス』特装本／カバー校正刷り　2008・2004
著者　金原ひとみ　Hitomi Kanehara
AD/D　葛西薫　　　Kaoru Kasai
D　　引地摩里子　Mariko Hikichi
Pub　集英社　　　　Shueisha

134
1：『MoDERN』1995
企画　安東孝一　　Koichi Ando
AD　葛西薫　　　　Kaoru Kasai
Pub　六耀社　　　　Rikuyosha

2：『印刷された仲條』1997
著者　仲條正義（A）Masayoshi Nakajo
CD　後藤繁雄　　　Shigeo Goto
AD　葛西薫　　　　Kaoru Kasai
D　　井上庸子　　　Yoko Inoue
　　　澁谷善雄　　　Yoshio Shibuya
Pub　リトル・モア　Little More

3：『NEW BLOOD』2001
企画　安東孝一　　Koichi Ando
AD　葛西薫　　　　Kaoru Kasai
D　　池田泰幸　　　Yasuyuki Ikeda
　　　武田美紀子　Mikiko Takeda
　　　相良治美　　　Harumi Sagara
C　　古居利康　　　Toshiyasu Furui
Pub　六耀社　　　　Rikuyosha

4：展覧会カタログ
『ニュー・ジャパニーズ・フォトグラフィ 1990'S：
無意識の共鳴』1996
著者　伊藤俊治　　Toshiharu Ito
AD　葛西薫　　　　Kaoru Kasai
D　　井上庸子　　　Yoko Inoue
Pub　横浜市民ギャラリー
　　　　　　　　　　Yokohama Civic Art Gallery

135
5：『ZYAPANORAMA 日本景』1999
著者　大竹伸朗（A）Shinro Ohtake
AD　葛西薫　　　　Kaoru Kasai
D　　山口由香　　　Yuka Yamaguchi
Pub　朝日新聞社　The Asahi Shimbun

6：『ナンバープレートに並んだ数字を見るたび、
いつも自分の番号を探してみる。』1996
著者　日比野光希子（A）
　　　　　　　　　　Mikiko Hibino
AD　葛西薫　　　　Kaoru Kasai
D　　川原真由美　Mayumi Kawahara
Pub　リトル・モア　Little More

7：『女生徒』2000
著者　太宰治　　　　Osamu Dazai
　　　佐内正史（Ph）
　　　　　　　　　　Masafumi Sanai
AD　葛西薫　　　　Kaoru Kasai
D　　池田泰幸　　　Yasuyuki Ikeda
Pub　作品社　　　　Sakuhinsha

8：『Tribe』1995
著者　北村道子（St）
　　　　　　　　　　Michiko Kitamura
　　　藤井保（Ph）Tamotsu Fujii
AD/D　葛西薫　　　Kaoru Kasai
Pub　朝日出版社　Asahi Press

9：『TENSI BOOK』1996
著者　寺門孝之（A）Takayuki Terakado
AD/D　葛西薫　　　Kaoru Kasai
Pub　リトル・モア　Little More

136
1：『ESUMI』1996
著者　藤井保（Ph）Tamotsu Fujii
AD　葛西薫　　　　Kaoru Kasai
D　　青葉淑美　　　Yoshimi Aoba
Pub　リトル・モア　Little More

2：藤井保の仕事と周辺『FIJII FILMS』2000
著者　藤井保（Ph）Tamotsu Fujii
AD　葛西薫　　　　Kaoru Kasai
D　　池田泰幸　　　Yasuyuki Ikeda
　　　櫻井亮太郎　Ryotaro Sakurai
C　　安藤隆　　　　Takashi Ando
Pub　六耀社　　　　Rikuyosha

3：『LOST LANDSCAPES』1993
著者　朱明徳（Ph）Joo Myung-Duck
Pl/Ed　都築響一　Kyoichi Tsuzuki
　　　大前正則　　　Masanori Omae
AD/D　葛西薫　　　Kaoru Kasai
Pub　京都書院インターナショナル
　　　　　　　　　　Kyoto Shoin International

4：『卓上のバルコネグロ』2006
著者　森村泰昌（A）Yasumasa Morimura
AD　葛西薫　　　　Kaoru Kasai
D　　引地摩里子　Mariko Hikichi
Pub　青幻舎　　　　Seigensha

137
5：『NORTHERN』2002
著者　操上和美（Ph）
　　　　　　　　　　Kazumi Kurigami
AD　葛西薫　　　　Kaoru Kasai
D　　引地摩里子　Mariko Hikichi
Pub　スイッチ・パブリッシング
　　　　　　　　　　Switch Publishing

6：『ISHII ATSUO』1990
著者　石井厚生（A）Atsuo Ishii
AD/D　葛西薫　　　Kaoru Kasai
　　　自主制作　　　Private Publication

7：『THE BOOK OF SOCKS AND STOCKINGS』1993
著者　荒俣宏　　　　Hiroshi Aramata
AD　葛西薫　　　　Kaoru Kasai
D　　小島潤一　　　Junichi Kojima
　　　青葉淑美　　　Yoshimi Aoba
Ed　秋山道男　　　Michio Akiyama

Ph	今泉好人	Yoshihito Imaizumi		D	安藤基広	Motohiro Ando	著者	仲畑貴志	Takashi Nakahata
St	山本康一郎	Koichiro Yamamoto		Pub	情報センター出版局		AD/D/I	葛西薫	Kaoru Kasai
Pr	榎本弘	Hiroshi Enomoto				Joho Center Publishing	Pub	講談社	Kodansha
Pub	日本靴下協会								
		The Japan Society for Hosiery		7:『花よりもなほ』 2006			2:『雨はコーラがのめない』 2004		
				著者	是枝裕和	Hirokazu Koreeda	著者	江國香織	Kaori Ekuni
8:『QUINAULT』 1993				AD	葛西薫	Kaoru Kasai	AD	葛西薫	Kaoru Kasai
著者	上田義彦 (Ph)			D	引地摩里子	Mariko Hikichi	D	引地摩里子	Mariko Hikichi
		Yoshihiko Ueda		I	黒澤和子	Kazuko Kurosawa	Pub	大和書房	Daiwashobo
Ed	都築響一	Kyoichi Tsuzuki		Pub	角川書店	Kadokawa Group Publishing			
AD/D	葛西薫	Kaoru Kasai					3:『彼が泣いた夜』 1998		
Pub	京都書院インターナショナル			8:『嘆願書 女性たちへ』 1987			著者	内田春菊	Shungiku Uchida
		Kyoto Shoin International		著者	佐々木克彦	Katsuhiko Sasaki	AD/D	葛西薫	Kaoru Kasai
				AD/D	葛西薫	Kaoru Kasai	Pub	角川書店	Kadokwa Group Publishing
138				Pub	草思社	Soshisha Publishing			
1:『Into The Silent Land』 1991							4:『オカルト』 2001		
著者	上田義彦 (Ph)			9:『モンク』 2004			著者	田口ランディ	Randy Taguchi
		Yoshihiko Ueda		著者	藤森益弘	Masuhiro Fujimori	AD/D	葛西薫	Kaoru Kasai
AD/D	葛西薫	Kaoru Kasai		AD/I	葛西薫	Kaoru Kasai	Pub	メディアファクトリー	
Pub	京都書院インターナショナル			D	引地摩里子	Mariko Hikichi			Media Factory
		Kyoto Shoin International		Pub	文藝春秋	Bungeishunju			
							5:『すみれの花の砂糖づけ』 1999		
2:『寫眞史』 1992				**141**			著者	江國香織	Kaori Ekuni
著者	伊藤俊治	Toshiharu Ito		10:『TRAVEL ABROAD OFFICIAL MANNER』 2000			AD/D	葛西薫	Kaoru Kasai
AD/D	葛西薫	Kaoru Kasai		著者	山下マヌー	Manoue Yamashita	Pub	理論社	Rironsha
Pub	朝日出版社	Asahi Press		AD/D	葛西薫	Kaoru Kasai			
				I	牧野伊三夫	Isao Makino	6:『夜の森番たち』 1997		
3:『音楽と我が人生／サヴァリッシュ自伝』 1989				Pub	小学館	Shogakukan	著者	斎藤純	Jun Saito
著者	ヴォルフガング・サヴァリッシュ						AD/D	葛西薫	Kaoru Kasai
		Wolfgaung Savarish		11:『FRESH』 1997			Pub	双葉社	Futabasha Publishers
AD	葛西薫	Kaoru Kasai		著者	猪本典子	Noriko Inomoto			
D	井上庸子	Yoko Inoue		AD	葛西薫	Kaoru Kasai	7:『仏蘭西シネマ』 1998		
Pub	第三文明社	Daisanbunmei-sha		D	青葉淑夏	Yoshimi Aoba	著者	多島斗志之	Toshiyuki Tajima
				Pub	朝日出版社	Asahi Press	AD/D	葛西薫	Kaoru Kasa
139							T	小野シケル	Shikeru Ono
4:『山口薫展』 2003				12:『表参道のヤッコさん』 2006			Pub	双葉社	Futabasha Publishers
AD	葛西薫	Kaoru Kasai		著者	高橋靖子	Yasuko Takahashi			
CD	牧野伊三夫	Isao Makino		AD	葛西薫	Kaoru Kasai	8:『REMARK＝リマーク』 2001		
D	宮崎史	Fumi Miyazaki		D	引地摩里子	Mariko Hikichi	著者	池田晶子	Akiko Ikeda
Pub	求龍堂	Kyuryudo Art-Publishing		Ph	夢実人	Mumito	AD/D/I	葛西薫	Kaoru Kasai
				Pub	アスペクト	Aspect	PUB	双葉社	Futabasha Publishers
5:『既にそこにあるもの』 1999									
著者	大竹伸朗	Shinro Ohtake		13:『村上ラヂオ』 2001			9:『蛇にピアス』 2004		
AD	葛西薫	Kaoru Kasai		著者	村上春樹（文）		著者	金原ひとみ	Hitomi Kanehara
D	井上庸子	Yoko Inoue				Haruki Murakami (essay)	AD/I	葛西薫	Kaoru Kasai
Pub	新潮社	Shinchosha Publishing			大橋歩（I）	Ayumi Ohashi	D	宮崎史	Fumi Miyazaki
				AD/D	葛西薫	Kaoru Kasai	Pub	集英社	Shueisha
6:『YOSHIHIKO UEDA: FLOWERS』 1997				Pub	マガジンハウス				
著者	上田義彦 (Ph)					Magazine House	**143**		
		Yoshihiko Ueda					『R/EVOLUTION』シリーズ 2001–2007		
AD/D	葛西薫	Kaoru Kasai		14:『これから先のこと』 2001			著者	五條瑛	Akira Gojo
Pub	光琳社出版	Korinsha Publishing		著者	谷郁雄	Ikuo Tani	AD	葛西薫	Kaoru Kasai
				AD/D	葛西薫	Kaoru Kasai	D	池田泰幸	Yasuyuki Ikeda
7:『磯崎新の建築30』 1992				I	谷郁雄	Ikuo Tani		引地摩里子	Mariko Hikichi
著者	磯崎新	Arata Isozaki		Pub	思潮社	Shichosha Publishing	Pub	双葉社	Futabasha Publishers
AD	葛西薫	Kaoru Kasai							
D	吉瀬浩司	Hiroshi Kichise		15:『わたしに拍手！』 2007			**144・145**		
Pub	六耀社	Rikuyosha		著者	高橋靖子	Yasuko Takahashi	雑誌『小説推理』連載『REMARK』 1997・1998		
				AD	葛西薫	Kaoru Kasai	著者	池田晶子	Akiko Ikeda
140				D	引地摩里子	Mariko Hikichi	AD/D/I	葛西薫	Kaoru Kasai
1–3:『殺人症候群』『誘拐症候群』『失踪症候群』				Ph	細江英公	Eiko Hosoe	Pub	双葉社	Futabasha Publishers
1998–2002				Pub	幻冬舎	Gentosha			
著者	貫井徳郎	Tokuro Nukui					**146**		
AD/D	葛西薫	Kaoru Kasai		16:『©yuming sweet』『©yuming bitter』 2001			『詩集 妖精の詩』 1997		
Pub	双葉社	Futabasha Publishers		著者	松任谷由美	Yumi Matsutoya	著者	今井とおる	Toru Imai
				AD	葛西薫	Kaoru Kasai		金子みすゞ	Misuzu Kaneko
4:『猫別れ』 2009				D	戸田かおり	Kaori Toda		大関松三郎	Matsusaburo Ozeki
著者	猪本典子	Noriko Inomoto		Pub	角川書店	Kadokawa Group Publishing		中原中也	Chuya Nakahara
AD	葛西薫	Kaoru Kasai						小熊秀雄	Hideo Oguma
D	坪田隆浩	Takahiro Tsubota		17:『うつわの華』 2007			AD	葛西薫	Kaoru Kasai
I	猪本典子	Noriko Inomoto		著者	大里成子	Shigeko Osato	CD	山﨑英介	Eisuke Yamazaki
Pub	ポプラ社	Poplar Publishing		AD	葛西薫	Kaoru Kasai	D	三浦政能	Masayoshi Miura
					ナガクラトモヒコ		A	山﨑英介	Eisuke Yamazaki
5:『歩いても 歩いても』 2008						Tomohiko Nagakura		谷口幸三郎	Kozaburo Taniguchi
著者	是枝裕和	Hirokazu Koreeda		D	中本陽子	Yoko Nakamoto		野村美也子	Miyako Nomura
AD	葛西薫	Kaoru Kasai		Ph	上原勇	Isamu Uehara	Pub	ザイロ	Xylo
D	安藤基広	Motohiro Ando		Pr	坂本恵美子	Emiko Sakamoto			
Pub	幻冬舎	Gentosha		Ed	三宅奈穂美	Naomi Miyake	**147**		
				Pub	求龍堂	Kyuryudo Art-Publishing	『詩集 妖精の詩 英訳版』 1998		
6:『たべる しゃべる』 2006							AD/D	葛西薫	Kaoru Kasai
著者	高山なおみ	Naomi Takayama		**142**			A	大竹伸朗	Shinro Ohtake
AD/I	葛西薫	Kaoru Kasai		1:『この骨董が、アナタです。』 2000			Pub	ザイロ	Xylo

148
『高級なおでこ』 1991
著者　杉山恒太郎　Kotaro Sugiyama
AD/D/I　葛西薫　Kaoru Kasai
Pub　太田出版　Ohta Publishing

149
1:『JAREBONG #1–3』 1998
AD　葛西薫　Kaoru Kasai
D　三浦政能　Masayoshi Miura
A　亀井洋子 (#1)　Yoko Kamei
Ph　高橋祐司 (#2)　Yuji Takahashi
　　稲田美織 (#3)　Miori Inada
Pub　ザイロ　Xylo

2:『JAREBONG』 1998
AD　葛西薫　Kaoru Kasai
D　三浦政能　Masayoshi Miura
Pub　ザイロ　Xylo

150·151
雑誌『宣伝会議』表紙　2003–2005
AD　葛西薫　Kaoru Kasai
D　引地摩里子　Mariko Hikichi
Ph　辻佐織　Saori Tsuji
Pr　伊比由理恵　Yurie Ibi
Pub　宣伝会議　Sendenkaigi

グッズ、オブジェなど
goods, objets, etc.

152
1: 竹尾ペーパーワールド出品作品
「開きっぱなしの広辞苑」 1995
AD/D　葛西薫　Kaoru Kasai
CI　竹尾　Takeo

2: '02チャリティー企画展　出品作品
オリジナル和凧展「TAKO KITE」 2002
AD/D　葛西薫　Kaoru Kasai
CI　クリエイションギャラリーG8
　　　Creation Gallery G8

153
キャンペーンマーク / 時計「Pandao」 2009
AD　葛西薫　Kaoru Kasai
D　引地摩里子　Mariko Hikichi
Pr　脇達也　Tatsuya Waki
CI　サントリー　Suntory

154·155
チャリティー企画展　出品作品
クリエイションギャラリーG8　Creation Gallery G8
1:「MINI MINI MOTOR SHOW」 2003
AD/D　葛西薫　Kaoru Kasai

2: オリジナルプレート展「美味しい絵皿100 VS 100」
1996
AD/D/I　葛西薫　Kaoru Kasai

3: オリジナルカップ＆ソーサー展「お茶にしませんか?」
2007
AD/I　葛西薫　Kaoru Kasai
D　今村浩　Hiroshi Imamura

4: こだわりの壁掛け時計「三角CLOCK」展 1998
AD/D　葛西薫　Kaoru Kasai

5: オリジナル扇子展「GOOD DESIGN GOOD SENSU」
2006
AD/I　葛西薫　Kaoru Kasai
D　引地摩里子　Mariko Hikichi

6: こだわり温度計展「HOT & COOL」 1997
AD　葛西薫　Kaoru Kasai
D　青葉淑美　Yoshimi Aoba

7: 腕時計展「Watch 2001」 2000
AD/D　葛西薫　Kaoru Kasai

156·157
1:「ハッピーアンブレラ2000」展　出品作品 2001
AD/D/I　葛西薫　Kaoru Kasai
CI　クリエイションギャラリーG8
　　　Creation Gallery G8

2:「大切に使いたいビニール傘 傘日和」展
出品作品　2008
AD/Ph　葛西薫　Kaoru Kasai
D　高井和昭　Kazuaki Takai
CI　クリエイションギャラリーG8
　　　Creation Gallery G8

3: ノベルティグッズ / マーク　1993
AD　葛西薫　Kaoru Kasai
D　青葉淑美　Yoshimi Aoba
CD　秋山道男　Michio Akiyama
Pr　榎本弘　Hiroshi Enomoto
CI　日本靴下協会
　　　The Japan Society for Hosiery

4: 風呂敷「IROTAMA」 2004
AD　葛西薫　Kaoru Kasai
D　引地摩里子　Mariko Hikichi
CI　デザインインデックス
　　　Design Index

5: 現代のフロシキ「FUROSHIKI」展　出品作品 2006
AD/I　葛西薫　Kaoru Kasai
D　引地摩里子　Mariko Hikichi
CI　クリエイションギャラリーG8
　　　Creation Gallery G8

158
東京タイプディレクターズクラブ賞状 / 額 2007
AD/I　葛西薫　Kaoru Kasai
D　引地摩里子　Mariko Hikichi
CI　東京タイポディレクターズクラブ
　　　Tokyo Type Directors Club

159
カレンダー　2003
AD　葛西薫　Kaoru Kasai
D　池田泰幸　Yasuyuki Ikeda
CD　安東孝一　Koichi Ando
CI　アンドーギャラリー
　　　Ando Gallery

ステーショナリー、マーク、ロゴタイプ
Stationery, mark, logotype

160·161
アンドーギャラリー CI / サイン / ステーショナリー /
名刺 2008
AD　葛西薫　Kaoru Kasai
D　引地摩里子　Mariko Hikichi
Ph　今井智己 (160)　Tomoki Imai
Pr　服部彩子　Ayako Hattori
CI　アンドーギャラリー
　　　Ando Gallery

162
ROPPONGI 2009
AD　葛西薫　Kaoru Kasai
D　高井和昭　Kazuaki Takai
　　前村達也　Tatsuya Maemura
Pr　服部彩子　Ayako Hattori
CI　六本木商店街振興組合
　　　Ractive Roppongi

163
Bureau Kida 2005
AD　葛西薫　Kaoru Kasai
D　引地摩里子　Mariko Hikichi
Pr　岸良真奈美　Manami Kishira
CI　ビューロー・キダ
　　　Bureau Kida

164
fukuhara iz / FUKUHARA CORPORATION 2007
AD　葛西薫　Kaoru Kasai
CD　小野田隆雄　Takao Onoda
D　安藤基広　Motohiro Ando
　　引地摩里子　Mariko Hikichi
Pr　青木瑞枝　Mizue Aoki
CI　フクハラ アイズ
　　　Fukuhara Iz
　　　福原コーポレーション
　　　Fukuhara Corporation

165
MoMA 1990
AD/D　葛西薫　Kaoru Kasai
CI　モマ　Moma

166
TOKYO COPYWRITERS CLUB 2002
AD　葛西薫　Kaoru Kasai
D　鈴木紀江　Norie Suzuki
CI　東京コピーライターズクラブ
　　　Tokyo Copywriters Club

167
Kitamura Michiko 1995
AD/D　葛西薫　Kaoru Kasai
CI　北村道子　Michiko Kitamura

168
PARADISE CAFÉ 1987
AD　葛西薫　Kaoru Kasai
D　井上庸子　Yoko Inoue
CI　パラダイスカフェ
　　　Paradise Café

169
IKETEI / 名刺 1988
AD/D　葛西薫　Kaoru Kasai
CI　イケテイ　Iketei

170
1: TORAYA 2007
CD/AD　葛西薫　Kaoru Kasai
D　堀内恭司　Kyoji Horiuchi
　　櫻井亮太郎　Ryotaro Sakurai
Pl　服部彩子　Ayako Hattori
Pr　坂東美和子　Miwako Bando
Ad　小林章　Akira Kobayashi
CI　虎屋　Toraya

2: TORAYA CAFÉ 2003
CD/AD　葛西薫　Kaoru Kasai
D　池田泰幸　Yasuyuki Ikeda
T　木之内厚司　Koji Kinouchi
Pr　坂東美和子　Miwako Bando
CI　虎玄　Kogen

3: とらや工房　2007
CD/AD　葛西薫　Kaoru Kasai
D　竹下直幸　Naoyuki Takeshita
Pr　坂東美和子　Miwako Bando
CI　虎玄　Kogen

4: とらや工房　2007
CD/AD　葛西薫　Kaoru Kasai
D　引地摩里子　Mariko Hikichi
書　古郡達郎　Tatsuro Furugori
Pr　坂東美和子　Miwao Bando
CI　虎玄　Kogen

5: uraku 1987
AD　葛西薫　Kaoru Kasai
D　ナガクラトモヒコ　Tomohiko Nagakura
　　井上庸子　Yoko Inoue
Pr　坂東美和子　Miwako Bando
CI　西洋環境開発
　　　Seiyo Environment Development

6: 青草窠 2008
AD　葛西薫　Kaoru Kasai

D	高井和昭	Kazuaki Takai
Cl	青草窯	Seisouka

171

7: green label relaxing 2002
AD	葛西薫	Kaoru Kasai
D	戸田かおり	Kaori Toda
Pr	守屋その子	Sonoko Moriya
Cl	ユナイテッドアローズ	United Arrows

8: ku:nel 2003
AD	葛西薫	Kaoru Kasai
D	宮崎史	Fumi Miyazaki
Cl	マガジンハウス	Magazine House

9: AKAAKA 2007
AD	葛西薫	Kaoru Kasai
D	引地摩里子	Mariko Hikichi
Cl	赤々舎	Akaaka Art Publishing

10: LALAN 2006
AD	葛西薫	Kaoru Kasai
CD	仲畑貴志	Takashi Nakahata
D	引地摩里子	Mariko Hikichi
Pr	伊比由理恵	Yurie Ibi
Cl	ワコール	Wacoal

11: blooming 2004
AD	葛西薫	Kaoru Kasai
CD	秋山道男	Michio Akiyama
D	引地摩里子	Mariko Hikichi
Pr	片岡由美子	Yumiko Kataoka
Cl	ブルーミング中西	Blooming Nakanishi

12: パイ・インターナショナル 2009
AD	葛西薫	Kaoru Kasai
D	櫻井亮太郎	Ryotaro Sakurai
Cl	パイ・インターナショナル	Pie International

13: TAPHY 2000
AD	葛西薫	Kaoru Kasai
CD	山形季央	Toshio Yamagata
D	青葉淑美	Yoshimi Aoba
Pr	藤森益弘	Masuhiro Fujimori
Cl	資生堂	Shiseido

172

1: House of Lotus 2002
AD	葛西薫	Kaoru Kasai
D	戸田かおり	Kaori Toda
Cl	桐島事務所	Kirishima Office

2: HOI AN CAFÉ 2000
AD	葛西薫	Kaoru Kasai
D	池田泰幸	Yasuyuki Ikeda
Cl	インデックスプロデュース	Index Produce

3: anonima st. 2004
AD	葛西薫	Kaoru Kasai
D	引地摩里子	Mariko Hikichi
Cl	アノニマ・スタジオ	Anonima Studio

4: Xylo 1997
AD/D	葛西薫	Kaoru Kasai
Cl	ザイロ	Xylo

173

5: PARADISE CAFÉ 1988
AD	葛西薫	Kaoru Kasai
D	井上庸子	Yoko Inoue
Cl	パラダイスカフェ	Paradise Café

6: KIKUGUMI 1989
AD	葛西薫	Kaoru Kasai
D	井上庸子	Yoko Inoue
Cl	パラダイスカフェ	Paradise Café

7: Sagami Women's University 2010
AD	葛西薫	Kaoru Kasai
D	徳田祐子	Yuko Tokuda
T	立野竜一	Ryuichi Tateno
PI	服部彩子	Ayako Hattori
Pr	土井真人	Masato Doi
Cl	相模女子大学	Sagami Women's University

8: TOKYO COPYWRITERS CLUB 2002
AD	葛西薫	Kaoru Kasai
D	鈴木紀江	Norie Suzuki
Cl	東京コピーライターズクラブ	Tokyo Copywriters Club

9: ANDO GALLERY 2008
AD	葛西薫	Kaoru Kasai
D	引地摩里子	Mariko Hikichi
PI/Pr	服部彩子	Ayako Hattori
Cl	アンドーギャラリー	Ando Gallery

174

1: ROCK, PAPER, SCISSORS 2005
CD/AD	葛西薫	Kaoru Kasai
AD/D	池田泰幸	Yasuyuki Ikeda
CD	佐倉康彦	Yasuhiko Sakura
	石井洋二	Yoji Ishii
D	西村美博	Yoshihiro Nishimura
Cl	サン・アド	Sun-Ad

2: Bureau Kida 2005
AD	葛西薫	Kaoru Kasai
D	引地摩里子	Mariko Hikichi
Pr	岸良真奈美	Manami Kishira
Cl	ビューロー・キダ	Bureau Kida

3: 日本靴下協会 1993
AD	葛西薫	Kaoru Kasai
CD	秋山道男	Michio Akiyama
D	青葉淑美	Yoshimi Aoba
Pr	榎本弘	Hiroshi Enomoto
Cl	日本靴下協会	The Japan Society for Hosiery

4: FUKUHARA CORPORATION 2007
AD	葛西薫	Kaoru Kasai
CD	小野田隆雄	Takao Onoda
D	安藤基広	Motohiro Ando
Pr	青木瑞枝	Mizue Aoki
Cl	福原コーポレーション	Fukuhara Corporation

5: fukuhara iz 2007
AD	葛西薫	Kaoru Kasai
CD	小野田隆雄	Takao Onoda
D	引地摩里子	Mariko Hikichi
Pr	青木瑞枝	Mizue Aoki
Cl	フクハラ アイズ	Fukuhara Iz

6: NIGITA 2009
AD	葛西薫	Kaoru Kasai
D	坪田隆浩	Takahiro Tsubota
Pr	小原淳平	Junpei Ohara
Cl	鐃田	Nigita

175

7: MoMA 1990
AD/D	葛西薫	Kaoru Kasai
Cl	モマ	Moma

8: 双 1983
AD/D	葛西薫	Kaoru Kasai
Cl	双	Soh

9: CHINEE 1988
AD/D	葛西薫	Kaoru Kasai
Cl	双	Soh

10: 和器 1989
AD	葛西薫	Kaoru Kasai

D	栗林裕信	Hironobu Kuribayashi
Cl	双	Soh

11: 磯崎新の建築談議シリーズ 2001
AD	葛西薫	Kaoru Kasai
D	池田泰幸	Yasuyuki Ikeda
Cl	六耀社	Rikuyosha

12: IKETEI 1988
AD/D	葛西薫	Kaoru Kasai
Cl	イケテイ	Iketei

13: 埼玉県立近代美術館 ミュージアムショップ 1997
AD/D	葛西薫	Kaoru Kasai
Cl	埼玉県立近代美術館	The Museum of Modern Art, Saitama

サントリーウーロン茶
Suntory Oolong Tea

178–181

サントリー ウーロン茶 / 黒烏龍茶 ポスター
姉さんはよく食べる / 中性脂肪に告ぐ 2006
食べよ、妹 / 春の中性脂肪に告ぐ 2007
CD/AD	葛西薫	Kaoru Kasai
CD/C	安藤隆	Takashi Ando
CD	高上晋	Shin Takaue
D	引地摩里子	Mariko Hikichi
T	木之内厚司	Koji Kinouchi
St	ソニア・パーク	Sonia Park
Ph	上田義彦	Yoshihiko Ueda
Pr	土井真人	Masato Doi
Cl	サントリー	Suntory

182・183

サントリーウーロン茶 黒烏龍茶
アイデアスケッチ 2006

184・185

サントリーウーロン茶 音韻調 CF
音韻の調べ篇 2005
CD/AD/FD	葛西薫	Kaoru Kasai
CD/C	安藤隆	Takashi Ando
CD	高上晋	Shin Takaue
Ca	上田義彦	Yoshihiko Ueda
Li	榎木康治	Yasuji Enoki
St	ソニア・パーク	Sonia Park
HM	高野雅子	Masako Takano
Mix	島袋保光	Yasumitsu Shimabukuro
	渡辺秀文	Hidefumi Watanabe
	中川俊郎	Toshio Nakagawa
Co	李剣	Li Zhao
Pr	土井真人	Masato Doi
	松本隆	Ryu Matsumoto
Cl	サントリー	Suntory

サントリーウーロン茶 CF
青年と青茶 長篇 2005
CD/AD/FD	葛西薫	Kaoru Kasai
CD/C	安藤隆	Takashi Ando
CD	高上晋	Shin Takaue
Ca	上田義彦	Yoshihiko Ueda
Li	榎木康治	Yasuji Enoki
Mix	島袋保光	Yasumitsu Shimabukuro
M	渡辺秀文	Hidefumi Watanabe
Co	李剣	Li Zhao
Pr	松本隆	Ryu Matsumoto
Cl	サントリー	Suntory

186

サントリーウーロン茶 雑誌広告
a! New Bottle 2005
CD/AD	葛西薫	Kaoru Kasai
CD/C	安藤隆	Takashi Ando
CD	高上晋	Shin Takaue
	堀内恭司	Kyoji Horiuchi

187
サントリーウーロン茶　CF
快感登場上海篇 / 桂林篇 / ハルピン篇　2005
CD/AD	葛西薫	Kaoru Kasai
CD/C	安藤隆	Takashi Ando
CD	高上晋	Shin Takaue
Ca	上田義彦	Yoshihiko Ueda
Li	榎木康治	Yasuji Enoki
Mix	島袋保光	Yasumitsu Shimabukuro
M	渡辺秀文	Hidefumi Watanabe
	中川俊郎	Toshio Nakagawa
Co	李剣	Li Zhao
Pr	土井真人	Masato Doi
	松本隆	Ryu Matsumoto
Cl	サントリー	Suntory

188・189
サントリーウーロン茶　アイデアスケッチ　2004・2005

190–193
サントリーウーロン茶　ポスター
自分をお強く　2004
CD/AD	葛西薫	Kaoru Kasai
CD/C	安藤隆	Takashi Ando
CD	高上晋	Shin Takaue
	堀内恭司	Kyoji Horiuchi
D	宮崎史	Fumi Miyazaki
C	蛭田瑞穂	Mizuho Hiruta
Ph	上田義彦	Yoshihiko Ueda
St	ソニア・パーク	
		Sonia Park
Pr	土井真人	Masato Doi
Cl	サントリー	Suntory

サントリーウーロン茶　CF
カンフー篇 / 飛び込み篇　2004
CD/AD	葛西薫	Kaoru Kasai
CD/C	安藤隆	Takashi Ando
CD	高上晋	Shin Takaue
	堀内恭司	Kyoji Horiuchi
Ca	上田義彦	Yoshihiko Ueda
Li	榎木康治	Yasuji Enoki
St	ソニア・パーク	
		Sonia Park
HM	高野雅子	Masako Takano
Mix	島袋保光	Yasumitsu Shimabukuro
M	渡辺秀文	Hidefumi Watanabe
	中川俊郎	Toshio Nakagawa
Co	李剣	Li Zhao
Pr	土井真人	Masato Doi
	松本隆	Ryu Matsumoto
Cl	サントリー	Suntory

194–197
サントリーウーロン茶　ポスター
一、二　2003
CD/AD	葛西薫	Kaoru Kasai
CD/C	安藤隆	Takashi Ando
CD	高上晋	Shin Takaue
	堀内恭司	Kyoji Horiuchi
D	宮崎史	Fumi Miyazaki
C	蛭田瑞穂	Mizuho Hiruta
Ph	上田義彦	Yoshihiko Ueda
St	ソニア・パーク	
		Sonia Park
Pr	土井真人	Masato Doi
Cl	サントリー	Suntory

198・199
サントリーウーロン茶　CF
大きな氷の河篇 / 彼女と僕の橘篇 / 秘密の入江篇　2003
CD/AD/FD	葛西薫	Kaoru Kasai
CD/C	安藤隆	Takashi Ando
CD	高上晋	Shin Takaue
	堀内恭司	Kyoji Horiuchi
Ca	上田義彦	Yoshihiko Ueda
Li	榎木康治	Yasuji Enoki
St	ソニア・パーク	
		Sonia Park
HM	高野雅子	Masako Takano
Mix	島袋保光	Yasumitsu Shimabukuro
M	渡辺秀文	Hidefumi Watanabe
	中川俊郎	Toshio Nakagawa
Co	李剣	Li Zhao
Pr	土井真人	Masato Doi
	阿部昌彦	Masahiko Abe
Cl	サントリー	Suntory

200・201
サントリーウーロン茶　アイデアスケッチ　2002・2004

202・203
サントリーウーロン茶　ポスター
自分史上最高カレシ / 自分史上最高キレイ　2002
CD/AD	葛西薫	Kaoru Kasai
CD/C	安藤隆	Takashi Ando
CD	高上晋	Shin Takaue
	堀内恭司	Kyoji Horiuchi
D	野田凪	Nagi Noda
	大島慶一郎	Keiichiro Oshima
I	山本俊雄	Toshio Yamamoto
	加藤末起子	Makiko Kato
A	張光宇	Zhang Guang Yu
Ph	上田義彦	Yoshihiko Ueda
St	ソニア・パーク	
		Sonia Park
Pr	土井真人	Masato Doi
Cl	サントリー	Suntory

204・205
サントリーウーロン茶　CF
桃色ドレス篇 / 吾と空篇 / 桃マンの国篇　2002
CD/AD/FD	葛西薫	Kaoru Kasai
CD/C	安藤隆	Takashi Ando
CD	高上晋	Shin Takaue
	堀内恭司	Kyoji Horiuchi
Ca	上田義彦	Yoshihiko Ueda
Li	榎木康治	Yasuji Enoki
St	ソニア・パーク	
		Sonia Park
HM	高野雅子	Masako Takano
An	山本俊雄	Toshio Yamamoto
	加藤末起子	Makiko Kato
A	張光宇	Zhang Guang Yu
M	渡辺秀文	Hidefumi Watanabe
	中川俊郎	Toshio Nakagawa
Co	李剣	Li Zhao
Pr	土井真人	Masato Doi
	阿部昌彦	Masahiko Abe
Cl	サントリー	Suntory

206
サントリーウーロン茶　ポスター
自分史上最高カレシ　2002
CD/AD	葛西薫	Kaoru Kasai
CD/C	安藤隆	Takashi Ando
CD	高上晋	Shin Takaue
	堀内恭司	Kyoji Horiuchi
D	野田凪	Nagi Noda
	大島慶一郎	Keiichiro Oshima
I	山本俊雄	Toshio Yamamoto
	加藤末起子	Makiko Kato
A	張光宇	Zhang Guang Yu
Ph	上田義彦	Yoshihiko Ueda
St	ソニア・パーク	
		Sonia Park
Pr	土井真人	Masato Doi
Cl	サントリー	Suntory

207
サントリーウーロン茶　ポスター
iPod nano PRESENT!　2006
CD/AD	葛西薫	Kaoru Kasai
CD/C	安藤隆	Takashi Ando
CD	高上晋	Shin Takaue
	堀内恭司	Kyoji Horiuchi
D	引地摩里子	Mariko Hikichi
I	山本俊雄	Toshio Yamamoto
	加藤末起子	Makiko Kato
St	ソニア・パーク	
		Sonia Park
HM	高野雅子	Masako Takano
Mix	島袋保光	Yasumitsu Shimabukuro
M	渡辺秀文	Hidefumi Watanabe
	中川俊郎	Toshio Nakagawa
Co	李剣	Li Zhao
Pr	土井真人	Masato Doi
	阿部昌彦	Masahiko Abe
Cl	サントリー	Suntory

208・209
サントリーウーロン茶　アイデアスケッチ　2002

210・211
サントリーウーロン茶　CF　ナノナノ篇　2006
CD/AD/FD	葛西薫	Kaoru Kasai
CD/C	安藤隆	Takashi Ando
CD	高上晋	Shin Takaue
D	引地摩里子	Mariko Hikichi
An	山本俊雄	Toshio Yamamoto
	加藤末起子	Makiko Kato
A	張光宇	Zhang Guang Yu
Ca	上原勇	Isamu Uehara
Co	土居甫	Hajime Doi
	竹内亜矢子	Ayako Takeuchi
Mix	島袋保光	Yasumitsu Shimabukuro
M	渡辺秀文	Hidefumi Watanabe
	中塚武	Takeshi Nakatsuka
Pr	土井真人	Masato Doi
	松本隆	Ryu Matsumoto
Cl	サントリー	Suntory

サントリーウーロン茶　CF　パンダオ篇　2009
CD/AD/FD	葛西薫	Kaoru Kasai
CD/C	安藤隆	Takashi Ando
CD	高上晋	Shin Takaue
FD	柴田恭輔	Kyosuke Shibata
PI	中江和仁	Kazuhito Nakae
D	引地摩里子	Mariko Hikichi
An	森野和馬	Kazuma Morino
Mix	島袋保光	Yasumitsu Shimabukuro
M	渡辺秀文	Hidefumi Watanabe
	井筒昭雄	Akio Izutsu
Pr	脇達也	Tatsuya Waki
	松本隆	Ryu Matsumoto
	坂植光生	Mitsuo Sakaue
Cl	サントリー	Suntory

212・213
サントリーウーロン茶　CF
孫先生と奥さま篇 / イー・アール・サン・スー篇
2003・2004
CD/AD/FD	葛西薫	Kaoru Kasai
CD/C	安藤隆	Takashi Ando
CD	高上晋	Shin Takaue
PI	蛭田瑞穂	Mizuho Hiruta
D	宮崎史	Fumi Miyazaki
I	山本俊雄	Toshio Yamamoto
	加藤末起子	Makiko Kato
A	張光宇	Zhang Guang Yu
Mix	島袋保光	Yasumitsu Shimabukuro
M	渡辺秀文	Hidefumi Watanabe
	中川俊郎	Toshio Nakagawa
Ca	上原勇	Isamu Uehara
St	勝咲百合	Sayuri Katsu
HM	高野雅子	Masako Takano
Pr	土井真人	Masato Doi
	阿部昌彦	Masahiko Abe
Cl	サントリー	Suntory

214–217
サントリーウーロン茶　新聞広告（214・215）
これからも、ありがとう / 夏読書　2001
サントリーウーロン茶　ポスター（216・217）
もっときれいにならなくっ茶　2000
CD/AD	葛西薫	Kaoru Kasai
CD/C	安藤隆	Takashi Ando
CD	高上晋	Shin Takaue
	堀内恭司	Kyoji Horiuchi
D	野田凪	Nagi Noda
Ph	上田義彦	Yoshihiko Ueda
	青山紘一（商品）	
		Koichi Aoyama
St	ソニア・パーク	
		Sonia Park
Pr	土井真人	Masato Doi
Cl	サントリー	Suntory

218-221
サントリーウーロン茶　新聞広告 (218・219)
2000年? うふふふ / やがてまぶしき夏休み　1999
サントリーウーロン茶 (220・221)
雑誌広告　ウーロン茶ですよ　1998
新聞広告　16のときの本 / 願いは叶うぞ　1998

CD/AD	葛西薫	Kaoru Kasai
CD/C	安藤隆	Takashi Ando
CD	藤田芳康	Yoshiyasu Fujita
D	岡本学	Manabu Okamoto
	野田凪	Nagi Noda
Ph	上田義彦	Yoshihiko Ueda
St	ソニア・パーク	Sonia Park
Pr	土井真人	Masato Doi
Cl	サントリー	Suntory

222・223
サントリーウーロン茶　アイデアスケッチ　1998・1999

224・225
サントリーウーロン茶　ポスター / 雑誌広告 / 新聞広告
それゆけ私　1997

CD/AD	葛西薫	Kaoru Kasai
CD/C	安藤隆	Takashi Ando
CD	藤田芳康	Yoshiyasu Fujita
D	青葉淑美	Yoshimi Aoba
	川原真由美	Mayumi Kawahara
St	北村道子	Michiko Kitamura
Ph	今泉好人	Yoshihito Imaizumi
Pr	小田桐団	Dan Odagiri
Cl	サントリー	Suntory

226・227
サントリーウーロン茶　ポスター / 雑誌広告
喫茶するなら　1996

CD/AD	葛西薫	Kaoru Kasai
CD/C	安藤隆	Takashi Ando
CD	藤田芳康	Yoshiyasu Fujita
D	青葉淑美	Yoshimi Aoba
St	北村道子	Michiko Kitamura
Ph	今泉好人	Yoshihito Imaizumi
Pr	小田桐団	Dan Odagiri
Cl	サントリー	Suntory

228・229
サントリーウーロン茶　アイデアスケッチ　1996・1997

230・231
サントリーウーロン茶
ポスター　ユーはいいなあ　1995
新聞広告　平和はいいなあ　1995
新聞広告　新年好!　1996
雑誌広告　ユーはいいなあ　1995

CD/AD	葛西薫	Kaoru Kasai
CD/C	安藤隆	Takashi Ando
CD	米嶋剛	Takeshi Yoneshima
D	青葉淑美	Yoshimi Aoba
I	アンナ・ハーグルンド	Anna Höglund
Ph	上田義彦	Yoshihiko Ueda
St	北村道子	Michiko Kitamura
Pr	小田桐団	Dan Odagiri
Cl	サントリー	Suntory

お茶のコ　キーホルダー　プロモーショングッズ　1995

AD	葛西薫	Kaoru Kasai
D	青葉淑美	Yoshimi Aoba
Cl	サントリー	Suntory

232・233
サントリーウーロン茶　アイデアスケッチ　1995

234-239
サントリーウーロン茶　新聞広告 (234・235)
暑中お見舞い申し上げます /
来年が良い年でありますようにと思います　1994
サントリーウーロン茶　ポスター / 雑誌広告 (236・237)
サのつくウーロン茶? ウフフ　1994
サントリーウーロン茶　ポスター / 雑誌広告 (238・239)
ゆっくり恋をしよう　1993

CD/AD	葛西薫	Kaoru Kasai
CD/C	安藤隆	Takashi Ando
CD	米嶋剛	Takeshi Yoneshima
D	吉瀬浩司	Hiroshi Kichise
	青葉淑美	Yoshimi Aoba
Ph	上田義彦	Yoshihiko Ueda
St	北村道子	Michiko Kitamura
Co	都甲英人	Hideto Togo
Cl	サントリー	Suntory

240-243
サントリーウーロン茶　雑誌広告　ポスター (240・241)
アーさんもご一緒に　1992
サントリーウーロン茶　ポスター (242・243)
永遠要响往　永遠夢憧憬　1992

CD/AD	葛西薫	Kaoru Kasai
CD/C	安藤隆	Takashi Ando
CD	藤田芳康	Yoshiyasu Fujita
D	吉瀬浩司	Hiroshi Kichise
Ph	上田義彦	Yoshihiko Ueda
St	北村道子	Michiko Kitamura
Pr	松岡敏隆	Toshitaka Matsuoka
Cl	サントリー	Suntory

244・245
サントリーウーロン茶　アイデアスケッチ　1994・1992

246・247
サントリーウーロン茶　新聞広告 / ポスター
あの人は、どうしてきれいなんだろう　1991

CD/AD	葛西薫	Kaoru Kasai
CD/C	安藤隆	Takashi Ando
CD	藤田芳康	Yoshiyasu Fujita
D	西川哲生	Tetsuo Nishikawa
Ph	藤井保	Tamotsu Fujii
St	北村道子	Michiko Kitamura
Pr	松岡敏隆	Toshitaka Matsuoka
Cl	サントリー	Suntory

248・249
サントリーウーロン茶　ポスター / 新聞広告
幸福はカラダの奥にある。ほか　1990

CD/AD	葛西薫	Kaoru Kasai
CD/C	安藤隆	Takashi Ando
CD	藤田芳康	Yoshiyasu Fujita
D	西川哲生	Tetsuo Nishikawa
Ph	上田義彦	Yoshihiko Ueda
St	北村道子	Michiko Kitamura
Pr	山田達也	Tatsuya Yamada
Cl	サントリー	Suntory

250・251
サントリーウーロン茶　アイデアスケッチ　1988-1991

252-255
サントリーウーロン茶　新聞広告 (252・253)
お茶の葉主義 ほか　1987・1988
サントリーウーロン茶　新聞広告 / ポスター (254・255)
お茶の葉主義 ほか　1987・1988

CD/AD	葛西薫	Kaoru Kasai
CD/C	安藤隆	Takashi Ando
D	西川哲生	Tetsuo Nishikawa
Ph	半田也寸志	Yasushi Handa
St	北村道子	Michiko Kitamura
Pr	藤森益弘	Masuhiro Fujimori
Cl	サントリー	Suntory

256-259
サントリーウーロン茶　新聞広告 (256・257)
ウーロン茶はサントリー、のこと　1983
幸福庭園、ウーロン茶はサントリー　1984
サントリーウーロン茶　新聞広告 (258・259)
(笑) ほか　1985-1987

CD/AD	葛西薫	Kaoru Kasai
CD/C	安藤隆	Takashi Ando
D	西川哲生	Tetsuo Nishikawa
I	横山明	Akira Yokoyama
Pr	藤森益弘	Masuhiro Fujimori
Cl	サントリー	Suntory

260・261
サントリーウーロン茶
アイデアスケッチ ほか　1987・1984

ユナイテッドアローズ など
United Arrows, etc.

262-267
ユナイテッドアローズ　雑誌広告
わたしのなかの わたし　2005-2008

AD	葛西薫	Kaoru Kasai
CD	山本康一郎	Koichiro Yamamoto
D	引地摩里子	Mariko Hikichi
C	一倉宏	Hiroshi Ichikura
A	ジャンルイジ・トッカフォンド	Gianluigi Toccafondo
Pr	守屋その子	Sonoko Moriya
Cl	ユナイテッドアローズ	United Arrows

268・269
ユナイテッドアローズ　CF
lungo 2005篇　2005

CD/AD/FD	葛西薫	Kaoru Kasai
CD	山本康一郎	Koichiro Yamamoto
D	引地摩里子	Mariko Hikichi
C	一倉宏	Hiroshi Ichikura
FD/A	ジャンルイジ・トッカフォンド	Gianluigi Toccafondo
Ed/Mix	マッシモ・サルブッキ	Massimo Salbucci
M	渡辺秀文	Hidefumi Watanabe
	中川俊郎	Toshio Nakagawa
Mix	島袋保光	Yasumitsu Shimabukuro
Co	太田雅子	Masako Ota
Pr	守屋その子	Sonoko Moriya
	臼井慎吾	Satoshi Usui
Cl	ユナイテッドアローズ	United Arrows

270-273
ユナイテッドアローズ
ポスター (270・271) / 雑誌広告 (272・273)
IRASSYAIMASE　2003

AD	葛西薫	Kaoru Kasai
CD	山本康一郎	Koichiro Yamamoto
D	宮崎史	Fumi Miyazaki
C	一倉宏	Hiroshi Ichikura
A	ジャンルイジ・トッカフォンド	Gianluigi Toccafondo
Pr	守屋その子	Sonoko Moriya
Cl	ユナイテッドアローズ	United Arrows

274・275
ユナイテッドアローズ　CF
CANNABIS FLOWER MIX篇　2003

CD/AD/FD	葛西薫	Kaoru Kasai
CD	山本康一郎	Koichiro Yamamoto
D	宮崎史	Fumi Miyazaki
	加藤文宏	Fumihiro Kato
C	一倉宏	Hiroshi Ichikura
A	ジャンルイジ・トッカフォンド	Gianluigi Toccafondo
M	渡辺秀文	Hidefumi Watanabe
	中川俊郎	Toshio Nakagawa
Mix	島袋保光	Yasumitsu Shimabukuro
Co	太田雅子	Masako Ota
Pr	守屋その子	Sonoko Moriya
	阿部昌彦	Masahiko Abe
Cl	ユナイテッドアローズ	United Arrows

276
ユナイテッドアローズ　新聞広告
デビュー ダ ブー　1999

AD	葛西薫	Kaoru Kasai
CD	山本康一郎	Koichiro Yamamoto
D	青葉淑美	Yoshimi Aoba
C	一倉宏	Hiroshi Ichikura
A	ジャンルイジ・トッカフォンド	Gianluigi Toccafondo
Cl	ユナイテッドアローズ	United Arrows

277
ユナイテッドアローズ　新聞広告
私たちは。2004

AD	葛西薫	Kaoru Kasai

CD	山本康一郎	Koichiro Yamamoto
D	池田泰幸	Yasuyuki Ikeda
C	一倉宏	Hiroshi Ichikura
	栗野宏文	Hirofumi Kurino
A	ジャンルイジ・トッカフォンド	GianLuigi Toccafondo
Pr	守屋その子	Sonoko Moriya
Cl	ユナイテッドアローズ	United Arrows

278・279
ユナイテッドアローズ　ポスター　1997-1999

AD	葛西薫	Kaoru Kasai
CD	山本康一郎	Koichiro Yamamoto
D	川原真由美	Mayumi Kawahara
C	一倉宏	Hiroshi Ichikura
A	ジャンルイジ・トッカフォンド	Gianluigi Toccafondo
Pr	守屋その子	Sonoko Moriya
Cl	ユナイテッドアローズ	United Arrows

280・281
ユナイテッドアローズ　CF
LUNGO篇　1999

CD/AD/FD	葛西薫	Kaoru Kasai
CD	山本康一郎	Koichiro Yamamoto
D	川原真由美	Mayumi Kawahara
C	一倉宏	Hiroshi Ichikura
A	ジャンルイジ・トッカフォンド	Gianluigi Toccafondo
M	渡辺秀文	Hidefumi Watanabe
	中川俊郎	Toshio Nakagawa
Mix	熊田あきみ	Akemi Kumada
Co	太田雅子	Masako Ota
Pr	守屋その子	Sonoko Moriya
	阿部昌彦	Masahiko Abe
Cl	ユナイテッドアローズ	United Arrows

282・283
ユナイテッドアローズ　アイデアスケッチほか　2004

284・285
ユナイテッドアローズ
アイデアスケッチほか　1996・1997
楽譜　中川俊郎　Toshio Nakagawa (score)

286
上：「PINOCCHIO」展覧会フライヤー　2000

AD	葛西薫	Kaoru Kasai
D	川原真由美	Mayumi Kawahara
	青葉淑美	Yoshimi Aoba
A	ジャンルイジ・トッカフォンド	Gianluigi Toccafondo
Pr	守屋その子	Sonoko Moriya
Cl	リトル・モア	Little More

下：『PINOCCHIO』ブックデザイン　2000

著者	ジャンルイジ・トッカフォンド (A)	Gianluigi Toccafondo
詩・訳	一倉宏	Hiroshi Ichikura
AD	葛西薫	Kaoru Kasai
D	川原真由美	Mayumi Kawahara
Co	太田雅子	Masako Ota
Pub	リトル・モア	Little More

287
ジャンルイジ・トッカフォンド監督　映画「小さなロシア」
ポスター／ブックデザイン　2004

AD	葛西薫	Kaoru Kasai
D	宮崎史	Fumi Miyazaki
C	一倉宏	Hiroshi Ichikura
A	ジャンルイジ・トッカフォンド	Gianluigi Toccafondo
Pr	守屋その子	Sonoko Moriya
Pub	リトル・モア	Little More

288
1：ユナイテッドアローズ　CD
cocoloni útao　2002

AD	葛西薫	Kaoru Kasai
D	池田泰幸	Yasuyuki Ikeda
A	ジャンルイジ・トッカフォンド	Gianluigi Toccafondo
Pr	守屋その子	Sonoko Moriya
Cl	ユナイテッドアローズ	United Arrows

2：中川俊郎　CD
TEARS / SUSPENCE / TOYSHOP /
A LA CARTE COMPANIE　1999

AD	葛西薫	Kaoru Kasai
D	川原真由美	Mayumi Kawahara
A	ジャンルイジ・トッカフォンド	Gianluigi Toccafondo
Pr	守屋その子	Sonoko Moriya
Cl	東芝EMI	Toshiba EMI

289
コンサート
「ナカガワ・トシオ ソング エキジビション cocoloni útao」
ポスター　2005

AD	葛西薫	Kaoru Kasai
D	引地摩里子	Mariko Hikichi
A	ジャンルイジ・トッカフォンド	Gianluigi Toccafondo
Pr	守屋その子	Sonoko Moriya
Cl	ミスターミュージック	Mr. Music

290・291
green label relaxing　新聞広告
上：横浜店／大宮店 オープン　2002

AD	葛西薫	Kaoru Kasai
D	池田泰幸	Yasuyuki Ikeda
	戸田かおり	Kaori Toda
C	一倉宏	Hiroshi Ichikura
Ph	辻佐織	Saori Tsuji
Pr	守屋その子	Sonoko Moriya
Cl	ユナイテッドアローズ	United Arrows

下：名古屋店オープン　2002

AD	葛西薫	Kaoru Kasai
D	福地掌	Sho Fukuchi
	安藤基広	Motohiro Ando
C	一倉宏	Hiroshi Ichikura
Ph	白井綾	Aya Shirai
Pr	守屋その子	Sonoko Moriya
Cl	ユナイテッドアローズ	United Arrows

292
green label relaxing　横浜店オープン
ポスター　2002

AD	葛西薫	Kaoru Kasai
CD	山本康一郎	Koichiro Yamamoto
D	池田泰幸	Yasuyuki Ikeda
C	一倉宏	Hiroshi Ichikura
Pr	守屋その子	Sonoko Moriya
Cl	ユナイテッドアローズ	United Arrows

293
green label relaxing　品川店オープン　ポスター
この駅で君と待ち合わせて　2003

AD	葛西薫	Kaoru Kasai
CD	山本康一郎	Koichiro Yamamoto
D	宮崎史	Fumi Miyazaki
C	一倉宏	Hiroshi Ichikura
Pr	守屋その子	Sonoko Moriya
Cl	ユナイテッドアローズ	United Arrows

294
green label relaxing　ポスター
新しい扉を開けるのが好きだ。ほか　2004

AD	葛西薫	Kaoru Kasai
CD	山本康一郎	Koichiro Yamamoto
D	宮崎史	Fumi Miyazaki
C	一倉宏	Hiroshi Ichikura
Pr	守屋その子	Sonoko Moriya
Cl	ユナイテッドアローズ	United Arrows

295
green label relaxing　新聞広告
きっと彼女はすてきだった　2003

AD	葛西薫	Kaoru kasai
D	宮崎史	Fumi Miyazaki
C	引地摩里子	Mariko Hikichi
C	一倉宏	Hiroshi Ichikura
Ph	上原勇	Isamu Uehara
Pr	守屋その子	Sonoko Moriya
Cl	ユナイテッドアローズ	United Arrows

296
ブックデザイン
『ことばになりたい』　2008

著者	一倉宏	Hiroshi Ichikura
AD/I	葛西薫	Kaoru Kasai
D	引地摩里子	Mariko Hikichi
Pub	毎日新聞社	The Mainichi Newspapers

297
ブックデザイン
『人生を3つの単語で表すとしたら』　2003

著者	一倉宏	Hiroshi Ichikura
AD/I	葛西薫	Kaoru Kasai
D	引地摩里子	Mariko Hikichi
Pub	講談社	Kodansha

298・299
green label relaxing　ポスター
#01犬になるとき　ほか　1999・2000

AD	葛西薫	Kaoru Kasai
CD	山本康一郎	Koichiro Yamamoto
C	一倉宏	Hiroshi Ichikura
D	青葉淑美	Yoshimi Aoba
	池田泰幸	Yasuyuki Ikeda
Pr	守屋その子	Sonoko Moriya
Cl	ユナイテッドアローズ	United Arrows

西武百貨店、パルコなど
Seibu Department Store, Parco, etc.

300
XMAS　ポスター　1988

AD	葛西薫	Kaoru Kasai
CD/C	岩崎俊一	Shunichi Iwasaki
D	井上陽一	Yoko Inoue
St	小磯雅子	Masako Koiso
Ph	上田義彦	Yoshihiko Ueda
A	四谷シモン	Shimon Yotsuya
	五辻盈	Mitsuru Gotsuji
	安藤士	Takeshi Ando
Pr	坂東美和子	Miwako Bando
Cl	西武百貨店	The Seibu Department Store

301
VOILÀ・F　ポスター　1990

AD	葛西薫	Kaoru Kasai
CD/C	日暮真三	Shinzo Higurashi
D	清水節江	Setsue Shimizu
Ph	相川喜伸	Yoshinobu Aikawa
Pr	坂東美和子	Miwako Bando
Cl	西武百貨店	The Seibu Department Store

302
SEED　ポスター　1987

AD/D	葛西薫	Kaoru Kasai
CD/C	日暮真三	Shinzo Higurashi
Ph	上田義彦	Yoshihiko Ueda
Pr	坂東美和子	Miwako Bando
Cl	西武百貨店	The Seibu Department Store

303
「Photographer」展　ポスター　1993

AD	葛西薫	Kaoru Kasai
C	安藤隆	Takashi Ando
D	青葉淑美	Yoshimi Aoba
Ph	上田義彦	Yoshihiko Ueda
Cl	パルコ	Parco

304
極・今様倶楽部　ポスター／バッジ　1990

AD	葛西薫	Kaoru Kasai
CD/C	岩崎俊一	Shunichi Iwasaki

D	ナガクラトモヒコ		
		Tomohiko Nagakura	
Ph	上田義彦	Yoshihiko Ueda	
Pr	坂東美和子	Miwako Bando	
Cl	西武百貨店	The Seibu Department Store	

305
日本一の市　新聞広告　1986
AD/D	葛西薫	Kaoru Kasai
CD/C	岩崎俊一	Shunichi Iwasaki
Ph	半沢克夫	Katsuo Hanzawa
St	北村道子	Michiko Kitamura
Pr	坂東美和子	Miwako Bando
Cl	西武百貨店	The Seibu Department Store

306・307
日本一の市　ポスター　1986
日本一の市　新聞広告　1987
AD	葛西薫	Kaoru Kasai
CD/C	岩崎俊一	Shunichi Iwasaki
D	ナガクラトモヒコ	
		Tomohiko Nagakura
Ph	上田義彦	Yoshihiko Ueda
St	北村道子	Michiko Kitamura
Pr	坂東美和子	Miwako Bando
Cl	西武百貨店	The Seibu Department Store

308・309
日本一の市　新聞広告　1992・1991
AD	葛西薫	Kaoru Kasai
CD/C	岩崎俊一	Shunichi Iwasaki
D	井上庸子	Yoko Inoue
Ph	十文字美信	Bishin Jumonji
Pr	坂東美和子	Miwako Bando
Cl	西武百貨店	The Seibu Department Store

310・311
日本一の市　新聞広告　1989・1990
AD	葛西薫	Kaoru Kasai
CD/C	岩崎俊一	Shunichi Iwasaki
D	井上庸子	Yoko Inoue
A	伊藤佐智子	Sachiko Ito
Ph	伊島薫	Kaoru Ijima
Pr	坂東美和子	Miwako Bando
Cl	西武百貨店	The Seibu Department Store

312・313
日本一の市　新聞広告　1988
AD	葛西薫	Kaoru Kasai
CD/C	岩崎俊一	Shunichi Iwasaki
D	井上庸子	Yoko Inoue
I	奥村靫正	Yukimasa Okumura
Pr	坂東美和子	Miwako Bando
Cl	西武百貨店	The Seibu Department Store

314・315
西武百貨店　アイデアスケッチ　1987–1989

316・317
ならんで、生きたい。ほか　雑誌広告　1990–1992
AD	葛西薫	Kaoru Kasai
CD/C	岩崎俊一	Shunichi Iwasaki
D	井上庸子	Yoko Inoue
	川原真由美	Mayumi Kawahara
I	仲條正義	Masayoshi Nakajo
Pr	坂東美和子	Miwako Bando
Cl	セゾン生命	Saison Life Insurance

マルニ木工、NTTデータ通信など
Maruni Wood Industry,
NTT Data Communications Systems, etc.

318
気がつくと、いつも誰かが座っている。ほか
ポスター　1980
AD	葛西薫	Kaoru Kasai
CD/C	仲畑貴志	Takashi Nakahata
D	鈴木司	Tsukasa Suzuki
Ph	菅民也	Masaya Suga
Pr	品田正平	Shohei Shinada
Cl	マルニ木工	Maruni Wood Industry

319
また、勉強机から、お引越をしてきたね。ほか
雑誌広告　1984
あの話の続きだけど。が、座るときのクチぐせ。ほか
ポスター　1986
AD	葛西薫	Kaoru Kasai
D	西川哲生	Tetsuo Nishikawa
C	山之内慎一	Shinichi Yamanouchi
Ph	相川喜伸	Yoshinobu Aikawa
Pr	坂東美和子	Miwako Bando
Cl	マルニ木工	Maruni Wood Industry

320・321
ウォシュレット　新聞広告　1983
AD/D	葛西薫	Kaoru Kasai
CD/C	仲畑貴志	Takashi Nakahata
I	若山和央	Kazuo Wakayama
Cl	トートー	TOTO

322
サントリーヨーグリーナ　ポスター　1989
AD	葛西薫	Kaoru Kasai
CD/C	大友美友紀	Miyuki Otomo
D	井上庸子	Yoko Inoue
Ph	鋤田正義	Masayoshi Sukita
St	近田まりこ	Mariko Chikada
Pr	山田達也	Tatsuya Yamada
Cl	サントリー	Suntory

323
明治ミルクチョコレート「草原篇」ポスター　1995
AD	葛西薫	Kaoru Kasai
CD	笠原章弘	Akihiro Kasahara
D	青葉淑美	Yoshimi Aoba
C	岩崎俊一	Shunichi Iwasaki
Ph	ジェラール・ステファン	
		Gérard Stephane
	上原勇（商品）	
		Isamu Uehara (product)
Pr	小田桐団	Dan Odagiri
Cl	明治製菓	Meiji Seika Kaisha

324・325
next eye　ポスター　1997・1998
AD	葛西薫	Kaoru Kasai
CD	杉山恒太郎	Kotaro Sugiyama
D	庄司哲也	Tetsuya Shoji
	青葉淑美	Yoshimi Aoba
Ph	藤井保	Tamotsu Fujii
St	山本ちえ	Chie Yamamoto
Pr	岸良真奈美	Manami Kishira
Cl	レナウン	Renown

326
TAPHY　雑誌広告　2000
AD	葛西薫	Kaoru Kasai
CD	山形季央	Toshio Yamagata
D	青葉淑美	Yoshimi Aoba
C	佐倉康彦	Yasuhiko Sakura
	鐘ヶ江哲郎	Tetsuro Kanegae
Ph	操上和美	Kurigami Kazumi
	青山紘一（商品）	
		Koichi Aoyama (product)
St	熊谷隆志	Takashi Kumagai
Pr	藤森益弘	Masuhiro Fujimori
Cl	資生堂	Shiseido

327
くつしたの日　雑誌広告　1993
AD	葛西薫	Kaoru Kasai
CD	秋山道男	Michio Akiyama
D	青葉淑美	Yoshimi Aoba
C	青木美詠子	Mieko Aoki
Pr	榎本伸	Hiroshi Enomoto
Cl	日本靴下協会	
		The Japan Society for Hosiery

328・329
今井美樹/ア・プレイス・イン・ザ・サン　ライブ
ポスター　1994
AD/D	葛西薫	Kaoru Kasai
Ph	中野裕之	Hiroyuki Nakano
Pr	小田桐団	Dan Odagiri
Cl	フォーライフレコード	
		For Life Records

330
鈴木茂「Cosmos'51」レコードジャケット　1979
AD/D	葛西薫	Kaoru Kasai
Ph	冨永民生	Minsei Tominaga
St	北村道子	Michiko Kitamura
Cl	クラウンレコード	
		Crown Record

331
1:「CHRYSTY」レコードジャケット　1984
AD/D/I	葛西薫	Kaoru Kasai
Cl	ソニー	Sony

2:「TV」ポスター　1985
AD/D	葛西薫	Kaoru Kasai
Cl	日本ビクター	Victor・JVC

332・333
FRaU　創刊　ポスター　1991
AD	葛西薫	Kaoru Kasai
CD/C	一倉宏	Hiroshi Ichikura
D	井上庸子	Yoko Inoue
A	津森千里	Chisato Tsumori
Ph	上田義彦	Yoshihiko Ueda
Pr	藤森益弘	Masuhiro Fujimori
Cl	講談社	Kodansha

334・335
国際スポーツフェア　ポスター　1985
AD/Ph	十文字美信	Bishin Jumonji
AD/D	葛西薫	Kaoru Kasai
St	小磯雅子	Masako Koiso
A	広田千秋	Chiaki Hirota
	佐々木光重	Mitsushige Sasaki
	桝岡秀樹	Hideki Masuoka
Cl	フジテレビ	Fuji Television Network

336・337
日産シーマ　ポスター　1996
AD	葛西薫	Kaoru Kasai
CD	安藤輝彦	Teruhiko Ando
	小沢正光	Masamitsu Ozawa
D	西川哲生	Tetsuo Nishikawa
	小島潤一	Junichi Kojima
	青葉淑美	Yoshimi Aoba
C	若山憲二	Kenji Wakayama
	後藤宏行	Hiroyuki Goto
Ph	藤井保	Tamotsu Fujii
Pr	藤森益弘	Masuhiro Fujimori
Cl	日産自動車	Nissan

338・339
日産シーマ　CF　1996
AD/FD	葛西薫	Kaoru Kasai
FD	竹本正寿	Masatoshi Takemoto
CD	安藤輝彦	Teruhiko Ando
	小沢正光	Masamitsu Ozawa
D	西川哲生	Tetsuo Nishikawa
	小島潤一	Junichi Kojima
	青葉淑美	Yoshimi Aoba
C	若山憲二	Kenji Wakayama
	後藤宏行	Hiroyuki Goto
Ca	藤井保	Tamotsu Fujii
Pr	藤森益弘	Masuhiro Fujimori
	松本隆	Ryu Matsumoto
Cl	日産自動車	Nissan

340・341
トヨタExiv　ポスター　1994
AD	葛西薫	Kaoru Kasai
CD/C	佐々木宏	Hiroshi Sasaki
D	小島潤一	Junichi Kojima
	青葉淑美	Yoshimi Aoba
Ph	上田義彦	Yoshihiko Ueda
Pr	藤森益弘	Masuhiro Fujimori
Cl	トヨタ自動車	Toyota

342・343
トヨタExiv イメージカタログ　1994
- AD　葛西薫　Kaoru Kasai
- CD/C　佐々木宏　Hiroshi Sasaki
- D　小島潤一　Junichi Kojima
- 　青葉淑美　Yoshimi Aoba
- Ph　上田義彦　Yoshihiko Ueda
- Pr　藤原益弘　Masuhiro Fujimori
- Cl　トヨタ自動車　Toyota

344-349
NTTデータ通信　ポスター/新聞広告　1990・1991
- AD　葛西薫　Kaoru Kasai
- CD　若梅哲也　Tetsuya Wakaume
- D　井上庸子　Yoko Inoue
- C　一倉宏　Hiroshi Ichikura
- Ph　操上和美　Kazumi Kurigami
- Pl　若梅哲也　Tetsuya Wakaume
- 　中尾京子　Kyoko Nakao
- Pr　斎藤洋久 (344・345下)　Hirohisa Saito (344・345 below)
- 　大坪英夫　Hideo Otsubo
- Cl　NTTデータ通信　NTT Data Communication Systems

350
NTTデータ通信　ブローシャー　1991
- AD　葛西薫　Kaoru Kasai
- CD　鎮目彰夫　Akio Shizume
- 　若梅哲也　Tetsuya Wakaume
- D　井上庸子　Yoko Inoue
- C　一倉宏　Hiroshi Ichikura
- 　中尾京子　Kyoko Nakao
- Ph　操上和美　Kazumi Kurigami
- Pr　大坪英夫　Hideo Otsubo
- Cl　NTTデータ通信　NTT Data Communication Systems

351
NTTデータ通信　新聞広告　1992
- AD/I　葛西薫　Kaoru Kasai
- CD　松崎博　Hiroshi Matsuzaki
- 　若梅哲也　Tetsuya Wakaume
- D　井上庸子　Yoko Inoue
- C　一倉宏　Hiroshi Ichikura
- Ph　上原勇　Isamu Uehara
- Pr　大坪英夫　Hideo Otsubo
- Cl　NTTデータ通信　NTT Data Communication Systems

352・353
白山眼鏡店　雑誌広告　1986
- AD/D　葛西薫　Kaoru Kasai
- St　上野まり子　Mariko Ueno
- Ph　藤井保　Tamotsu Fujii
- Cl　白山眼鏡店　Hakusan

ソニー
Sony

354-359
ソニー LIBERTY, CD / Discman / CDP-222ES
ポスター　1987
- AD　葛西薫　Kaoru Kasai
- CD/C　岩崎俊一　Shunichi Iwasaki
- D　ナガクラトモヒコ　Tomohiko Nagakura
- Ph　鋤田正義　Masayoshi Sukita
- St　佐藤千賀子　Chikako Sato
- Pr　山崎勝　Masaru Yamazaki
- 　麻生賀津子　Katsuko Aso
- Cl　ソニー　Sony

360・361
ソニー Liberty CD　ポスター　1984
- AD　葛西薫　Kaoru Kasai
- CD/C　岩崎俊一　Shunichi Iwasaki
- D　鈴木司　Tsukasa Suzuki
- Ph　十文字美信　Bishin Jumonji
- 　藤井保 (361)　Tamotsu Fujii
- Pr　山崎勝　Masaru Yamazaki
- 　麻生賀津子　katsuko Aso
- Cl　ソニー　Sony

362
上：ソニー Liberty　ポスター　1983
- AD　葛西薫　Kaoru Kasai
- D　鈴木司　Tsukasa Suzuki
- C　山之内慎一　Shinichi Yamanouchi
- Ph　相川喜伸　Yoshinobu Aikawa
- Pr　山崎勝　Masaru Yamazaki
- 　麻生賀津子　Katsuko Aso
- Cl　ソニー　Sony

下：ソニー Liberty　ポスター　1981
- AD/D　葛西薫　Kaoru Kasai
- CD/C　仲畑貴志　Takashi Nakahata
- Ph　鋤田正義　Masayoshi Sukita
- Pr　山崎勝　Masaru Yamazaki
- 　麻生賀津子　Katsuko Aso
- Cl　ソニー　Sony

363
上左：ソニー ヘリ・コンボ / ヘリ・プレーヤー
雑誌広告　1983
- AD　葛西薫　Kaoru Kasai
- D　山田正一　Masakazu Yamada
- C　山之内慎一　Shinichi Yamanouchi
- Ph　小林正昭　Masaaki Kobayashi
- Pr　山崎勝　Masaru Yamazaki
- 　麻生賀津子　Katsuko Aso
- Cl　ソニー　Sony

上右：ソニーヘッドホン　雑誌広告　1983
- AD　葛西薫　Kaoru kasai
- D　鈴木司　Tsukasa Suzuki
- C　山之内慎一　Shinichi Yamanouchi
- Ph　相川喜伸　Yoshinobu Aikawa
- Pr　山崎勝　Masaru Yamazaki
- 　麻生賀津子　Katsuko Aso
- Cl　ソニー　Sony

下：ソニー Liberty CD　雑誌広告　1983
- AD　葛西薫　Kaoru Kasai
- D　工藤清貴　Kiyotaka Kudo
- C　山之内慎　Shinichi Yamanouchi
- Ph　相川喜伸　Yoshinobu Aikawa
- Pr　山崎勝　Masaru Yamazaki
- 　麻生賀津子　Katsuko Aso
- Cl　ソニー　Sony

364
ソニー Liberty　ポスター　1982
- AD　葛西薫　Kaoru Kasai
- D　工藤清貴　Kiyotaka Kudo
- C　山之内慎一　Shinichi Yamanouchi
- Ph　二階堂嗣郎　Shiro Nikaido
- Cl　ソニー　Sony

365
ソニー Liberty　ブローシャー　1981
- AD　葛西薫　Kaoru Kasai
- D　石井隆能　Takayoshi Ishii
- 　鈴木司　Tsukasa Suzuki
- C　山之内慎一　Shinichi Yamanouchi
- Ph　二階堂嗣郎　Shiro Nikaido
- Pr　山崎勝　Masaru Yamazaki
- Cl　ソニー　Sony

366
ソニー N・U・D・E　ポスター　1985
- AD　葛西薫　Kaoru Kasai
- D　高橋弘幸　Hiroyuki Takahashi
- C　山之内慎一　Shinichi Yamanouchi
- Ph　十文字美信　Bishin Jumonji
- Pr　山崎勝　Masaru Yamazaki
- Cl　ソニー　Sony

367
ソニー SPORTS N・U・D・E / W・EAR
ポスター　1983
- AD　葛西薫　Kaoru Kasai
- D　鈴木司　Tsukasa Suzuki
- Ph　相川喜伸　Yoshinobu Aikawa
- St　佐藤千賀子　Chikako Sato
- Pr　山崎勝　Masaru Yamazaki
- Cl　ソニー　Sony

368・369
ソニー ダイナミクロン　新聞広告 / 雑誌広告　1983
- AD/D　葛西薫　Kaoru Kasai
- CD/C　仲畑貴志　Takashi Nakahata
- Ph　藤井保　Tamotsu Fujii
- Cl　ソニー　Sony

370
上：ソニー　WALKMAN PROFESSIONAL.
雑誌広告　1982
- AD/D　葛西薫　Kaoru Kasai
- CD/C　仲畑貴志　Takashi Nakahata
- Ph　半沢克夫　Katsuo Hanzawa
- Cl　ソニー　Sony

下：ソニー　WALKMAN REVERSE　雑誌広告　1982
- AD/D　葛西薫　Kaoru Kasai
- CD/C　仲畑貴志　Takashi Nakahata
- Ph　佐藤弘　Hiroshi Sato
- Cl　ソニー　Sony

371
上：ソニー J75　雑誌広告　1982
- AD/D　葛西薫　Kaoru Kasai
- CD/C　清水宗己　Munemi Shimizu
- Ph　薄久夫　Hisao Usui
- Pr　田中悠男　Hisao Tanaka
- Cl　ソニー　Sony

下：ソニー　PRISM　雑誌広告　1980
- AD/D　葛西薫　Kaoru Kasai
- C　山之内慎一　Shinichi Yamanouchi
- Ph　薄久夫　Hisao Usui
- Pr　田中悠男　Hisao Tanaka
- Cl　ソニー　Sony

372
ソニー FALCON　カレンダー　1979
- AD　葛西薫　Kaoru Kasai
- D　石井隆能　Takayoshi Ishii
- 　鈴木司　Tsukasa Suzuki
- Ph　二階堂嗣郎　Shiro Nikaido
- Pr　田中悠男　Hisao Tanaka
- Cl　ソニー　Sony

373
ソニー UCX　雑誌広告　1983
- AD/D　葛西薫　Kaoru Kasai
- CD/C　仲畑貴志　Takashi Nakahata
- Ph　佐藤弘　Hiroshi Sato
- Cl　ソニー　Sony

374・375
ソニー FALCON　新聞広告　1979
- AD　葛西薫　Kaoru Kasai
- D　石井隆能　Takayoshi Ishii
- 　鈴木司　Tsukasa Suzuki
- C　山之内慎一　Shinichi Yamanouchi
- Ph　薄久夫　Hisao Usui
- Pr　田中悠男　Hisao Tanaka
- Cl　ソニー　Sony

376
ソニー ベータカム　新聞広告　1984
- AD　葛西薫　Kaoru Kasai
- CD/Pr/C　田中悠男　Hisao Tanaka
- D　鈴木司　Tsukasa Suzuki
- Ph　佐藤弘　Hiroshi Sato
- Cl　ソニー　Sony

377
ソニー　ウォークマン　新聞広告　1981

```
AD/D   葛西薫          Kaoru Kasai
CD/C   仲畑貴志        Takashi Nakahata
Ph     佐藤弘          Hiroshi Sato
Cl     ソニー          Sony

378
ソニー  ウォークマン  ポスター  1982
AD/D   葛西薫          Kaoru Kasai
CD/C   仲畑貴志        Takashi Nakahata
Cl     ソニー          Sony

379
ソニー  ロゴタイプ  1980-1997
AD/D   葛西薫          Kaoru Kasai
Cl     ソニー          Sony

380・381
ソニー  N・U・D・E  ポスター / カレンダー  1983
AD     葛西薫          Kaoru Kasai
D      鈴木司          Tsukasa Suzuki
       西川哲生        Tetsuo Nishikawa
C      山之内慎一(380)
                       Shinichi Yamanouchi
Ph     相川喜伸        Yoshinobu Aikawa
St     桧山カズオ      Kazuo Hiyama
Cl     ソニー          Sony

382
ソニーラジオ  eye see  新聞広告  1978
AD/D   葛西薫          Kaoru Kasai
CD/C   仲畑貴志        Takashi Nakahata
Ph     薄久夫          Hisao Usui
Pr     田中悠男        Hisao Tanaka
Cl     ソニー          Sony

383
上:ソニー ラジオP1・P2  新聞広告  1978
AD/D   葛西薫          Kaoru Kasai
CD/C   仲畑貴志        Takashi Nakahata
Ph     薄久夫          Hisao Usui
Pr     田中悠男        Hisao Tanaka
Cl     ソニー          Sony

下:ソニー マイクロテレビ ESSEN 新聞広告  1978
AD/D   葛西薫          Kaoru Kasai
CD/C   仲畑貴志        Takashi Nakahata
Ph     薄久夫          Hisao Usui
I      小野直宣        Naonobu Ono
Pr     田中悠男        Hisao Tanaka
Cl     ソニー          Sony

384・385
ソニー  新聞広告
「考えて、いいことだったら、作ってしまう」シリーズ  1980
AD/D   葛西薫          Kaoru Kasai
CD/C   仲畑貴志        Takashi Nakahata
Ph     横須賀功光(384)
                       Noriaki Yokosuka
       藤井英夫(385上)
                       Hideo Fujii (385 above)
       白旗史郎(385下)
                       Shiro Shirahata (385 below)
Pr     田中悠男        Hisao Tanaka
Cl     ソニー          Sony

386
上:ソニー H・HAIR  ポスター  1979
AD     葛西薫          Kaoru Kasai
CD/C   仲畑貴志        Takashi Nakahata
D      石井隆能        Takayoshi Ishii
       鈴木司          Tsukasa Suzuki
Ph     横須賀功光      Noriaki Yokosuka
Pr     田中悠男        Hisao Tanaka
Cl     ソニー          Sony

下:ソニー H・AIR 30∮  ポスター  1981
AD     葛西薫          Kaoru Kasai
D      鈴木司          Tsukasa Suzuki
       西川哲生        Tetsuo Nishikawa
Ph     藤井英夫        Hideo Fujii
C      山之内慎一      Shinichi Yamanouchi
Cl     ソニー          Sony

387
上:ソニー P・AIR/H・AIR  ポスター  1979
下:P・AIR/F・AIR  ポスター  1980
AD     葛西薫          Kaoru Kasai
CD/C   仲畑貴志(上)
                       Takashi Nakahata (above)
D      石井隆能        Takayoshi Ishii
C      山之内慎一(下)
                       Shinichi Yamanouchi (below)
Ph     横須賀功光      Noriaki Yokosuka
Pr     田中悠男        Hisao Tanaka
Cl     ソニー          Sony

388-393
ソニートランシーバー  Skytalk / ROGER /
Little John・8ch  ポスター  1979
AD     葛西薫          Kaoru Kasai
CD/C   仲畑貴志        Takashi Nakahata
D      石井隆能        Takayoshi Ishii
       鈴木司          Tsukasa Suzuki
I      横山明(388)    Akira Yokoyama
       滝野晴夫(390)  Haruo Takino
       生頼範義(392)  Noriyoshi Orai
Ph     薄久夫          Hisao Usui
Pr     田中悠男        Hisao Tanaka
Cl     ソニー          Sony

394・395
ソニー サウンドセンサーII  ポスター  1978
AD     葛西薫          Kaoru Kasai
CD/C   仲畑貴志        Takashi Nakahata
D      石井隆能        Takayoshi Ishii
Ph     菅昌也(上)    Masaya Suga (above)
       冨永民生(下)  Minsei Tominaga (below)
       薄久夫(商品)  Hisao Usui (product)
Pr     田中悠男        Hisao Tanaka
Cl     ソニー          Sony

396・397
ソニー サウンドセンサー747  ポスター  1977
AD/D   葛西薫          Kaoru Kasai
CD/C   仲畑貴志        Takashi Nakahata
Ph     内藤忠行        Tadayuki Naito
Pr     田中悠男        Hisao Tanaka
Cl     ソニー          Sony

サントリー
Suntory

398・399
サントリーウイスキーローヤル  ポスター  1988
AD/D   葛西薫          Kaoru Kasai
CD/C   小野田隆雄      Takao Onoda
Ph     上田義彦        Yoshihiko Ueda
Pr     藤森益弘        Masuhiro Fujimori
Cl     サントリー      Suntory

400・401
サントリーウイスキー  新聞広告
「一粒の麦、一滴の水、ひたむきな意志。サントリーウイスキー」
シリーズ  1985・1986
AD/D   葛西薫          Kaoru Kasai
CD/C   小野田隆雄      Takao Onoda
Ph     上田義彦        Yoshihiko Ueda
Pr     広内啓司        Keishi Hirouchi
       藤森益弘        Masuhiro Fujimori
Cl     サントリー      Suntory

402・403
サントリークラシック・スペシャル  ポスター  1989
AD     葛西薫          Kaoru Kasai
CD/C   西村佳也        Yoshiya Nishimura
D      井上庸子        Yoko Inoue
Ph     上田義彦        Yoshihiko Ueda
St     北村道子        Michiko Kitamura

Pr     松岡敏隆        Toshitaka Matsuoka
Cl     サントリー      Suntory

404・405
サントリーオールドウイスキー  新聞広告  1985
AD     葛西薫          Kaoru Kasai
CD/C   小野田隆雄      Takao Onoda
D      高橋弘幸        Hiroyuki Takahashi
Ph     藤井保          Tamotsu Fujii
Pr     藤森益弘        Masuhiro Fujimori
Cl     サントリー      Suntory

406-409
サントリー生ビール モルツ  新聞広告  1986・1987
AD     葛西薫          Kaoru Kasai
CD/C   一倉宏          Hiroshi Ichikura
D      ナガクラトモヒコ
                       Tomohiko Nagakura
Ph     池亀孝一(406・407)
                       Koichi Ikegame
       上原勇(409)    Isamu Uehara
       大西広平(408)  Kohei Onishi
St     高橋靖子        Yasuko Takahashi
Pr     藤森益弘        Masuhiro Fujimori
Cl     サントリー      Suntory

410
サントリーウイスキーローヤル  新聞広告  1985
AD     葛西薫          Kaoru Kasai
CD/C   一倉宏          Hiroshi Ichikura
D      ナガクラトモヒコ
                       Tomohiko Nagakura
Ph     相川喜伸        Yoshinobu Aikawa
Cl     サントリー      Suntory

411
サントリー・ザ・ウイスキー  新聞広告  1988
AD     葛西薫          Kaoru Kasai
CD/C   廣澤昌          Masaru Hirosawa
D      高橋弘幸        Hiroyuki Takahashi
A      若山和央        Kazuo Wakayama
Ph     内藤忠行        Tadayuki Naito
Cl     サントリー      Suntory

412
サントリーウイスキー響  新聞広告  1991
AD     葛西薫          Kaoru Kasai
CD     西村佳也        Yoshiya Nishimura
       廣澤昌          Masaru Hirosawa
D      井上庸子        Yoko Inoue
C      西村佳也        Yoshiya Nishimura
Ph     上原勇          Isamu Uehara
Pr     藤田隆          Takashi Fujita
Cl     サントリー      Suntory

413
サントリーウイスキー山崎・響  新聞広告  1992
CD/AD  葛西薫          Kaoru Kasai
CD/C   西村佳也        Yoshiya Nishimura
D      小塚重信        Shigenobu Kozuka
Ph     上原勇          Isamu Uehara
St     北村道子        Michiko Kitamura
Pr     藤田隆          Takashi Fujita
Cl     サントリー      Suntory

414・415
サントリーウイスキー  新聞広告試作  1986
AD/D   葛西薫          Kaoru Kasai
CD     一倉宏          Hiroshi Ichikura
Ph     藤井保          Tamotsu Fujii
Cl     サントリー      Suntory

416・417
サントリー・モデレーションキャンペーン
新聞広告  1986-1999
AD     葛西薫          Kaoru Kasai
CD/C   長沢岳夫        Takeo Nagasawa
D      高橋弘幸        Hiroyuki Takahashi
I      チャールズ・アダムス
                       Charles Addams
Cl     サントリー      Suntory

507
```

418
サントリー・モデレーションブック
ブックデザイン　1999
AD	葛西薫	Kaoru Kasai
CD	長沢岳夫	Takeo Nagasawa
	山田健	Takeshi Yamada
D	高橋弘幸	Hiroyuki Takahashi
	小島潤一	Junichi Kojima
I	チャールズ・バルソッティ	
		Charles Barsotti
	ジョン・ハンデルスマン	
		John Handelsman
Pr	宇津井武紀	Takenori Utsui
Cl	サントリー	Suntory

419
サントリーモデレーション　CF
お疲れ肝臓君篇／口は災い篇／イッキ飲み篇　1999
AD/FD	葛西薫	Kaoru Kasai
FD	山野邊毅	Tsuyoshi Yamanobe
CD/C	長沢岳夫	Takeo Nagasawa
CD	山田健	Takeshi Yamada
	加藤英夫	Hideo Kato
C	二藤和正	Masakazu Nifuji
I	チャールズ・バルソッティ	
		Charles Barsotti
Pr	岸良真奈美	Manami Kishira
	松本隆	Ryu Matsumoto
Cl	サントリー	Suntory

420・421
サントリーウイスキーの贈りもの　ポスター　1990
AD	葛西薫	Kaoru Kasai
CD/C	木村昇	Noboru Kimura
D	井上庸子	Yoko Inoue
	小塚重信	Shigenobu Kozuka
I	ハリー・ハドソン・ロッドウェル（客船）	
		Harry Hudson Rodwel (ship)
	黒岩保美（機関車）	
		Yasumi Kuroiwa (locomotive)
Ph	藤井保（旗）	Tamotsu Fujii (flag)
	冨永民生（ボトル）	
		Minsei Tominaga (bottle)
St	伊藤佐智子	Sachiko Ito
Pr	藤森益弘	Masuhiro Fujimori
Cl	サントリー	Suntory

422
サントリー　ポストカード　1987
AD/D	葛西薫	Kaoru Kasai
A	須田剋太	Kokuta Suda
Cl	サントリー	Suntory

423
サントリーウイスキーの贈りもの　ポスター　1987
AD	葛西薫	Kaoru Kasai
D	西川哲生	Tetsuo Nishikawa
C	岩崎俊一	Shunichi Iwasaki
A	須田剋太	Kokuta Suda
Pr	藤森益弘	Masuhiro Fujimori
Cl	サントリー	Suntory

424・425
サントリーウイスキーの贈りもの　ポスター　1986
AD	葛西薫	Kaoru Kasai
D	西川哲生	Tetsuo Nishikawa
C	岩崎俊一	Shunichi Iwasaki
Ph	半田也寸志	Yasushi Handa
St	高橋靖子	Yasuko Takahashi
Pr	藤森益弘	Masuhiro Fujimori
Cl	サントリー	Suntory

426-429
サントリーウイスキーの贈りもの　ポスター　1989
AD	葛西薫	Kaoru Kasai
CD/C	木村昇	Noboru Kimura
D	井上庸子	Yoko Inoue
	小塚重信	Shigenobu Kozuka
Ph	半田也寸志	Yasushi Handa
St	高橋靖子	Yasuko Takahashi
Pr	藤森益弘	Masuhiro Fujimori
Cl	サントリー	Suntory

430・431
サントリーウイスキーの贈りもの
アイデアスケッチ　1989

432・433
サントリーウイスキーの贈りもの　ポスター　1989
AD	葛西薫	Kaoru Kasai
CD/C	木村昇	Noboru Kimura
D	井上庸子	Yoko Inoue
	小塚重信	Shigenobu Kozuka
Ph	半田也寸志（人物）	
		Yasushi Handa (character)
A	森春渓（トンボ）	
		Shunkei Mori (dragonfly)
St	高橋靖子	Yasuko Takahashi
Pr	藤森益弘	Masuhiro Fujimori
Cl	サントリー	Suntory

434・435
習作　2002

436・437
サントリーローヤルの贈りもの　ポスター　1984
AD	葛西薫	Kaoru Kasai
CD/C	安藤隆	Takashi Ando
D	西川哲生	Tetsuo Nishikawa
Ph	藤井保	Tamotsu Fujii
A	ジョージ伊藤	George Ito
Pr	藤森益弘	Masuhiro Fujimori
Cl	サントリー	Suntory

438-441
お歳暮は、サントリー。　ポスター　1983
AD	葛西薫	Kaoru Kasai
CD/C	魚住勉	Ben Uozumi
D	工藤清貴	Kiyotaka Kudo
Ph	菅昌也	Masaya Suga
St	北村道子	Michiko Kitamura
Pr	広内啓司	Keishi Hirouchi
Cl	サントリー	Suntory

442
お中元に、サントリーオールド。
お中元に、サントリーリザーブ。
ポスター／新聞広告　1982
AD	葛西薫	Kaoru Kasai
CD/C	一倉宏	Hiroshi Ichikura
D	工藤清貴	Kiyotaka Kudo
Ph	半沢克夫	Katsuo Hanzawa
Pr	広内啓司	Keishi Hirouchi
Cl	サントリー	Suntory

443
お中元はサントリー　ポスター　1984
AD	葛西薫	Kaoru Kasai
CD/C	魚住勉	Ben Uozumi
D	西川哲生	Tetsuo Nishikawa
I	五辻盈	Mitsuru Gotsuji
Pr	広内啓司	Keishi Hirouchi
Cl	サントリー	Suntory

444
サントリーマイルドウオッカ樹氷
ポスター　1983（上）・1982（下）
AD	葛西薫	Kaoru Kasai
CD/C	仲畑貴志	Takashi Nakahata
D	山田正一	Masakazu Yamada
Ph	冨永民生（上）	
		Minsei Tominaga (above)
	藤井英男	
		Hideo Fujii (below)
	青山紘一（商品）	
		Koichi Aoyama (product)
St	北村道子	Michiko Kitamura
T	上坂祥元（上）	
		Shogen Uesaka (above)
Pr	広内啓司	Keishi Hirouchi
Cl	サントリー	Suntory

445
サントリーマイルドウオッカ樹氷　雑誌広告　1979
AD	葛西薫	Kaoru Kasai

CD	仲畑貴志	Takashi Nakahata
C	山之内慎一	Shinichi Yamanouchi
D	石井隆能	Takayoshi Ishii
	鈴木司	Tsukasa Suzuki
Ph	青山紘一	Koichi Aoyama
Pr	広内啓司	Keishi Hirouchi
Cl	サントリー	Suntory

446・447
サントリーマイルドウオッカ樹氷
雑誌広告／ポスター　1981・1982
AD	葛西薫	Kaoru Kasai
CD/C	仲畑貴志	Takashi Nakahata
C	中村禎（氷ノ国の人。）	
		Tadashi Nakamura
D	山田正一	Masakazu Yamada
Ph	冨永民生	Minsei Tominaga
Pr	広内啓司	Keishi Hirouchi
Cl	サントリー	Suntory

448
サントリーマイルドウオッカ樹氷　ポスター　1978
AD	葛西薫	Kaoru Kasai
CD/C	仲畑貴志	Takashi Nakahata
D	石井隆能	Takayoshi Ishii
	鈴木司	Tsukasa Suzuki
Ph	青山紘一	Koichi Aoyama
I	バロン吉元	Baron Yoshimoto
Pr	広内啓司	Keishi Hirouchi
Cl	サントリー	Suntory

449
サントリーウイスキーリザーブ　雑誌広告　1979
AD/D	葛西薫	Kaoru Kasai
C	山之内慎一	Shinichi Yamanouchi
I	北村治	Osamu Kitamura
Pr	広内啓司	Keishi Hirouchi
Cl	サントリー	Suntory

450・451
サントリーウイスキーオールド
山口瞳・直言シリーズ　新聞広告　1978-1981
AD/D	葛西薫	Kaoru Kasai
CD/Pr	品田正平	Shohei Shinada
C	山口瞳	Hitomi Yamaguchi
I	和田誠	Makoto Wada
Cl	サントリー	Suntory

452
サントリーウイスキーオールド　新聞広告　1979
AD/D	葛西薫	Kaoru Kasai
CD/C/Pr	品田正平	Shohei Shinada
Ph	薄久夫	Hisao Usui
A	風間完	Kan Kazama
Cl	サントリー	Suntory

453
サントリーウイスキーリザーブ　新聞広告　1979
AD	葛西薫	Kaoru Kasai
CD/C	品田正平	Shohei Shinada
D	石井隆能	Takayoshi Ishii
	鈴木司	Tsukasa Suzuki
Ph	青山紘一	Koichi Aoyama
Pr	広内啓司	Keishi Hirouchi
Cl	サントリー	Suntory

454・455
サントリーワイン　新聞広告　1976・1977
AD/D	葛西薫	Kaoru Kasai
C	田中悠男	Hisao Tanaka
Ph	薄久夫	Hisao Usui
Pr	広内啓司	Keishi Hirouchi
Cl	サントリー	Suntory

456
サントリーグレープフルーツエード　新聞広告　1980
AD/D	葛西薫	Kaoru Kasai
CD/C	仲畑貴志	Takashi Nakahata
I	金城龍男	Tatsuo Kinjo
Pr	大坪英夫	Hideo Otsubo
Cl	サントリー	Suntory

457
サントリーエード　新聞広告　1982
- AD　葛西薫　Kaoru Kasai
- D　西川哲生　Tetsuo Nishikawa
- C　山之内慎一　Shinichi Yamanouchi
- Ph　青山紘一　Koichi Aoyama
- I　霜田恵美子　Emiko Shimoda
- Pr　大坪英夫　Hideo Otsubo
- Cl　サントリー　Suntory

458・459
サントリージュース・オレンジ　新聞広告　1974
- AD　佐藤浩　Hiroshi Sato
- D　葛西薫　Kaoru Kasai
- C　佐々木克彦　Katsuhiko Sasaki
- I　上條喬久（458）　Takahisa Kamijo
- 　滝野晴夫（459）　Haruo Takino
- Pr　堀田佐久夫　Sakuo Hotta
- Cl　サントリー　Suntory

460
サントリー清涼飲料　新聞広告　1979
- AD　葛西薫　Kaoru Kasai
- CD　仲畑貴志　Takashi Nakahata
- C　山之内慎一　Shinichi Yamanouchi
- D　石井隆能　Takayoshi Ishii
- 　鈴木司　Tsukasa Suzuki
- Ph　伏木ヒロシ　Hiroshi Fushiki
- Pr　大坪英夫　Hideo Otsubo
- Cl　サントリー　Suntory

461
上: トリスハイコンク　新聞広告　1976
下: サントリーオレンジ50　新聞広告　1976
- AD　佐藤浩　Hiroshi Sato
- D　葛西薫　Kaoru Kasai
- C　佐々木克彦　Katsuhiko Sasaki
- I　大橋歩（上）　Ayumi Ohashi (above)
- Pr　堀田佐久夫　Sakuo Hotta
- 　大坪英夫　Hideo Otsubo
- Cl　サントリー　Suntory

462
サントリーオレンジ50　ポスター　1980
- AD　佐藤浩　Hiroshi Sato
- D　葛西薫　Kaoru Kasai
- C　佐々木克彦　Katsuhiko Sasaki
- Ph　斎藤亢　Ko Saito
- Pr　大坪英夫　Hideo Otsubo
- Cl　サントリー　Suntory

463
上: サントリーフルーツソーダ　新聞広告　1974
- AD　佐藤浩　Hiroshi Sato
- D　葛西薫　Kaoru Kasai
- C　桑原圭男　Yoshio Kuwahara
- Ph　幅野昌興　Masaoki Habano
- Pr　堀田佐久夫　Sakuo Hotta
- Cl　サントリー　Suntory

下: サントリー清涼飲料　新聞広告　1976
- AD　佐藤浩　Hiroshi Sato
- D　葛西薫　Kaoru Kasai
- C　佐々木克彦　Katsuhiko Sasaki
- Pr　大坪英夫　Hideo Otsubo
- Cl　サントリー　Suntory

464
サントリーポップ　ポスター　1977
- AD/D　葛西薫　Kaoru Kasai
- CD　佐藤浩　Hiroshi Sato
- C　亀井武彦　Takehiko Kamei
- Ph　操上和美　Kazumi Kurigami
- Pr　大坪英夫　Hideo Otsubo
- Cl　サントリー　Suntory

465
サントリーレモン　ポスター　1979
- AD/D　葛西薫　Kaoru Kasai
- CD/C　仲畑貴志　Takashi Nakahata
- St　北村道子　Michiko Kitamura
- Ph　冨永民生　Minsei Tominaga
- Pr　大坪英夫　Hideo Otsubo
- Cl　サントリー　Suntory

466
サントリーフルーツソーダ　雑誌広告　1974
- AD　佐藤浩　Hiroshi Sato
- D　葛西薫　Kaoru Kasai
- C　桑原圭男　Toshio Kuwahara
- Ph　幅野昌興　Masaoki Habano
- Pr　堀田佐久夫　Sakuo Hotta
- Cl　サントリー　Suntory

467
サントリーフルーツソーダ　ポスター　1974
- AD　佐藤浩　Hiroshi Sato
- D　葛西薫　Kaoru Kasai
- C　桑原圭男　Yoshio Kuwahara
- Ph　幅野昌興　Masaoki Habano
- Pr　堀田佐久夫　Sakuo Hotta
- Cl　サントリー　Suntory

468
サントリー美術館・秋の特別展　ポスター　1973
- AD/D　葛西薫　Kaoru Kasai
- A　太田三郎　Saburo Ota
- Pr　藤森益弘　Masuhiro Fujimori
- Cl　サントリー美術館　Suntory Museum of Art

469
サントリーワイン赤玉　ポスター　1974
- AD/D　葛西薫　Kaoru Kasai
- CD/C　仲畑貴志　Takashi Nakahata
- Ph　薄久夫　Hisao Usui
- Pr　品田正平　Shohei Shinada
- Cl　サントリー　Suntory

470
I.W.ハーパー　雑誌広告　1974
- AD/D　葛西薫　Kaoru Kasai
- C　木内登希晴　Tokiharu Kiuchi
- Ph　薄久夫　Hisao Usui
- Pr　品田正平　Shohei Shinada
- Cl　サントリー　Suntory

471
上: サントリーワイン赤玉　新聞広告　1976
- AD/D　葛西薫　Kaoru Kasai
- CD/C　仲畑貴志　Takashi Nakahata
- Ph　薄久夫　Hisao Usui
- Pr　品田正平　Shohei Shinada
- Cl　サントリー　Suntory

下: サントリーワインデリカ　新聞広告　1977
- AD/D　葛西薫　Kaoru Kasai
- CD/C　仲畑貴志　Takashi Nakahata
- Cl　サントリー　Suntory

472
サントリーオールド　京都新聞　新聞広告　1972・1973
- AD/D　葛西薫　Kaoru Kasai
- C　仲畑貴志　Takashi Nakahata
- Ph　青山紘一　Koichi Aoyama
- Pr　品田正平　Shohei Shinada
- Cl　サントリー　Suntory

473
サントリーオールド　河北新聞　新聞広告　1974
- AD/D　葛西薫　Kaoru Kasai
- CD/C　佐々木克彦　Katsuhiko Sasaki
- C　品田正平（下）　Shohei Shinada (below)
- Ph　青山紘一　Koichi Aoyama
- Pr　品田正平　Shohei Shinada
- Cl　サントリー　Suntory

474・475
マーク / ロゴタイプ　版下および試作　1969–1983

大谷デザイン研究所、文華印刷在籍時
works at Ohtan Design, Bunka Printing

476・477
毎日広告デザイン賞 応募作品　1974
（第1部 特選2席受賞）
- D　葛西薫　Kaoru Kasai
- C　安藤隆　Takashi Ando
- Ph　田中昇　Noboru Tanaka

478
朝日広告賞 応募作品
1・2: 筑摩書房　1971（第1部 準朝日広告賞受賞）
3: 東京ガス　1970
- D　葛西薫　Kaoru Kasai
- C　桑原圭男　Yoshio Kuwahara

479
左: タンタン　ポスター　1972
- AD　森琢爾　Takuji Mori
- D　葛西薫　Kaoru Kasai
- C　上田功　Isao Ueda
- Ph　細谷秀樹　Hideki Hosoya
- Cl　タンタン　Juhatsu Real Estate

右: ビデオシアター　カタログ　1971
- D　葛西薫　Kaoru Kasai
- I　河谷雅和　Masakazu Kawatani
- Cl　知識産業研究所　Knowledge Industry Institute

480・481
大谷デザイン研究所での仕事　1969–1972
ブローシャー / DM / 新聞広告　など
- D/I　葛西薫　Kaoru Kasai
- T　木之内厚司　Koji Kinouchi
- Ph　飯島保良　Moriyoshi Iijima
- Cl　知識産業研究所　Knowledge Industry Institute
- 　住発　Juhatsu Real Estate

482・483
大谷デザイン研究所での仕事　1970–1972
イラストレーション / はがき / マーク /
DMのプレゼンテーション　など
- D/I/T　葛西薫　Kaoru Kasai
- I　泉屋久美子（Cookman）　Kumiko Izumiya (Cookman)

484・485
文華印刷での仕事　1969
映光家具　フライヤー
- D/I/C　葛西薫　Kaoru Kasai
- Cl　映光家具　Eiko Kagu

486・487
文華印刷での仕事　1968・1969
家具店フライヤー / タイトルデザイン / DM　など
- D/T　葛西薫　Kaoru Kasai

高校時代、レタリング習作など
high school days, study of lettering, etc.

488・489
レタリング　習作　1968–1970

490・491
高校時代　修学旅行の手製アルバム　1966

492
高校時代
修学旅行の手製アルバムのためのレタリング　1966

493
高等学校卒業記念文集のデザイン　1968

謝辞 / Acknowledgments

『KASAI Kaoru 1968』の発刊にあたり、
多くの方々のご協力をいただきました。
関係機関、関係者の皆様に心より御礼申し上げます。

We express our deepest gratitude to many people
and organizations concerned that offered their cooperation
in publishing "KASAI Kaoru 1968."

株式会社リクルート / Recruit Company Limited
　クリエイションギャラリーＧ８ / Creation Gallery G8
　ガーディアン・ガーデン / Guardian Garden

サントリーホールディングス株式会社 / Suntory Holdings Limited
株式会社ユナイテッドアローズ / United Arrows Limited
株式会社虎屋 / Toraya Confectionery Company Limited
株式会社サン・アド / Sun-Ad Company Limited

石井隆能 / Takayoshi Ishii
大久保静雄 / Shizuo Okubo
清澤保登 / Yasuto Kiyosawa
古賀国夫 / Kunio Koga
斉藤洋久 / Hirohisa Saito
佐々木宏 / Hiroshi Sasaki
坂本恵美子 / Emiko Sakamoto
髙岡昌生 / Masao Takaoka
若梅哲也 / Tetsuya Wakaume

太田雅子 / Masako Ota
ジャンルイジ・トッカフォンド / Gianluigi Toccafondo
小林章 / Akira Kobayashi
ベニー・アウ / Benny Au
李 釗 / Li Zhao
張光宇 / Zhang Guang Yu
上海美术电影制片厂 / Shanghai Animation Film Studio

掲載させていただいた作品は、関係各位との共同作業によって制作されたものです。
関係各位に掲載許可をいただくため確認を試みましたが、連絡先不明、あるいはご返信が確認できないものもありました。
不行き届きをお詫びいたします。なお、不都合などありましたらお手数ですが小社宛にご連絡をいただければ幸いです。

The works contained in this book were created respectively in collaboration with people concerned.
We attempted to contact all of these people to obtain their approval for inclusion in the book.
However, we failed to contact some of them because their contact addresses were unknown, or, we could not receive
their replies in due time. We apologize for our failure. If there are any issues or inconveniences,
we would gratefully appreciate it if you would please contact the publishing company.

本書は、2007年10月29日－11月22日、クリエイションギャラリーG8およびガーディアン・ガーデンにて開催された
「葛西薫1968」展の出品作品を中心に、著者のほぼ全作品を収録することを意図し、発刊されました。

Focusing on the works shown in the "Kaoru Kasai 1968" exhibition held
at the Creation Gallery G8 and the Guardian Garden from October 29 to November 22, 2007,
this book is intended to cover almost all works by the author.

葛西薫（かさい・かおる）

1949年 北海道札幌市生まれ。1968年文華印刷、1970年 大谷デザイン研究所を経て、
1973年 サン・アド入社、現在に至る。
代表作にサントリーウーロン茶（1983年～）、ユナイテッドアローズ（1997年～）などの長期にわたる広告制作、
虎屋のCI計画、空間デザイン、パッケージデザイン（2004年～）などのほか、
サントリー、サントリー美術館、TORANOMON TOWERS のCI・サイン計画、映画・演劇の宣伝制作、写真集の装丁ほか。
朝日広告賞、東京ADCグランプリ、毎日デザイン賞、講談社出版文化賞ブックデザイン賞、日本宣伝賞山名文夫賞など受賞。
展覧会＝1984年「葛西薫とSONY」（デザインギャラリー1953・銀座松屋）、
1992年「'AERO'葛西薫展」（ギンザ・グラフィック・ギャラリー）、
2007年「葛西薫1968」（クリエイションギャラリーG8、ガーディアン・ガーデン）を開催。
著書＝「葛西薫の仕事と周辺」（六耀社）、　「世界のグラフィックデザイン35 葛西薫」（DNPアートコミュニケーションズ）
東京ADC、東京TDC、JAGDA、AGI会員

Kaoru Kasai

Born in Sapporo, Hokkaido, in 1949. After working for Bunka Printing from 1968 to 1970,
and for Ohtani Design from 1970-1973, he has been working for Sun-Ad to date.
His best-known works are long-term advertisements for Suntory Oolong Tea (1983–),
United Arrows (1997–), and CI planning for Toraya, spatial designs, and package designs (2004–).
His activities range from CI and signage for Suntory, the Suntory Museum of Art and the Toranomon Towers,
to advertisements for cinema and theater, and designs for photo collections and so on.
Awards: Asahi Advertising Award, Tokyo ADC Grand Prix, Mainichi Design Award,
Kodansha Syuppan-Bunka Award, and Japan Advertising Fumio Yamana Award etc.

Personal Exhibitions=1984 "Kaoru Kasai and SONY" (Design Gallery 1953, Ginza Matsuya),
1992 "kasai Kaoru Exhibition, AERO" (Ginza Graphic Gallery),
2007 "KASAI Kaoru 1968" (Creation GalleryG8,Guardian Garden)

Publication="Kaoru Kasai's Work and the Surroundings" (Rikuyosha),
"World Graphic Design 35,Kaoru Kasai" (DNP Art Communications).

Currently he is a member of the Tokyo ADC, Tokyo TDC, JAGDA, and AGI.

KASAI Kaoru 1968
図録 葛西薫1968

発行日	初版第1刷　2010年3月19日
	第3刷　2021年8月24日
著者	葛西薫
装丁・レイアウト	葛西薫
レイアウト	角一彦　高井和昭　今村浩
表紙 画	ジャンルイジ・トッカフォンド
	ユナイテッドアローズCF「lungo2005」より
インタビュー草稿	吉原佐也香
翻訳	和波雅子（インタビュー）　林千根（著者略歴ほか）
編集	久保田啓子
	服部彩子
編集協力	西川哲生　前村達也
	片岡由美子　伊比由理恵
	三浦章子　臼井悟史　山野邊毅
	藤森益弘　常木宏之　瀬戸井厚子
	株式会社サン・アド
撮影協力	青山紘一　上原勇
DTPオペレーション	森泉勝也
タイプセッティング	瀬戸早苗 (design Seeds)
プリンティングディレクション	浦有輝（株式会社アイワード）
発行者	久保田啓子
発行所	株式会社ADP｜Art Design Publishing
	165-0024 東京都中野区松が丘2-14-12
	tel: 03-5942-6011　fax: 03-5942-6015
	https://www.ad-publish.com
	振替 00160-2-355359
プリプレス・印刷・製本	株式会社アイワード

©Kaoru Kasai 2010
Printed in Japan
ISBN978-4-903348-14-8 C0072

用紙　本文：モンテシオン 四六判56kg / フロンティアフ75 A判33kg　見返し：モンテシオン 四六判56kg
　　　表紙：サンカード K判21.5kg　ジャケット・オビ：OK金藤片面 四六判110kg

本書の収録内容の無断転載・複写(コピー)・引用等は、著作権法上での例外を除き、禁じられています。
乱丁本・落丁本はご購入書店名を明記のうえ、小社までお送りください。送料小社負担にてお取り替えいたします。